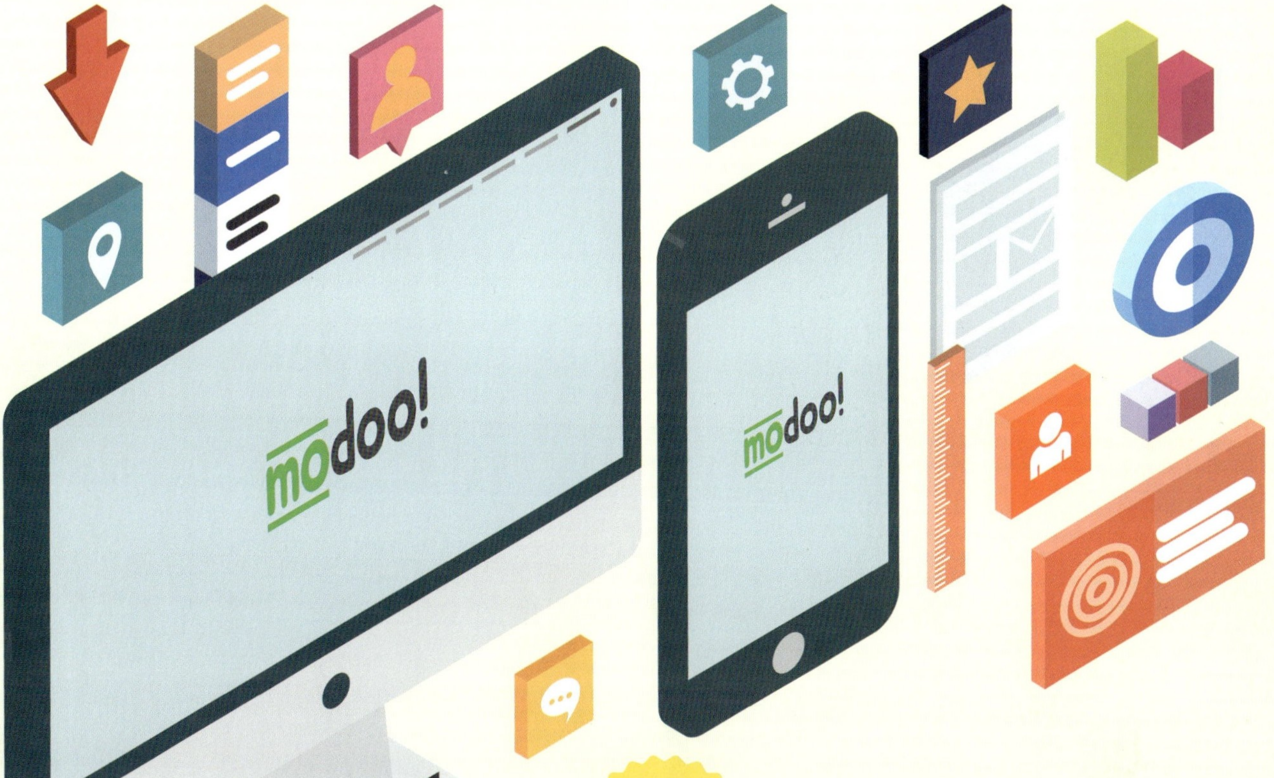

개정판

개인, 1인기업, 중소기업을 위한

진짜 쉬운

온라인 마케팅

modoo!

홈페이지 만들기

김재민 저

www.digitalbooks.co.kr

진짜 쉬운 modoo! 홈페이지 만들기

| 만든 사람들 |

기획 IT · CG 기획부 | 진행 유명한 | 집필 김재민 | 편집 디자인 디자인 숲 · 이기숙 | 표지 디자인 D.J.I books design studio

| 책 내용 문의 |

도서 내용에 대해 궁금한 사항이 있으시면,
디지털북스 홈페이지의 게시판을 통해서 해결하실 수 있습니다.

디지털북스 홈페이지 : www.digitalbooks.co.kr
디지털북스 페이스북 : www.facebook.com/ithinkbook
디지털북스 카페 : cafe.naver.com/digitalbooks1999
디지털북스 이메일 : digital@digitalbooks.co.kr
저자 이메일 : ktd1479@naver.com
저자 블로그 : http://web30.kr/

| 각종 문의 |

영업관련 hi@digitalbooks.co.kr
기획관련 digital@digitalbooks.co.kr
전화번호 02 447-3157~8

※ 잘못된 책은 구입하신 서점에서 교환해 드립니다.
※ 이 책의 일부 혹은 전체 내용에 대한 무단 복사, 복제, 전재는 저작권법에 저촉됩니다.

머리말

먼저 네이버 측에 진심으로 감사를 드립니다.

네이버가 모두홈페이지를 만들어서 모든 중소기업, 소상공인, 자영업자, 창업을 준비하는 분들이 아주 쉽고 간편하게 홈페이지를 만들 수 있게 된 것에 대해서 진심으로 감사 드립니다.

모든 사업자들도 저와 같은 심정으로 네이버 측에 감사해 할겁니다.

이 책에서는 컴퓨터를 잘 몰라도 누구나 손쉽게 pc홈페이지, 모바일 홈페이지를 만들 수 있도록 자세하게 설명이 되어서 홈페이지를 손쉽게 제작이 가능합니다.

무료로 제작과 운영이 가능하고 필요 시 쉽게 수정도 가능하므로 홈페이지 제작으로 기본으로 사업체를 홍보하기 위한 기본적인 집이 만들어지는 겁니다.

홈페이지를 영업한지 16년째로 수많은 우여곡절을 겪은 경험을 바탕으로 사업자들이 무엇을 원하는지 잘 알고 있으므로 네이버 모두 홈페이지 제작뿐만 아니라 온라인 마케팅에 필요한 모든 것을 다루어서 성공한 사업체를 운영할 수 있도록 심혈을 기울여서 책을 집필하였습니다.

네이버 모두홈페이지를 활용한 온라인 마케팅으로 모든 사업자들이 매출로 어려움을 겪지 않고 성공한 사업장으로 번영하기를 기원합니다.

이 책을 출판해 준 디지털북스 직원분과 편집자 분들께 진심으로 감사드립니다.

저자 김 재 민

CONTENTS

PART 01 네이버 모두 홈페이지 만들기 • 9

Chapter 01 30분만에 무료홈페이지 만들기 10
- 01 네이버 모두(modoo) 알아보기 10
- 02 네이버 모두홈페이지 제작 절차 12
- 03 구글 크롬 브라우저 설치하기 19
- 04 포토스케이프 설치하기 22
- 05 알캡처 설치하기 25
- 06 네이버 클라우드 설치하기 29

Chapter 02 홈페이지 실제 활용 33
- 01 네이버 검색 등록은 자동 33
- 02 지도 검색 등록은 간단히!! 34
- 03 톡톡 바로 고객과 상담할 수 있습니다 34
- 04 통계 기능으로 고객관리 34
- 05 쿠폰, 이벤트 공지 바로 바로 35
- 06 일정, 예약 관리는 스케줄로 편리하게 36
- 07 상품 판매는 스토어팜 연결하여 쉽게 36
- 08 홈페이지 공동편집, 선물하기 37
- 09 직접 인쇄 미니 간판&라벨 스티커 37

Chapter 03 PC에서 홈페이지 만들기 38
- 01 홈페이지에 메인 화면 만들기 38
- 02 홈페이지에 회사소개 만들기 58
- 03 홈페이지에 제품소개 만들기 71
- 04 홈페이지에 갤러리 사진 등록하기 80
- 05 홈페이지에 동영상 등록하기 84
- 06 고객문의 게시판 만들기 90
- 07 공지사항 게시판 만들기 93
- 08 견적문의 페이지 만들기 96
- 09 홈페이지에 오시는 길 만들기 104
- 10 간단 쿠폰 만들기 113
- 11 서브 메뉴(그룹) 만들기 120
- 12 일정 & 스케줄 만들기 122
- 13 메뉴/가격 만들기 127
- 14 매장/영업 만들기 130
- 15 SNS 연결 만들기 134
- 16 홈페이지 모아보기 136

Chapter 04 스마트폰에서 모바일 홈페이지 만들기 139
- 01 스마트폰에서 만들기 139
- 02 모바일 홈페이지 메인 화면 만들기 142
- 03 모바일 홈페이지 정보 입력하기 143
- 04 모바일 홈페이지에 오시는 길 만들기 148
- 05 모바일 홈페이지에 새 페이지와 추가 요소 만들기 149
- 06 모바일 홈페이지에 오시는 길 만들기 155
- 07 모바일 홈페이지에 추가 요소 만들기 157

Chapter 05 홈페이지를 최적화 만들기 161

01 메인 화면 사이트 맵 메뉴 만들기 ··················· 161
02 메인 페이지 이미지 포토스케이프로 만들기 ············ 163
03 로고 등록하기 ································· 168
04 스마트폰 바탕화면에 아이콘 등록하기 ··············· 172
05 동영상 만들기 ································· 174
06 홈페이지 검색 오픈하기 ·························· 184

Chapter 06 홈페이지 사이트 등록 ··················· 185
01 네이버 사이트등록 ······························ 185
02 다음 사이트등록 ································ 186
03 구글 사이트등록 ································ 189

Chapter 07 지도 등록 ···························· 190
01 네이버 지도등록 ································ 190
02 다음 지도등록 ································· 196

Chapter 08 모바일 홈페이로만 사용하기 ··············· 200
01 스마트폰에서만 네이버 모두홈페이지 보이게 하는 법 ···· 200
02 FTP 사용하기 ································· 202
03 에디터로 수정하기 ······························ 208

PART 02 네이버 모두 홈페이지 마케팅 · 215

Chapter 01 네이버 키워드광고로 매출 올리기 ··········· 216
01 네이버 키워드 광고란 무엇인가요? ·················· 216
02 네이버 신규 광고주로 등록하기 ···················· 216

Chapter 02 O2O 마케팅 (오프라인과 홈페이지 연동) ······ 235
01 O2O 마케팅이란? ······························· 235
02 오프라인에서 QR코드 활용 ······················· 235
03 홍보물 인쇄하기 ································ 238
04 카카오옐로아이디 만들고 이용하기 ················· 240
05 매장 방문한 고객정보 수집하기 (모두 포인트 이용) ····· 243

Chapter 03 모두홈페이지에 쇼핑몰 만들어보자 ········· 246
01 스토어팜이란? ································· 246
02 스토어팜 회원가입 ······························ 248
03 스토어팜에 물건 등록하기 ························ 253
04 네이버 모두홈페이지와 스토어팜 연동하기 ··········· 260

Chapter 04 네이버 예약 활용하기 ···················· 265
01 네이버 예약이란? ······························· 265
02 네이버 예약 가입하기 ···························· 265
03 네이버 예약 유형별 활용 ·························· 267
04 네이버 예약 등록하기 ···························· 274

Chapter 05 네이버 톡톡 만들기 ······················ 280
01 네이버 톡톡이란? ······························· 280
02 네이버 톡톡 회원가입 ···························· 280
03 네이버 톡톡 활용하기 ···························· 286

Chapter 06 쿠폰 만들기 ··· 289
01 네이버 모두홈페이지 쿠폰이란? ··· 289
02 네이버 모두홈페이지 쿠폰 활용하기 ··· 289
03 YAP쿠폰 가입하기 ·· 292
04 YAP 쿠폰 활용하기 ·· 296

Chapter 07 네이버 오피스 활용하기 ··· 298
01 네이버 오피스란? ·· 298
02 네이버 오피스 설문조사 만들기 ··· 298
03 네이버 오피스 활용하는 법 ··· 306

Chapter 08 SNS에 홈페이지 연동하기 ·· 307
01 페이스북에 등록과 광고하기 ··· 307
02 인스타그램에 내 홈페이지 광고하기 ··· 319
03 카카오스토리에 내 홈페이지 광고하기 ··· 320
04 블로그에서 연결 위젯 만들기 ·· 332

PART 03 네이버 모두 홈페이지 관리 마케팅 • 343

Chapter 01 중소기업과 소상공인을 위한 브랜드마케팅 ···························· 344
01 브랜드마케팅이 필요한 이유 ··· 344
02 회사명(이름)도 튀어야 산다 ·· 346
03 브랜드 페르소나(persona) 설정하는 법 ··· 347
04 친근한 캐리커처 마케팅 하기 ·· 350
05 브랜드 마케팅 성공전략 ··· 351

Chapter 02 네이버 모두홈페이지 로고 만들기 ··· 353
01 구글 크롬 다운로드하기 ··· 353
02 해외에서 무료로고 구하는 법 ·· 353
03 무료 로고 저작권 주의사항 ··· 354
04 해외 무료로고 제작 사이트 ··· 354
05 포토샵에서 로고 수정하기 ··· 355
06 모두홈페이지에 로고 등록하기 ·· 360

Chapter 03 네이버 모두홈페이지 이미지 마케팅 ······································ 363
01 이미지 마케팅이란 ·· 363
02 회사소개는 기업의 얼굴이다 ··· 363
03 한 장의 이미지, 사진이 회사제품을 대표한다 ·································· 364
04 이미지 연상 효과를 부르는 뉴메릭 마케팅 비법 ······························· 366

Chapter 04 네이버 모두홈페이지 방문자통계 ··· 368
01 방문자통계 네이버 애널리틱스(Analytics) ······································· 368
02 방문분석- 방문현황 페이지분석 방문지역 분석 ································ 368
03 유입 분석- 유입검색어 유입상세 URL ·· 370
04 페이지분석 ··· 371
05 사용자환경분석 ··· 371
06 실시간분석 ··· 371

PART 01 네이버 모두 홈페이지 만들기

Chapter 01 | 30분만에 무료홈페이지 만들기
Chapter 02 | 홈페이지 실제 활용
Chapter 03 | PC에서 홈페이지 만들기
Chapter 04 | 스마트폰에서 모바일 홈페이지 만들기
Chapter 05 | 홈페이지를 최적화 만들기
Chapter 06 | 홈페이지 사이트등록
Chapter 07 | 지도 등록
Chapter 08 | 모바일 홈페이로만 사용하기

> Chapter

01 30분만에 무료홈페이지 만들기

01 네이버 모두(modoo) 알아보기

ⓒ 출처: http://www.modoo.at

네이버 모두 홈페이지는 네이버가 심혈을 기울여서 만든 모바일 전용 홈페이지이다.
모두는 PC에서도 누구나 자유롭게 볼 수 있고 PC나 스마트폰에서 홈페이지 수정과 관리가 가능하다. 그렇기에 남녀노소 누구나 쉽게 사용이 가능한 멀티형 홈페이지 제작 도구이다.

이 홈페이지를 활용해서 다양한 기능을 합쳐, 매출을 올릴 수 있는 도구로 활용이 가능하다.
네이버 사이트 등록이나 네이버 지도 등록도 네이버 모두 홈페이지 관리자 창에서 등록이 가능하므로, 창업을 준비하거나 중소기업, 소상공인, 자영업자들도 누구나 손쉽게 만들고 관리가 가능하다.

그리고 자동으로 홈페이지 텍스트 내용도 네이버 웹문서 영역에 노출된다. 따라서 다양한 글들을 네이버 모두 홈페이지에 정기적으로 쓰면 네이버 웹 문서 영역에서 노출이 가능하므로, 보다 효과적인 마케팅도구로 사용이 가능하다.

처음에는 어렵게 생각할 수도 있겠지만 한 번 제대로 해보면은 컴퓨터를 조금만 하면 금방 만들 수 있는 네이버 모두 홈페이지를 지금부터 시작해본다.

실제 예를 들면 공연장이나 전시장, 캠핑장, 음식점, 미용실, 네일아트, 개인 브랜드용 등 다양한 소상공인들과 자영업자들이 실질적으로 네이버 모두홈페이지를 사용하고 있다. 실제 사용으로 매출을 올리고 고객들과 소통하는 도구로 사용하거나, 운영하는 쇼핑몰과 연동으로 실질적으로 제품 판매, 매장 방문 증가, 제공하는 서비스의 매출을 올리는 경우가 아주 많아서 모두가 만족을 하고 있다.

그리고 PC용 홈페이지는 있지만 모바일 홈페이지가 없는 경우, 네이버 모두 홈페이지를 통해서 무료로 모바일 홈페이지를 만들 수 있어서 비용을 들이지 않고 모바일 홈페이지가 연동되므로 경제적으로 이득이 되는 프로그램이다.(*네이버 키워드 광고 시 홈페이지가 모바일 최적화가 안되면 스마트폰에서는 모바일 광고를 할 수 없다.)

◉ 출처: http://www.modoo.at

네이버 모두는 초보자들이 사용을 할 수 있게끔 템플릿이 업종에 맞게끔 무료로 제공이 된다. 샘플로 만들어진 농장, 네일아트, 부동산, 인테리어, 이사, 식당, 캠핑장 등 본인이 하는 업종과 비슷하거나 맞는 템플릿을 선택하기만 된다. 기본적인 홈페이지 메뉴와 페이지가 자동으로 만들어지기 때문에 이미지나 사진을 올리기만 하면 바로 완성이 가능하다.

누구나 사용이 가능하고 조금만 노력하면 30분에서 1시간 정도면 홈페이지를 간단하게 만들 수 있다. 홈페이지를 만들기 전 미리 제품 사진이나 매장 사진 전경 사진을 찍어 놓는 게 좋다.

◉ 출처: http://www.modoo.at

예전 모두에는 마이비즈니스(전 사이트 등록)에서 따로 등록을 해야 했다. 이점 때문에 많은 사람들이 모두 홈페이지 제작 완성 후에 활용도 못하고 만족도도 떨어지는 상황이었다. 하지만 네이버가 2015년 10월15일부터 사이트 검색 등록이 자동으로 되게끔 만들었다.

모두 홈페이지 관리자 창에서 노출만 하면 자동으로 24시간 이후에 네이버 사이트 영역에 노출이 된다. 소비자나 운영자 모두 손쉽게 만든 홈페이지 검색이 가능해서 활용도가 무척 높아져서 마케팅 도구로서의 홈페이지 기능을 다하고 있는 실정이다.

02 네이버 모두홈페이지 제작 절차

◉ 출처: http://www.naver.com

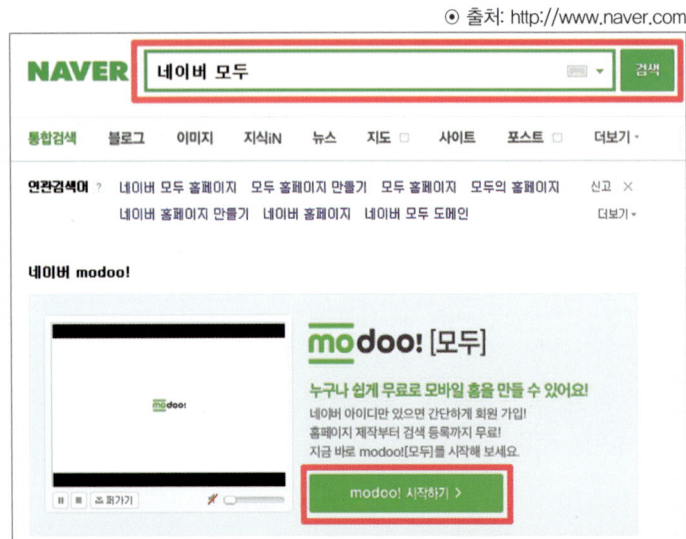

먼저 네이버 모두 홈페이지를 가기 위해서는 NAVER 검색창에서 네이버 모두라고 입력하고 검색을 누르면 된다.

바로 아래에 컨텐츠 검색에 modoo 시작하기 초록색 버튼을 누르면 된다.

◉ 출처: http://www.modoo.at

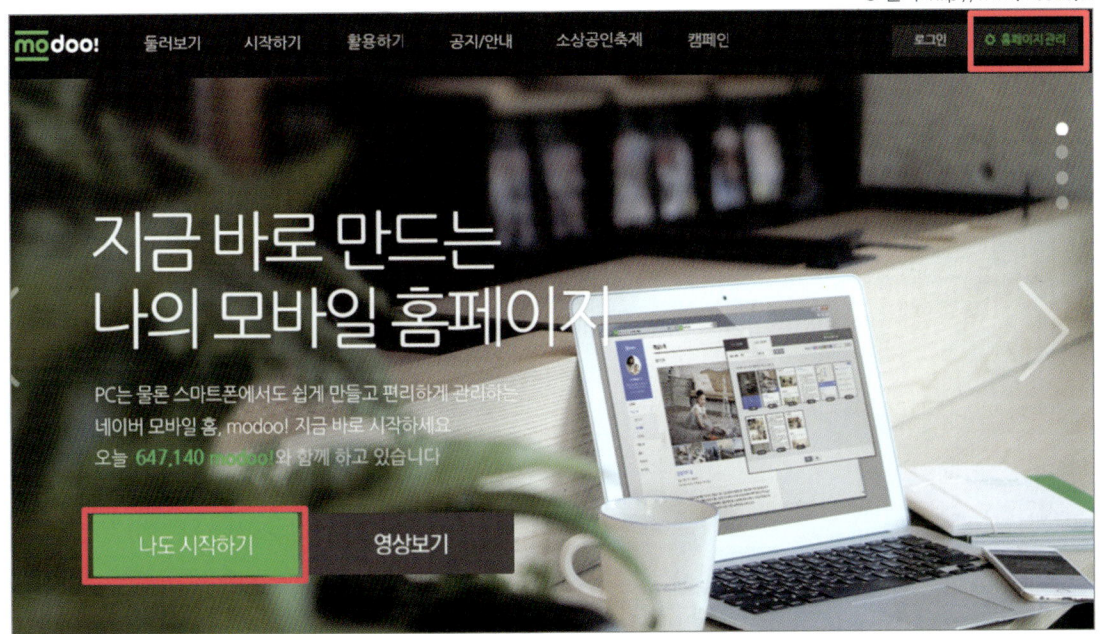

네이버 모두 홈페이지를 시작하기 위해서는 로그인을 해야 한다. 네이버 아이디만 있으면 되는데, 아이디가 실명확인이 된 것이어야 한다. 개인당 실명 확인 아이디는 3까지 만들 수 있다.
단, 단체 아이디는 모두 홈페이지를 제작을 할 수 없다.

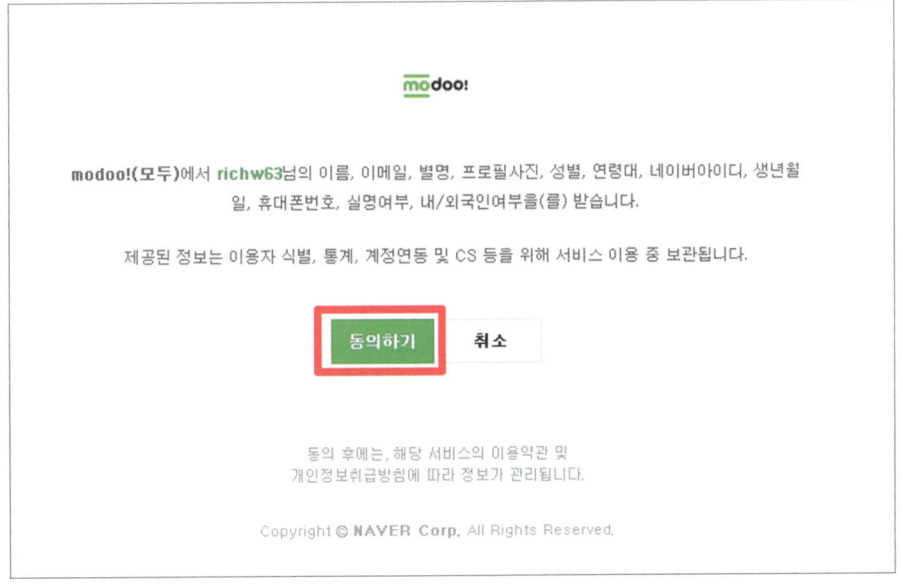

처음 시작을 하면 위 같은 창이 나오면 동의하기를 누르면 된다. 만약 이런 화면이 나오면 만 14세 이하거나 비 실명 아이디이므로, 실명 확인 절차가 필요하다. 실명 확인하기 버튼을 클릭한다. 휴대폰 인증이나 아이핀 중 하나를 선택한다. 그리고 확인 버튼을 클릭한다. 그리고 휴대폰 인증을 받으면 실명 절차가 완료된다.

모두홈페이지 만들기에서 우측 상단 로그인 버튼을 클릭 로그인하면 된다. 처음 로그인 후에는 서비스 이용약관에 대해서 체크를 하고, 개인정보 수집 및 이용에 대한 안내에도 동의하기를 체크한다.

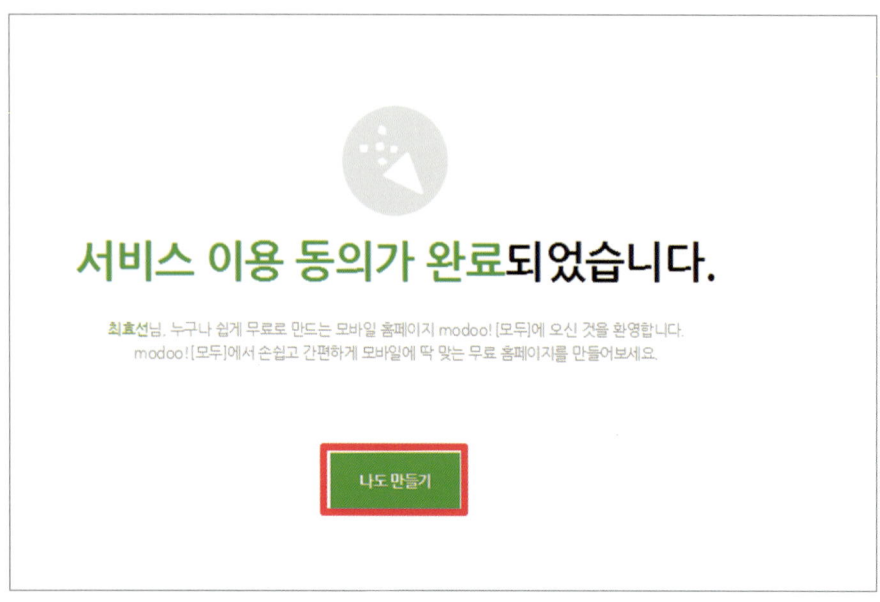

서비스 이용 동의가 완료되었으면 나도 만들기 버튼을 눌러주면 된다.

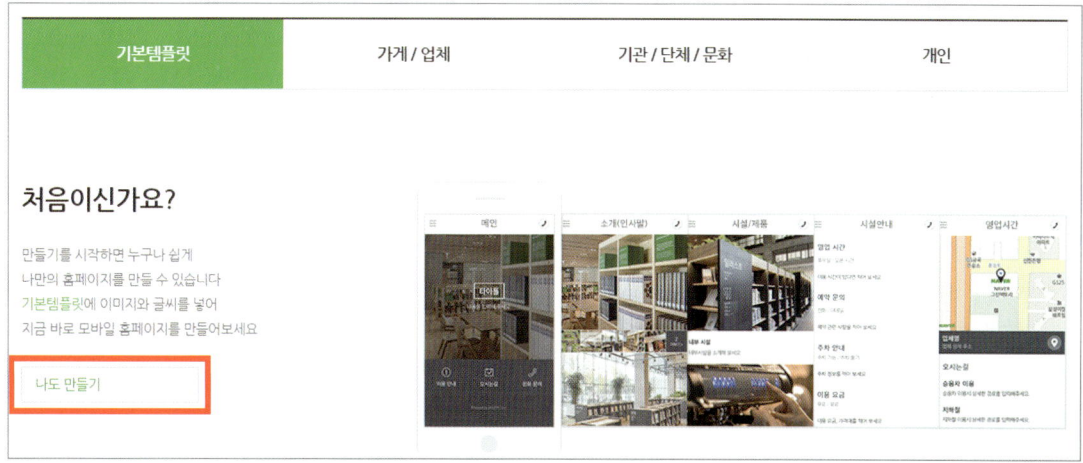

사진과 같은 창이 나타나면 당황하지 않고 만들려고 하는 홈페이지와 비교해본다. 업종이 이 분야와 맞지 않는다고 생각하면은 초록색 버튼 옆 맞춤 템플릿을 클릭하면 된다.

모두 홈페이지 제작 동영상 보기를 원한다면 청색 버튼 옆 제작 튜토리얼 보기를 누르면 팝업 창으로 동영상을 볼 수 있다.

확인버튼을 클릭한다.

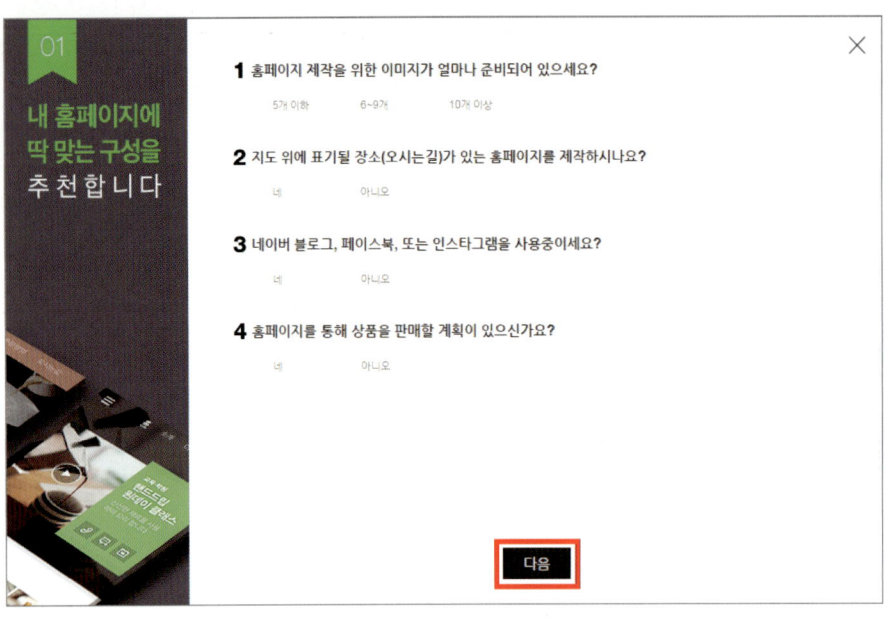

설문조사에 답하고 다음을 클릭한다.

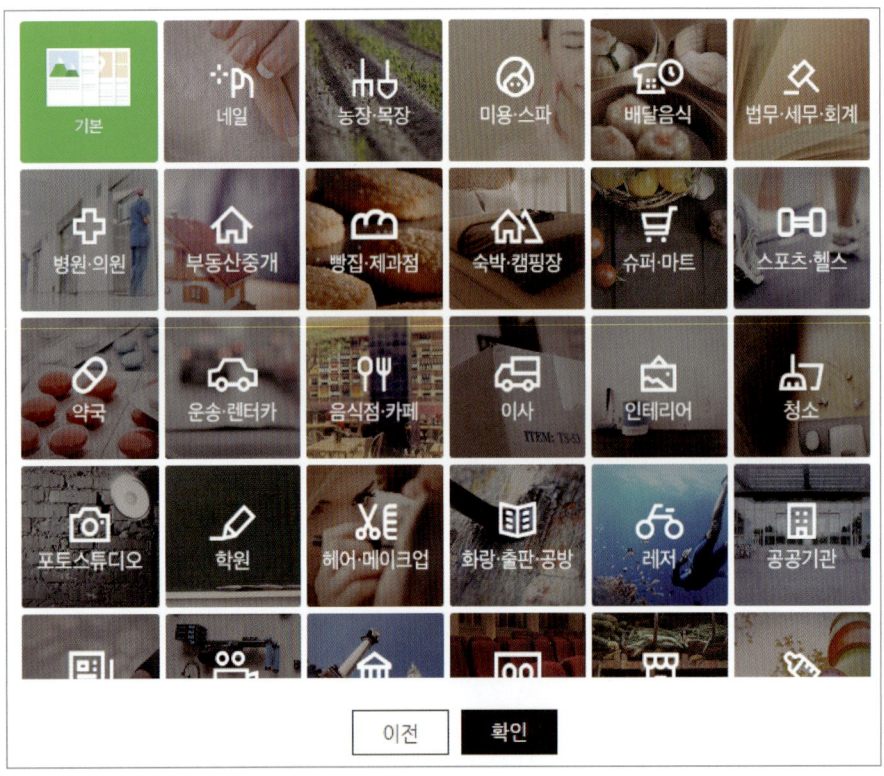

기본적으로 모두 홈페이지에서 제공하는 템플릿이다. 다양한 업종 홈페이지 틀을 미리 만들어 놓아서 편리하게 바로 사용이 가능해서 초보자도 쉽게 홈페이지 제작이 가능하다.

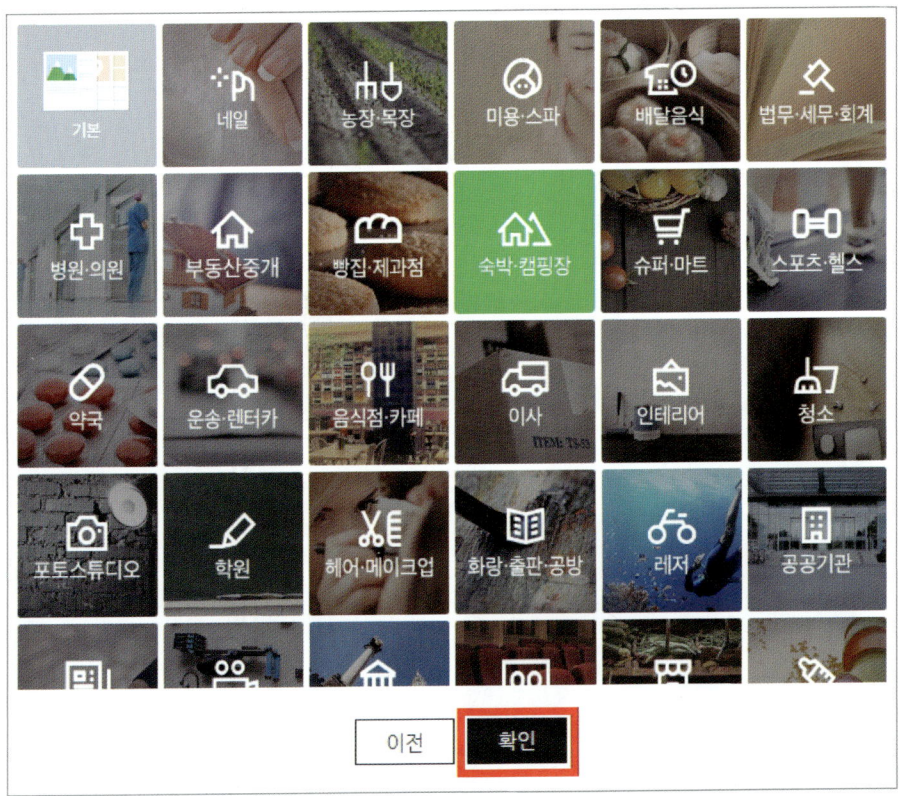

본인이 하고자 하는 업종이나 하는 업종과 비슷하거나 맞는 업종을 선택을 하면 된다.
숙박 / 캠핑장을 선택한다. 주의할 점은 여기에 업종이 맞지 않는다고 새로 만드는 것 보다는, 비슷한 업종을 선택해서 수정 보완하는 것이 시간을 절약하는 지름길이다.

새롭게 개편된 모두 홈페이지 메인 페이지 작업 창이다. 하나 하나 천천히 따라 하다 보면 쉽게 제작이 가능하다. 메인 페이지에서 우측 중간 이미지 올리기를 하면 바로 메인 페이지 배경화면이 만들어진다. 그리고 임시저장을 누르면 임시저장이 된다. 홈페이지 반영을 누르면 홈페이지 디자인이 적용이 된다. (자세한 내용은 PC에서 홈페이지 만들기를 참조한다.)

좌측 홈페이지 관리를 클릭한다. 관리자 창이 나타난다

네이버 모두 홈페이지관리 페이지이다. 우측 버튼으로는 홈페이지 비공개는 공개하기를 해야지 홈페이지가 노출이 된다. 네이버 검색은 노출하기를 해야지 내 홈페이지가 사이트 영역에 노출이 된다. 네이버 톡톡, N예약, 스토어도 연결도 가능하다. 뒤에 자세한 설명을 따로 한다.
(한 개의 네이버 실명 아이디로 3개의 모두 홈페이지 제작이 가능하다. 1인당 3개의 실명 아이디를 만들 수 있다.)홈페이지 1 이라는 녹색글자를 누르면 홈페이지 편집 창으로 바로 이동한다.
화살표 가르치는 톱니바퀴는 홈페이지 관리 창으로 이동한다.
우측 하단 적색버튼이 가리키는 것은 공동편집 아이콘이다. 다른 홈페이지와 틀리게 공동편집이 가능하다. 네이버 아이디만 입력하면은 공동편집이 가능하다. 컴퓨터를 잘못하는 경우에 다른 사람에게 공동편집을 제안하는 것도 하나의 좋은 방법이다.

그리고 방문자 통계 아이콘이 있는데 방문자 분석 기능이 있어서 어떤 사람들이 내 홈페이지를 방문했는지 분석이 가능하다. (자세한 내용은 이 책의 뒤에 소개하는 방문자 통계를 참조한다.) 웬만한 돈을 주고 만드는 홈페이지에 보다는 정말 다양한 기능이 있고 내가 수시로 수정과 관리가 가능한 아주 좋은 홈페이지 기능을 네이버 모두가 제공하고 있다.

03 구글 크롬 브라우저 설치하기

구글 설치하는 이유는 네이버 모두 홈페이지가 버전이 낮은 익스플로러에서는 잘 작동이 되지 않을 수도 있기 때문이다. 만약에 익스플로러를 사용한다면 9, 10을 권한다.

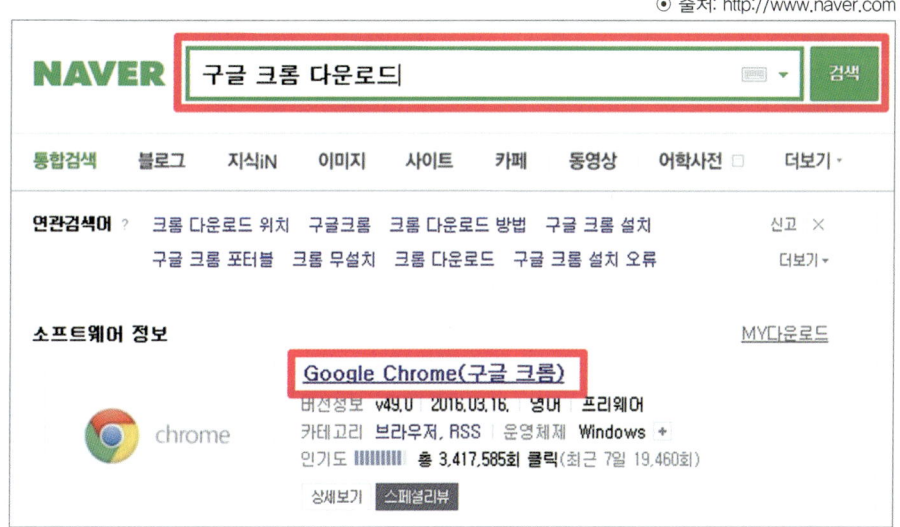

● 출처: http://www.naver.com

네이버에서 구글 크롬 다운로드를 입력하고 검색 버튼을 누르면은 소프트웨어 정보에 구글 크롬이란 프로그램이 뜬다. 클릭해서 다음 창으로 넘어가면은 구글 크롬 개발사 다운로드라는 페이지가 뜬다.

개발사 다운로드라는 것은 구글 회사 홈페이지를 방문해서 프로그램을 다운 받는 것이므로 클릭을 하면 된다.

사진에서 보는 것처럼 크롬 다운로드를 클릭하면 된다.

그리고 주의할 점은 크롬을 기본 브라우저로 설정하면 안 된다. 구글 크롬을 다운로드로 하고 기본 브라우저로 설정을 한 경우에는 카드 결제에 문제가 있으므로, 크롬을 기본 브라우저로 설정 체크를 안 함으로 꼭 해야 한다. 사용 통계 및 오류보고서도 안 해도 된다. 그리고 동의 및 설치 버튼을 눌러서 프로그램을 바탕화면에 저장하면 된다.

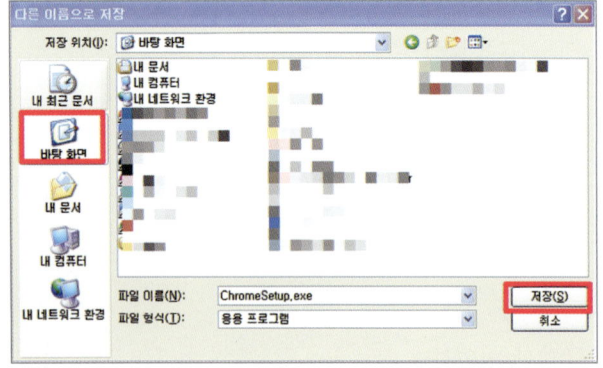

저장 버튼을 눌러서 바탕 화면에 프로그램을 설치한다

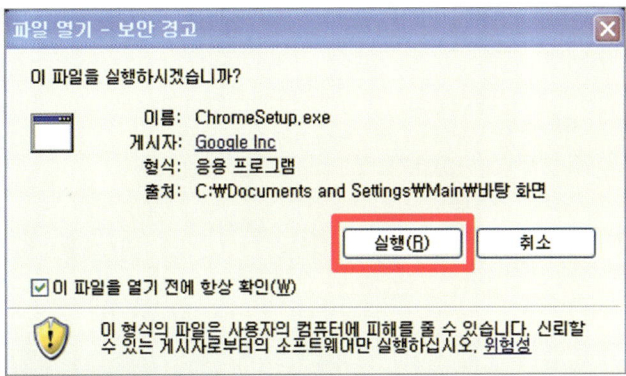

바탕화면에 설치된 구글 아이콘을 두번 클릭해서 실행 버튼을 눌러 준다.

다운로드 중이면 프로그램이 설치가 되는 것이므로 조금 기다리면은 자동으로 설치가 된다.

⊙ 출처: http://www.google.com

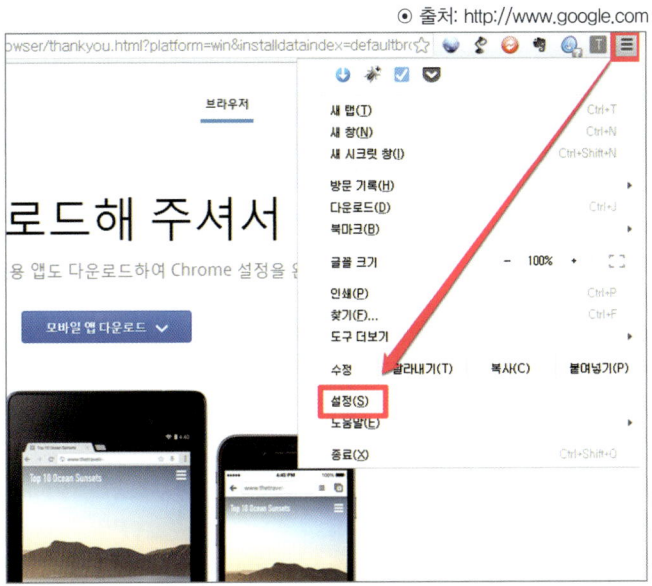

프로그램이 설치되면 화살표가 가르치는 우측 상단에 아이콘을 클릭하고, 하단의 설정 부분을 클릭한다.

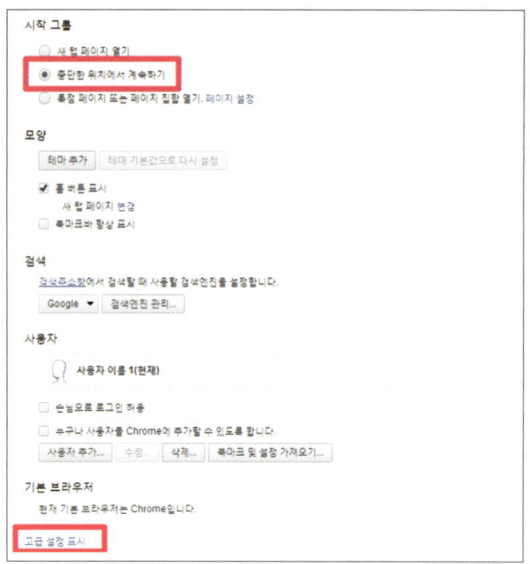
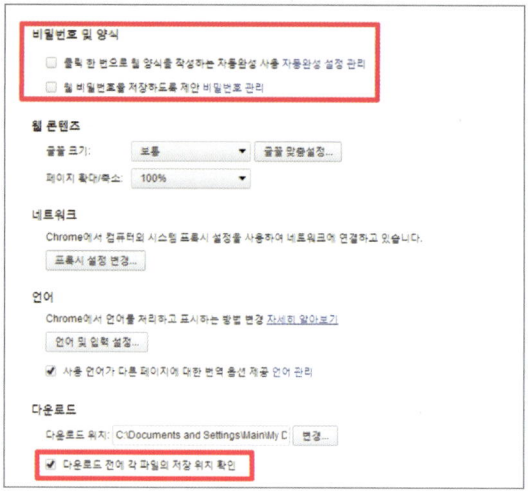

설정 부분에서 시작 그룹 아래를 보면은 '중단한 위치'에서 계속하기 이 부분을 체크해 준다. 이 설정은 새로운 창을 열지 않고 검색이 가능하기 때문에 아주 편리하게 사용이 가능하다. 계속해서 하단의 고급 설정 표시 를 눌러 준다.

비밀번호 및 양식에서 비밀번호 자동 양식을 체크를 해제를 꼭 해줘야 한다. 그리고 하단에 다운로드 부분이 있는데 여기에 다운로드 전에 각 파일의 저장 위치를 확인 부분을 꼭 체크를 해주어야 한다. 설정들은 자동 저장되기 때문에 따로 저장할 필요는 없다. 이제 구글 크롬을 사용하면 된다.

04 포토스케이프 설치하기

네이버 메인 창에서 포토스케이프라고 입력을 하고 검색 버튼을 누르면 소프트웨어 정보의 포토스케이프(PhotoScape) 파란색 글자를 클릭하면 된다.

무료 다운로드라는 우측 상당의 청색 아이콘을 클릭을 한다.

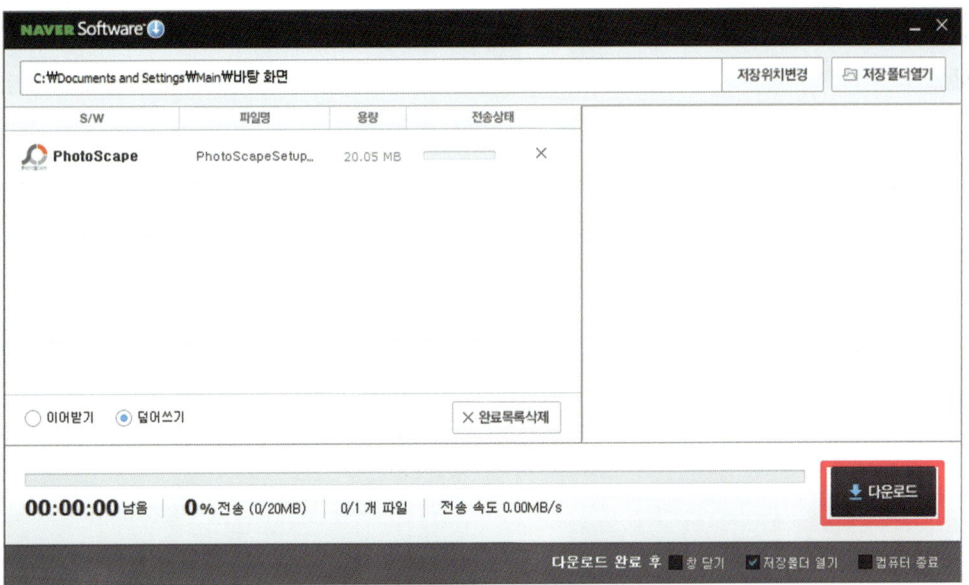

네이버 소프트웨어 팝업 창이 뜨는데 우측 하단에 다운로드 버튼을 눌러 주고 프로그램이 설치될 때까지 기다린다.

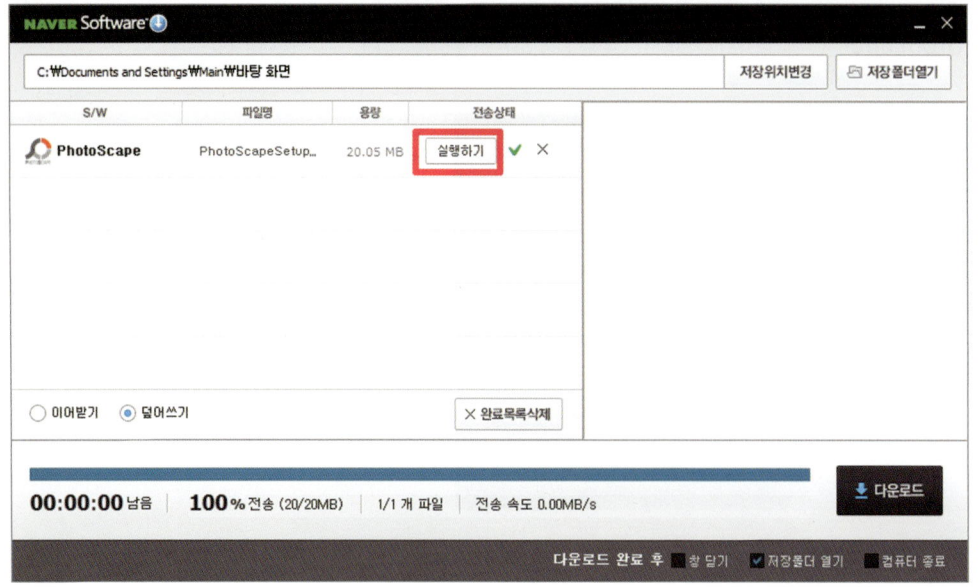

실행하기 버튼을 누르면 포토스케이프가 설치가 된다.

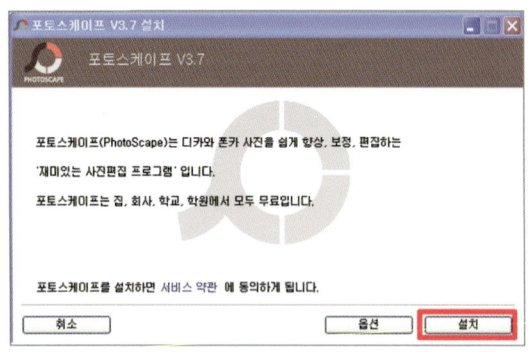

포토스케이프 설치를 누르면 된다.

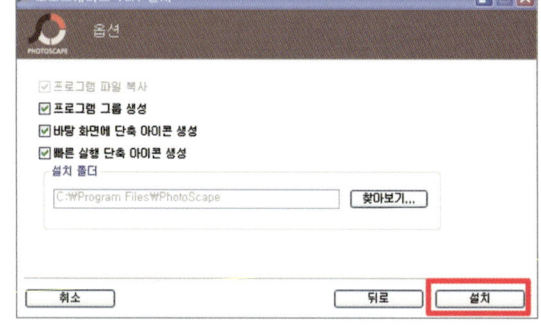

설치를 클릭한다.

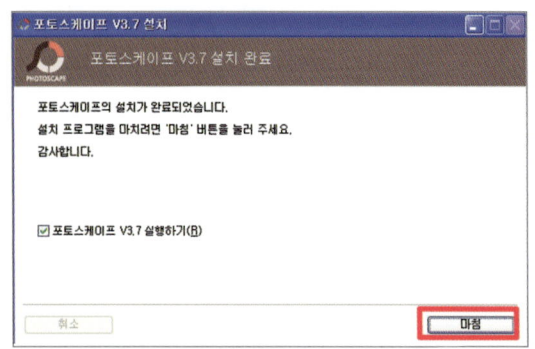

마침 버튼을 눌러 주면 포토스케이프 실행이 된다. 그리고 프로그램이 실행이 되어서 바로 사진 작업이 가능하다.

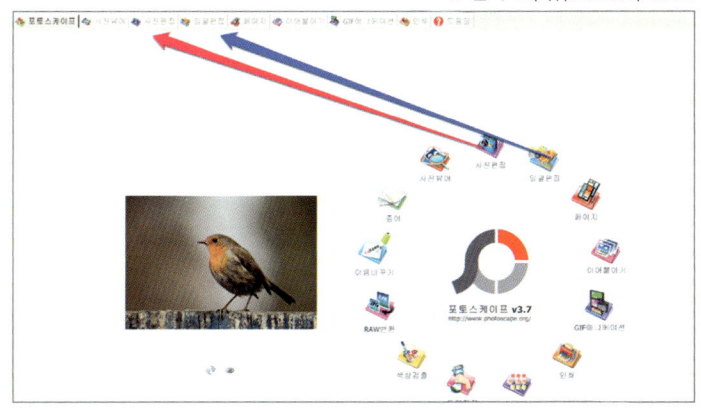

⊙ 출처: http://photoscape.com

포토스케이프에서 가장 많이 쓰이는 것은 사진편집과 일괄편집인데, 화살표가 가리키는 것처럼 상단메뉴에도 있다. 어느 그림 메뉴를 선택해도 사진편집이 일괄편집을 사용할 수가 있다.

05 알캡처 설치하기

사진을 캡쳐하는 프로그램은 여러 가지가 있다 그 중에서도 많이 쓰이는 것은 알캡쳐다. 알캡쳐를 다운로드해서 사용을 하는 이유는 툴 바를 사용하는 것보다 더 빠르고 팝업 창 등 어떠한 것들도 가능하다. 또한 캡쳐 이미지 위에 사각형 표시나 글자를 넣을 수 있고 다양한 용도로 사용하기 때문에 알캡쳐를 많이 사용하고 아주 편리하게 사용할 수 있다.

네이버 메인 창에서 알캡처라고 검색을 한다. 소프트웨어 정보에서 알캡쳐 프로그램 다운로드를 눌러준다.

무료 다운로드 버튼을 눌러 준다. 그러면 다운로드 팝업 창이 뜬다.

우측 하단 다운로드 버튼을 클릭한다.

저장 위치를 바탕화면으로 하고 저장 버튼을 누르면 프로그램이 내 컴퓨터에 설치된다.

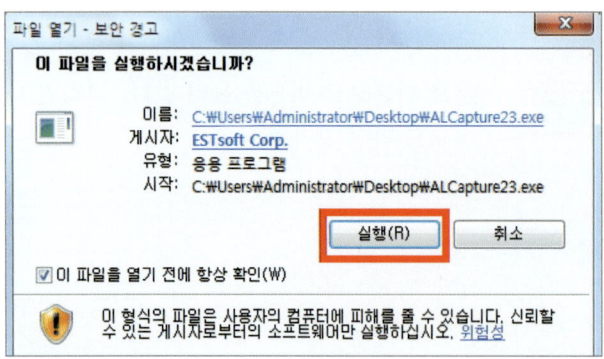

바탕화면에 저장된 프로그램을 두 번 클릭한다. 그리고 실행버튼을 클릭한다.

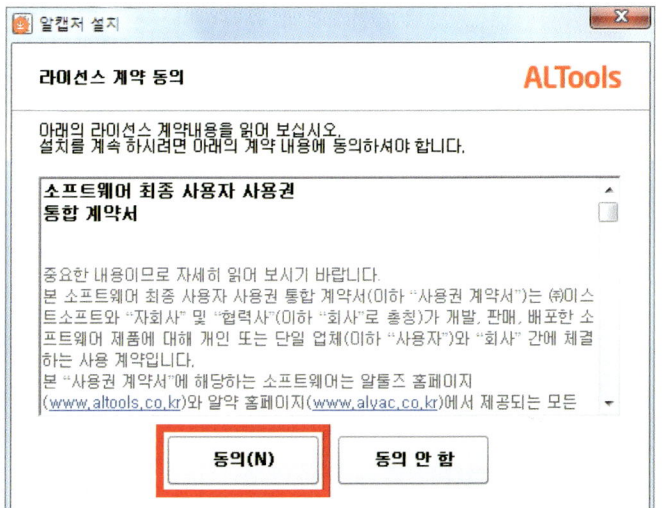

알캡처 라이선스 계약 동의버튼을 클릭한다.

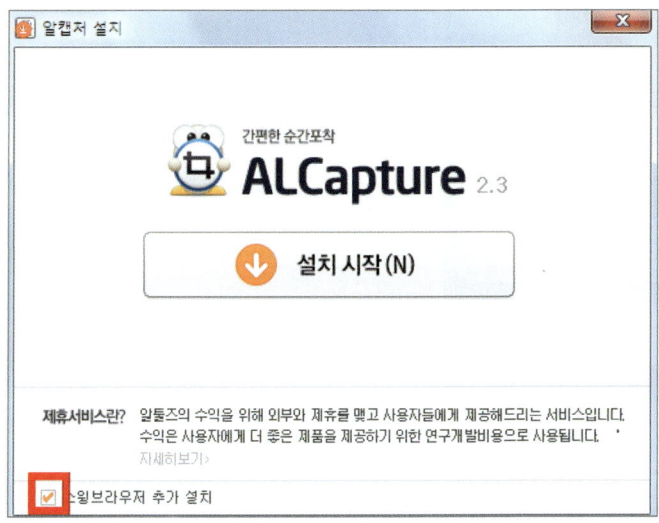

스윙브라우저 설치 버튼을 해제하고 설치 시작을 클릭한다.

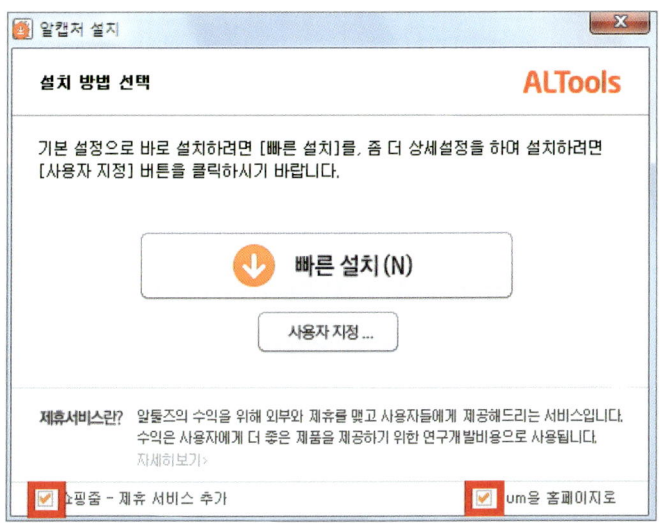

아래에 있는 체크를 다 해제하고 빠른 설치를 클릭한다.

확인버튼을 클릭한다

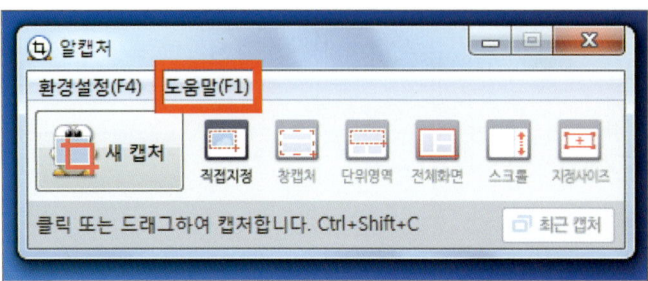

알캡쳐가 실행한 화면이다. 캡처가 진행된다면 키보드 Esc를 누르면 해제가 된다.

도움말을 클릭한다.

알캡처 도움말에서 다양한 사용법을 배울 수 있다.

06 네이버 클라우드 설치하기

네이버 클라우드를 설치 하는 이유는 스마트폰에서 찍은 사진을 바로 내 컴퓨터 pc에서 바로 다운로드 할 수 있고 네이버 모두홈페이지에 사용을 할 수 있기 때문에 아주 편리한 기능이다. 스마트폰으로 찍은 사진을 컴퓨터에서 보내기 위해서는 USB를 이용해서 pc 전송해야 되지만 네이버 클라우드를 설치하면 엄청난 시간을 절약할 수 있다. 네이버 클라우드에서 저장된 사진을 pc에서 바로 다운로드 할 수 있고 네이버 모두 홈페이지에 바로 사진을 올릴 수 있으므로 유용한 기능으로 사용할 수 있다.

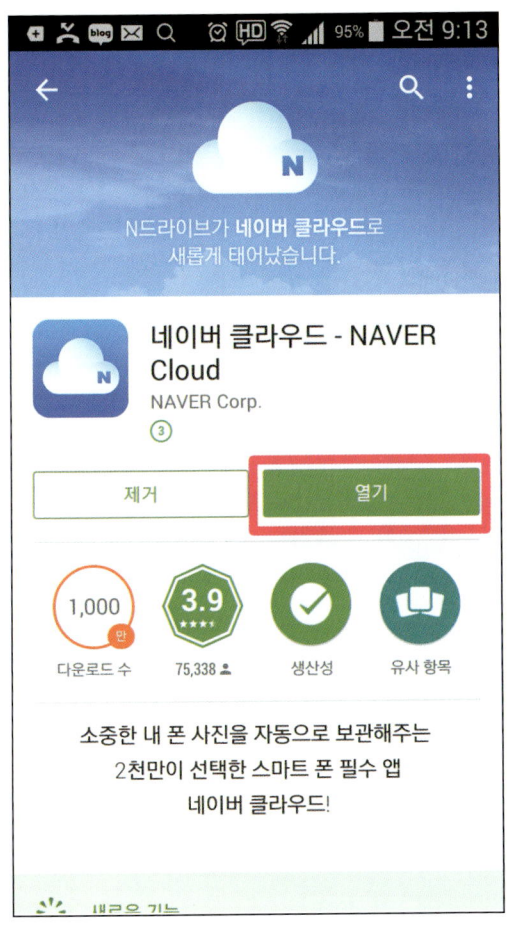

우선 스마트폰에서 플레이스토어에서 네이버 클라우드로 검색하고 설치 버튼을 눌러서 스마트폰에서 앱을 설치를 해야 한다.

네이버 클라우드가 내 스마트폰에서 바탕화면에 설치된 상태로 앱으로 나타난다. 네이버 클라우드를 눌러준다.

네이버 클라우드가 실행되면 좌측 상단에 있는 아이콘을 클릭한다.

우측의 톱니바퀴 설정부분을 클릭한다.

맨 먼저 해야 될 부분은 올리기 내리기에서 자동 올리기를 켜 주어야 한다.

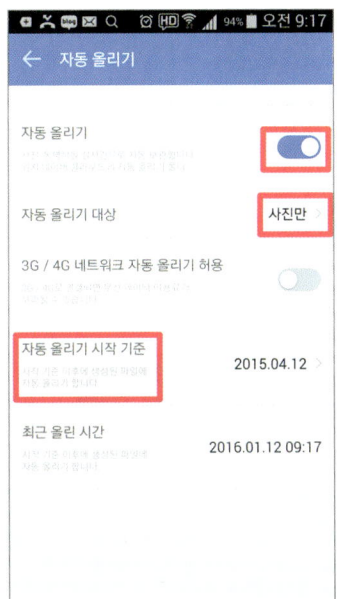 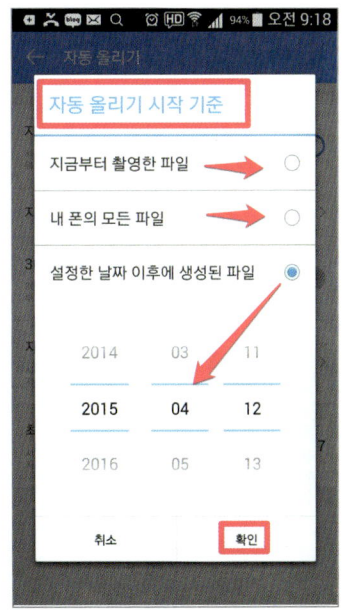

자동 올리기가 버튼이 청색이 되어야 한다. 와이파이 사용에만 사진 전송시에는 3G / 4G 네트워크 자동 올리기 허용은 해제해야 한다. 핸드폰 요금제 4~5만원 대는 3G / 4G 네트워크 자동 올리기 허용 해도 되지만 데이터 요금에 주의해야 한다.

지금부터 촬영한 파일은 이 시간부터 촬영한 사진을 네이버 클라우드에 올린다는 의미이다. 내 폰의 모든 사진을 올릴 때에는 와이파이 사용시 꼭 사용해야 한다. 설정한 날짜 이후에 생성된 파일은 선택하면 그날 이후 사진은 모두 네이버 클라우드에 저장된다.

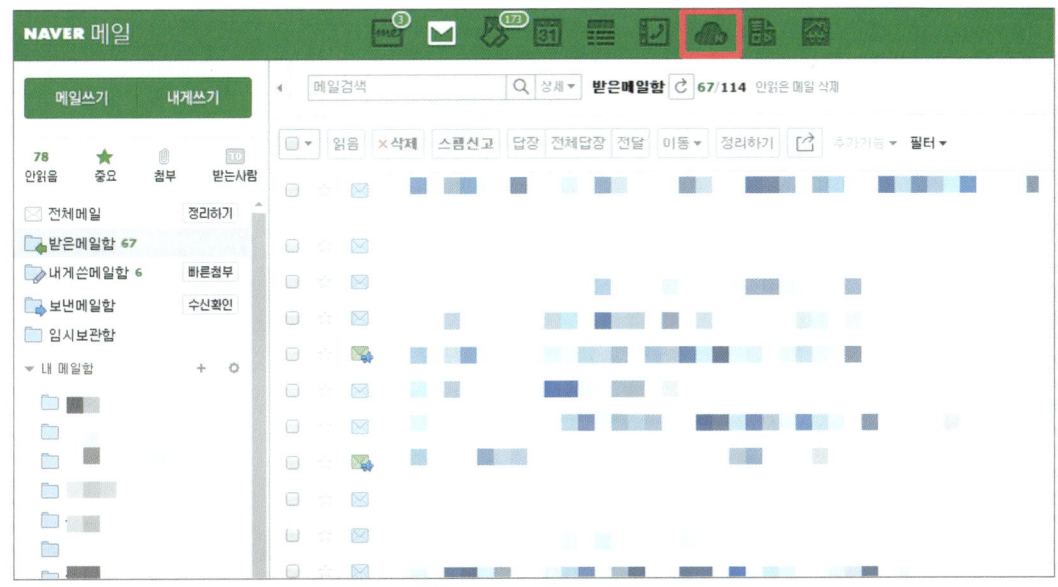

네이버 메일을 열면은 상단 앱을 보면 구름 모양의 모양의 네이버 클라우드를 클릭한다.

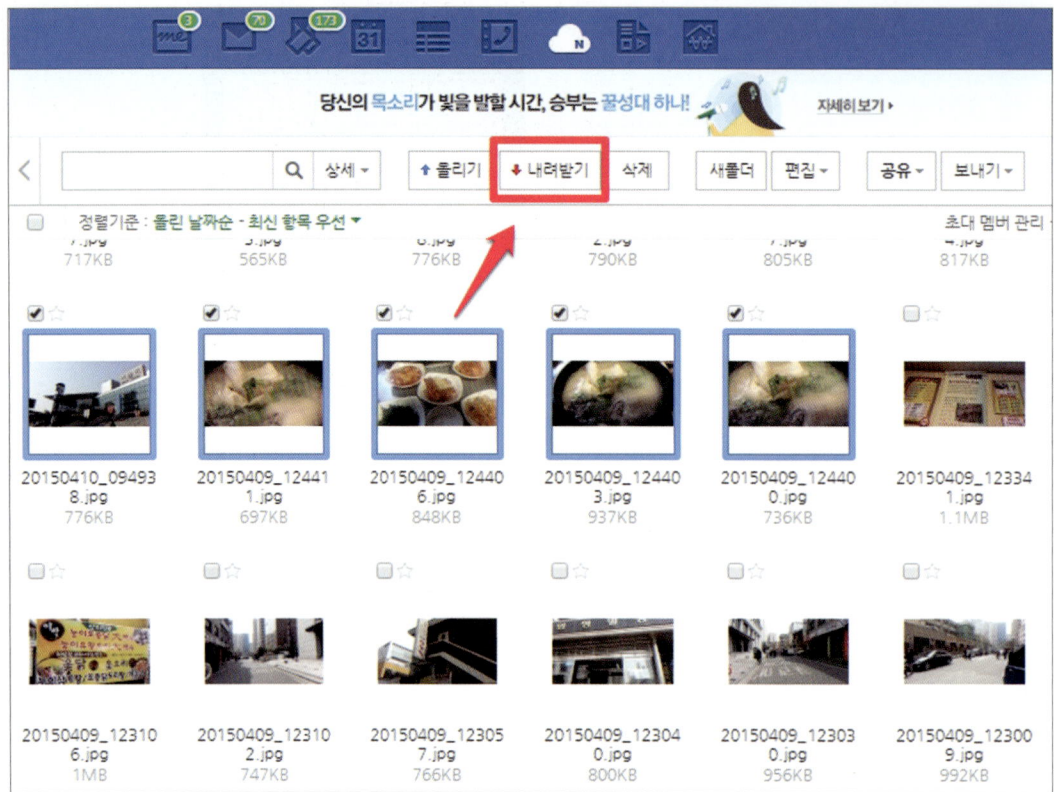

네이버 클라우드 클릭하면은 내가 찍은 스마트폰이 찍은 사진이 바로 바로 올라온다. 여기에서 선택된 사진을 내 pc에서 저장을 하고, 그걸 바로 네이버 홈페이지 사진을 바로 사용 가능하다. 제대로 사용하면 아주 편리한 기능이 다 블로그나 카페를 사용하거나 페이스북에서 사용할 때도 아주 편리하게 사용할 수 있다.

Chapter 02 홈페이지 실제 활용

네이버 모두 홈페이지는 홈페이지 자체에 용도뿐만 아니라 다양한 활용 방법이 있다.
그 활용 방법을 자세히 알아보도록 한다.

01 네이버 검색 등록은 자동

네이버 사이트 등록은 새롭게 마이비지니스로 변경되었다. 일반적으로 홈페이지를 만들었다고 해서 사이트 검색 등록을 할 수 있는 것이 아니라, 검색 엔진이 홈페이지를 인식하게끔 사이트 맵 등 다양한 조치가 필요하다. 하지만 네이버 모두 홈페이지에서는 간단하게 조작만으로 사이트 등록이 24시간 이후에 바로 등록이 된다.

◉ 출처: 출처: http://www.modoo.at

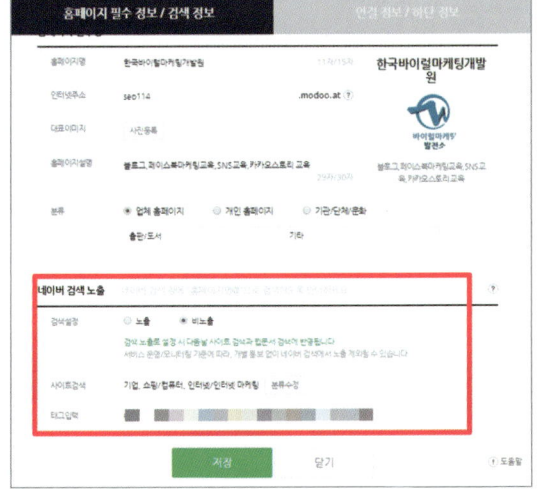

홈페이지 관리에서 홈페이지 필수 정보 검색 정보로 들어가면 네이버 검색 노출에서 검색 설정을 할 수 있다. 검색 설정에서 노출로 선택하고 사이트 검색에 대한 분류 정보를 입력하고 태그를 입력하면 된다.

02 지도 검색 등록은 간단히!

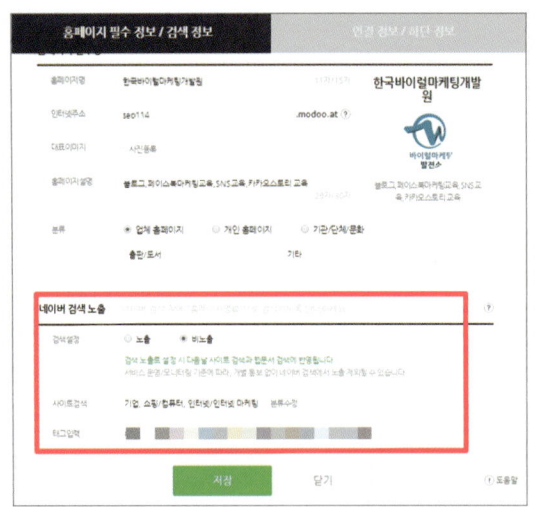

홈페이지 관리에서 홈페이지 필수 정보 검색 정보로 들어가면 네이버 지도 연결이 있다. 전화번호 입력하고 주소를 입력하고 위치가 맞는지 확인을 한 다음, 지도 연결에서 지도 업체 정보에 연결 하기를 선택하고 저장하면 된다.

03 톡톡 바로 고객과 상담할 수 있습니다

네이버 톡톡은 카카오톡과 비슷하다고 생각하면 된다. 다른 점은 친구가 아니어도 상담을 할 수 있다는 것이다. 톡톡을 가입한 다음 홈페이지 관리에서 톡톡 연결하기를 선택하면 모두 홈페이지에서 실시간으로 고객들과 상담할 수 있는 아주 편리한 서비스이다.

04 통계 기능으로 고객관리

홈페이지 관리에서 해당 사이트에 방문자 통계를 클릭하면 별다른 조치 없이 모두 홈페이지에 사이트 현황이나 방문 분석할 수 있다.

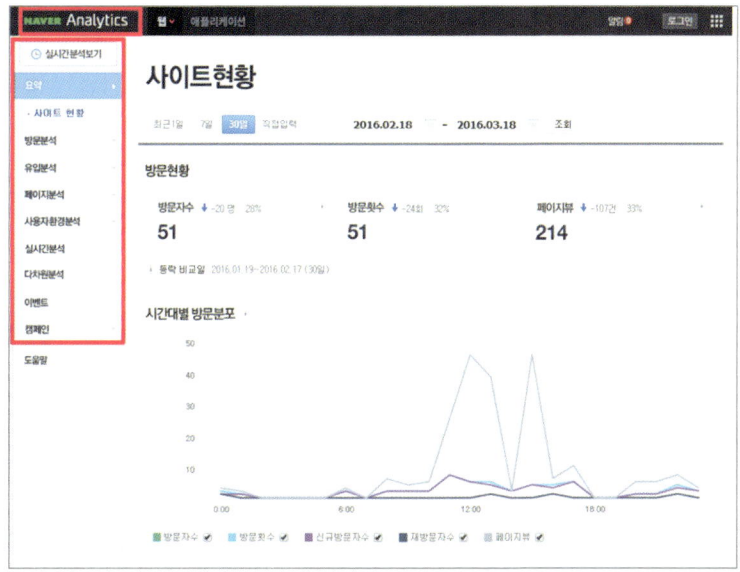

방문자 통계 즉 네이버 애널리틱스는 홈페이지에 사이트 현황과 방문자 분석과 방문 키워드와 페이지 분석을 할 수 있는 아주 유용한 도구이다. 이것은 네이버 모두 홈페이지와 연결되어 있어서 언제 어디서나 홈페이지를 분석할 수 있기 때문에 홈페이지를 운영하는데 아주 많은 도움이 된다.

05 쿠폰, 이벤트 공지 바로 바로

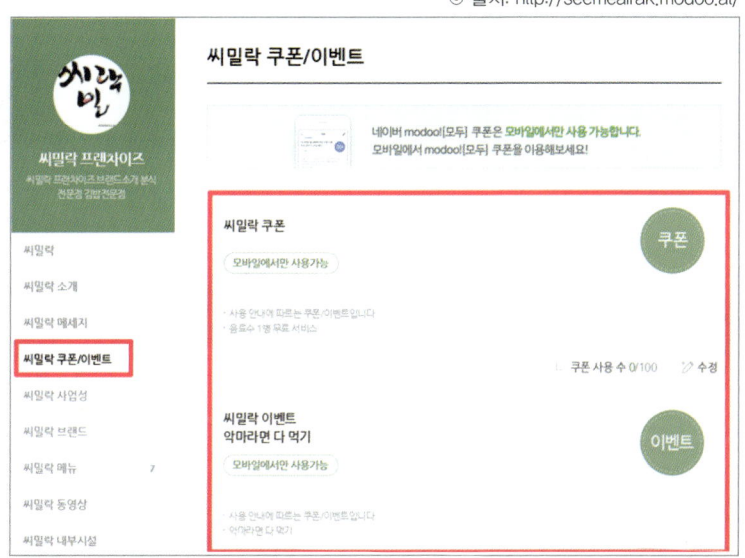

별다른 프로그램 없이 모두 홈페이지에서 쿠폰 발행이나 이벤트를 진행할 수 있다. 고객 방문이 가능한 업종이라면 아주 유용한 도구이다.

06 일정, 예약 관리는 스케줄로 편리하게

⊙ 출처: http://seo114.modoo.at/

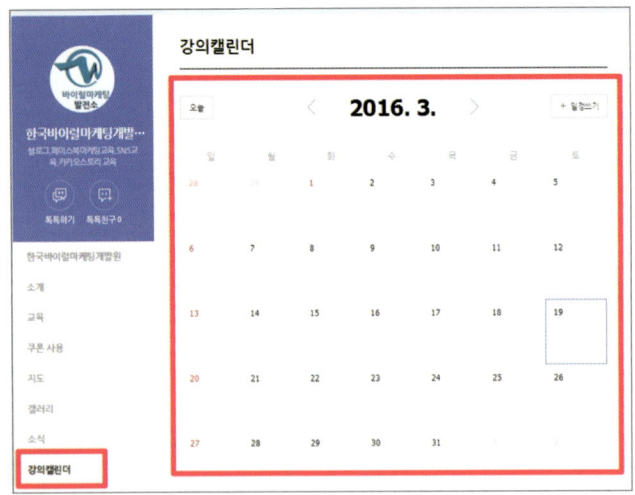

모두 홈페이지 스케줄은 캘린더 기능으로 사업장에 정보를 고객이 쉽게 알 수 있게끔 만들어 놓은 것이다. 그림에서 보듯이 행사 일정이나 이벤트 일정을 고객이 쉽게 볼 수 있으므로 고객과 소통하기 아주 좋은 도구이다.

07 상품 판매는 스토어팜 연결하여 쉽게

네이버 스토어팜을 운영한다면 모두 홈페이지와 자동으로 연결될 수도 있다.
하나의 홈페이지에서 쇼핑몰을 연동시킨다는 것은 상품 판매와 결제가 이루어진다는 개념이므로 소비자들이 거부 반응 없이 결제를 할 수 있다.

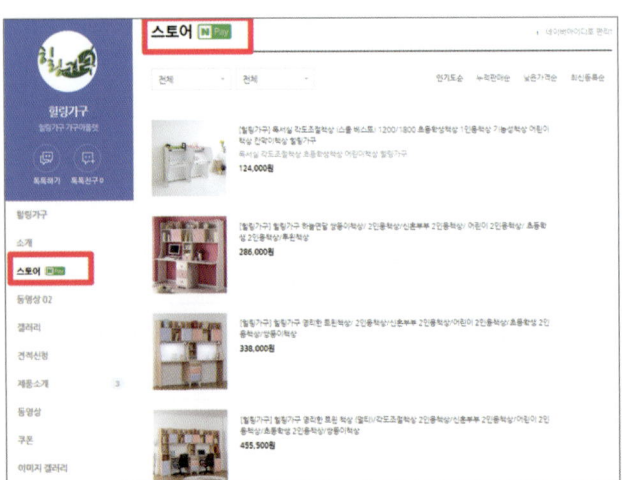

만약에 네이버 스토어팜을 운영 하지 않는다면 자신이 판매하는 상품이나 서비스를 네이버 스토어팜에 등록 하는 것도 하나의 좋은 방법이다.

08 홈페이지 공동편집, 선물하기

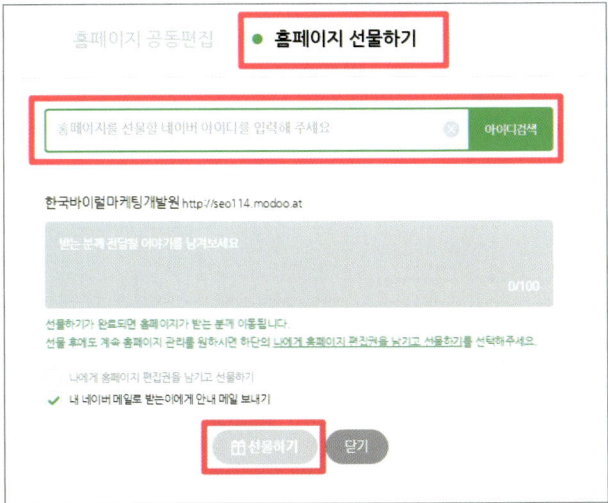

특이하게 모두 홈페이지에서는 공동 편집이나 선물하기 기능이 있다.
소규모 자영업자를 위한 아주 유용한 서비스이다. 컴퓨터를 하지 못하는 세대를 위해서 조금 더 컴퓨터를 잘하는 자들이 만들어서, 간편하게 네이버 모두 홈페이지에 모든 권리를 선물한다는 개념이라 아주 유용하게 쓸 수 있다.

09 직접 인쇄 미니 간판&라벨 스티커

간편하게 쓸 수 있는 미니 간판이나 라벨을 만들 수 있는 기능이다. 따로 인쇄를 하지 않고 컬러 프린터로 바로 라벨지 인쇄할 수 있는 기능이다.

미니간판은 간편하게 문 앞에 붙여서 홍보할 수 있다. 라벨은 전단지 등 우편물에 붙여서 바로 홍보로 활용을 할 수 있다.

>> Chapter

03 PC에서 홈페이지 만들기

01 홈페이지에 메인 화면 만들기

네이버 모두 홈페이지에서 메인 화면을 만들어 본다. 홈페이지를 제일 중요한 것은 고객이 맨 먼저 방문하는 메인 페이지가 제일 중요하다. 여기에서 다른 페이지로 연결이 되어서 전체적인 회사의 소개나 제품, 서비스 소개를 하고 있는데 그 중에서 제일 중요한 것이 메인 화면이다. 여기가 회사를 보여주는 얼굴이라고 생각하고 정성을 다해서 만들어야만 한다

⊙ 출처 : http://www.modoo.at

네이버 모두 홈페이지이다. 모두 홈페이지 제작을 위해서는 PC에서 하는 게 편하다. 나도 시작하기 버튼을 클릭한다.

'나도 만들기' 버튼을 클릭한다.

확인을 클릭한다.

통계를 위한 설문조사에 내용에 답하고 다음을 클릭한다.

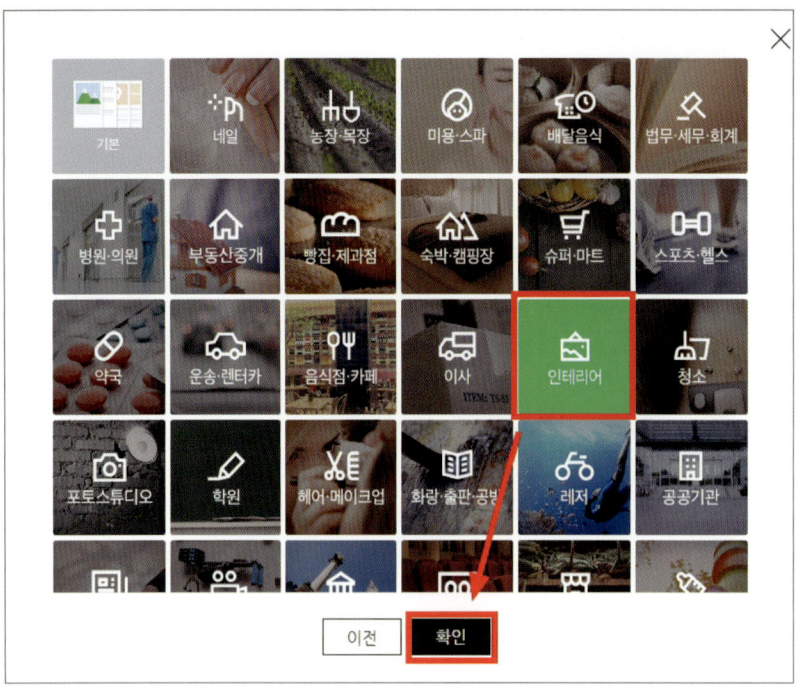

초보자도 쉽게 만들도록 업종에 맞는 맞춤 템플릿(디자인 샘플)이다. 먼저 템플릿 중에서 업종에 맞는 것을 선택 하면 쉽게 제작이 가능하다. 수정 보완도 가능하므로 어느 정도 비슷하면 바로 선택한다. 인테리어를 선택하고 밑에 만들어보기 버튼을 클릭한다.

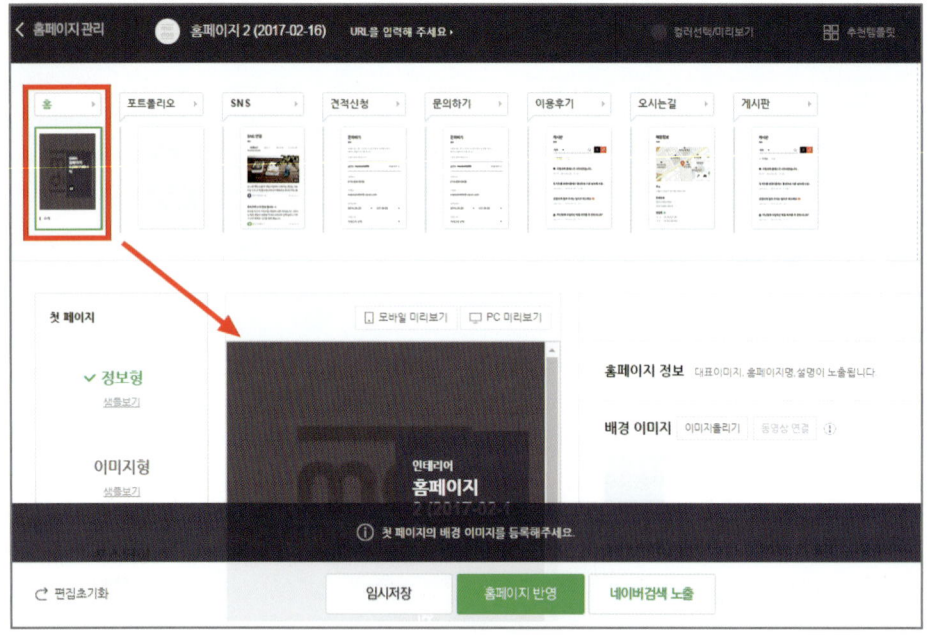

새롭게 변한 모두 홈페이지 메인 페이지 만드는 곳이다. 좌측 적색 사각형 표시가 홈페이지 방문 시 처음 보이는 곳이다. 새롭게 바뀐 것은 메인 페이지 형태가 정보형, 이미지형, 포스터형, 버튼형으로 선택하게 만들어져 있다. 기본으로 정보형(좌측 녹색 글자)으로 된 것으로 작업을 한다.

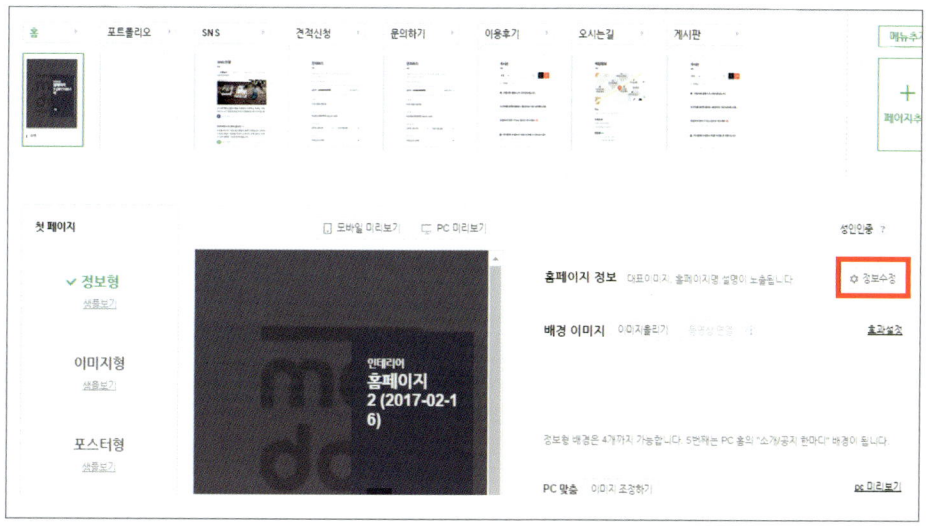

먼저 우측 방향의 정보수정을 클릭한다

홈페이지 필수정보인 홈페이지명 그리고 홈페이지 인터넷주소를 적는다. 홈페이지 주소는 변경이 안 되므로 기억하기 쉽게 되도록 짧게 한다.

여기에서 홈페이지 명은 회사 이름이나 상호가 되겠다. 그러나 네이버 사이트 등록에서 노출되는 중요한 역할을 하므로 꼭 상호와 일치하지 않아도 된다. 노출을 원하는 명으로 작성해도 된다. 인터넷 주소 같은 경우에는 0000.modoo.at 앞에 붙는 부분이기 때문에 너무 길면 외우기 힘들므로 영어로 네자 정도 그리고 뒤에 숫자 네자 정도가 되면 좋다. 이것을 입력해야지만 다음 단계로 넘어갈 수 있기 때문에 미리 홈페이지 브랜드 명이나, 홈페이지 주소를 미리 준비하면 좋다

대표 이미지에서 이미지 올리기를 클릭한다. 미리 이미지를 가로, 세로비율 150~ 300 픽셀 정도 작업을 해놓는 것이 좋다. 없으면 간판이나 로고 사진을 찍어서 올려도 된다. (이 책의 로고 만들기를 참조한다.) 만약 준비가 안된 경우 나중에 해도 된다.

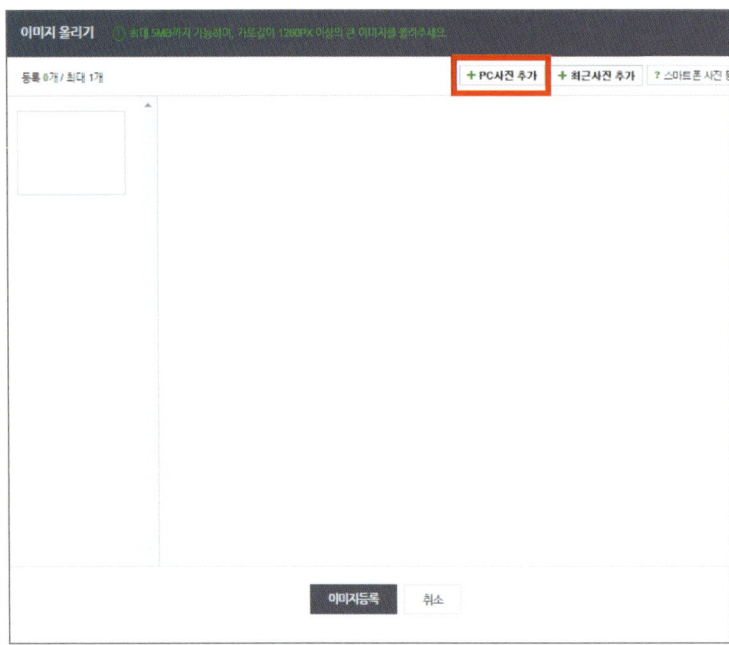

PC사진 추가를 클릭한다.

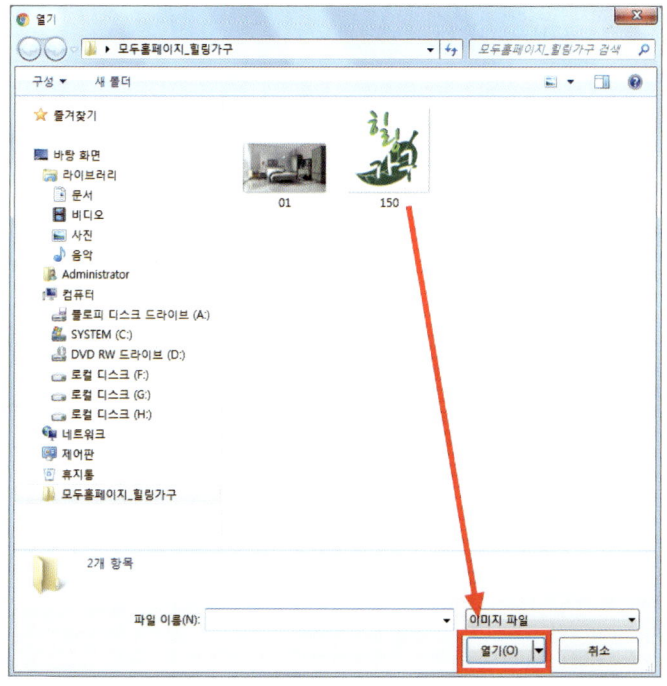

이미지를 선택하고 열기를 클릭한다.

이미지등록을 클릭한다.

홈페이지 설명은 회사나 개인이 하는 내용을 간단하게 적는다. 네이버 사이트 노출에서 중요하므로 필요한 경우 나중에 수정을 꼭 해야 한다.

분류에서 선택 버튼을 눌러서 업체 분류 해당 사항을 선택한다.

해당 분류를 선택한다.

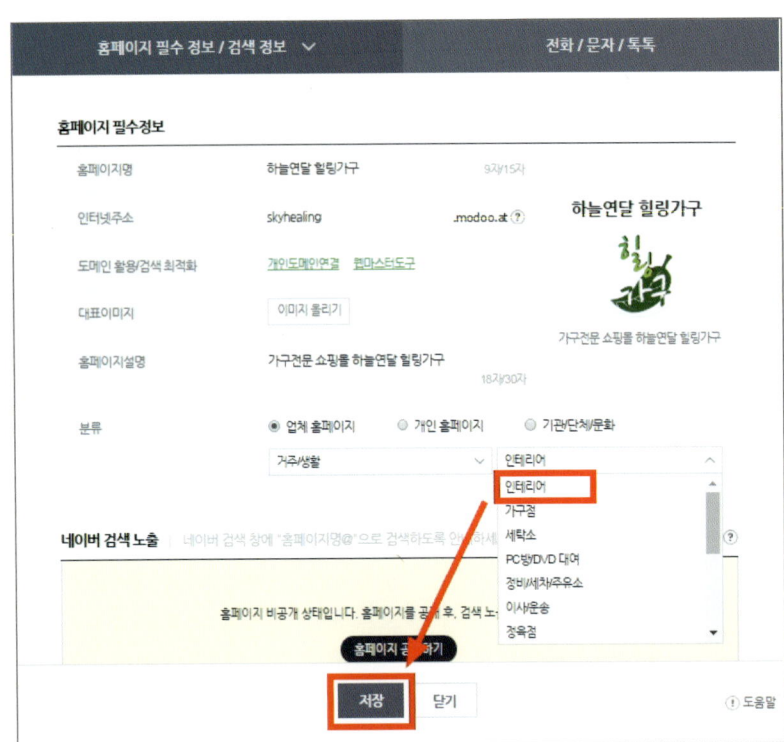

해당 하위 분류를 선택한다. 네이버 검색 노출 **홈페이지 공개하기** 부분은 네이버 사이트 영역에 노출되므로 홈페이지가 어느 정도 완성이 된 상태에서 공개를 하는 것이 좋다. 여기서는 클릭을 하지 않고 하단에 있는 저장 버튼을 클릭한다

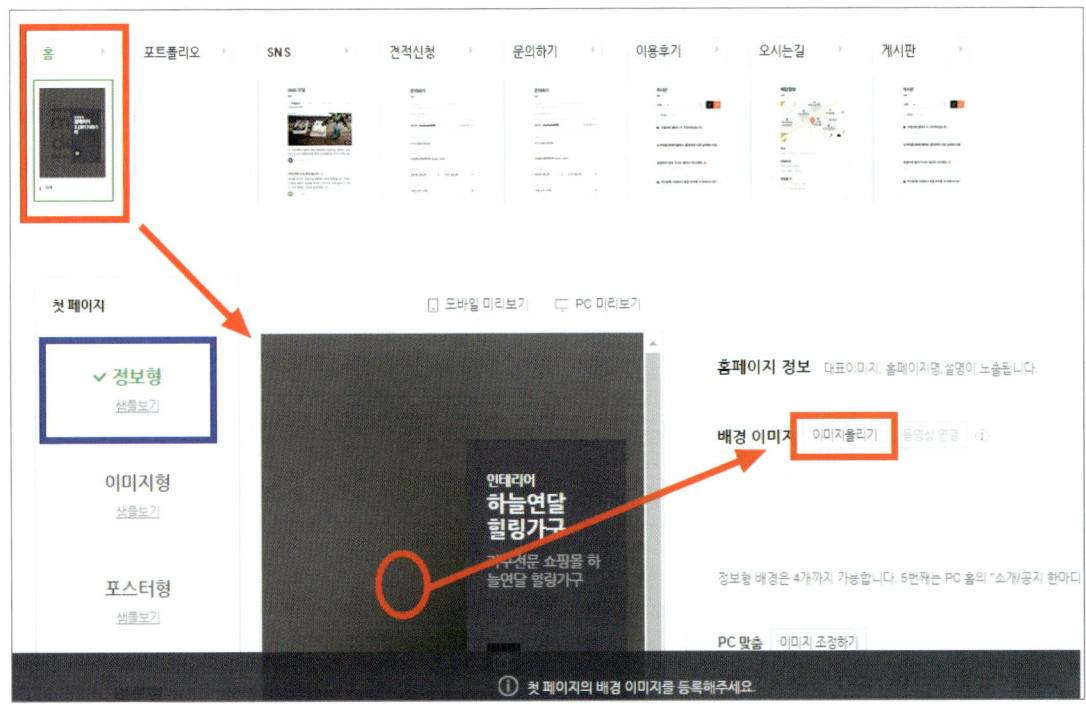

홈페이지 메인 화면 배경 이미지를 만들기 위해서 이미지 올리기를 클릭한다.

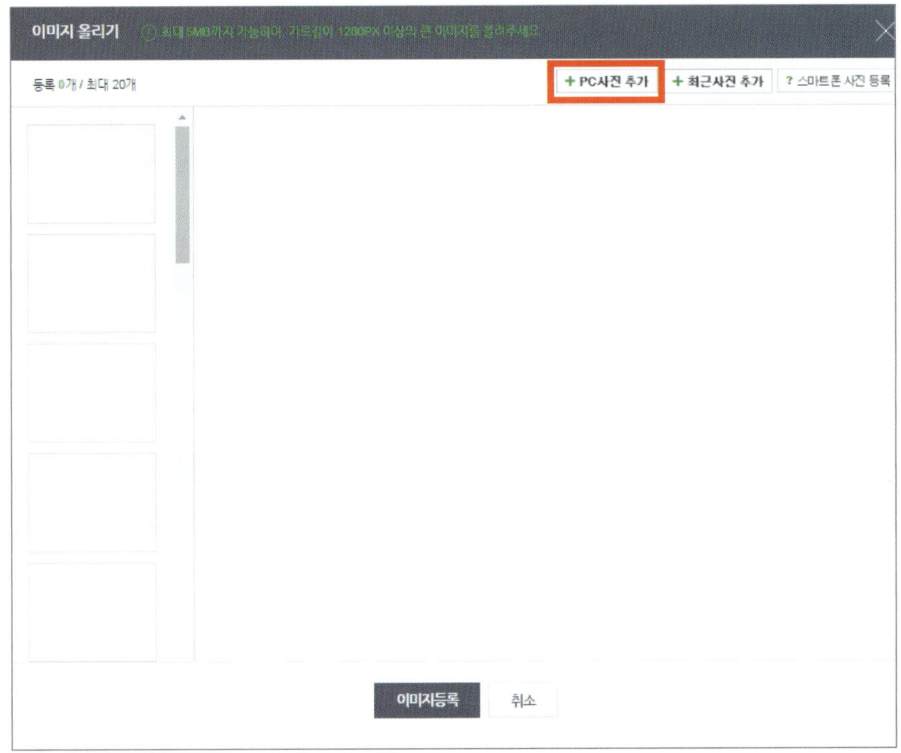

PC사진 추가를 클릭한다.

Chapter 03 _ PC에서 홈페이지 만들기 :: **45**

이미지를 선택하고 열기를 클릭한다.

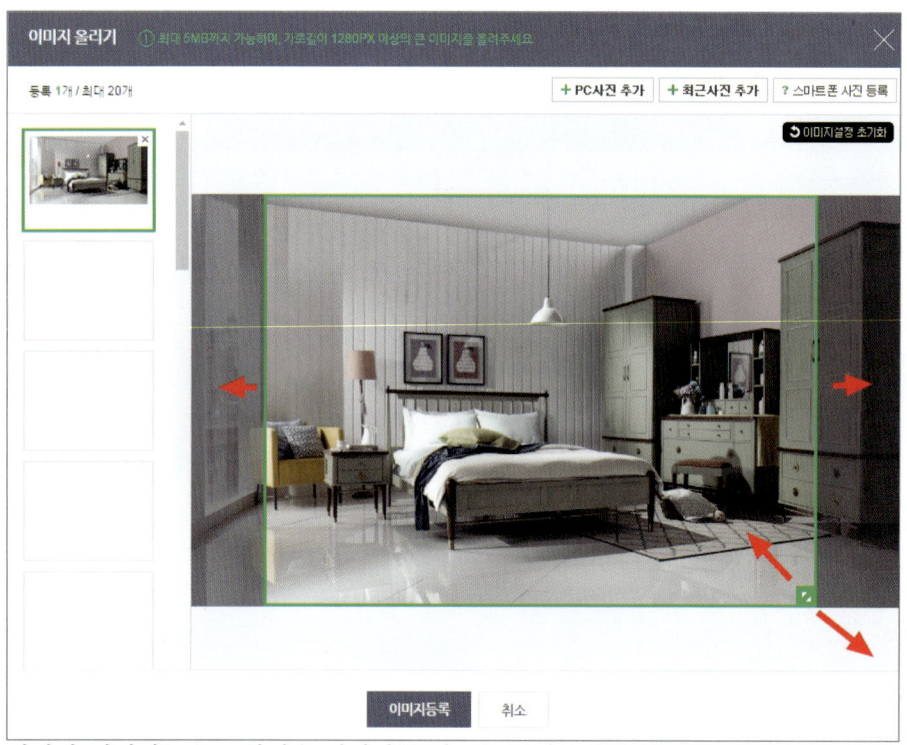

이미지 편집기능으로 불러온 이미지를 좌, 우로 이동해서 편집이 가능하다. 우측 하단 녹색 선에서 크기 조절이 가능하다. 작은 이미지보다 큰 이미지를 이용해서 편집해서 사용하는 것이 좋다. 이미지등록을 클릭한다.

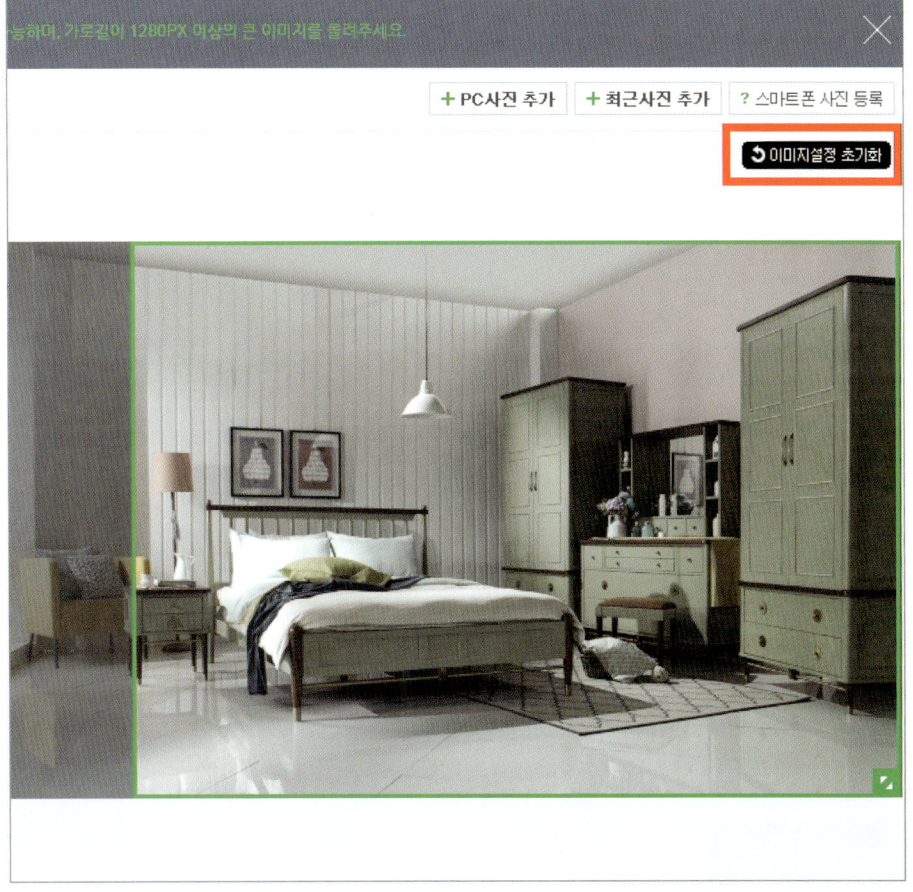

만약에 이미지 편집이 잘못된 경우에는, 우측 상단 이미지설정 초기화를 누르면 처음 이미지로 되돌아간다.

화면을 아래로 내리면 전화/문자/톡톡/공유 옆 정보 수정을 클릭한다.

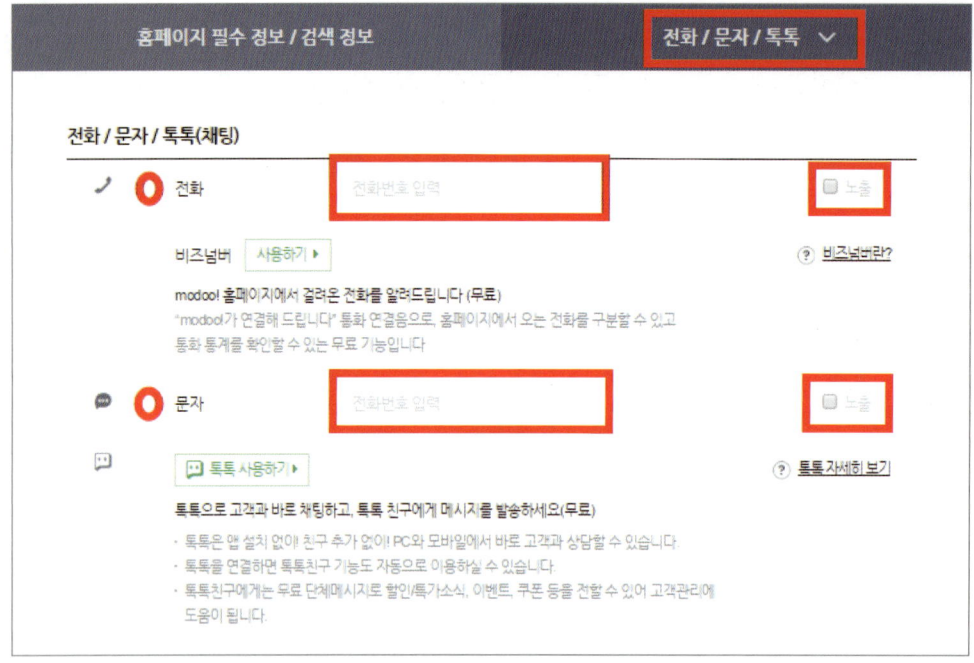

전화번호와 문자를 받을 핸드폰 번호를 입력하고 노출을 선택하고 저장을 클릭한다. 톡톡은 카카오톡 과 같은 것으로 네이버 톡톡 파트너센터에서 새롭게 만들어서 사용이 가능하다.

소개 문구를 입력을 한다. 이미지 갤러리는 자동으로 홈페이지 내의 이미지를 불러오는 기능이다.

우측에 입력한 내용이 좌측에 노출이 된다.

버튼은 해당 서비스를 이용하면 연결하기를 클릭한다. 스토어나 N예약은 뒷장에서 설영한다. 추가 버튼은 +버튼을 눌러서 등록한다. [실제로 메인 페이지와 회사소개 페이지 만들기] 참조. 메뉴별 요약정보는 홈페이지 메뉴가 자동으로 노출되는 것이다. 홈페이지 하단 정보공유하기를 클릭한다.

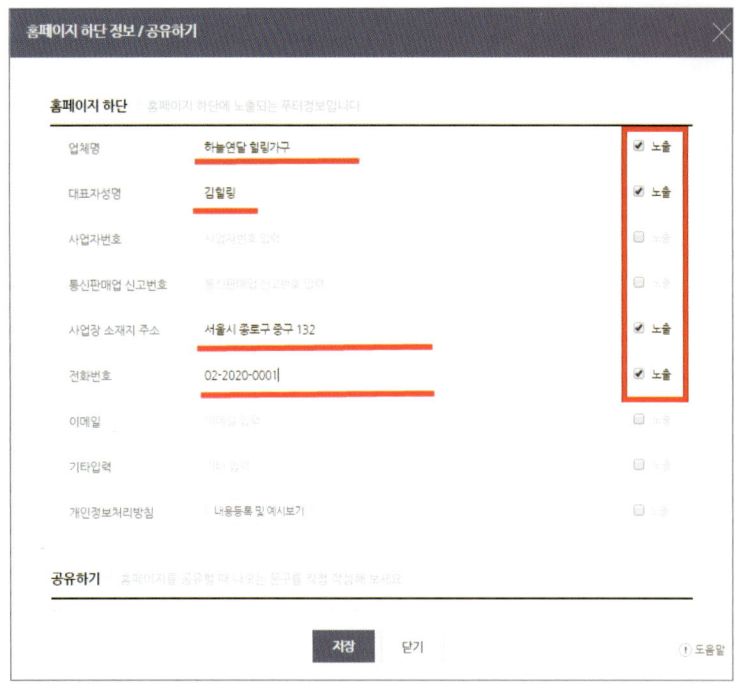

홈페이지 방문 시 하단에 나오는 회사정보이다. 업체명, 대표자 성명, 전화번호, 이메일 등을 적고 노출 버튼을 선택한다. (쇼핑몰인 네이버 스토어팜과 연결된 경우는 사업자번호, 통신판매업 신고번호를 노출해야만 한다.)

개인정보처리방침인데 홈페이지 운영 시 수집한 개인정보에 대한 처리방침이므로, 전화번호 수집이나 문의게시판을 운영을 하면 홈페이지에 기본적으로 노출이 되어야 한다. 내용등록 및 예시보기를 클릭한다.

복사하기를 클릭한다.

등록 후 노출을 선택하고 닫기를 클릭한다.

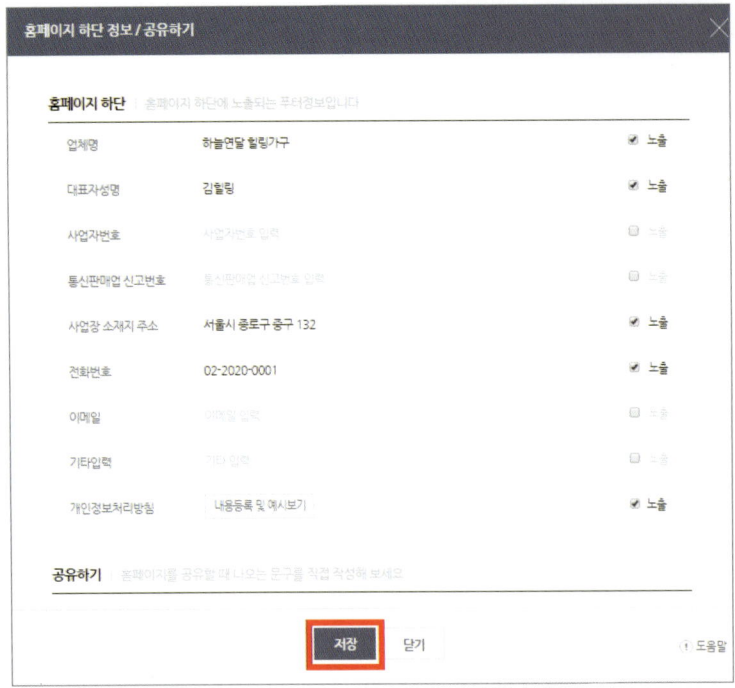

저장을 클릭한다

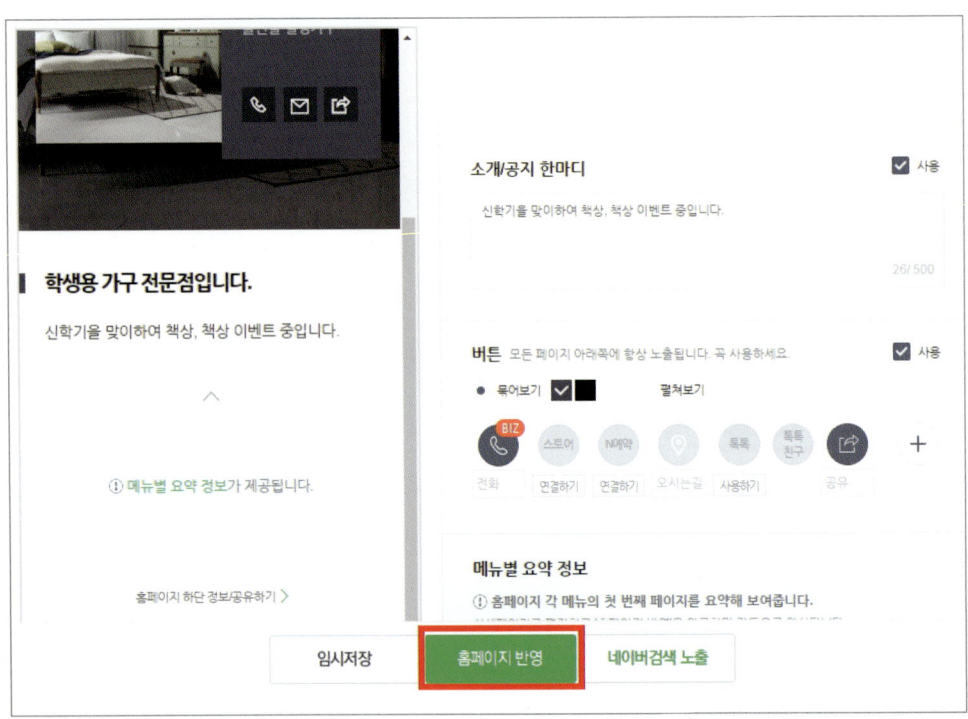

임시저장을 한 번 클릭하고 나서 홈페이지 반영을 클릭한다.

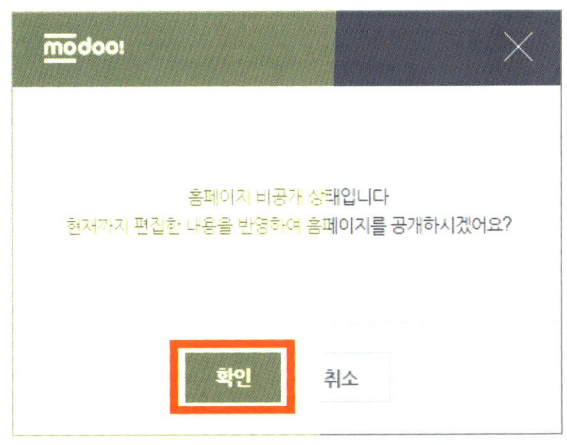

확인을 클릭한다.

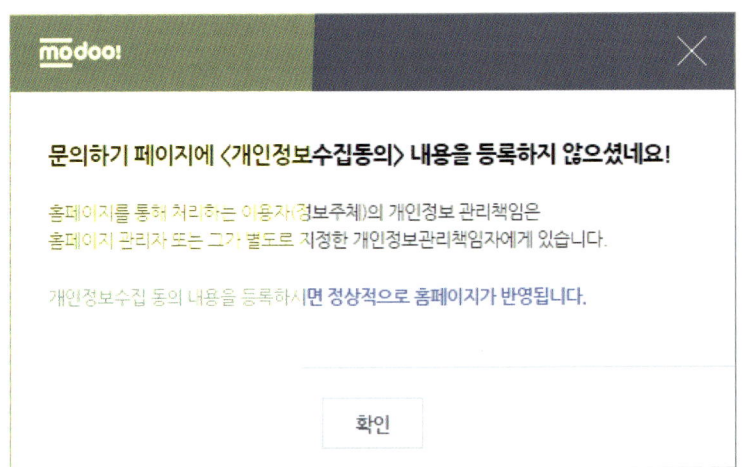

문의하기 게시판이 있는 경우 개인정보수집동의 등록내용 때문에 바로 반영이 안된다. 확인을 클릭한다. (문의게시판으로 이동한다.)

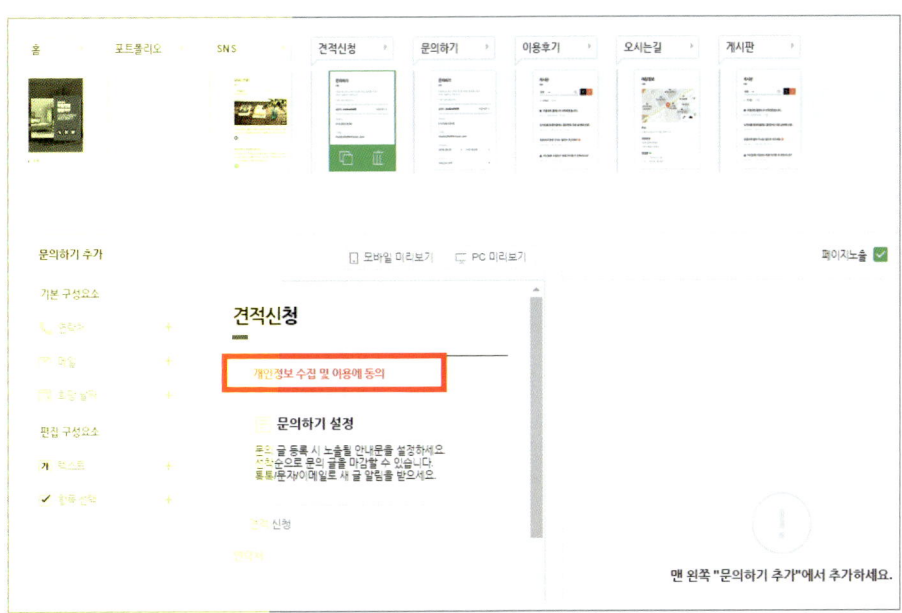

개인정보 수집 및 이용에 동의를 클릭한다.

노란색 내용을 복사해서 내용 입력 난에 붙여 넣기를 한다. 홈페이지 반영을 클릭한다.

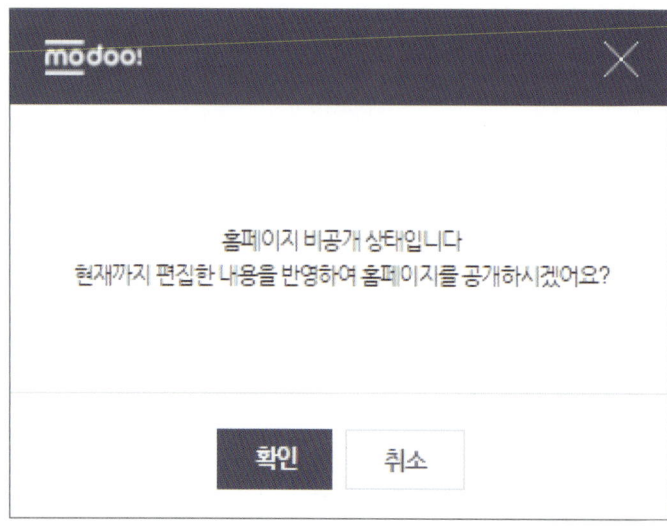

확인을 클릭한다.

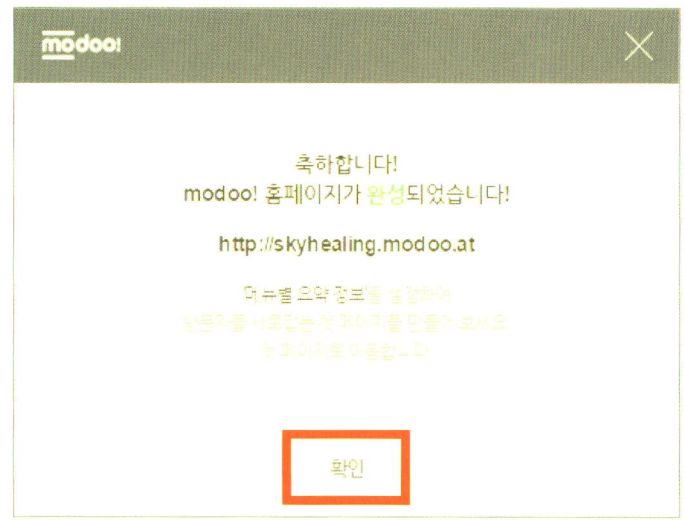

모두 홈페이지가 완성되었습니다! 확인을 클릭한다.

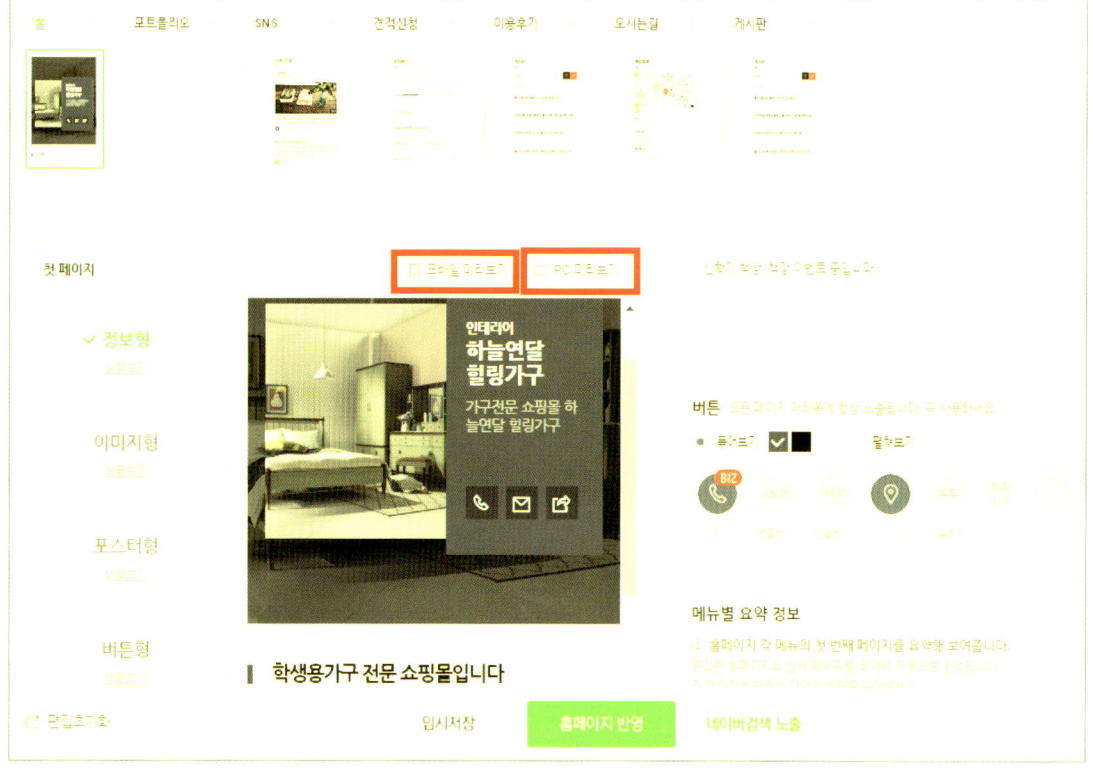

모바일 미리보기, PC미리보기는 만들고 있는 홈페이지의 실제 모습을 미리 보여주는 것이다. 홈페이지 반영 전에 수시로 확인하는 것이 좋다. 모바일 미리보기를 클릭한다.

모바일 홈페이지 모습이다.

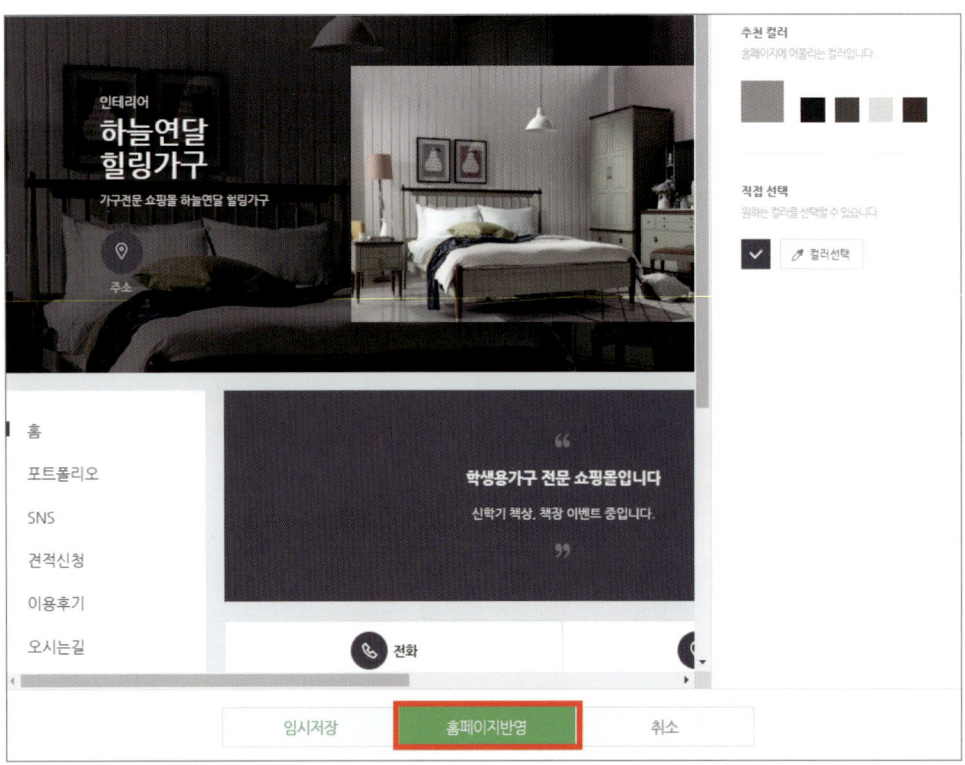

PC 미리보기 모습이다 이상이 없으면 홈페이지 반영을 클릭한다.

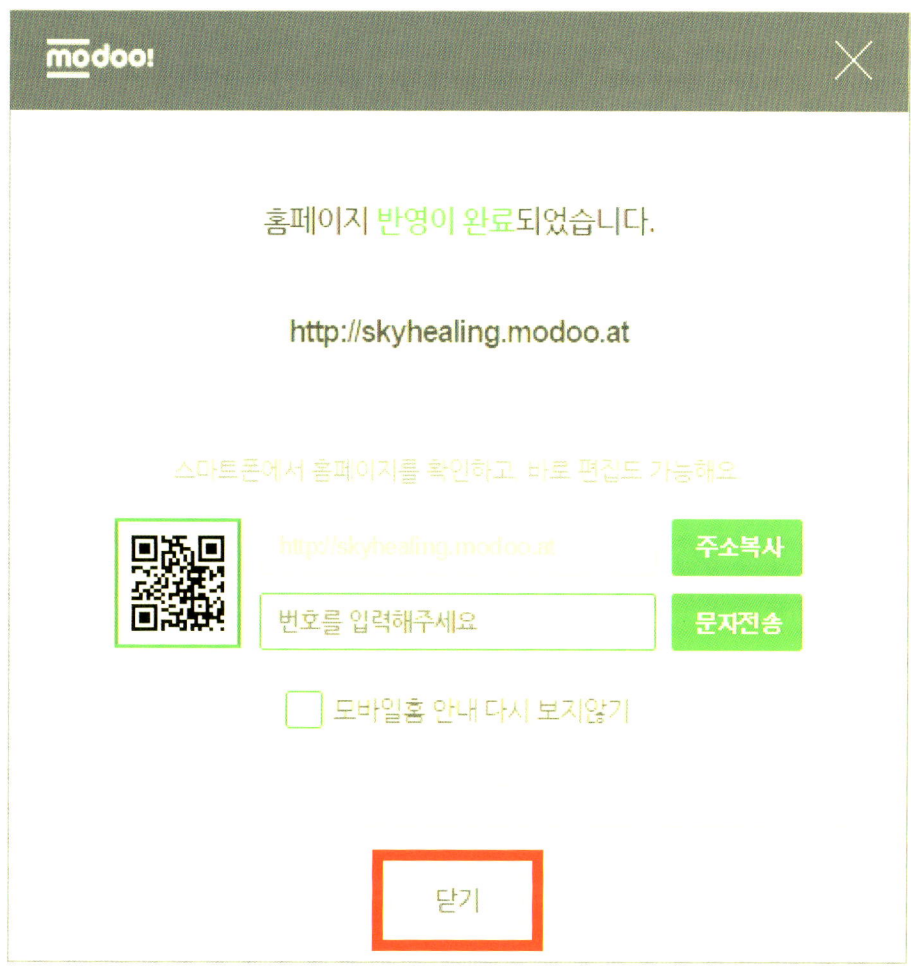

닫기를 클릭한다.

02 홈페이지에 회사소개 만들기

홈페이지 제작 시 회사소개 페이지는 회사를 대표하는 얼굴과 같은 페이지이므로 가장 좋은 사진을 준비하고 고객들에게 회사를 소개하고자 하는 내용들을 정성스럽게 준비하여야만 한다. 미리 올릴 사진을 작업해 놓는 것이 좋다.

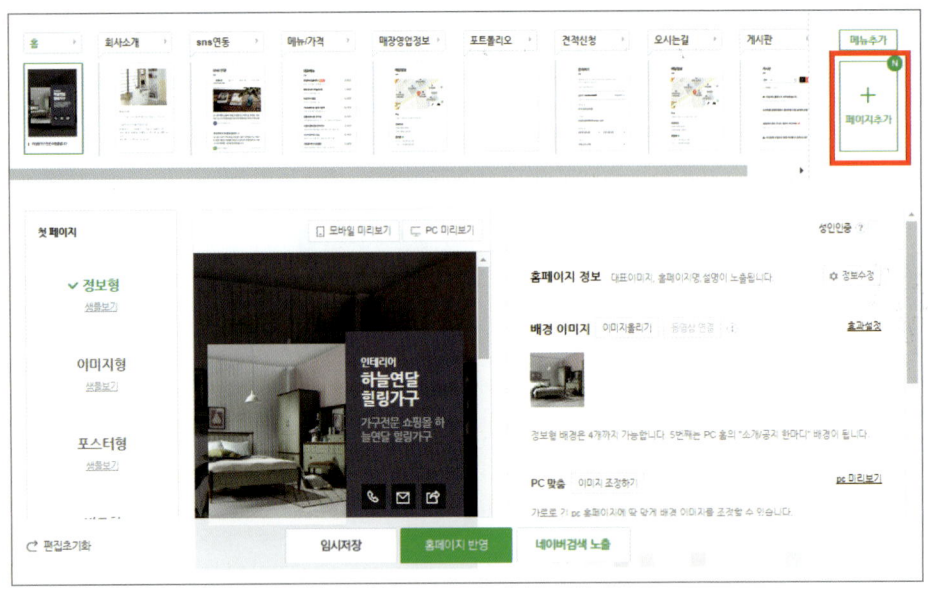

페이지 추가를 클릭한다.

페이지를 선택하고 페이지 추가를 클릭한다.

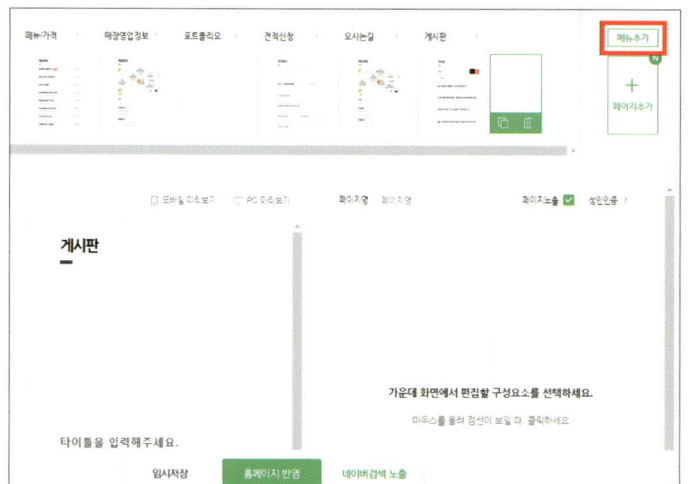

메뉴 추가를 클릭한다.

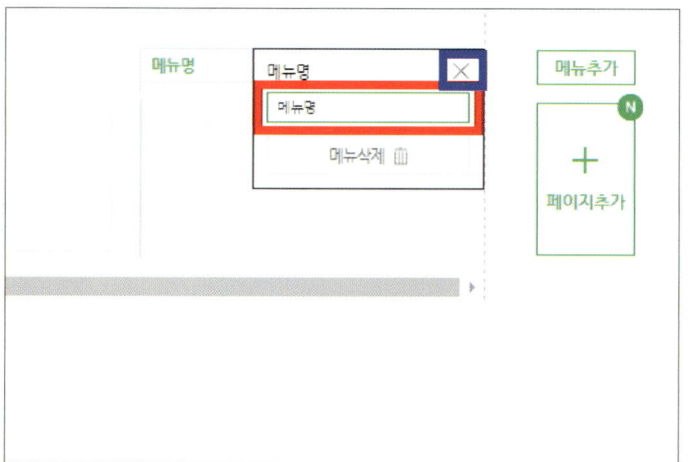

메뉴명을 회사소개로 입력하고 x 표를 클릭한다.

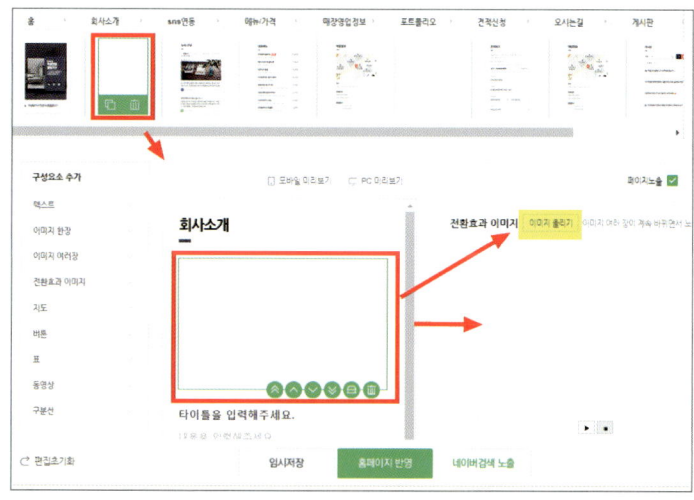

회사소개 홈페이지 작업 화면이다. 중간 녹색사각형을 누르면 우측 화면이 보인다.
이미지 올리기를 클릭한다.

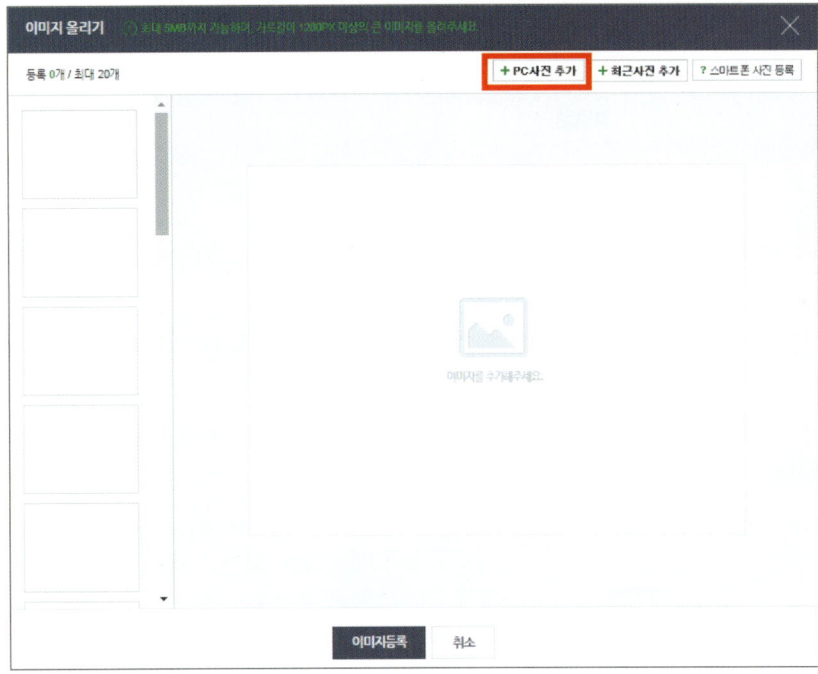

PC사진 추가 버튼을 클릭한다.

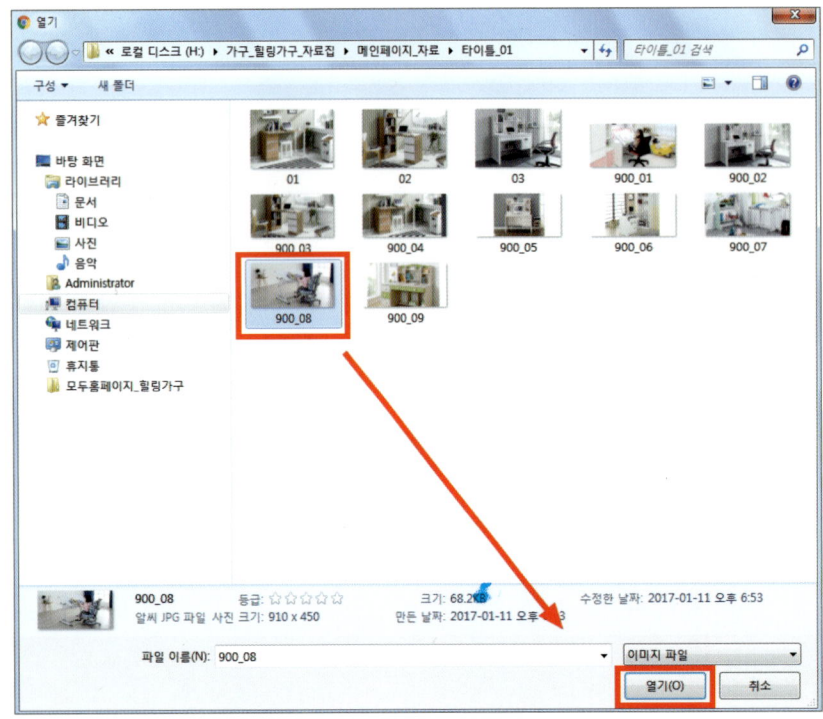

사진을 선택하고 열기를 클릭한다.

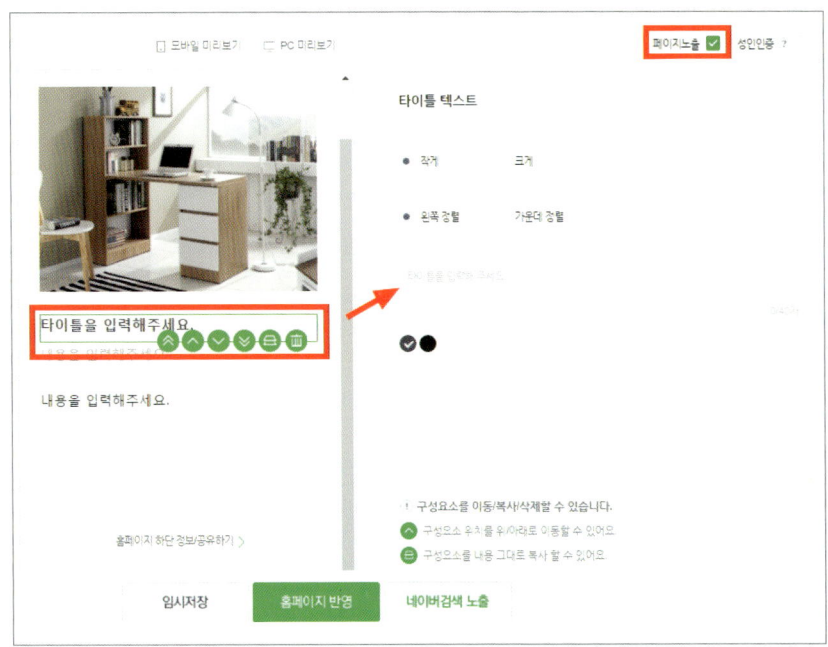

타이틀에 회사소개라고 입력한다.(페이지 노출을 원하지 않으면 우측 페이지 노출을 선택 난을 해제한다.)

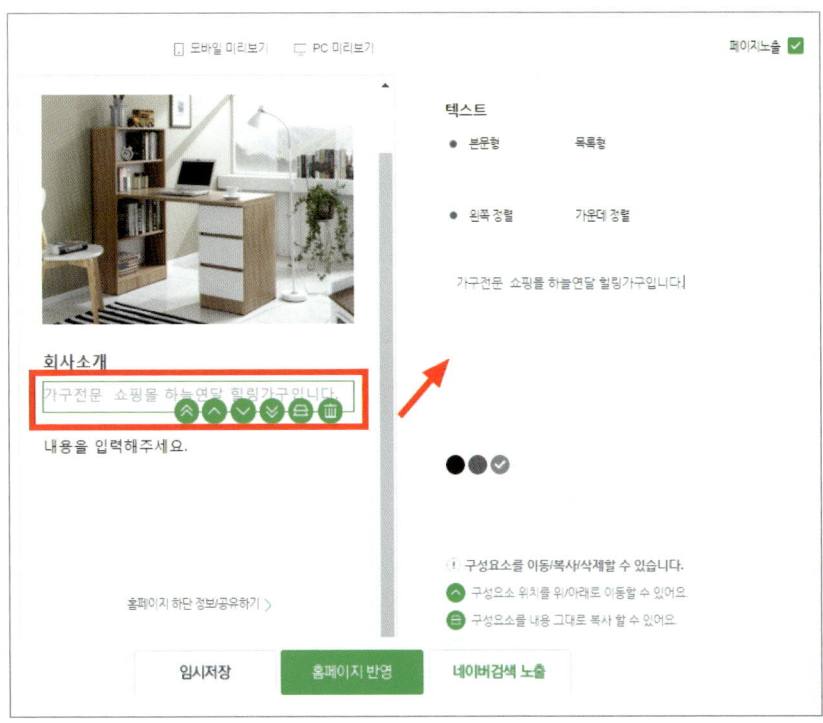

간단한 소개 내용을 입력한다.

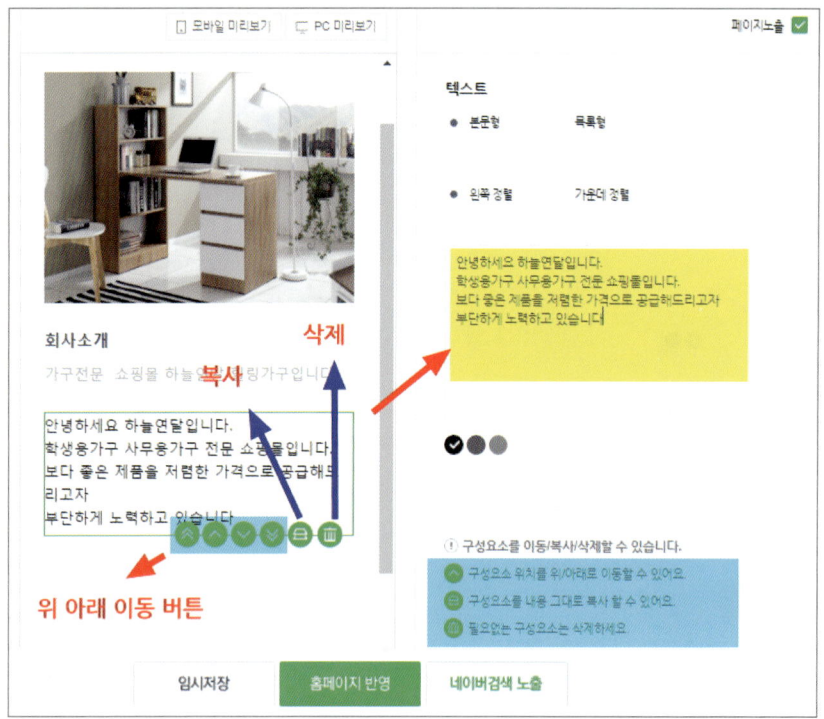

회사 약력을 입력한다. 녹색아이콘은 위, 아래, 이동과 복사, 삭제가 되는 아이콘 버튼이다.

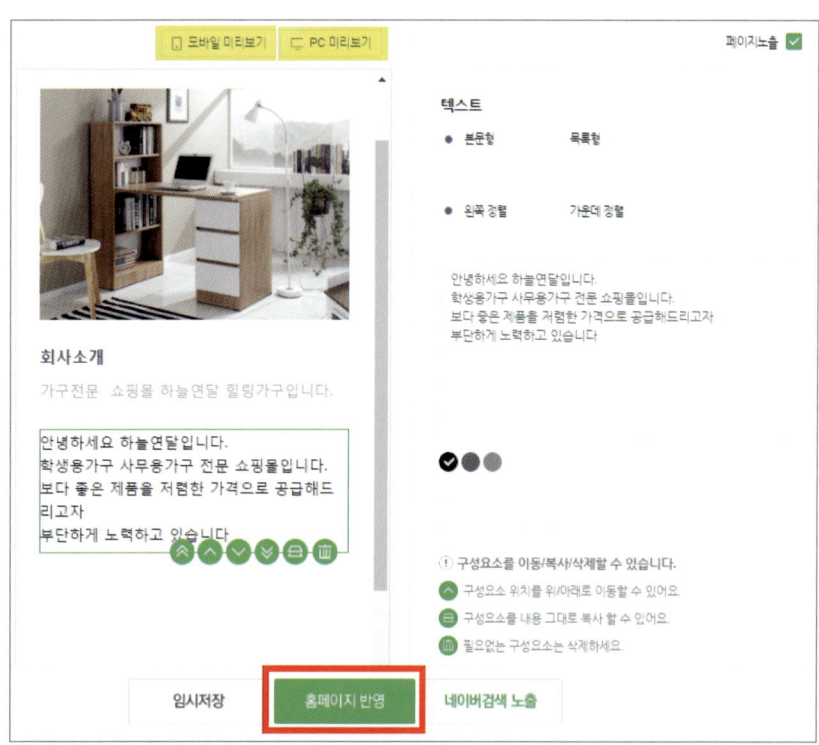

홈페이지 반영을 클릭한다. 간단하게 만들어 본 회사소개 페이지이다 그러나 좀 더 회사소개 내용 부분을 더 보충하고 멋있게 만들려면 그만한 노력이 필요하다.

● 실제로 메인 페이지와 회사소개 페이지 만들기

네이버 모두에서 기본적으로 제공하는 홈페이지 메인 페이지가 마음에 안 들거나, 회사소개 홈페이지를 새롭게 만들려고 시도를 한다면 새로운 페이지를 만들어서 원하는 디자인으로 홈페이지를 디자인하면 된다.

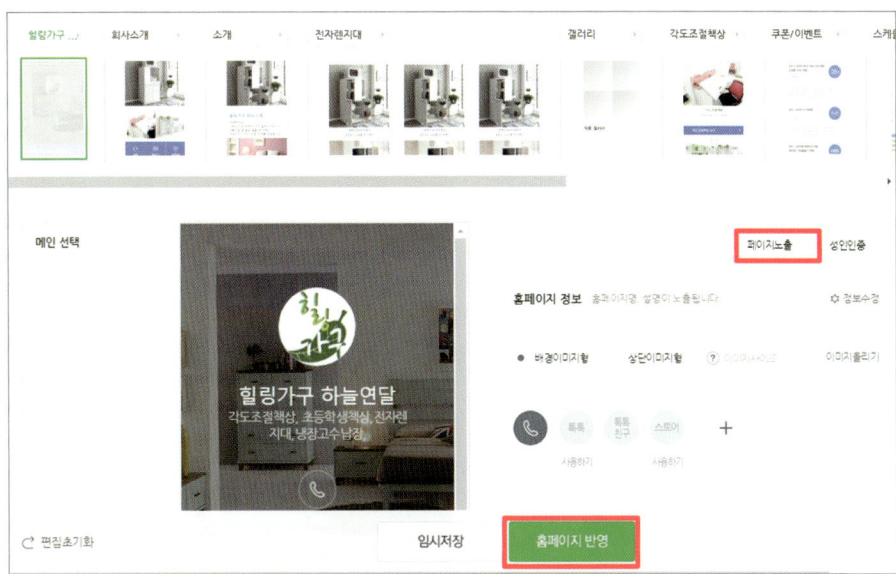

일단 만들어진 회사 메인 페이지에 대한 부분을 클릭을 하고, 우측 중앙의 페이지 노출 부분의 선택 부분을 해지를 하고 홈페이지 반영 버튼을 클릭한다.그래야지 새롭게 만들어진 페이지가 홈페이지 첫 화면에 뜬다.

페이지추가 버튼을 클릭한다.

빈페이지를 선택하고 페이지 추가 버튼을 클릭한다.

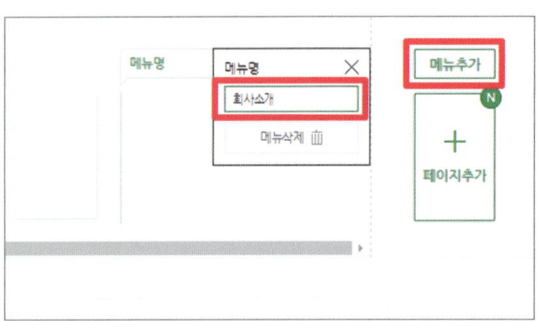

메뉴추가 버튼을 클릭한다. 메뉴 명에 회사 이름이나 원하는 메뉴에 이름을 입력하고 엔터 키를 클릭한다.

네이버 모두 홈페이지 메인 화면을 만들려고 하기 때문에 페이지나 메뉴를 마우스로 이동해서 좌측 첫 페이지에 뜨도록 이동을 한다. 그래야만 내 홈페이지에 첫 화면에 지금 만드는 페이지가 나타난다.

새롭게 만들려는 첫 페이지를 클릭한다.

새롭게 만들려는 페이지는 아무것도 없는 상태이다. 우측에서 전환효과 이미지를 클릭하면 전환형 이미지가 나타난다. 전환형 이미지를 선택하고 클릭한다. 클릭하면 중앙에 이미지 넣는 부분이 나타난다. 이 부분을 클릭한다. 그러면 우측에 이미지 올리기가 나타난다. 이미지 올리기를 클릭한다.

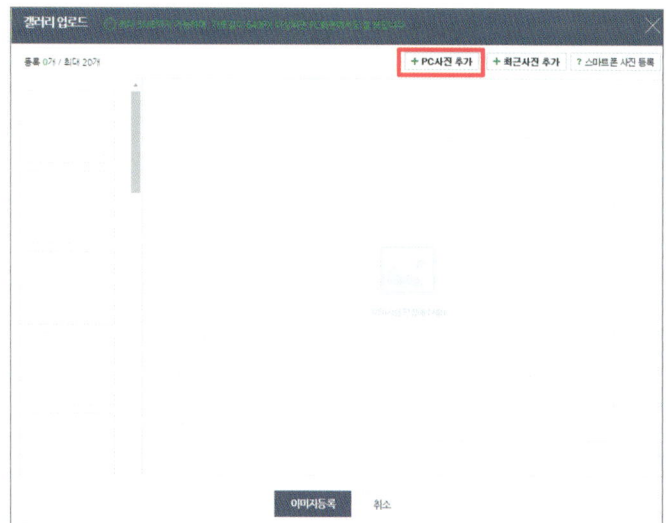

PC 사진 추가를 클릭한다.

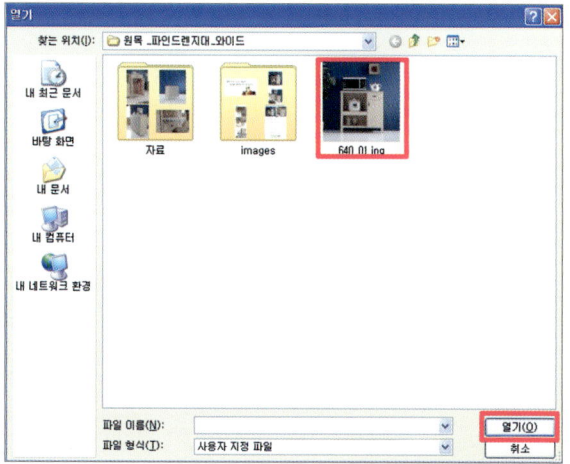

준비한 사진을 선택하고 열기 버튼을 클릭한다.

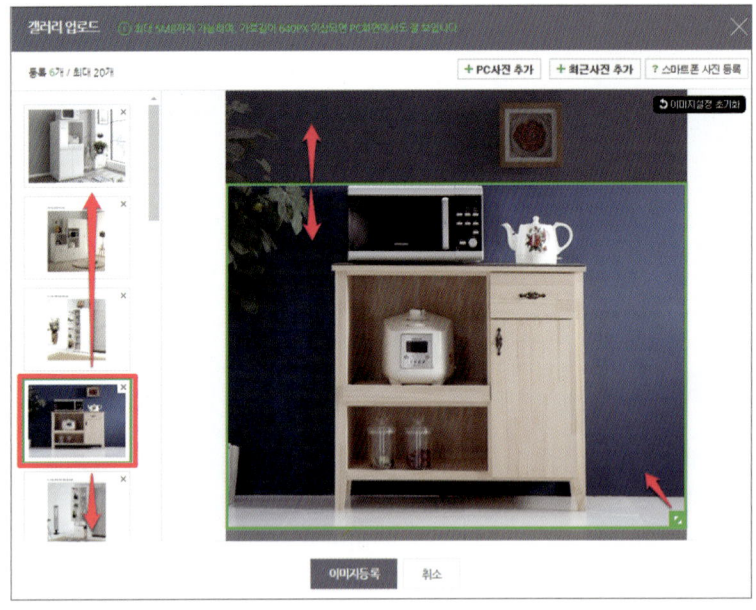

여러 장 사진을 넣는 경우에는 좌측에서 이미지를 선택하고 마우스로 이동해서 노출되는 순서를 조정하는 것이 가능하다. 이미지가 노출되는 녹색 사각형 안 부분은 녹색 사각형을 상하로 이동에서 이미지 조절이 가능하다. 녹색 사각형 우측 하단 부분을 클릭해서 마우스로 조정해서 노출되는 부분을 조종할 수 있다. 우측 상단의 '이미지설정 초기화' 버튼 눌러서 원위치로 돌릴 수 있다. 만약에 이미지가 잘려나가서 도저히 홈페이지에서 수 없다면 포토스케이프에서 이미지 크기를 조절해서 적절하게 맞춰야 한다. (이 책 포토스케이프 부분 참조)

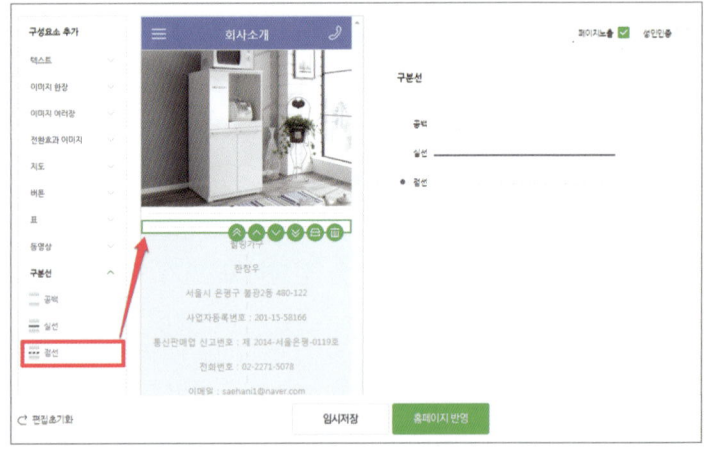

새로 만든 페이지 이미지 아래에 공간을 넣을려면 이미지를 선택한 뒤, 우측에서 구분선을 클릭하고 점선을 클릭한다. 그러면 이미지 아래에 점선 공간 부분이 생긴다. 홈페이지 제작에서 공간이 들어가야지만 좀 더 여유 있는 디자인이 된다. 점선 공간 부분을 선택을 한다.

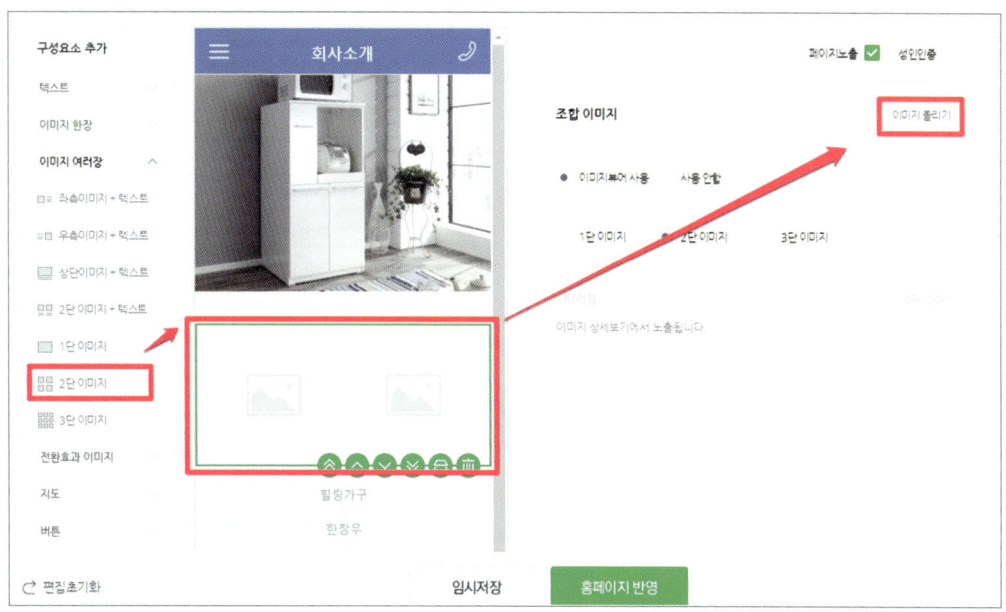

좌측 메뉴 이미지 여러 장를 클릭한다. 이단 이미지를 클릭하고 중앙에 이미지 부분을 클릭하면 우측에 이미지 올리기가 나타난다 이미지 올리기를 클릭한다. 이미지를 올리기 부분은 이전에 했던 방식으로 하면 된다

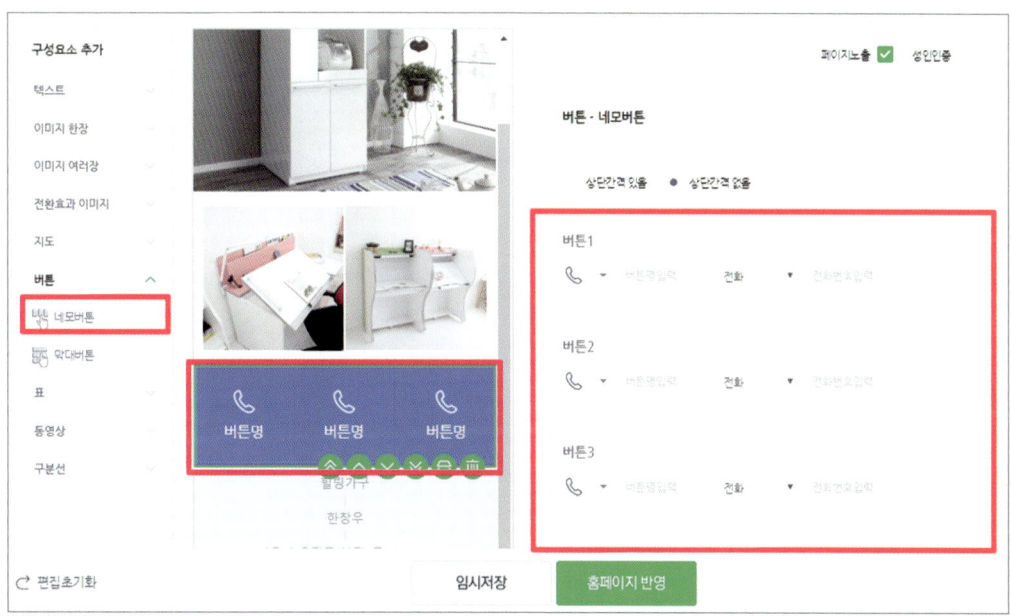

회사 홈페이지 메인 화면에서 전화를 받는 부분은 굉장히 중요하다. 그리고 다른 외부로 연결되는 링크를 거는 것도 중요하기 때문에 어떻게 만들어지는지를 알아본다.

좌측 구성요소 추가 페이지에서 버튼을 클릭하고 네모버튼을 선택한다. 그러면 중앙에 3개의 버튼 명이 나타난다. 버튼 명을 클릭한다. 우측에 버튼 1,2,3 이 나타난다. 버튼 내용 부분이 나타난다. 원하는 디자인으로 만들 내용을 입력하면 된다.

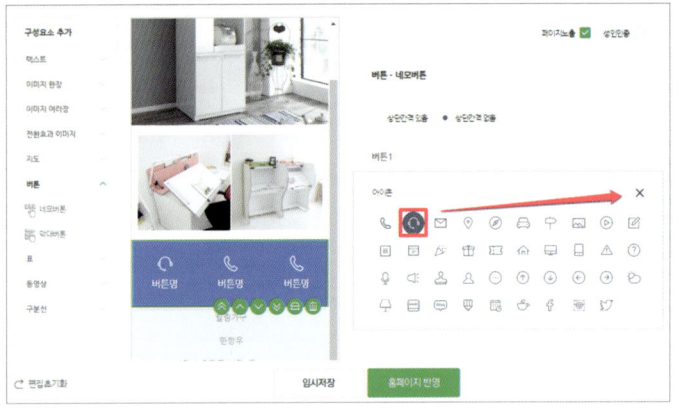

전화를 바로 걸 수 있는 버튼을 만들려고 한다. 버튼 1을 클릭하면 아이콘이 나타나다. 원하는 아이콘을 선택하고 x 표를 클릭한다.

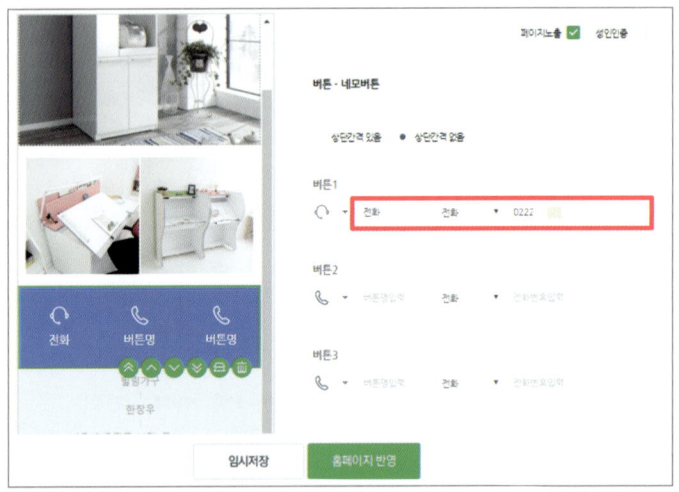

제목 부분은 전화로 입력을 하고 메뉴에서는 전화를 선택한다. 우측 부분에 전화번호를 입력한다.

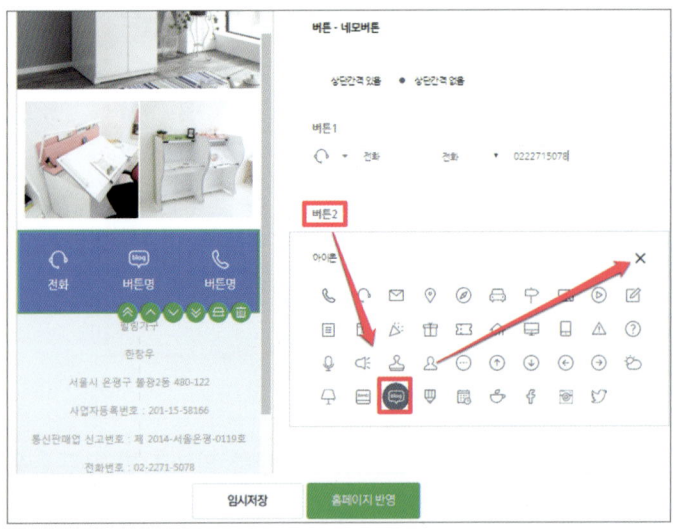

두 번째 메뉴에서는 지금 운영하고 있는 블로그로 연결하려고 한다. 버튼 2를 클릭하고 원하는 아이콘을 선택한 다음 x 표를 클릭한다.

제목에는 블로그로 입력을 하고 메뉴 종류에서는 외부링크를 선택한다.

와부링크로 선택된 상태에서 네이버 블로그 주소를 복사해서 붙여 넣기를 한다.

내 홈페이지의 오시는 길로 연결하려고 한다. 버튼 3을 선택하고 아이콘을 선택한 상황에서 x 표를 클릭한다.

오시는 길이 나 지도로 입력 제목을 입력을 하면 된다. 메뉴 종류는 페이지 이동을 선택을 한다. 그러면 우측에 내 페이지 모든 페이지 종류가 나타난다. 연결한 페이지는 오시는 길을 선택을 한다.

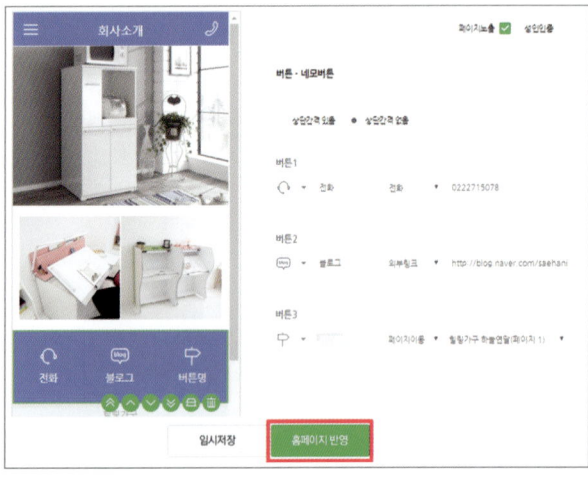

홈페이지 반영을 클릭한다. 스마트폰에서는 전화 버튼을 클릭하면 바로 통화를 할 수 있으므로, 내 홈페이지를 방문한 사람들이 바로 상담을 할 수 있는 기능이므로 아주 유용하게 쓸 수가 있다.

새롭게 만들어본 네이버 모두 홈페이지 메인 페이지이다. 네이버 모두 홈페이지가 새롭게 메인 페이지를 제공하고 있지만 그것이 마음에 들지 않으면은 누구나 새로운 페이지를 만들어서 원하는 디자인으로 할 수 있다.

네이버 모두 홈페이지에 특성은 원하는 대로 내가 아주 쉽게 만들었다. 누구의 도움도 없이 간단하게 내가 원하는 메뉴를 선택해서 만들 수 있으므로, 계절에 따른 디자인 선택이나 업종 변경을 할 때도 손쉽게 만들 수 있다.

네이버 모두 홈페이지를 제대로 사용해서 누구나 사업체의 매출을 20% 올릴 수 있는 것으로 활용을 하기를 기대한다.

03 홈페이지에 제품 소개 만들기

사업체를 운영하면서 제품이나 서비스를 소개할 수 있는 페이지를 만들어본다.
여기서 소비자나 고객들이 내가 소개하는 제품을 쉽게 이해하도록 만들어야 한다. 내가 제공하는 서비스를 아주 쉽게 이해할 수 있도록 제작하는 것이 가장 좋은 방법이다.

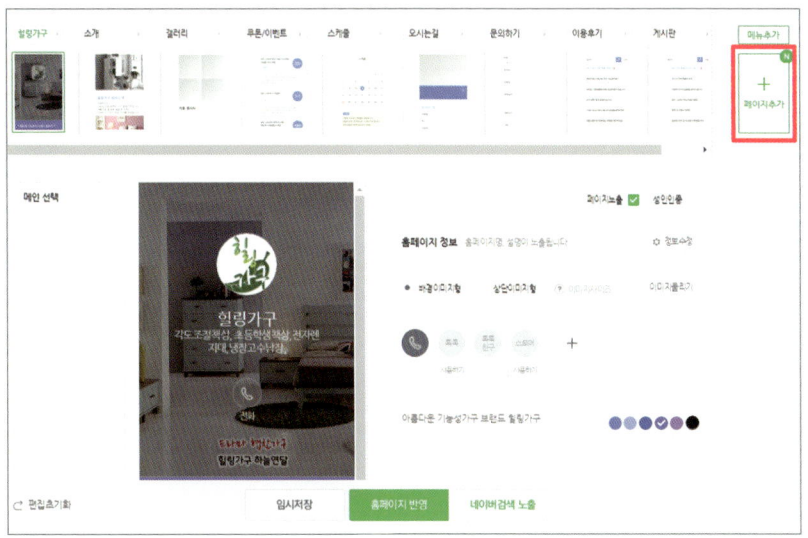

우측 상단에 보면 페이지추가 버튼과 메뉴 추가 버튼이 있다.
여기에서 페이지 추가 버튼을 클릭한다.

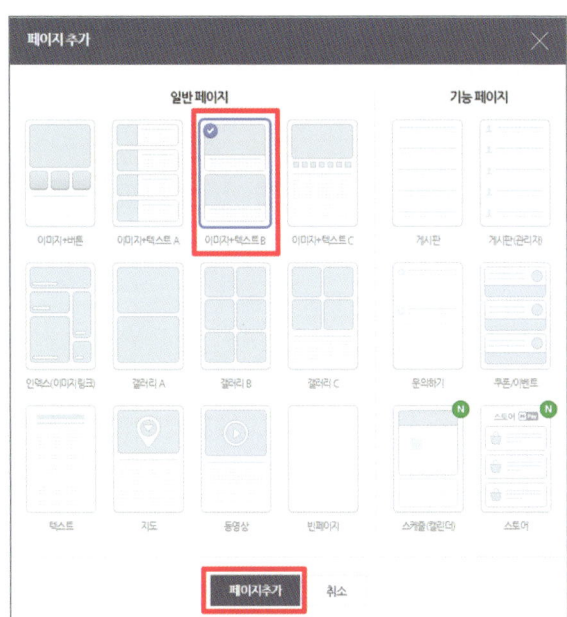

업종에 따라서 약간 틀릴 수도 있지만 이미지 텍스트 페이지 A, B, C 중 하나를 선택에서 제품 소개나 서비스 소개를 하는 것이 가장 적절하다. 선택한 다음 페이지 추가 버튼을 클릭한다.

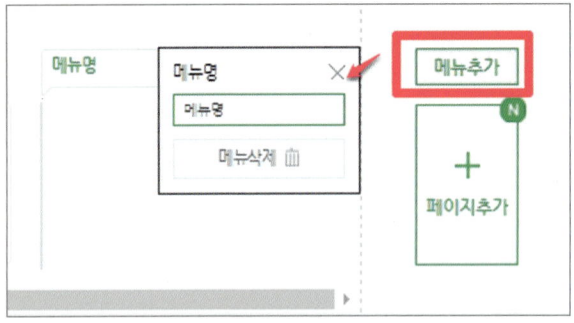

메뉴 추가 버튼을 클릭한다. 메뉴 명은 제품소개, 혹은 서비스 소개라고 변경을 해서 Enter 키를 눌러 주면 된다. (홈페이지의 메뉴가 되므로 신중하게 결정한다.)

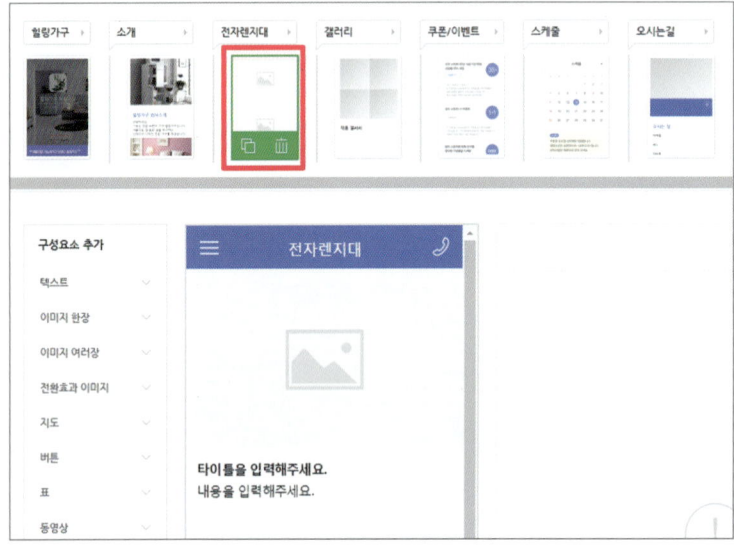

페이지 추가를 한 다음 거기에 맞는 페이지와 메뉴를 일렬로 정리를 해야 되는데, 여기에서는 페이지를 이동해서 메뉴에 맞추는 것이 좋다.

제품 소개 페이지를 선택한다. 제품 소개 위에 상단에 있는 페이지를 선택하면 아래에 그림을 넣는 빈 공간 페이지가 나타난다.

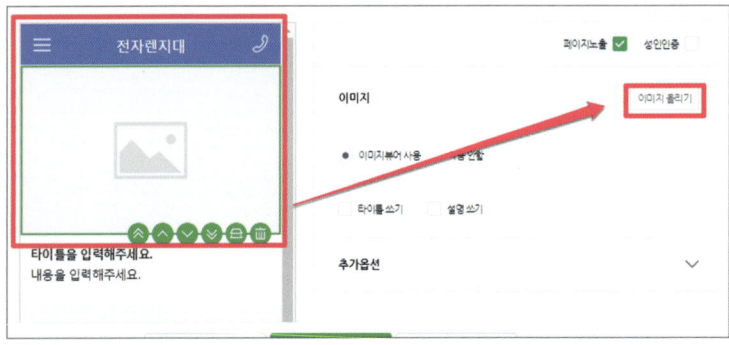

적색의 박스를 클릭하고 우측에 이미지 올리기 버튼을 클릭한다.

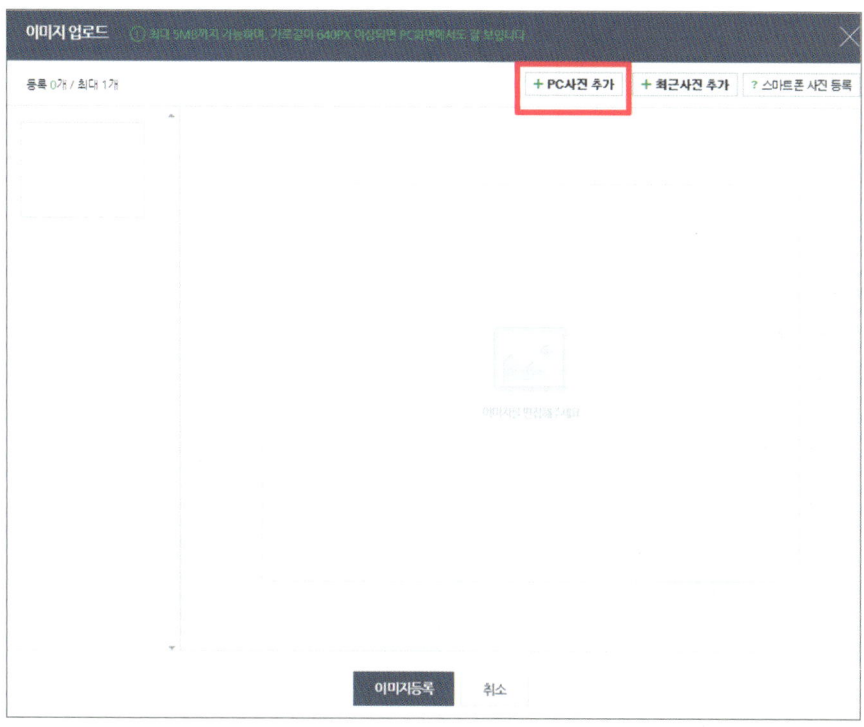

pc 사진 추가 버튼을 눌러서 제품 사진을 불러 온다.

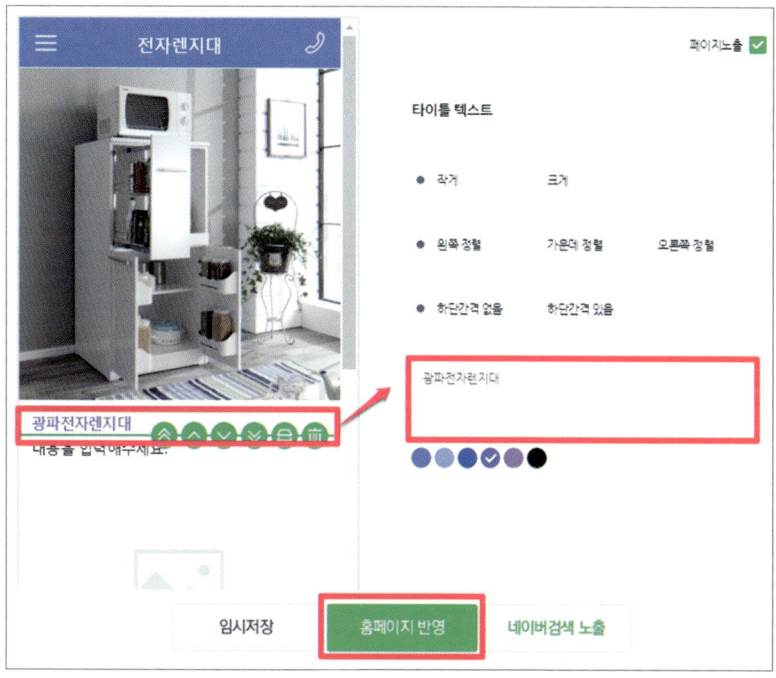

제품 소개이므로 제품의 명과 아래의 제품 내용을 입력하면 된다.

● 실제 제품소개 만들어보기

우측 상단 페이지 추가를 선택을 한다.

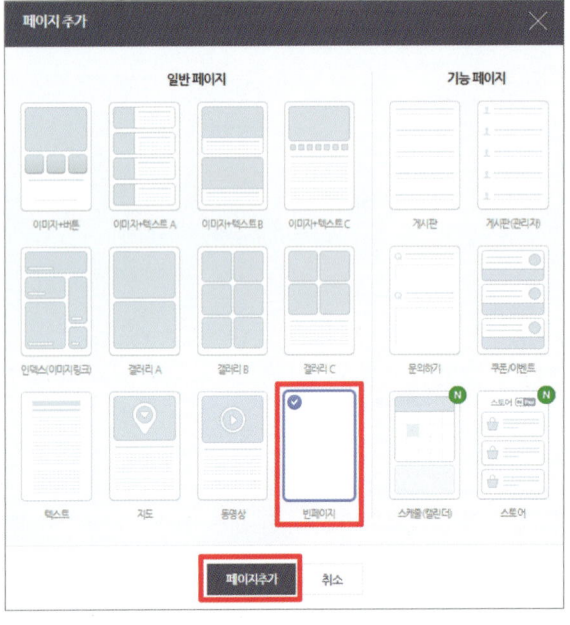

빈 페이지를 선택하고 페이지 추가 버튼을 클릭한다.

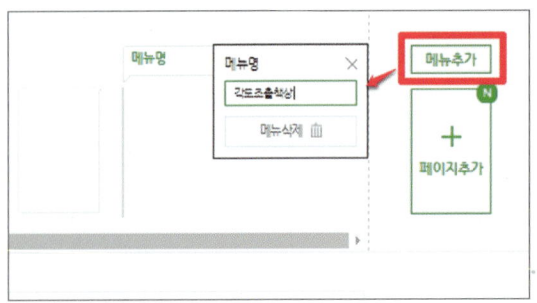

메뉴 추가 버튼을 클릭하고 메뉴 명을 입력한 다음 Enter 키를 클릭한다. 메뉴 삭제에는 휴지통을 클릭하면 된다.

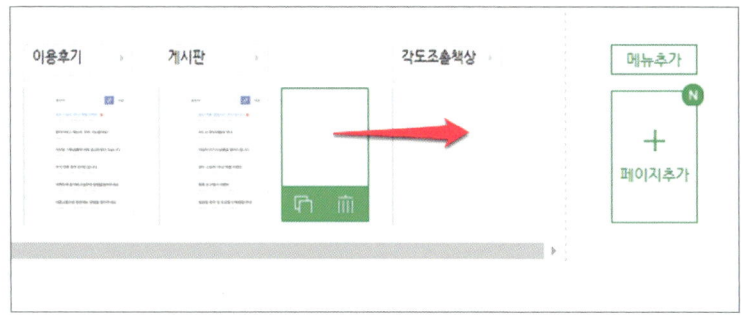

페이지를 이동해서 메뉴와 같이 배열한다.

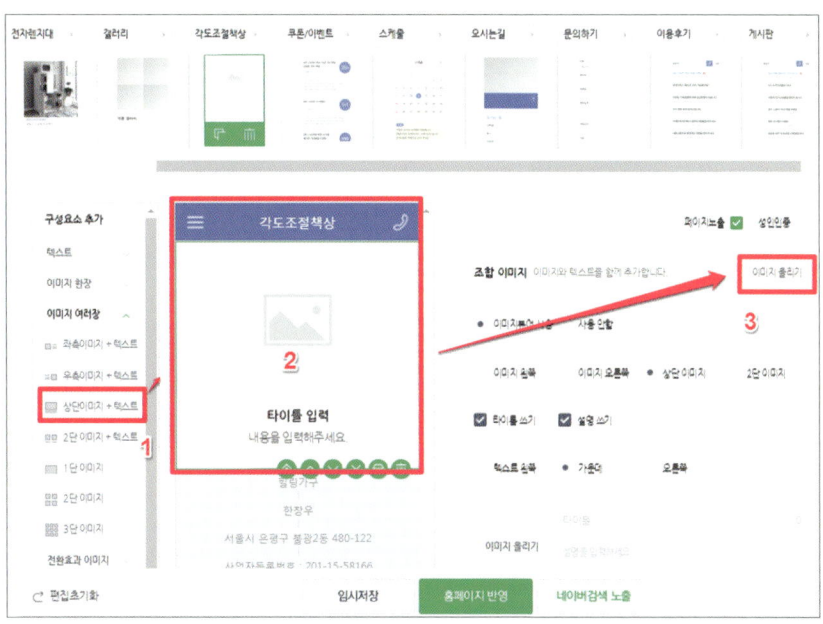

페이지를 선택한 상태에서 좌측 구성요소 추가 버튼에서 이미지 여러 장을 클릭한다. 상단이미지＋텍스트를 선택을 클릭한다. 중앙 타이틀 입력 부분을 클릭하면 우측에 이미지 올리기 버튼이 나타난다. 이미지 올리기를 클릭한다.

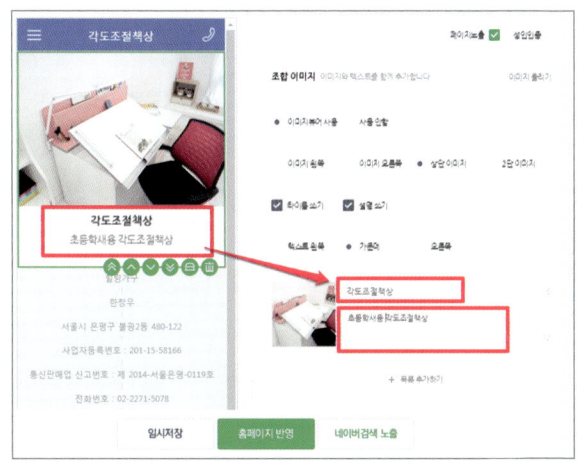

중앙 글자 부분을 클릭을 하면 우측에 제품의 이름과 제품의 내용을 넣는 칸이 생긴다. 여기에 제품에 맞는 내용을 입력한다.

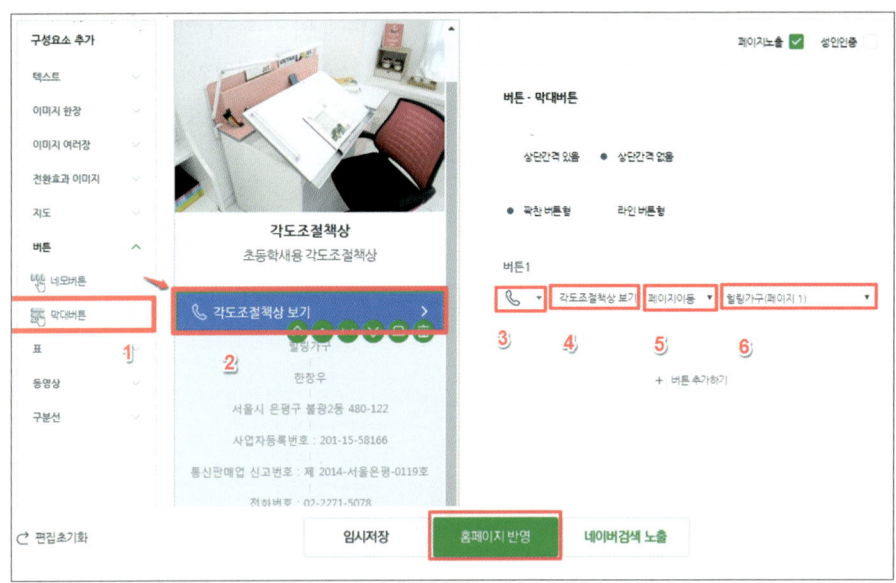

구성요소 추가에서 버튼을 클릭하고 막대버튼을 선택하면 버튼 메뉴가 중앙에 생긴다. 파란색 박스를 클릭하면 버튼 아이콘과 제목과 페이지 메뉴와 그리고 그 내용을 입력하는 칸이 나타난다.

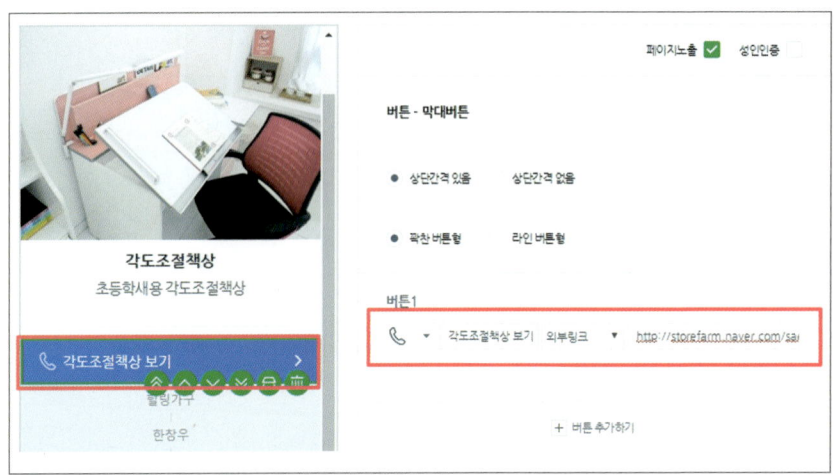

우측에서 버튼 메뉴를 선택하고 내용을 입력한다. 쇼핑몰로 연결하기 위해서는 외부 링크를 선택하고 쇼핑몰에 주소를 붙여넣기 한다. 제품을 보다가 그 제품의 상세 페이지를 보러 쇼핑몰로 이동이 가능하다.

제품소개 아래의 쇼핑몰로 연결하는 링크를 거는 것은 바로 구매 효과를 노려서 만드는 것이다. 제품소개로 끝나는 것이 아니라 쇼핑몰로 연동해서 바로 구매가 이루어진다면 홈페이지를 운영하는 소정의 목적을 달성하는 것이다. 홈페이지를 만들 때는 매출을 높이는 것은 우선적으로 생각을 하여야 한다.

우측 이미지 여러 장을 클릭하고 2단 이미지를 클릭한다. 중앙에 이미지 부분을 클릭한다. 우측에서 이미지 올리기 버튼을 클릭한다. 준비한 이미지를 올려준다.

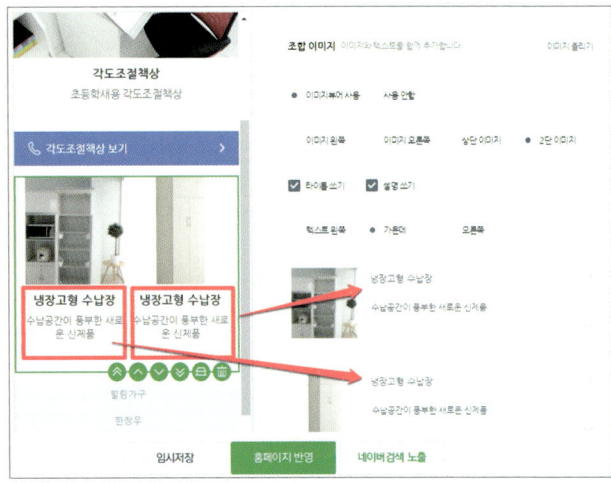

제품 이미지 아래에 제품의 내용을 입력을 한다.

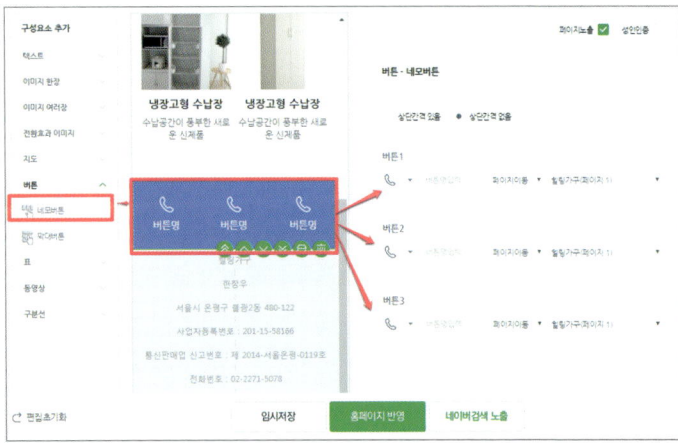

우측의 버튼 명에서 메모 버튼을 클릭한다.
청색 버튼 부분을 클릭하면 버튼의 내용을 입력하는 칸이 생긴다.

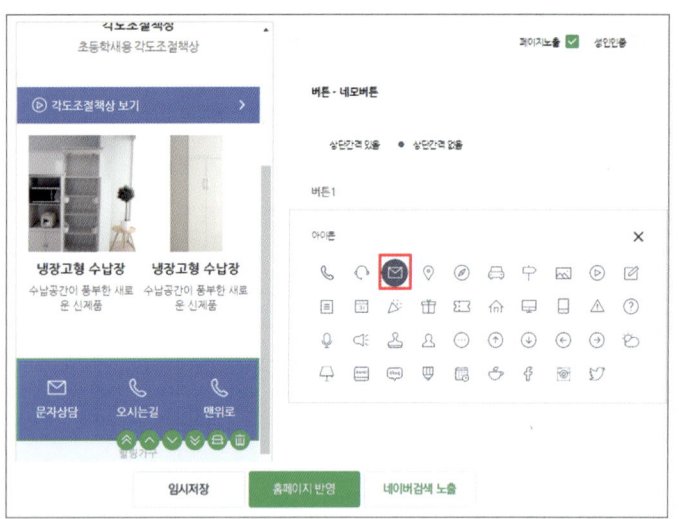

버튼 1을 클릭하고 원하는 아이콘을 선택하고 ×를 클릭한다.

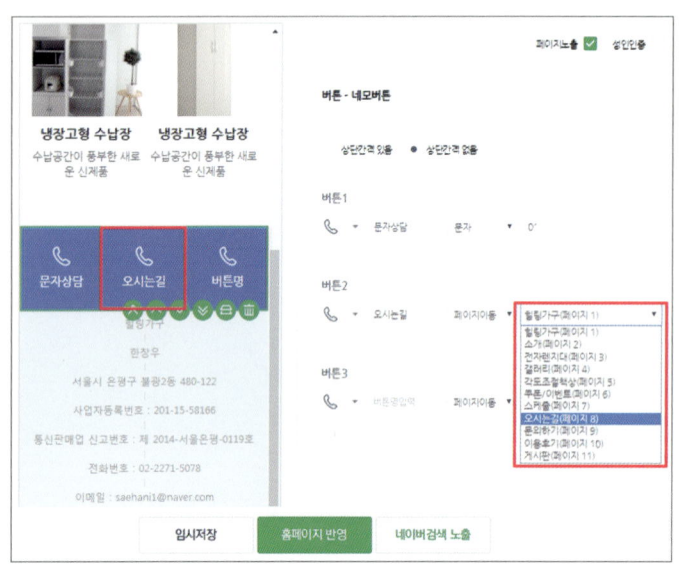

버튼 1에서 바로 문자 상담을 원하면 제목에 문자상담을 입력하고 메뉴에서 문자를 선택한다. 스마트폰 번호를 입력을 한다.

버튼 2에서는 오시는 길을 입력하고 페이지 이동을 선택한 다음 내 홈페이지 페이지에서 오시는 길을 선택하면 된다.

버튼 3에서는 제목을 맨 위로 입력을 하고 메뉴에서 맨 위로를 선택을 하면 된다. 버튼을 클릭하면 제일 상단에 부분으로 이동이 가능하다. 페이지가 아주 길게 제작된 경우 홈페이지 상단으로 이동하는 자주 사용하는 기능이다.

홈페이지 반영을 클릭한다.

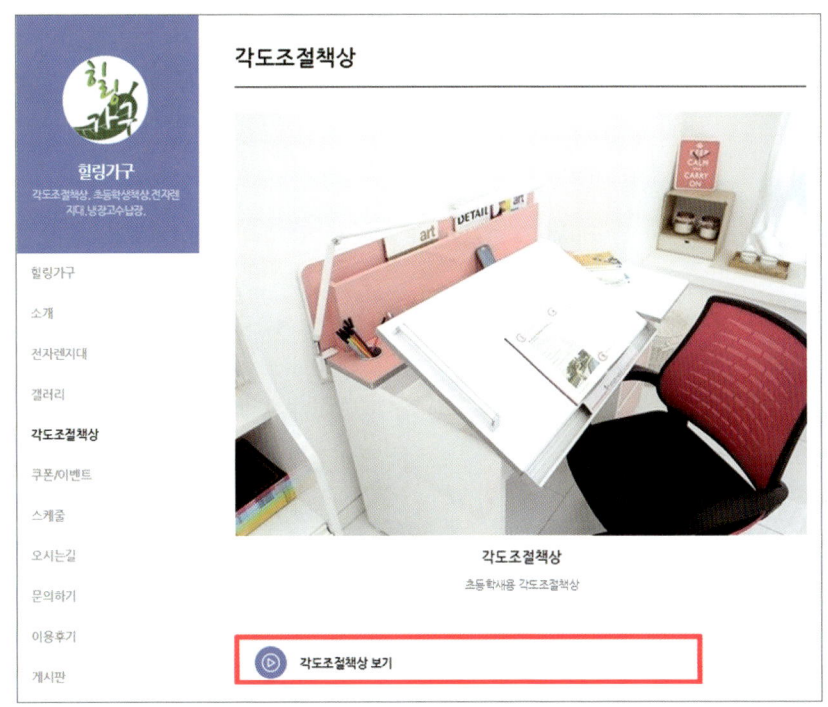

제품소개 페이지를 만들어서 pc에서 본 화면이다.

제품소개나 서비스 소개 부분에서 외부 연결을 해서 매출을 올릴 수 있게끔 한다. 이때 홈페이지를 만드는 것을 고려해서 디자인해야 한다. 쇼핑몰이 있다면 바로 결제로 유도하는 것이 필요하다. (이 책 네이버 스토아팜 부분을 참조하면 된다.)

홈페이지에 갤러리 사진 등록하기

홈페이지에서 제품 사진을 전시하거나 서비스하는 사진을 전시하는 것을 갤러리라고 한다.
여기에서는 제품을 소개하는 것 보다 제품이 어떻게 쓰이고 있고 서비스가 어떻게 현장에서 쓰여지는 것을 보여 주는 것이 더 효과적이다.

기본적으로 제작하는 네이버 모두 홈페이지 템플릿에도 갤러리 페이지는 기본으로 제공을 한다. 갤러리 페이지를 선택을 한다.

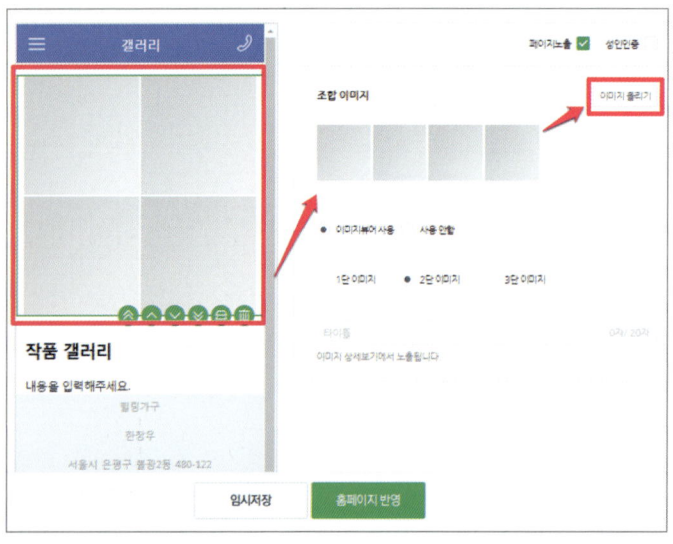

중앙 적색 사각형 이미지 들어갈 부분를 클릭하면 우측에 이미지 올리기 버튼이 생긴다. 이미지 올리기 버튼을 클릭한다.

PC사진 추가를 클릭한다.

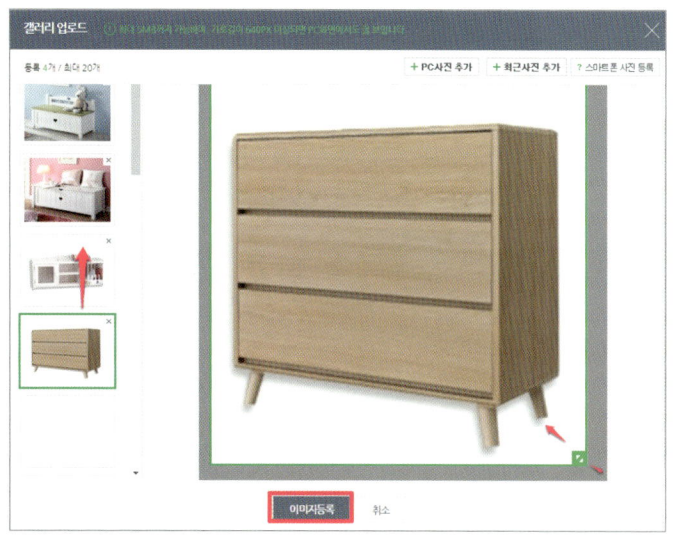

네 장의 사진을 불러온다. 좌측 사진을 마우스로 이미지로 움직여서 순서를 정리한다. 다음 이미지 등록 버튼을 클릭한다.

이미지 뷰어 메뉴는 이미지 미리 보기 기능이다.
이미지 미리 보기에서 나타나는 제목을 입력한다.

중앙에 제품 이름을 입력하면 제품 제목을 수정할 수 있다.

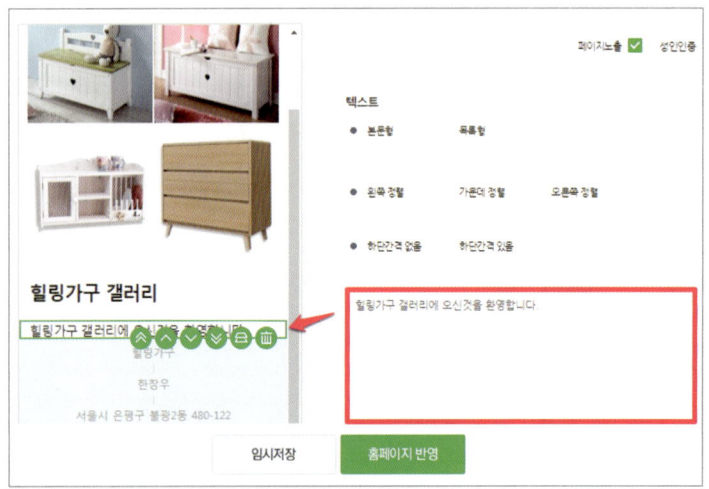

제품 내용이 있는 부분을 선택하고 우측에서 내용 부분을 수정을 한다.

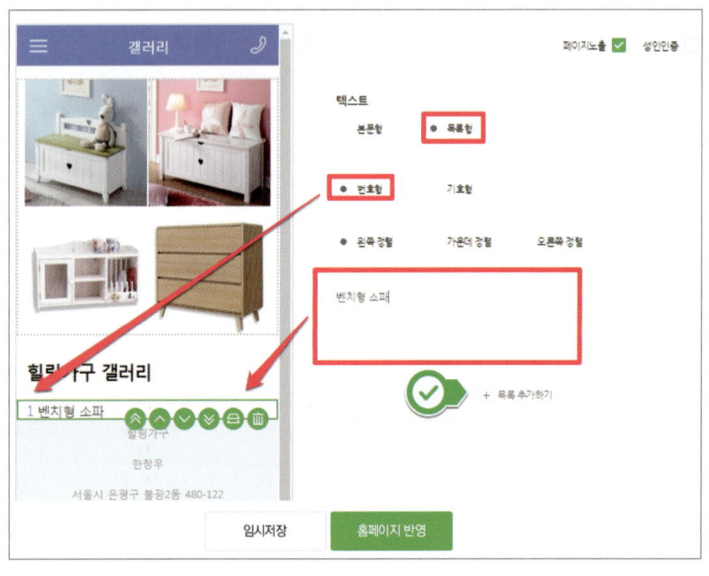

제품 내용을 입력 하는 칸에는 본문형과 목록형이 있다. 목록형을 선택을 하고 아래에 번호형을 선택을 한다.

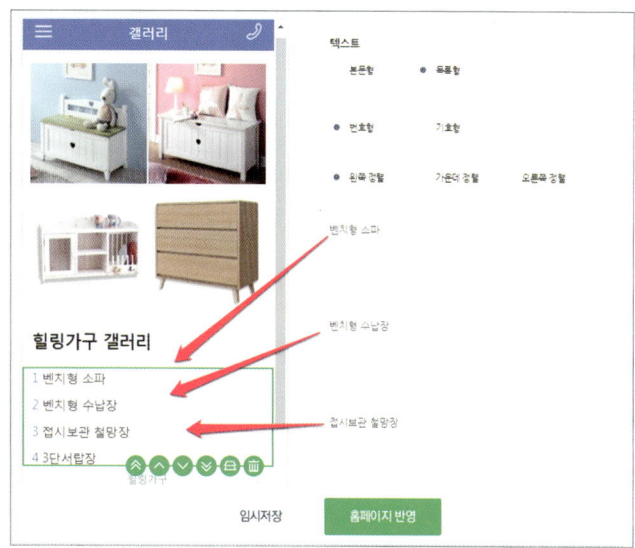

목록형은 내용 부분을 번호로 표시를 하는 기능이다. 우측 목록에서 내용 부분을 하나하나 입력하면 된다.

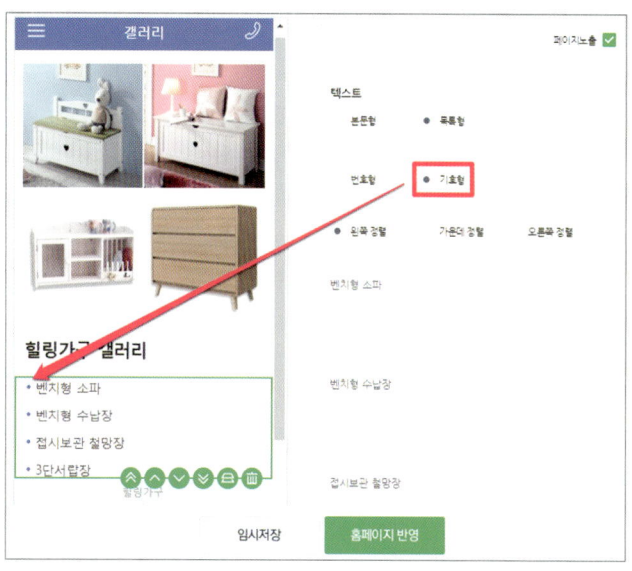

기호형은 기호로 목록을 표시하는 기능이다.

설명부분이 완료가 되었으면 상단으로 이동한다. 이미지 형태는 1단, 2단, 3단 이미지로 구성되어서 자유롭게 선택할 수 있다. 홈페이지 반영 버튼을 클릭한다.

갤러리 부분은 이렇게 완성이 되었다. 사용하는 제품과 소개하면서 서비스 종류에 따라 거기에 맞게끔 제작하면 된다.

05 홈페이지에 동영상 등록하기

1. 유튜브에서 동영상 가져오기

홈페이지에 동영상을 등록하는 방법을 알아 보도록 한다. 홈페이지에 동영상을 넣는 방법은 유튜브에서 소스를 가져와서 넣는 방법과 네이버 블로그나 카페에 있는 블로그 동영상 소스를 가져와서 넣는 방법이 있다. 두 가지 차이점은 네이버에서 소스를 가져온 것은 바로 동영상이 열리지만 유튜브에서 가져 온 동영상은 새 창이 뜨면서 동영상이 열리는 차이가 있다

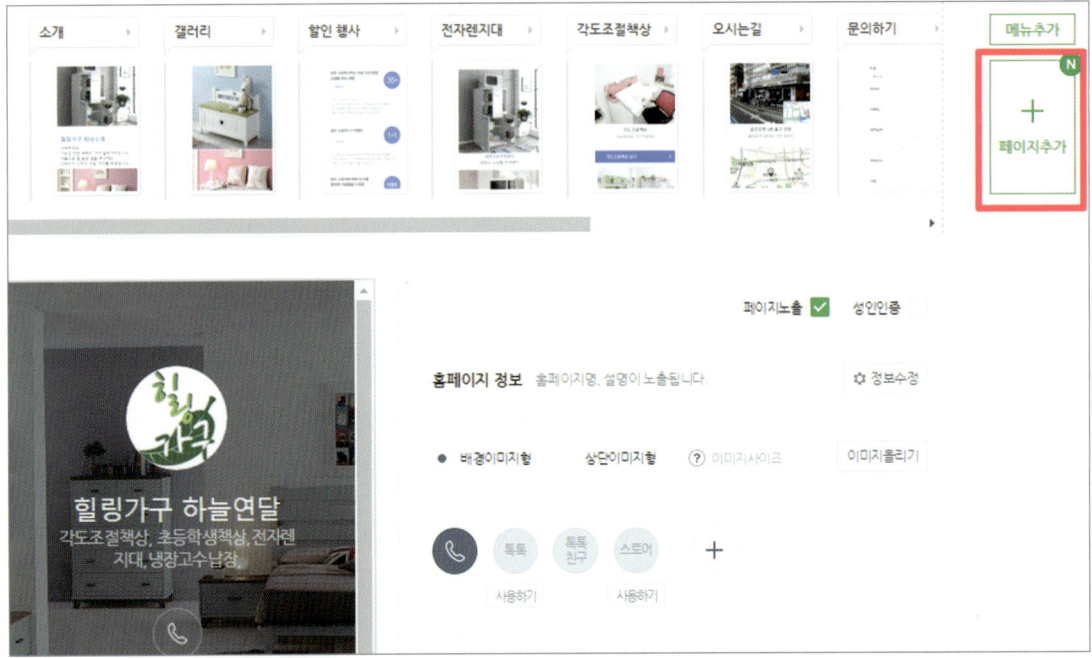

우측에 있는 페이지 추가 버튼을 클릭한다.

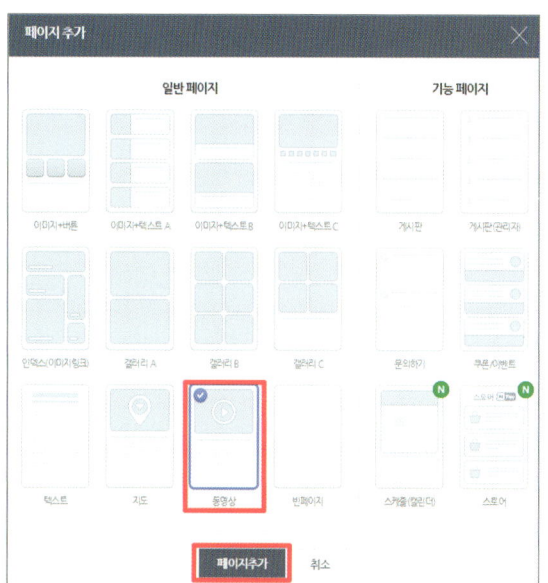

여기에서 동영상 페이지를 선택한 다음 페이지 추가 버튼을 눌러 준다.

메뉴추가 버튼을 클릭한다.
메뉴명은 제품 사용 설명이나 서비스 동영상 등 상황에 맞게 끔 수정한다.

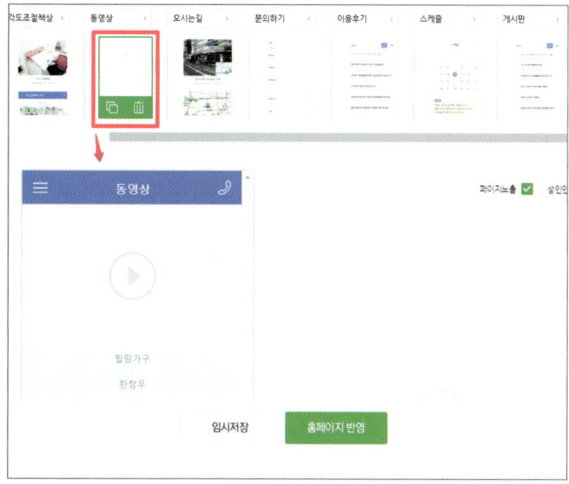

상단을 동영상 페이지를 누르면 동영상 페이지가 보인다.

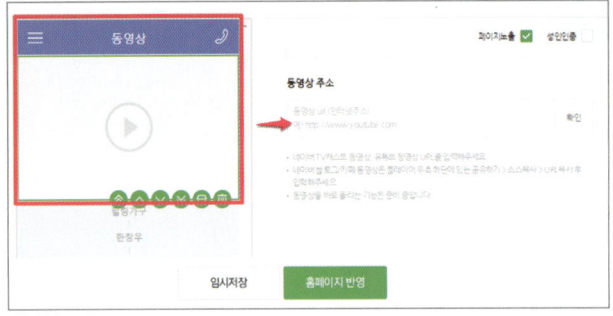

적색박스 부분을 눌러주면 된다. 동영상 태그 아래에 동영상 url 넣는 박스가 생긴다. 여기에 동영상 주소를 복사 후 붙여넣기를 하면 된다.

⊙ 출처: http://www.youtube.com

유튜브의 동영상을 내 홈페이지에 올리는 경우이다. 유튜브에 해당 동영상에 들어가면 밑에 하단에 보면은 적색으로 가르키는 공유 부분을 클릭한다.

해당 유튜브 고유 주소가 있다. 이것을 복사한다.

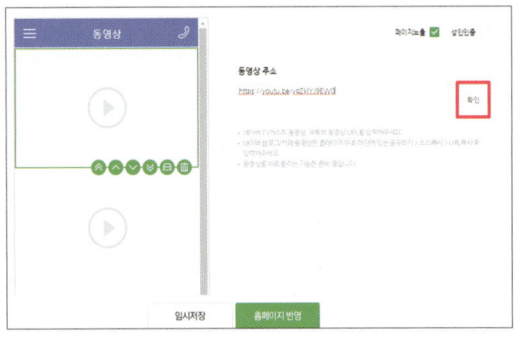

다시 홈페이지로 돌아와서 동영상 url 넣는 칸에 복사한 유튜브 주소를 붙여넣고 확인 버튼을 클릭한다.

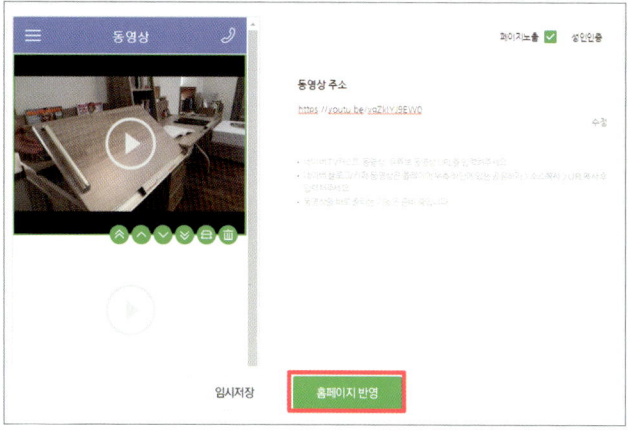

다시 홈페이지로 돌아와서 동영상 url 넣는 칸에 복사한 유튜브 주소를 붙여 넣고 확인 버튼을 클릭한다.

2. 네이버 블로그, 카페에서 동영상 가져오기

네이버 블로그나 카페에서 만약에 소스복사 버튼이 나타나지 않으면 동영상 퍼가기를 하지 않는 것으로 포스팅할 때 선택이 되어 있다고 생각하면 된다. 블로그나 카페에서 동영상 퍼가기를 허용 수정해야지만 소스복사가 보인다.

좌측 메뉴에서 동영상을 클릭하고 동영상 주소를 클릭한다.
적색 사각형을 클릭한다. 동영상 주소 입력칸이 나온다.

네이버 블로그나 카페에 올려진 동영상을 가져오기 위해서는 위의 그림에서 보이는 것처럼 적색 사각형 버튼을 클릭한다.

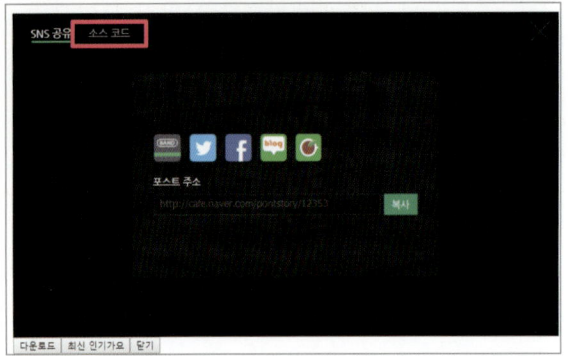

소스 코드를 클릭한다.

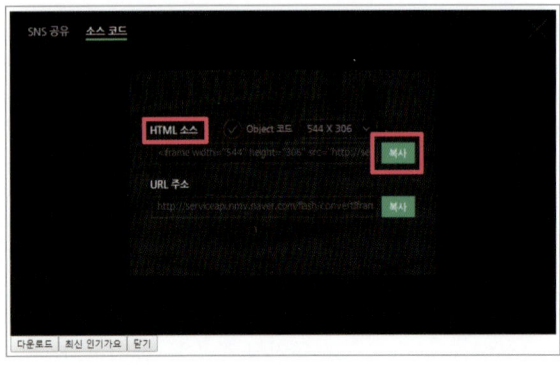

HTML 소스를 복사버튼을 클릭한다.

확인을 클릭한다. 소스 코드가 복사되었다.

다시 동영상 페이지를 누르고 녹색 박스를 누르면 동영상 url 넣을 수 있는 곳에 다가 네이버에서 복사해온 url 주소를 붙여넣기로 하고 등록 버튼을 눌러주면 된다.

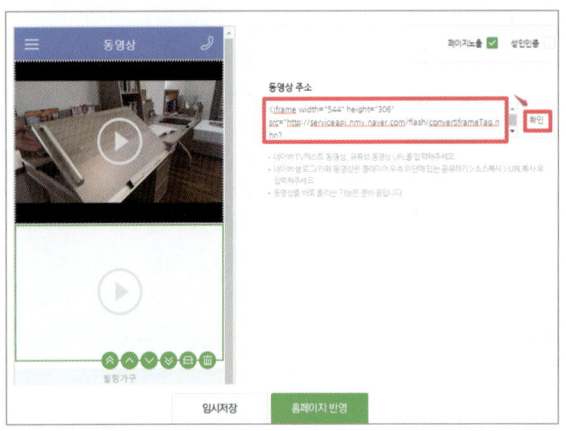

다시 우측메뉴에서 동영상을 클릭하고 녹색 박스를 클릭하면 동영상 url 넣을 수 있는 곳이 생긴다.
네이버에서 복사해온 url 주소를 붙여넣고 확인버튼을 클릭하면 된다.

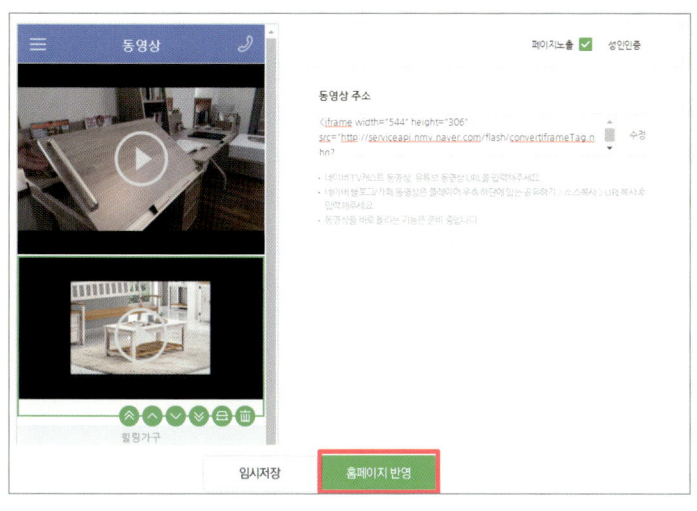

홈페이지 반영을 클릭한다.

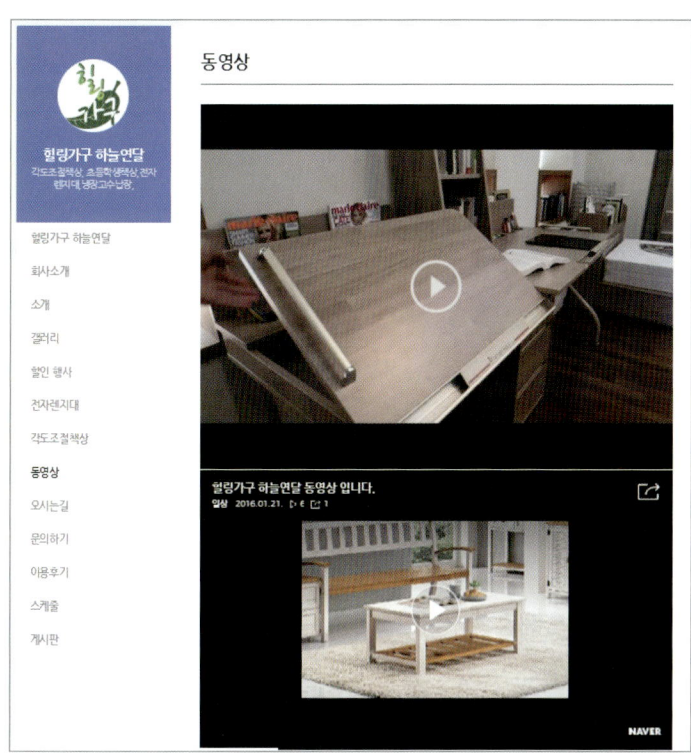

지금까지 유튜브에서 동영상을 가져오는 것과 네이버 블로그 카페에서 가져온 동영상을 가지고 동영상 페이지를 만들어 보았다.

어려운 것이 아니므로 동영상 페이지를 만들어 보면 된다. 동영상은 링크를 거는 개념이므로 내가 제작한 것이 아니어도 링크를 걸어서 동영상을 보여줄 수 있다.

06 고객문의 게시판 만들기

홈페이지에서 고객문의 게시판은 고객과 소통할 수 있는 아주 중요한 홈페이지에 기능이다.
일반적으로 홈페이지 운영에서 가장 신경을 많이 써야 할 일이다.

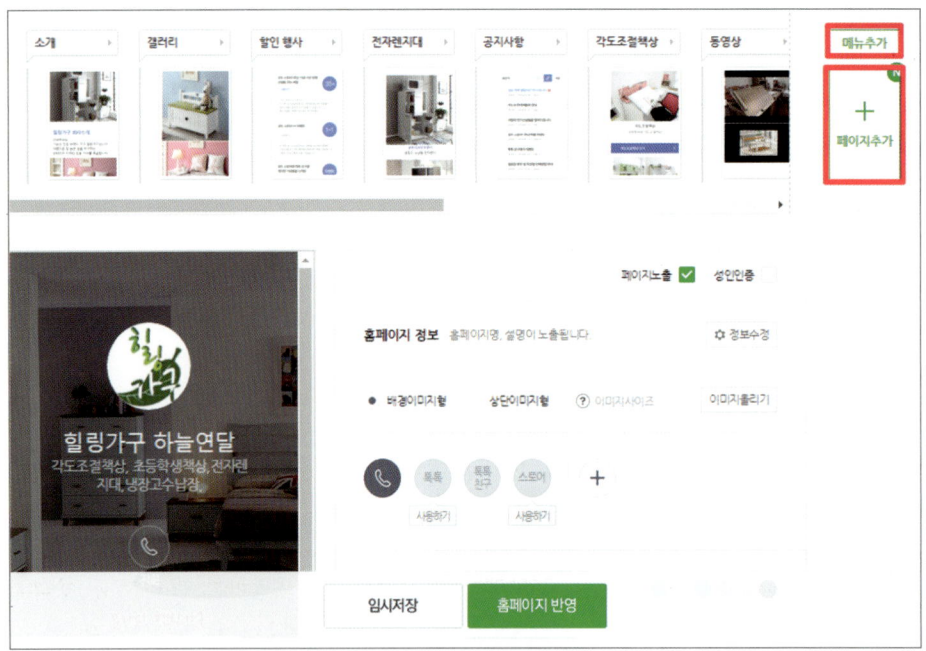

페이지 추가 버튼을 눌러준다.

게시판을 선택 페이지 추가 버튼을 눌러준다.
메뉴를 만들어서 Q&A라고 입력한다.

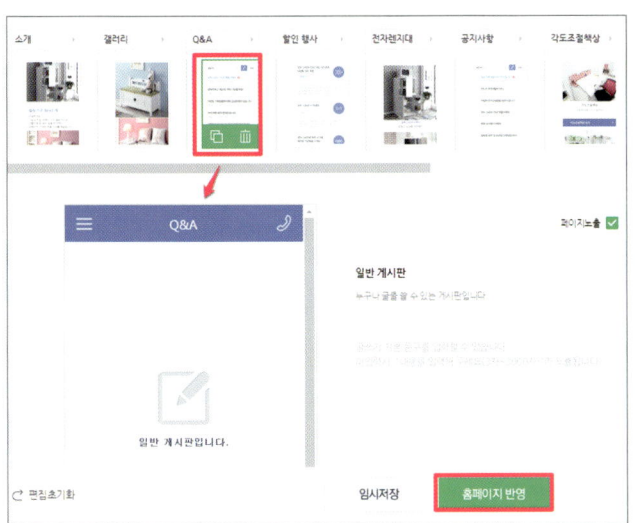

Q&A 게시판 페이지를 선택하면 페이지가 보인다. 홈페이지 반영을 클릭한다.

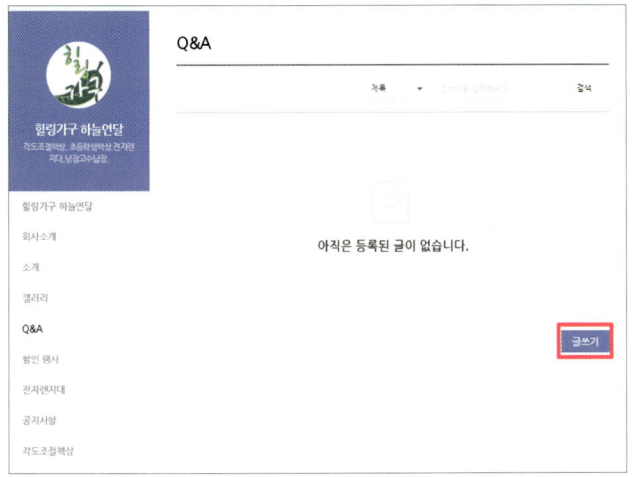

PC에서 보여지는 게시판입니다. 글쓰기를 클릭하면 글을 쓸 수 있다. 고객문의 게시판에서 고객이 보여지는 창 관리자에게 보여주는 창에 대해서 알아보겠다. 문의를 원하는 고객이 네이버 로그인 후 글쓰기를 클릭하고 제목과 내용을 쓰고 나서 등록을 누르면 된다.

고객이 문의하는 중이다. 등록을 클릭한다.

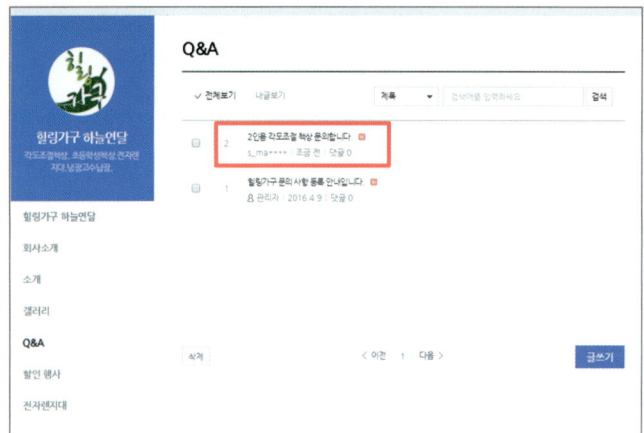

고객의 문의한 글이 새롭게 게시판에 올라왔다.

문의합니다 게시판에서 글이 등록 된 후에는 다른 사람들이 댓글을 달 수가 있다.

게시판 고객문의 한 것에 대한 답변으로 홈페이지 관리자는 답글 쓰기로 내용에 대한 답을 할 수 있다. 관리자는 고객이 문의한 내용에 대한 제목과 내용 부분을 수정해서 올릴 수 있다. 글은 비밀 글로 등록이 가능하다. 등록 버튼을 클릭한다.

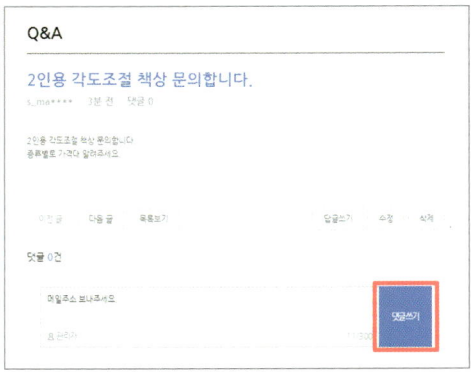

문의합니다 게시판에서 글이 등록된 후에는 관리자나 다른 사람들이 댓글을 달 수가 있다.

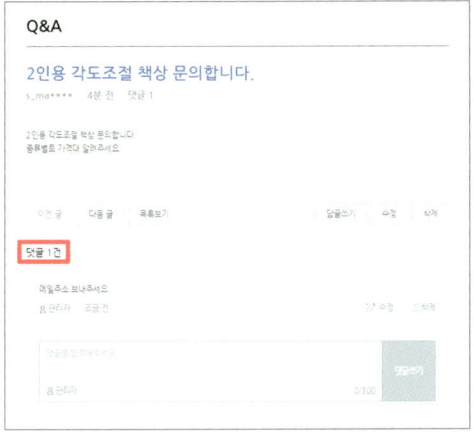

댓글이 달린 경우이다.

고객문의 게시판을 활용해서 고객과 소통하는 홈페이지 운영을 하는 것이 중요하다.

07 공지사항 게시판 만들기

공지사항 게시판은 고객문의 게시판과 다르게 관리자만 글 쓰기 가능한 게시판이다. 회사나 매장이나 어떤 서비스를 제공하는데 대해서 고객에게 공지하는 내용을 여기 공지사항 게시판을 잘 활용하면 된다.

페이지 추가를 클릭한다.

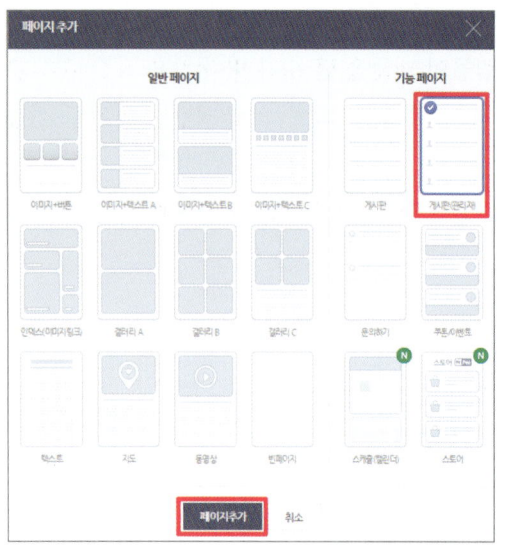
페이지 추가에서 상단의 게시판 관리자 페이지를 추가하고 페이지 추가를 클릭한다.

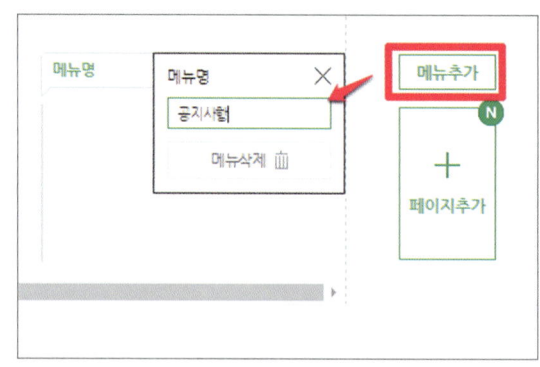
메뉴명은 공지사항으로 변경하고 Enter 키를 클릭한다.

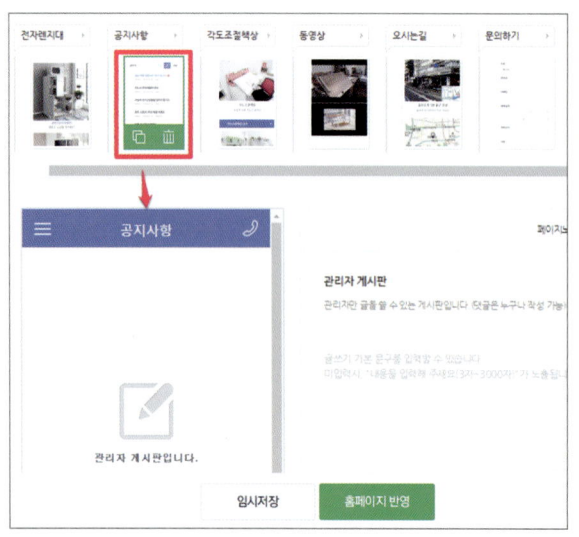
공지사항 페이지를 누르면은 아래의 관리자 게시판이 나타난다. 홈페이지 반영을 클릭한다.

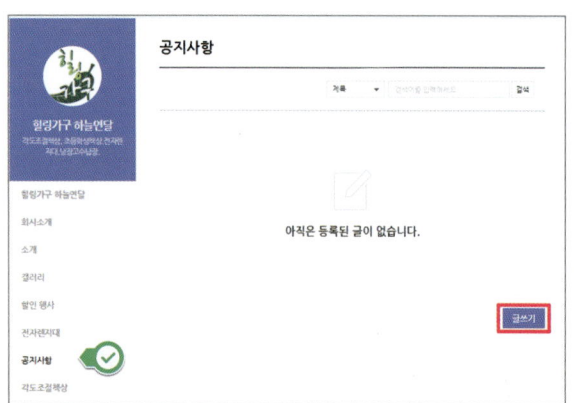
PC에서 보는 공지사항 페이지이다. 글쓰기를 클릭한다.

공지사항은 관리자만 글을 쓸 수 있다. 내용 밑에 최상단 버튼을 체크하면 공지사항 내용 중에 최상위 메뉴로 이동이 가능하다. 사진 추가를 클릭한다. (새로 만들어진 기능이다.)

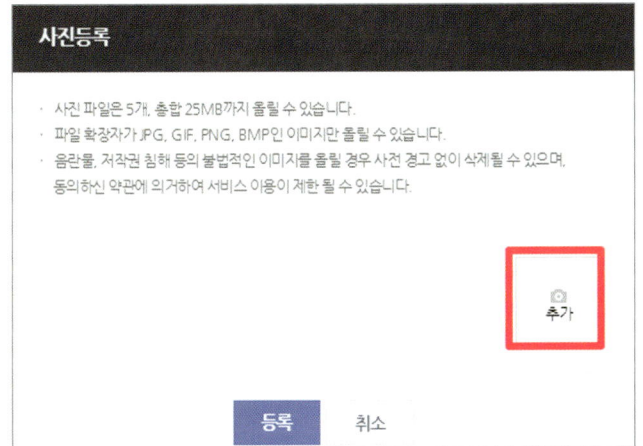

추가를 클릭한다.

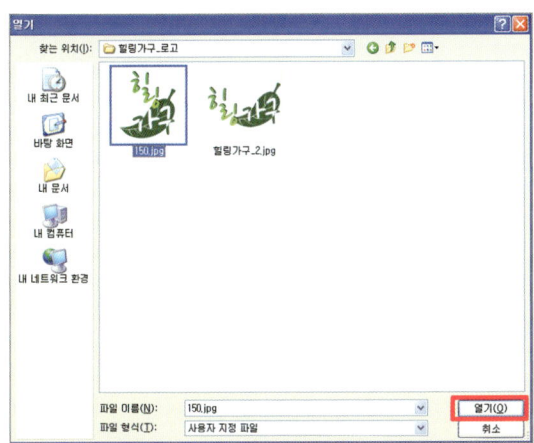

사진을 선택하고 열기를 클릭한다.

등록을 클릭한다.

내용을 다 적었으면 등록을 클릭한다.

방금 쓴 내용이다. 공지사항 내용에 대한 궁금한 점이나 바라는 내용은 댓글로 고객들이 쓸 수 있다.

08 문의게시판 페이지 만들기

문의 게시판은 업종에 따라서 아주 중요한 페이지 역할을 한다.
그래서 견적문의를 잘 만들면 잠재고객 정보를 얻을 수 있으므로 아주 중요한 기능을 한다.

페이지 추가에서 문의하기 게시판을 선택한다.
다음 페이지 추가 버튼을 클릭한다.

견적 신청이나 견적 문의 페이지를 눌러 주면 개인정보 및 이용에 관한 동의 버튼이 우측에 나타난다. 여기를 클릭한다.

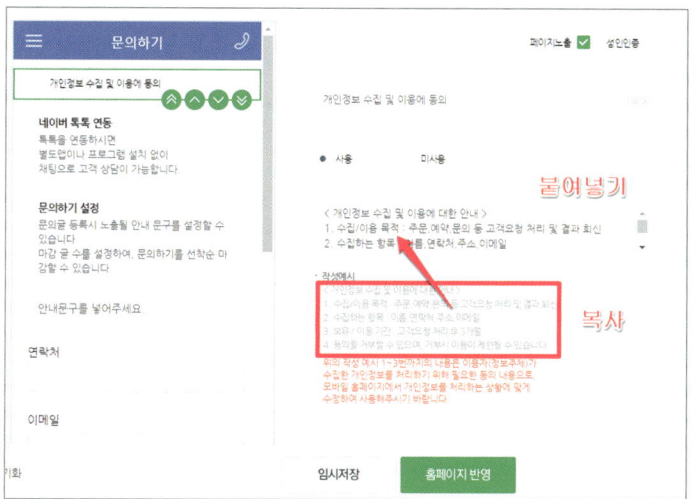

앞 부분에서 설명을 했지만 개인정보 및 이용에 관한 내용 대한 부분이 들어가야지만 견적 게시판을 사용할 수 있다. 하단에 작성 예시 밑에 있는 부분을 복사해서 바로 위 붙여넣기 한다. 다음 홈페이지 반영 버튼을 클릭한다.

문의하기 설정 부분을 눌러 주면 안내문구 입력란의 나타난다. 그 밑에 선착순 등록을 마감 기능을 선택해서 적절하게 사용하면 된다. 아래는 마감 안내 글을 적는 곳이다.

안내문을 입력하는 곳이다.

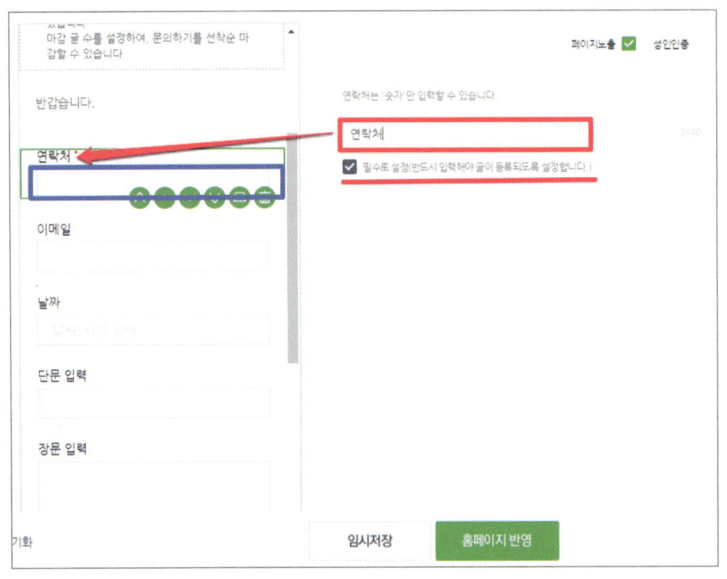

연락처를 적는 곳이다.
필수에서 체크를 하면 꼭 내용을 기입을 해야 하는 필수 내용이 된다. (설명 부분은 문의 내용 밑에 흐리게 나타나서 내용을 쓰면은 자동으로 없어지는 기능이 있다.)

문의 내용은 타이틀에서 수정이 가능하고 유형은 숫자형, 단문형, 장문형으로 되어 있는데 보통 장문형, 단문형을 사용하면 좋다. 설명부분은 문의 내용에 대한 간단한 설명 부분을 입력하면 된다.

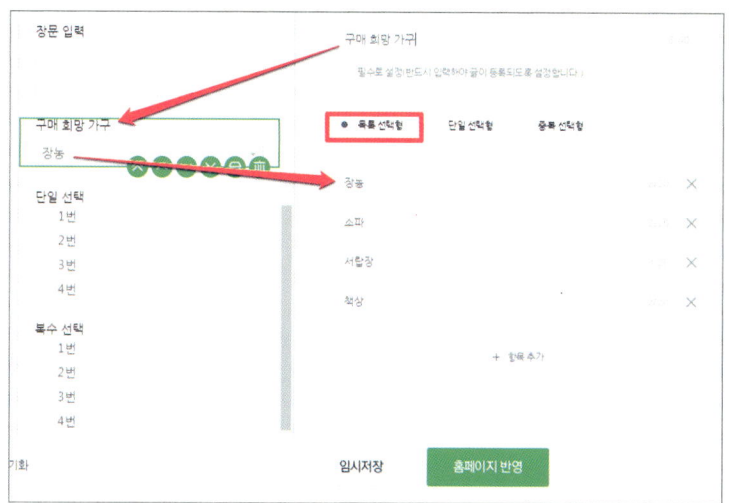

메뉴는 목록 선택형, 단일 선택형, 중복 선택형이 있다. 인테리어나 가구 배치 시 필요한 기능을 만들 수 있고 이사 견적에도 사용이 가능하다.

목록 선택형이다. 원하는 부분을 선택하면 된다.

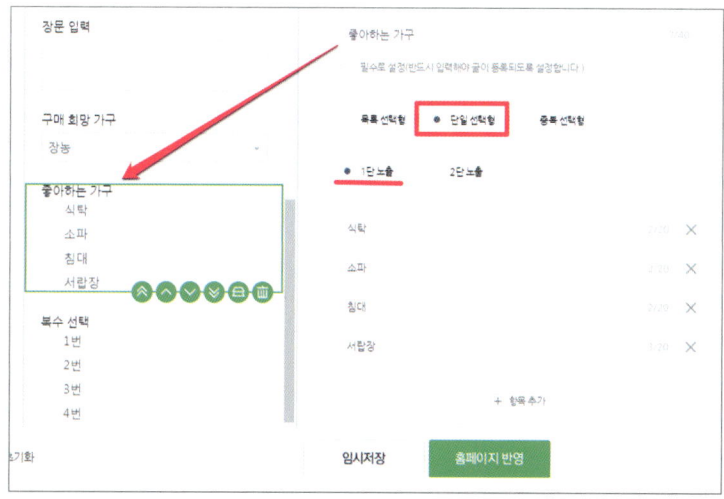

단일 선택형을 선택한다.

실제 홈페이지에서 보이는 부분이다. 단일 선택형이다. 라디오버튼을 선택 클릭하면 된다.

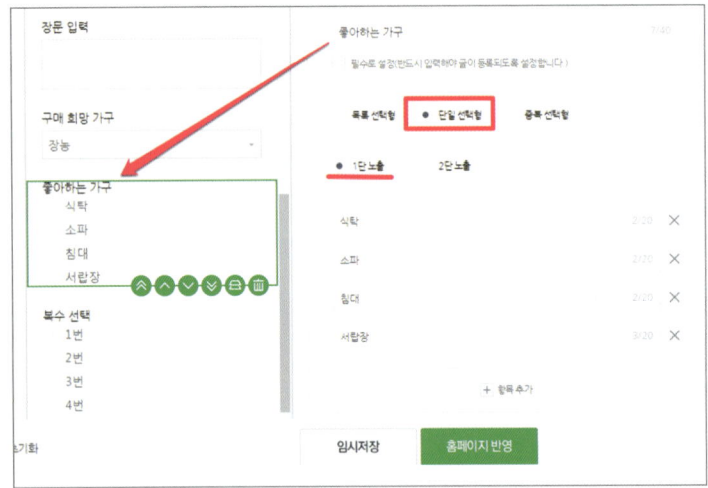

중복 선택형은 2가지 이상 선택이 가능하다.

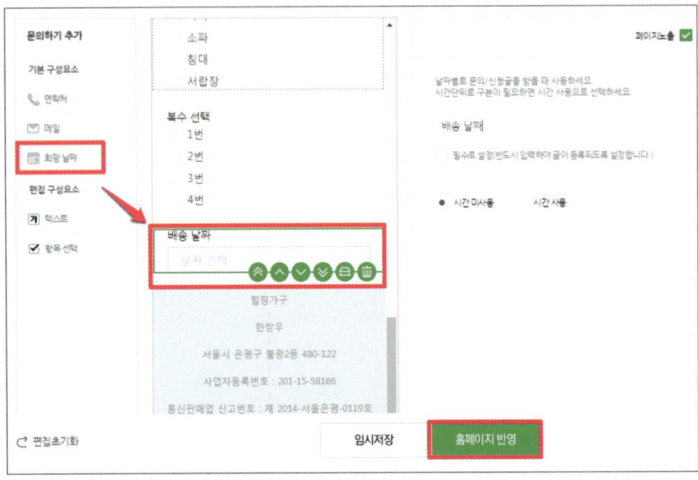

가구 배송 날짜를 만드는 곳이다. 홈페이지 반영을 클릭한다.

실제 홈페이지에서 보여지는 내용인데 관리자가 로그인을 한 상태에서는 내용이 보이지 않는다. 문의 게시판을 보려면 로그아웃을 하고 키보드 F5를 클릭해서 새로고침을 해야만 보인다.

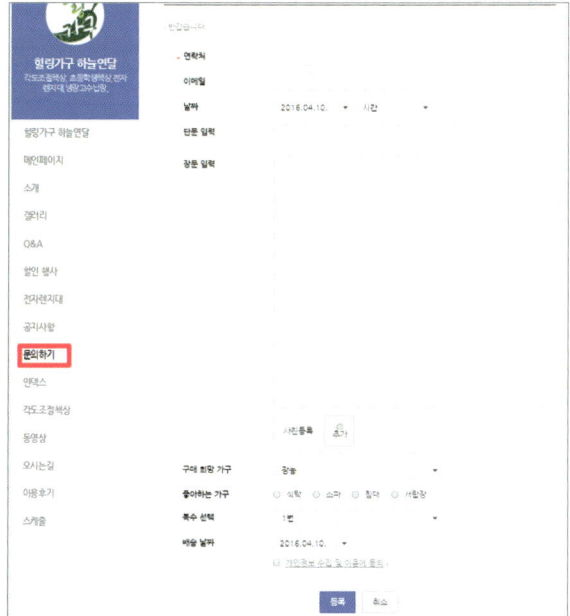

실제 보여지는 문의게시판이다.

목록 선택형이다. 고객이 원하는 부분을 선택하면 된다.

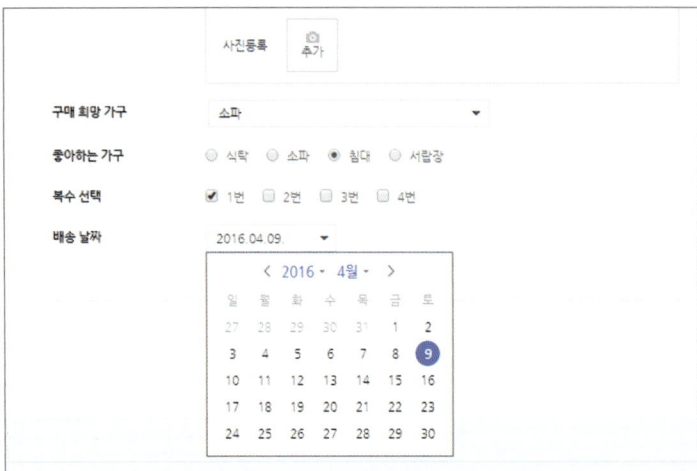

문의에 대한 선택하는 칸이 보인다. 배송 날짜를 선택하는 캘린더 기능이다.

문의할 때는 하단에 개인정보 수집 및 이용에 대한 동의를 체크를 하고 등록을 누르면 등록이 된다.

실제 견적을 신청하고 난 다음 보이는 내용이다. 이용자는 볼 수 없고 관리자만 볼 수 있다.

문의하기 내용을 클릭하면 원하는 설문조사나 견적문의를 볼 수 있다.

네이버 오피스를 사용해서 설문조사를 할 수 있지만 간단하게 문의게시판을 이용해서 할 수 있다. 처음에 홈페이지를 만들 때 맞춤 템플릿 위해서 목적에 맞는 디자인을 선택하면 해당 업종에 맞는 문의게시판에 만들어져 있으므로 너무 걱정을 하지 않아도 된다. 설문조사는 견적문의 게시판을 활용해서 바로 고객의 데이터베이스를 확보하는 것이 가장 중요하다.

한 달에 20명의 잠재고객 데이터를 확보한다면 1년에 240명의 잠재고객을 확보하는 것이므로, 잠재고객의 데이터베이스를 확보하는데 노력을 해야만 한다.

09 홈페이지에 오시는 길 만들기

홈페이지 만들기에서 지도나 오시는 길은 페이지는 아주 중요하다. 음식점이나 캠핑장, 매장 등을 방문하기 위해서는 꼭 확인을 하고 와야 할 페이지이다. 만드는 방법은 간단하다.

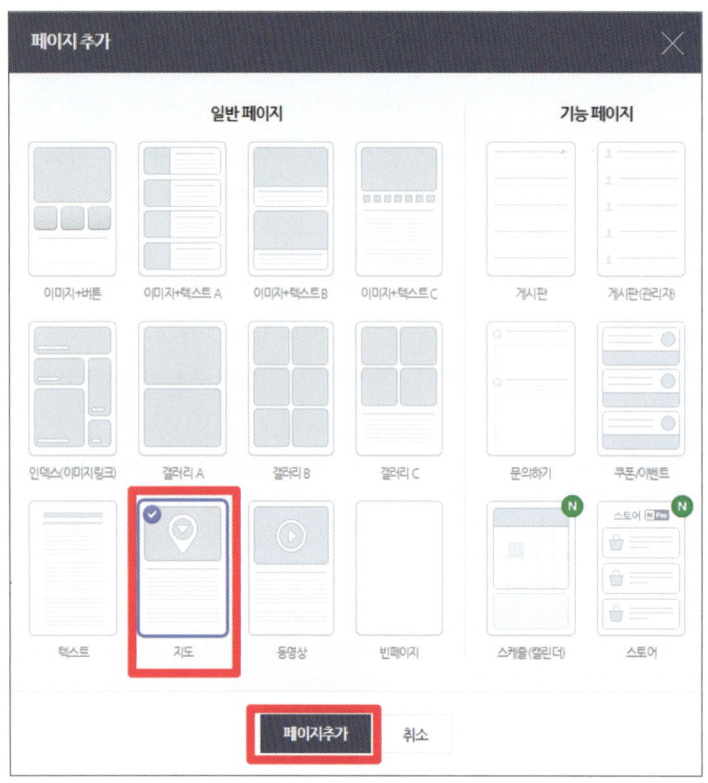

페이지 추가 창에서 지도 부분을 선택하고 페이지 추가 버튼을 선택한다.

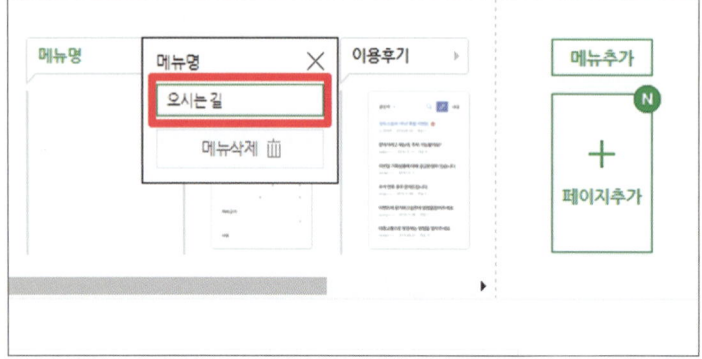

메뉴 추가를 클릭한다 메뉴 명을 입력한다.
그리고 Enter 키를 클릭한다.

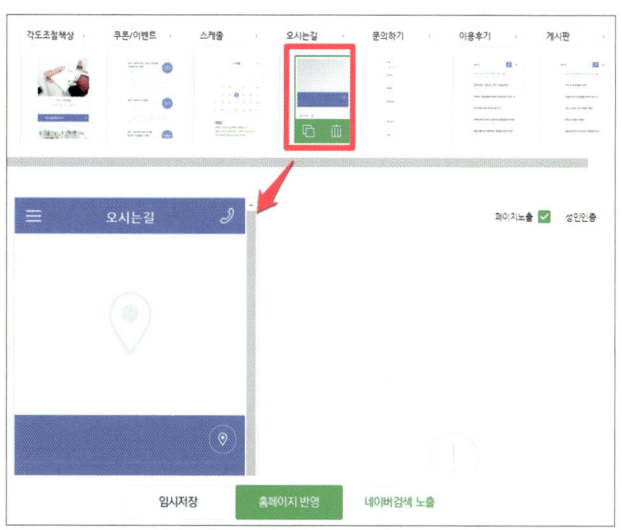

상단 안내 오시는 길 페이지를 선택하면 하단에 오시는 길 페이지가 나타난다.

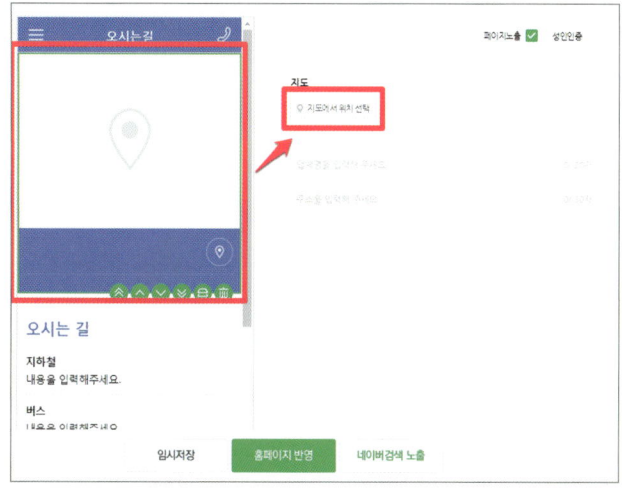

좌측 적색 박스를 누르면 우측에 지도 위치 선택 하는 아이콘이 나타난다.
지도에서 위치 선택 버튼을 클릭한다.

해당 주소를 입력하고 검색을 클릭한다.

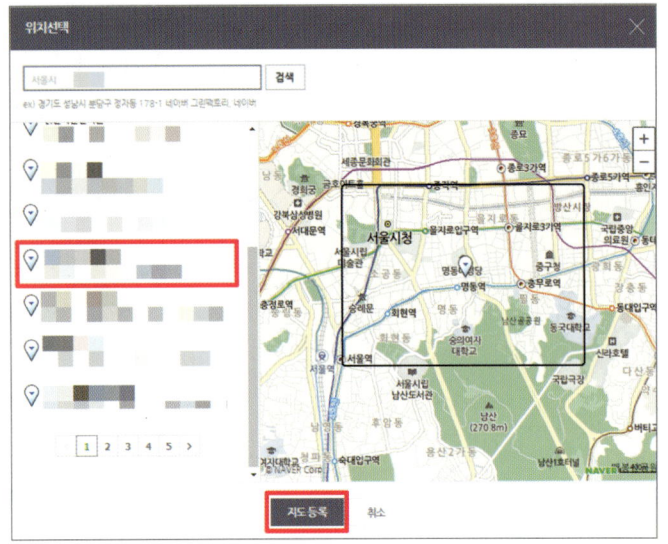

해당 주소 기본 정보가 나타난다. 그 중에 해당되는 것을 선택하고 지도 등록 버튼을 누르면 된다.

여기에서 주의할 점은 내 사업장, 내 업체가 검색이 안 된다고 당황할 것이 아니라 주소만 맞으면 선택하면 된다.

상호명을 입력하고 상세주소를 입력한다.

좌측 제목에서 오시는 길, 방문 안내 등 수정 변경해주면 된다.

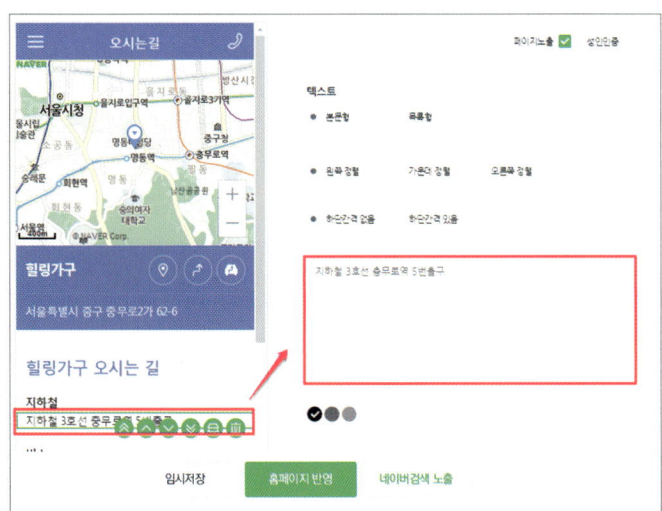

지하철 이용 방법을 적는다.
자동차로 오는 방법과 버스로 이용하는 방법, 주차장 이용 방법 등을 자세히 적은 다음 홈페이지 반영 버튼을 클릭하면 된다.

● 네이버 로드뷰로 자세한 오시는 길 만들기

처음 오시는 길을 지도를 보고 찾아오는 것은 누구나 어렵다. 사진으로 설명을 해 주는 것이 더 쉽게 이해가 가능하므로, 로드뷰를 이용한 오시는 길을 만들어본다.

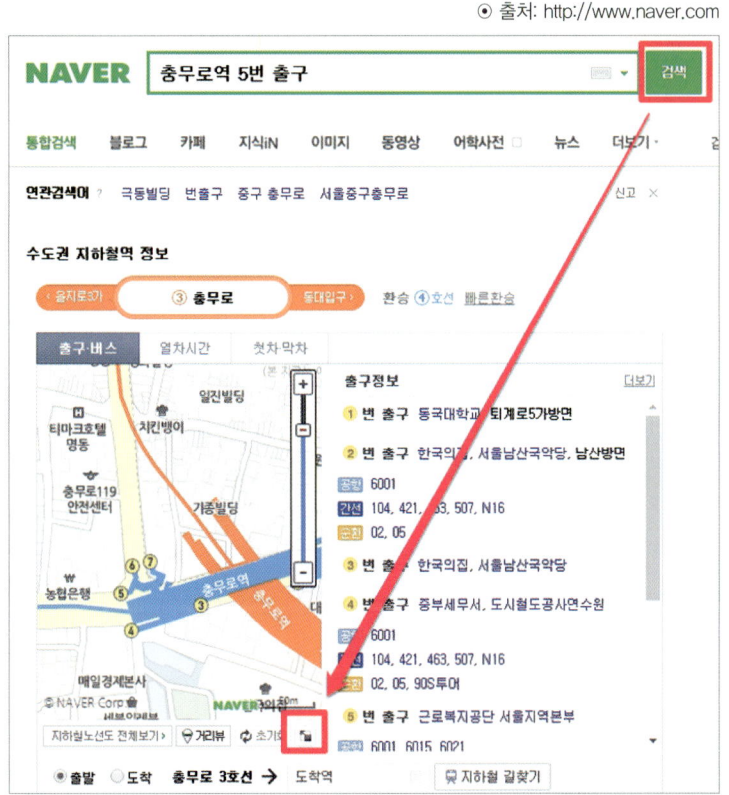

◉ 출처: http://www.naver.com

네이버에서 해당 역을 입력하고 검색을 누르면 지도가 나타난다. 크게 보기를 클릭한다.

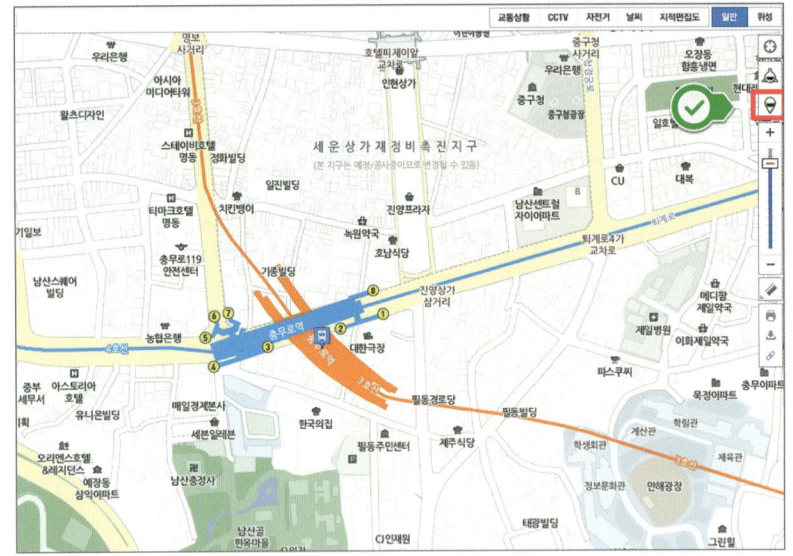

지도 크게 보기에서 우측 상단을 보면 로드뷰 버튼이 있다 이 버튼을 클릭한다.

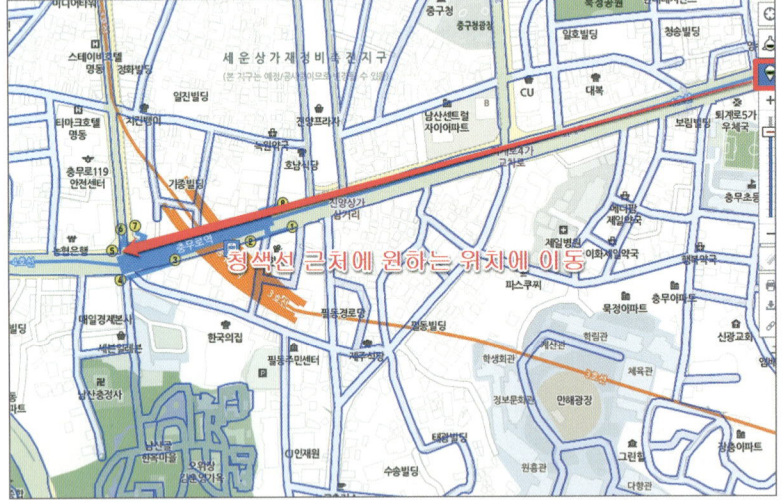

로드뷰 버튼을 클릭하면 도로가 선으로 바뀐다. 로드뷰 버튼을 클릭한 상태에서 마우스로 옮겨서 원하는 전철역 입구로 가져다가 놓는다.

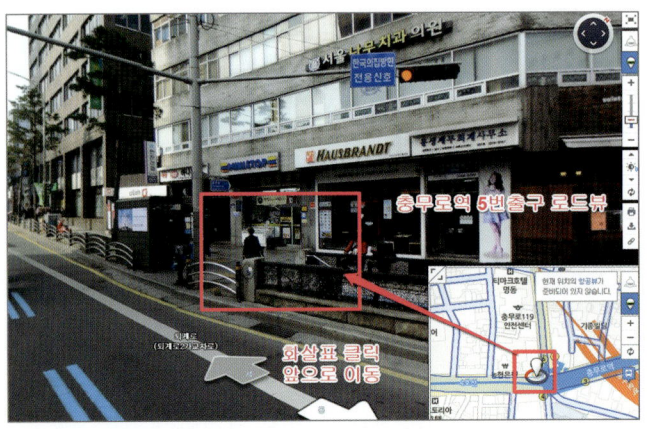

로드뷰가 나온 상태에서 네이버캡처나 알캡처를 이용해서 이미지를 잘라서 저장을 한다.

하얀색 화살표를 클릭하면 앞으로 진행이 된다. 은행 같은 곳은 사람들이 찾기 쉬운 곳이므로 로드뷰로 이동한 다음 사진을 캡쳐하고 저장한다.

사진으로 방향을 알려준다.

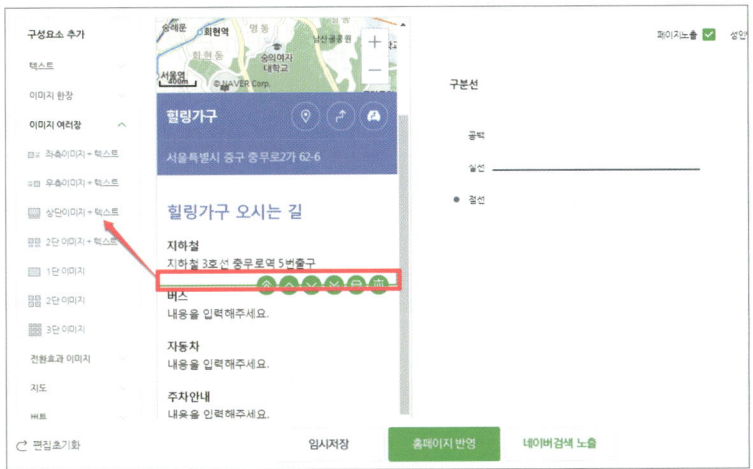

중앙에서 이미지가 들어갈 부분 바로 위를 선택한다. 사진을 올리기 위해서는 구성요소 추가에서 이미지 여러 장을 클릭한 다음 상단 이미지 텍스트를 선택을 한다.

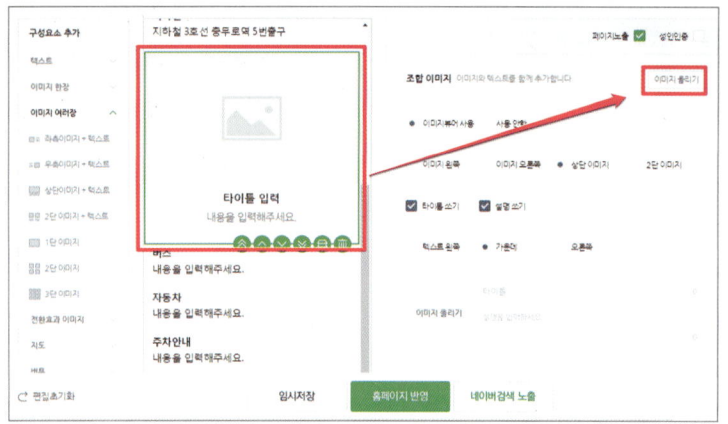

적색 사각형을 클릭하면 이미지 올리기 버튼이 나온다 이미지 올리기 버튼을 클릭한다.

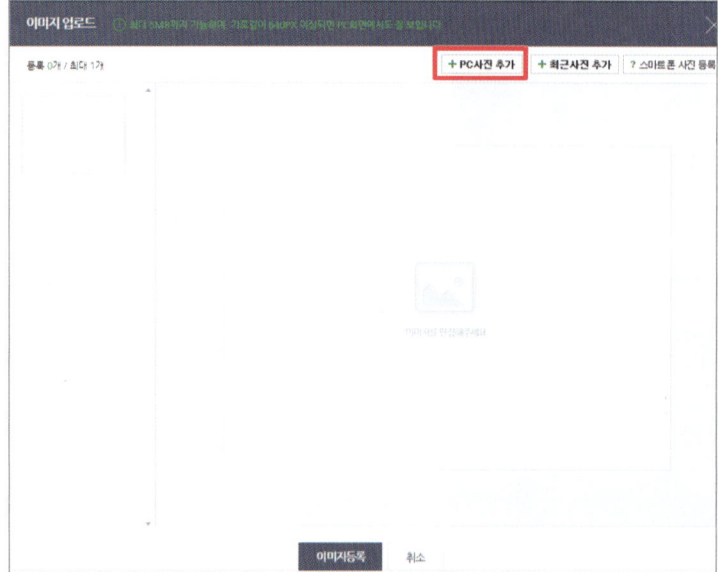

PC사진 추가를 클릭한다.

미리 준비한 사진을 선택하고 열기를 클릭한다.

이미지 등록을 클릭한다.

이미지가 올라간 상태에서 해당 사진의 위치를 입력하고 어떻게 이동하라는 내용을 입력한다.

사진의 위치를 입력하고 오시는 길 이동 방향을 입력한다.

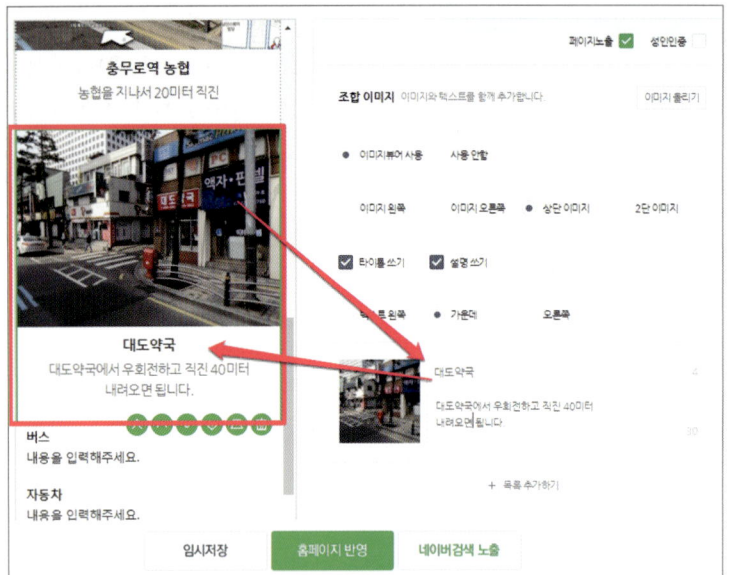

사진의 위치를 입력하고 오시는 길 이동 방향을 입력한다.

로드뷰를 활용한 오시는 길이 만들어졌다. pc 화면에서 보니까 훨씬 더 알기 쉽고 깔끔하게 만들어진 로드뷰 사진지도이다. 매장을 운영하거나 캠핑장을 운영하거나 식당을 운영할 때는 아주 유용하게 쓸 수 있다.

10 간단 쿠폰 만들기

네이버 모두 홈페이지에서는 소상공인 및 자영업자들이 간단하게 쿠폰을 만드는 기능을 제공하고 있다. 이것을 적절하게 사용을 하면은 매출을 올리는데 아주 유용하게 사용할 수 있다.

여기에서 사용하는 것은 쿠폰뿐만 아니라 이벤트, 무료행사, 1+1, 할인행사, 그리고 직접 행사를 할 이미지를 만들어서 올릴 수 있다

◉ 출처: http://storefarm.naver.com/saehani21

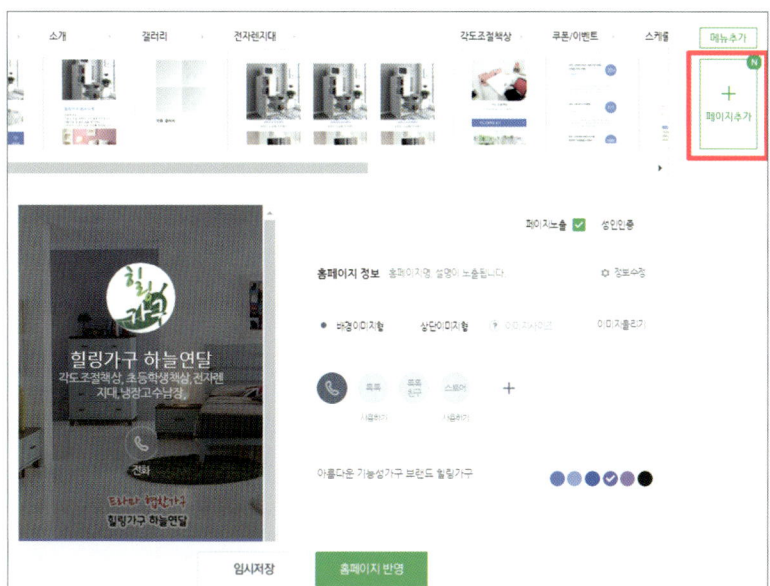

페이지 추가를 클릭한다.

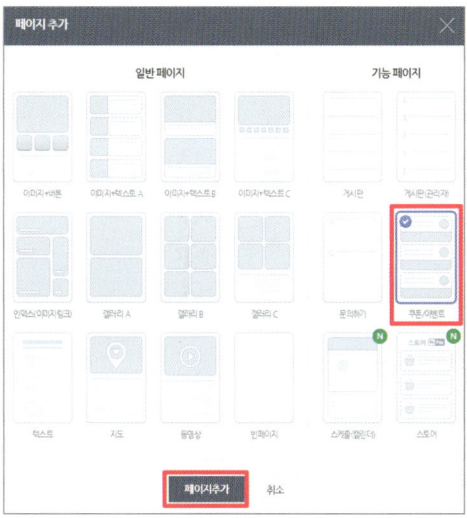

쿠폰 페이지를 선택하고 페이지 추가를 클릭한다.

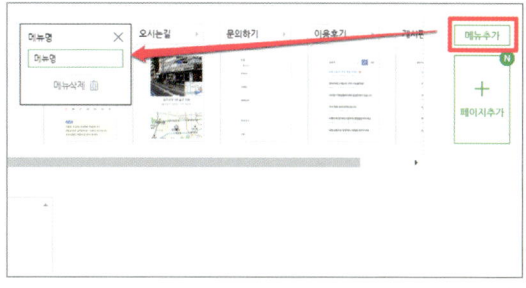

메뉴 추가를 클릭한다.

메뉴 명을 입력하고 아래 쿠폰 페이지를 클릭한다.

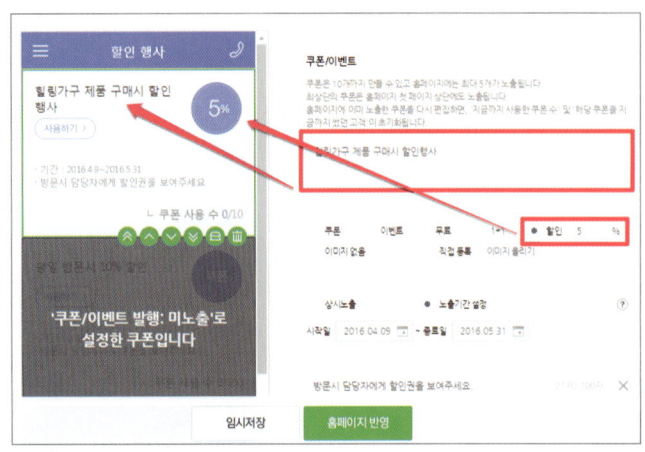

우측에서 할인 체크하고 5%를 입력한다. 할인 행사 제목을 입력한다, 그리고 노출 기간을 선택한다.

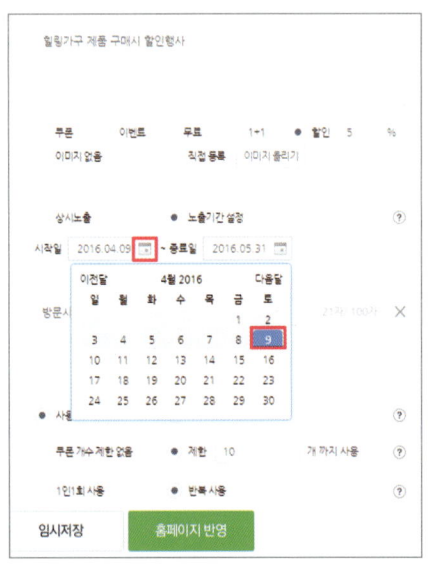

할인 행사 시작일을 선택한다.

114 :: PART 01 _ 네이버 모두 홈페이지 만들기

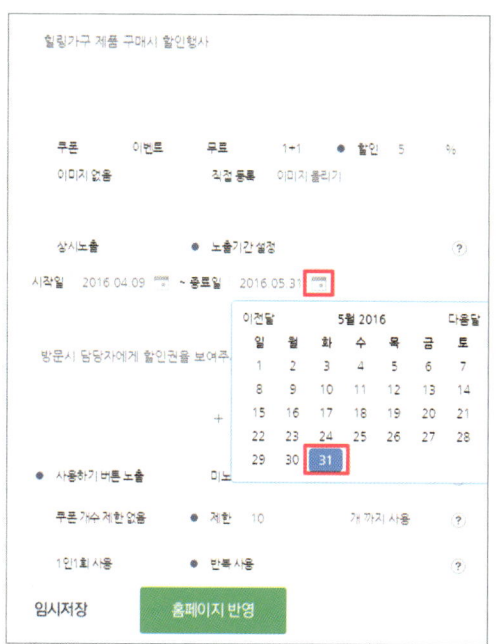

할인 행사 종료 일을 선택한다.

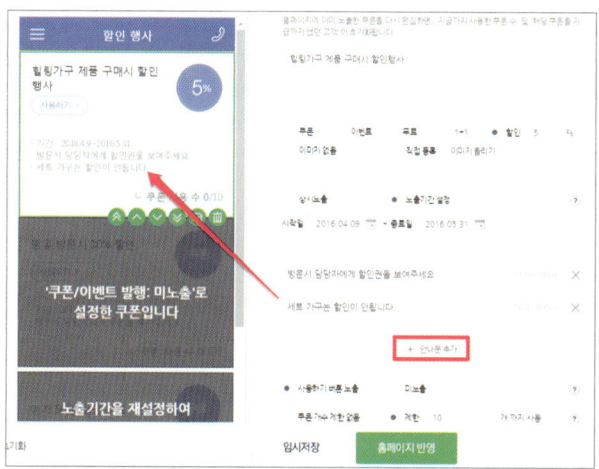

안내문을 입력한다.

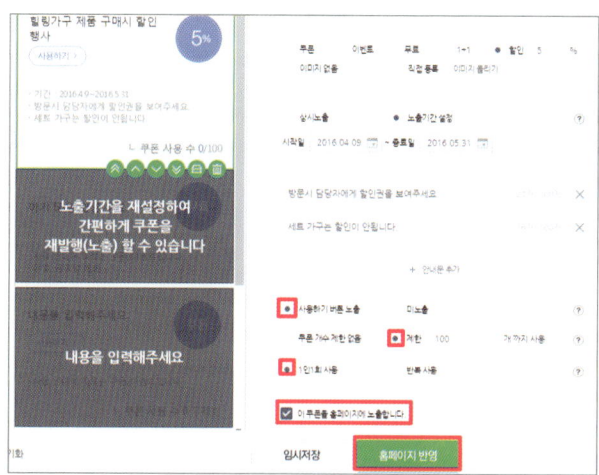

쿠폰 사용하기 버튼을 체크한다. 쿠폰 개수 제한을 체크해서 쿠폰 개수를 입력한다. 1인 1회 사용을 체크한다. 할인 행사라 1 사람만 사용하기 위해서이다. "이 쿠폰을 홈페이지에 노출합니다"를 체크한다. 홈페이지 반영 버튼을 클릭한다.

● 실제 쿠폰 만들기

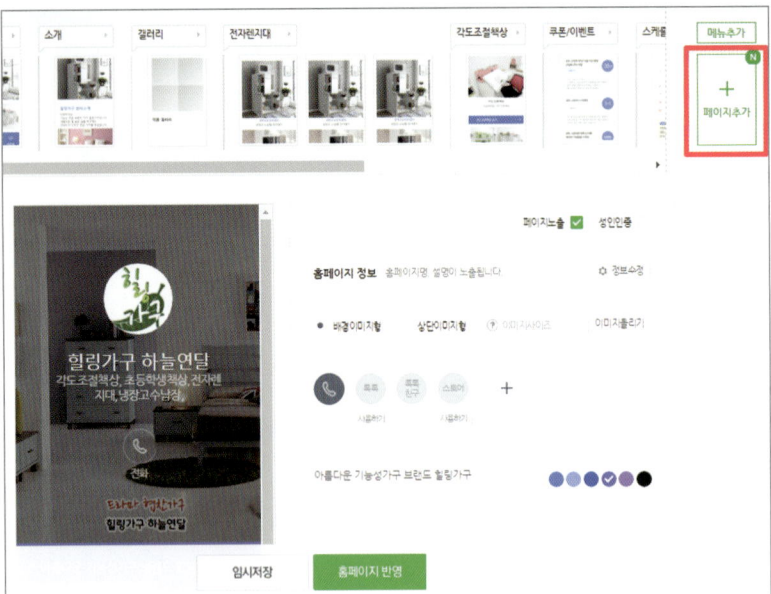

우측 페이지추가를 클릭한다.

쿠폰/이벤트 페이지를 선택 페이지추가를 클릭한다.

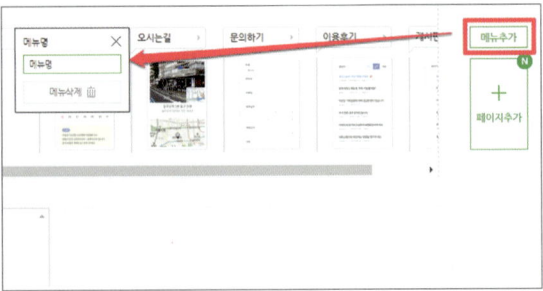

메뉴 추가를 클릭한다. 메뉴 명을 입력한다.

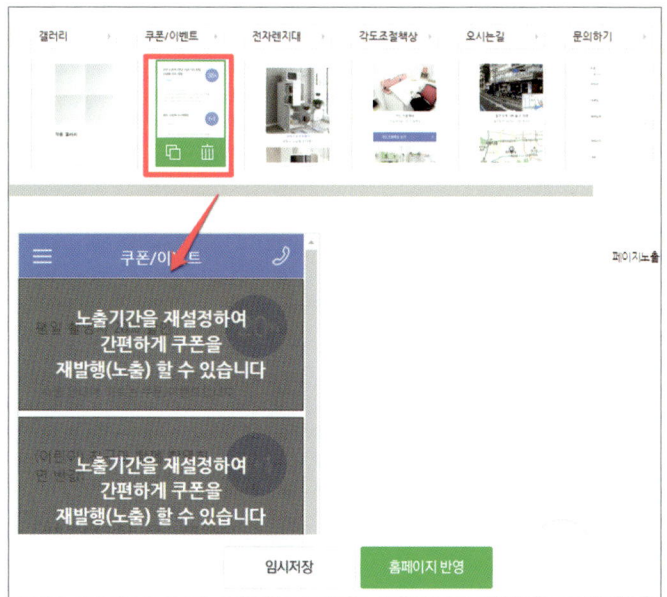

쿠폰 페이지를 클릭하면 내용을 입력할 창이 나타난다.

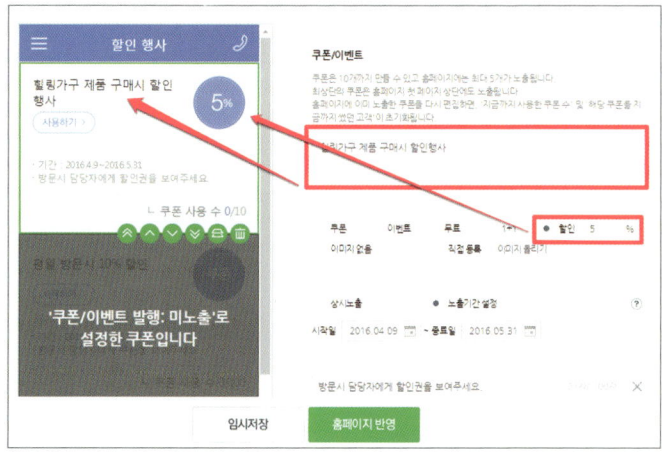

먼저 어떤 것을 할지를 선택을 하는 것이 중요하다. 쿠폰 행사를 할 건지 이벤트를 할 건지 무료 행사를 할 건지 할인 행사를 할 건지 먼저 기획을 하고 내용을 적는 것이 좋다.

쿠폰을 선택하면은 바로 쿠폰이 나오고 할인 10%라고 체크를 하면 좌측에 쿠폰 10% 그림이 나타나서 아주 편리하게 사용이 가능하다. 노출 기간을 선택하기 위해서는 시작일을 설정하고 종료일을 설정을 하면은 된다. 365일 행사일 때는 상시 노출을 체크하면 된다.

그리고 유의사항도 적을 수 있다;

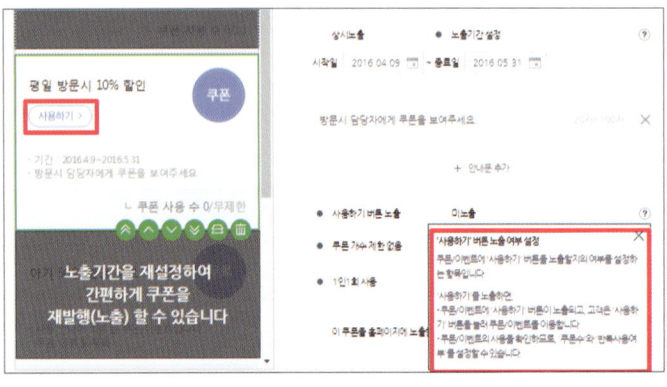

사용하기 버튼을 눌러서 쿠폰을 노출시킬 수 있고 미 노출로 선택할 수도 있다. 쿠폰 발행 수 선택이 가능하다. 행사 기간에 맞추어서 선택하면 된다.
한 사람 당 반복 사용이 가능한지 선택을 하고, 홈페이지 노출 버튼을 선택하든가 준비 중일 때는 미 노출을 선택할 수 있다.

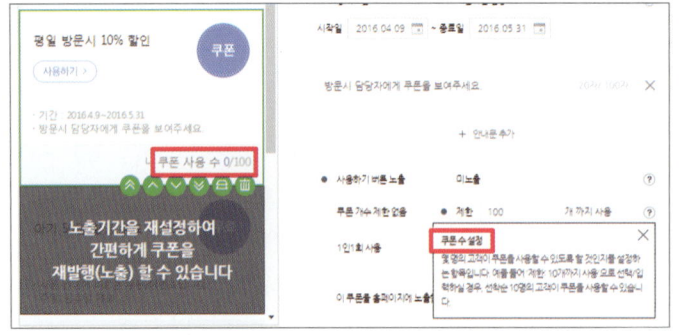

쿠폰 수를 설정에서 쿠폰 수를 정할 수 있다.

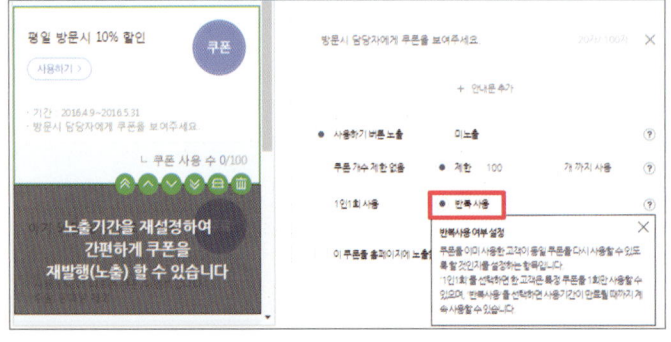

1인당 쿠폰 사용빈도를 제한할 수 있다.

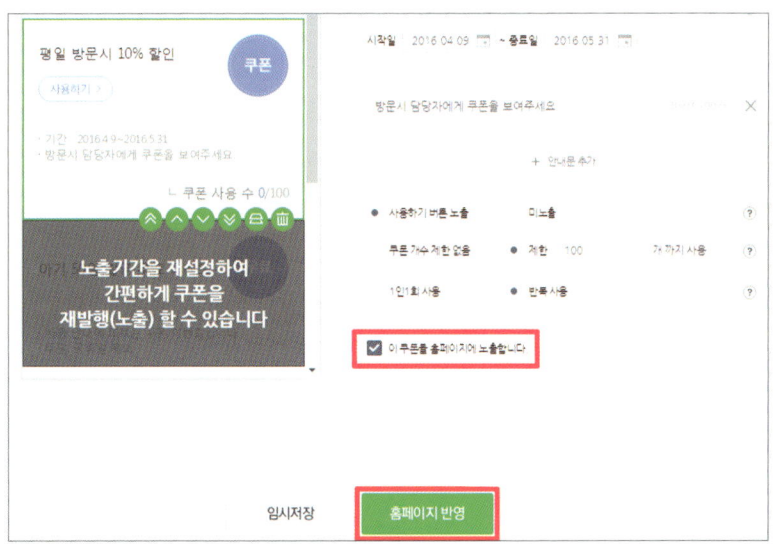

작성이 끝났으면은 "이 쿠폰을 홈페이지에 노출합니다"를 체크하고 홈페이지 반영 버튼을 눌러준다.

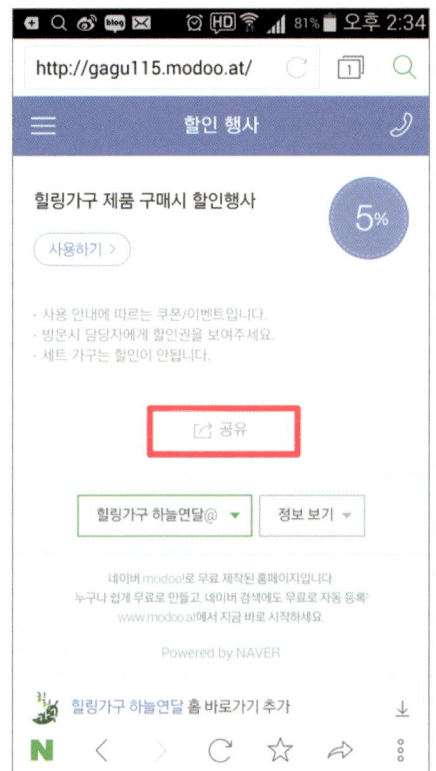

주의할 점은 쿠폰 사용은 스마트폰에서만 가능하다는 것이다. 중간에 있는 현재 페이지 공유하기를 클릭한다.
(고객이 가게 매니저나 서비스 제공자에게 보여주고 사용을 누르면 된다)

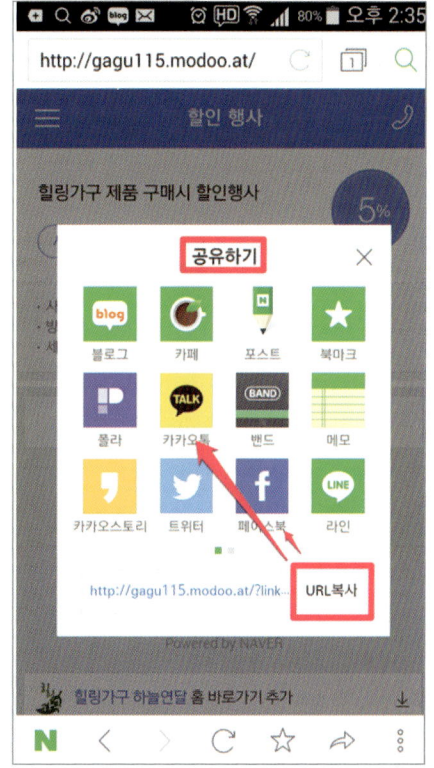

블로그, 카페, 페이스북을 통해서 쿠폰 정보를 공유하는 것이 아주 중요하다.
인스타그램, 카카오스토리, 카톡 통해서 고객의 참여를 유도하는 것이 매출을 높이는 지름길이다. (마케팅에 관한 자세한 내용은 Part 2에서 다룬다.)

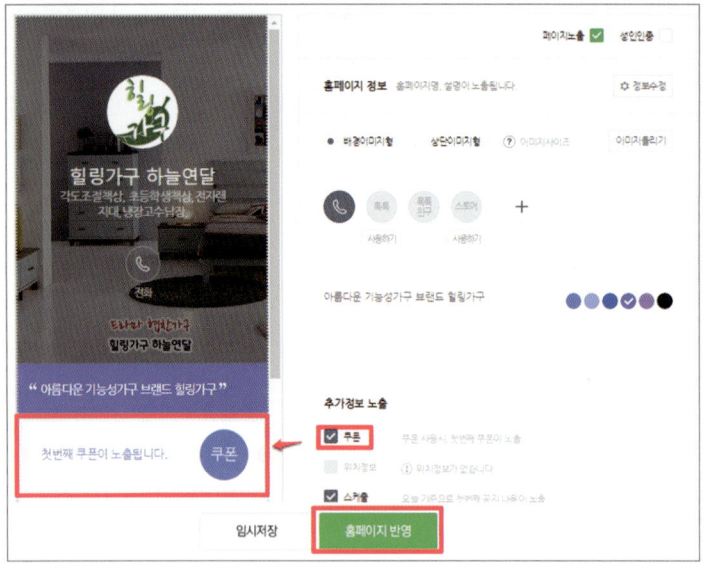

쿠폰이나 할인 정보가 만들어지면 메인 페이지에서 선택 노출이 가능하다. 고객들이 쿠폰 사용이 가능하도록 아주 편리하게 만들어져 있다. 적절하게 사용을 하면 고객을 모으는 아주 유용한 도구로 사용이 가능하다.

11 서브 메뉴(그룹) 만들기

홈페이지 제작에서 1차 메뉴 아래 2차 메뉴 즉 서브 메뉴를 만드는 것을 알아본다.
홈페이지가 메뉴가 많아지면서 좌측 메뉴가 길어지므로 이것을 그룹으로 묶어서 그룹 메뉴로 만들어야 된다. 아주 간단한 방법으로 만들어서 수정 하는 방법을 따라 해본다.

⊙ 출처: http://storefarm.naver.com/saehani21

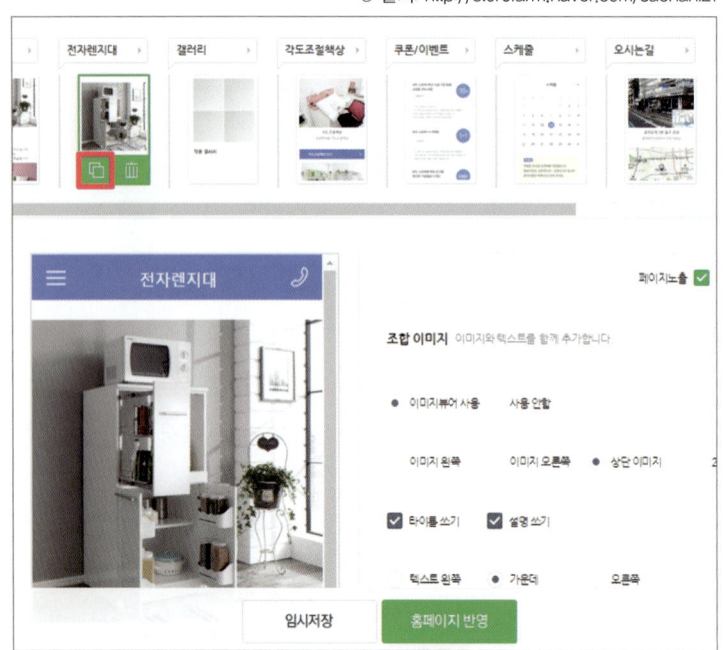

홈페이지 제작 중에서 메뉴가 많아지면서 2차 메뉴를 만드는 것들이 꼭 필요하다.
적색 버튼이 가르치는 버튼을 누르면 페이지가 복사가 된다.

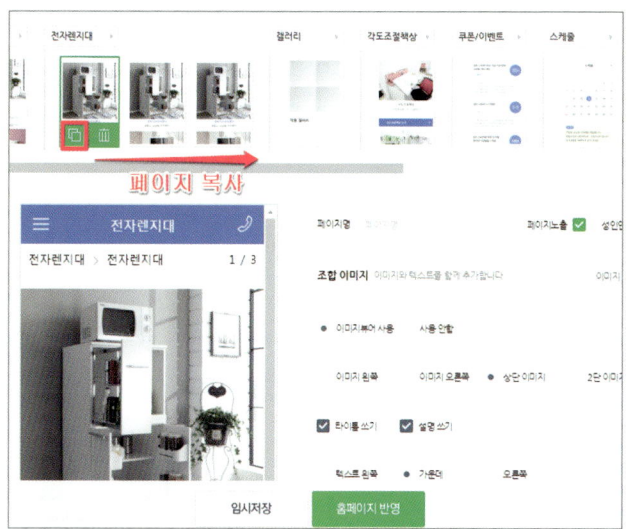

홈페이지에서 제품 소개와 서비스 소개를 여러 페이지 만들 때는, 기존의 페이지를 복사를 해서 일단 만들어 놓고 나서 그 페이지 내용을 수정하는 것이 편리하다.

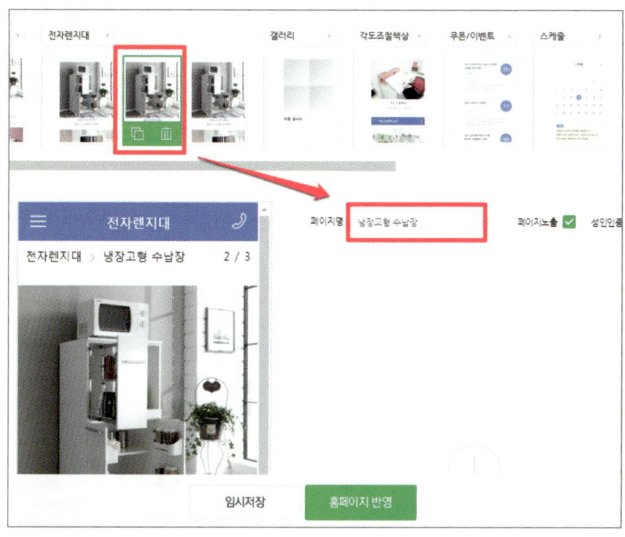

복사된 상단 페이지를 선택한다.

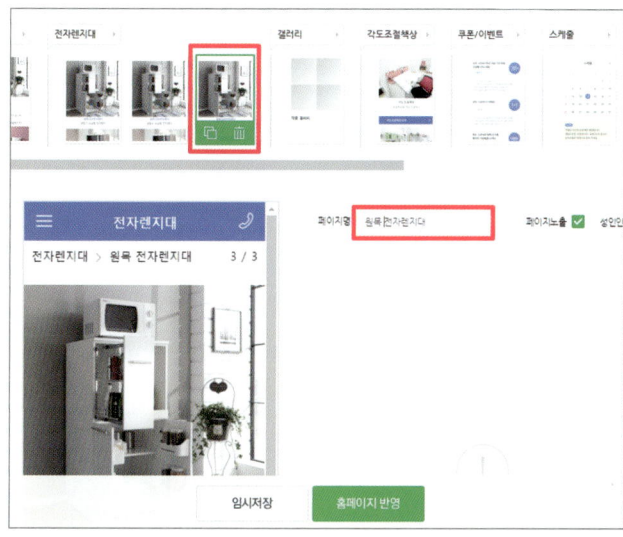

페이지 명을 입력하는 창에 나와 나타난다. 여기에 원하는 페이지 명을 입력한다.

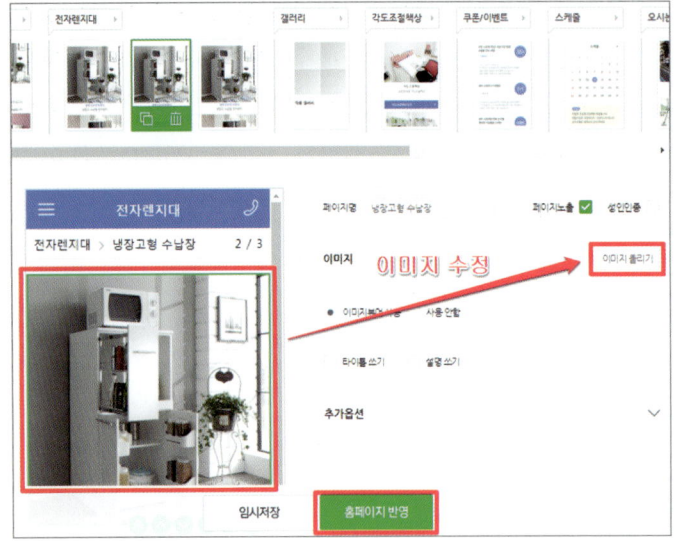

복사한 페이지이므로 이미지도 원본 이미지 같으므로 새로운 이미지로 변경하고 내용도 변경한다. 원하는 이미지로 변경해서 홈페이지 반영 버튼을 클릭하면 새로운 페이지가 만들어진다.

pc에서 본 제품소개 2차 메뉴들이 다 제품소개 3번이 표시된 부분을 누르면 2차 메뉴 제품소개 페이지 메뉴가 나타난다. 그러므로 페이지를 많이 생성할 때는 꼭 필요한 기능이다.

12 일정 & 스케줄 만들기

1. 일정 & 스케줄 이란?

네이버 모두홈페이지에서 간편하게 제공하는 스케줄, 일정, 캘린더 기능으로 생각하면 된다. 특별한 기능이 있는 건 아니고 관리자가 일정을 입력하면은 방문 고객이 확인할 수 있는 그 정도이다. 그래도 간단하게 사업체의 정보를 고객이 볼 수 있다는 것은 쌍방향형 홈페이지 기능이라서 제대로 활용하는 지혜가 필요하다.

2. 일정 & 스케줄 만들기

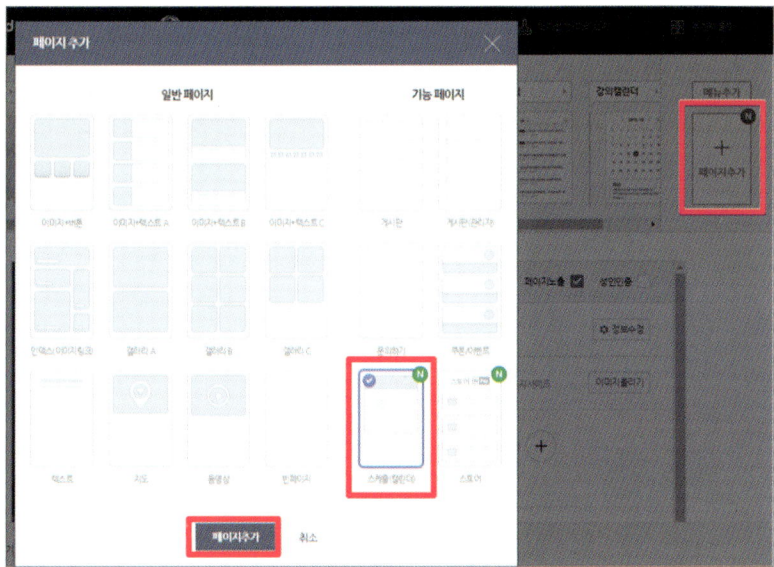

해당 사이트 홈페이지 관리에서 우측 상단의 페이지 추가에서 스케줄 페이지를 선택에서 페이지 추가를 한다.

그리고 메뉴를 추가해서 메뉴에서 원하는 메뉴명을 적는다.

홈페이지 반영을 클릭한다.

3. 일정만들기 활용하기

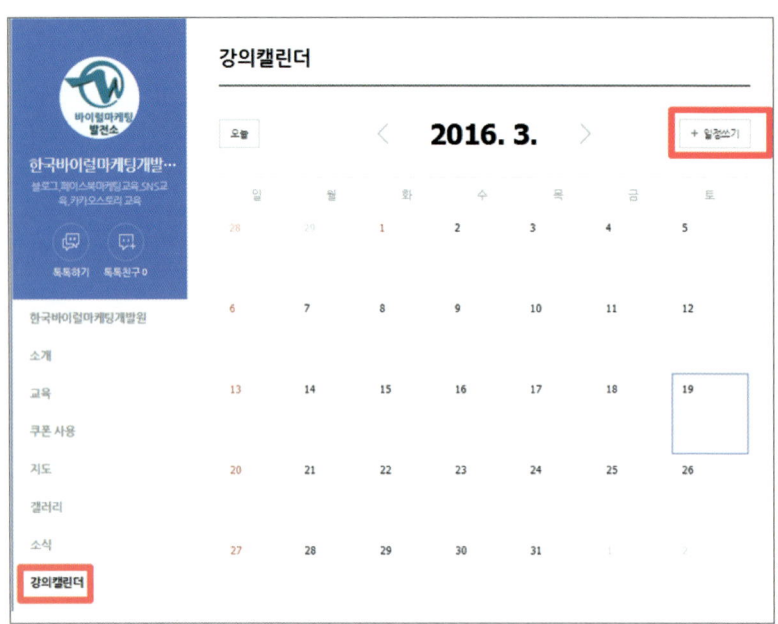

네이버 모두홈페이지 스케줄(캘린더) 페이지로 가서 우측 상단에 일정추가를 클릭하던가 해당 날짜를 클릭하면 일정 쓰기가 나타난다.

하단의 시작하는 날짜와 시간을 선택한다.

끝나는 날짜와 시간을 선택한다. 하루에 여러 일정을 쓸 수도 있다.

내용을 입력하면 된다. 5자에서 최대 500자가 가능하다. 등록을 클릭한다.

고객들은 내 홈페이지를 방문했을 때 일정을 확인할 수 있다. 고객은 거기에 맞게끔 예약을 할 수 있는 아주 유용한 기능이다.

관리자는 일정을 클릭하면은 수정, 삭제를 할 수 있다.

구글 캘린더처럼 좀 더 다양하게 있을 수는 없다. 하지만 네이버 모두홈페이지 안에서는 간단하지만 일정이나 캘린더 형식으로 고객에게 공지를 하는 것이므로 다양하게 활용하는 것이 필요하다.

13 메뉴/가격 만들기

식당이나 카페, 숙박, 펜션 등등 다양한 곳에서 가능한 메뉴/가격 페이지 만들기이다. 고객들이 쉽게 주력 메뉴를 보고 선택할 수 있어서 활용도가 높은 페이지이다. 누구나 만들기 쉽게 미리 틀을 만들어 놓아서 이미지와 설명부분만 입력하면 쉽게 완성이 가능하다.

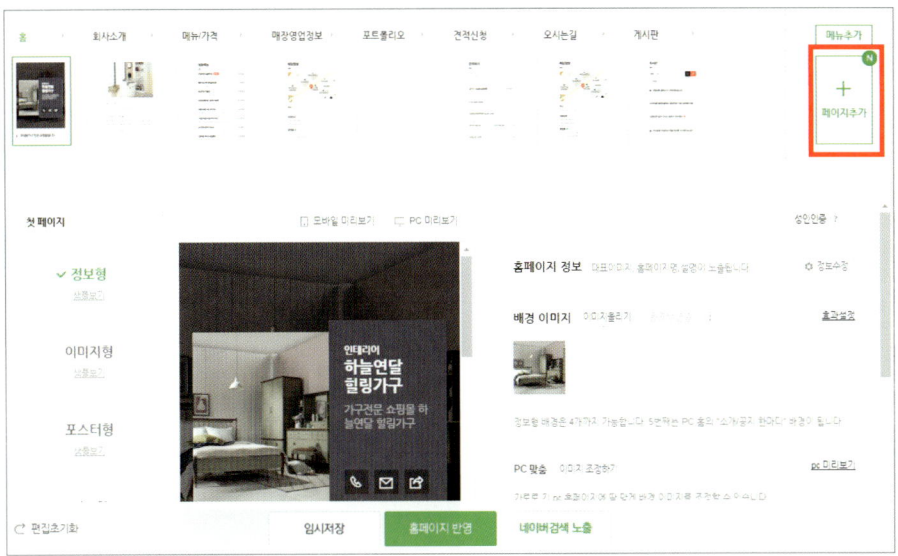

페이지 추가를 클릭한다.

메뉴/가격 페이지를 선택하고 페이지 추가를 클릭한다.

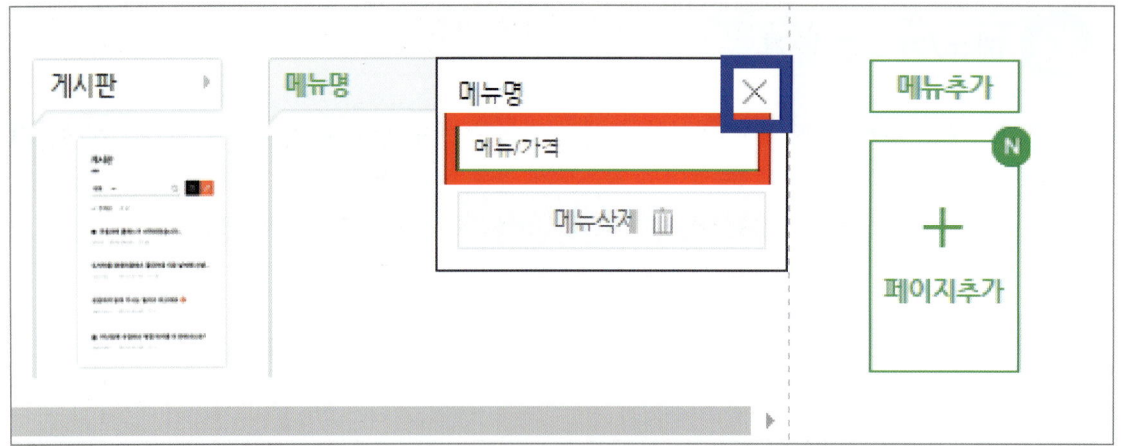

메뉴 추가를 클릭하고 메뉴명을 적은 후에 x표를 클릭한다

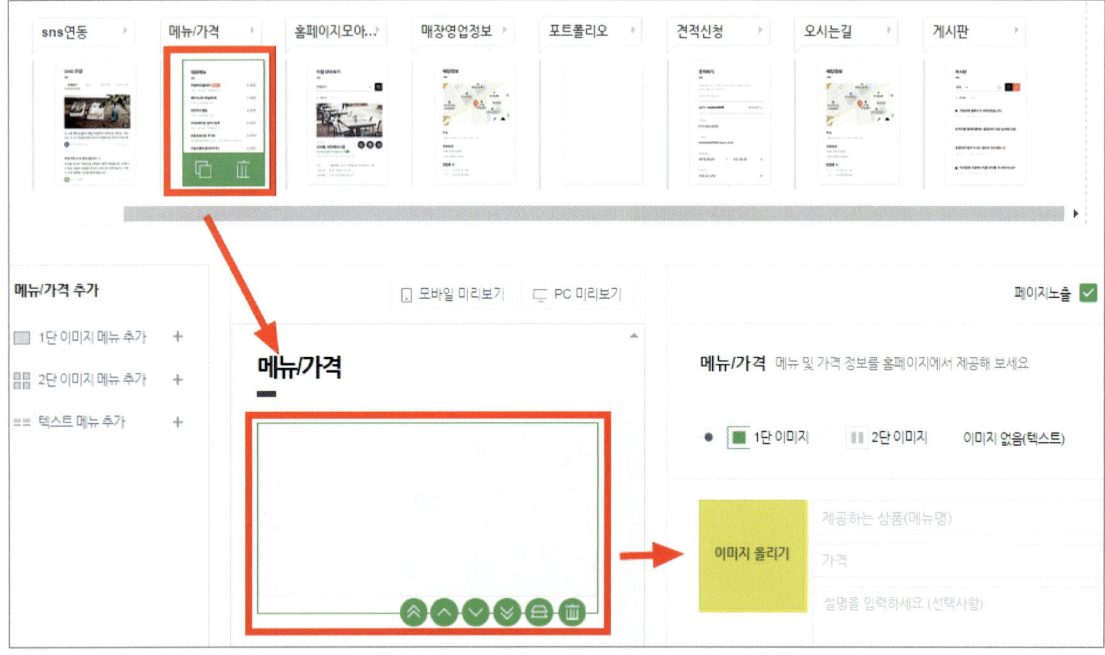

메뉴/가격 페이지와 메뉴 이름을 원하는 홈페이지 메뉴 순서대로 마우스로 이동해서 놓는다. 메뉴/가격상단 메뉴를 클릭하면 메뉴/가격 편집페이지가 나타난다. 중앙 녹색 사각형 부분을 클릭한다. 이미지 올리기 버튼을 클릭한다.

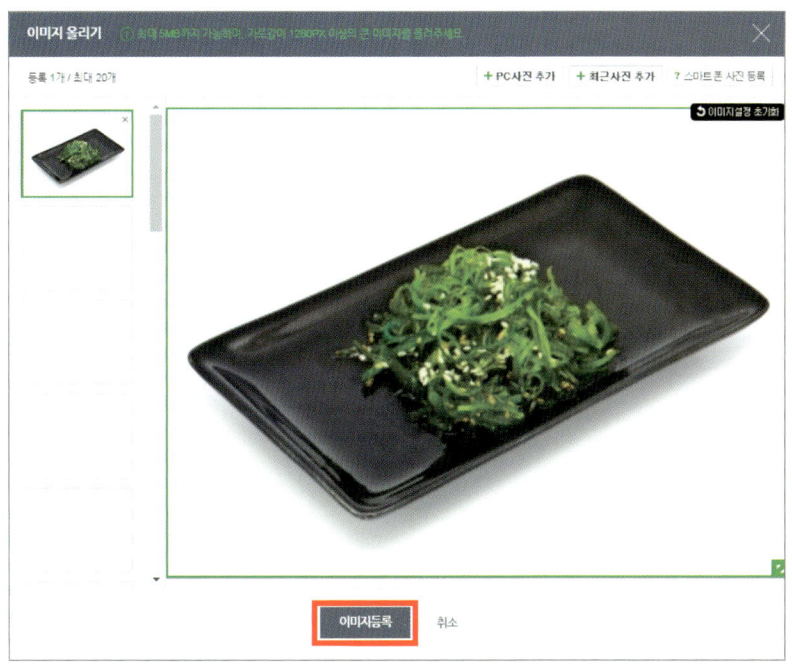

미리 준비한 사진을 선택해서 불러오고 이미지등록을 클릭한다.

메뉴명과 가격 설명부분을 적으면 자동으로 좌측에 나타난다. 오류가 없는지 확인하면서 작업을 한다. 숙박업소는 방 사진을 올리고 성수기, 비수기 가격을 올리면 된다.

BEST, NEW, 추천은 메뉴 아래에 아이콘 형식으로 나타난다. 적극 활용하는 것이 좋다. 추가하기 버튼으로 메뉴를 추가하면 된다. 홈페이지 반영을 클릭한다.

14 매장/영업 만들기

매장/영업 만들기는 네이버 지도와 공조해서 손쉽게 내 매장과 영업장소를 알리는 페이지를 만들게 되어있다. 체인점이나 분점이 있다면 아주 유용하게 사용이 가능하다. 네이버 지도에 등록이 안되었다면 네이버 마이비즈니스에서 등록을 해야 한다.

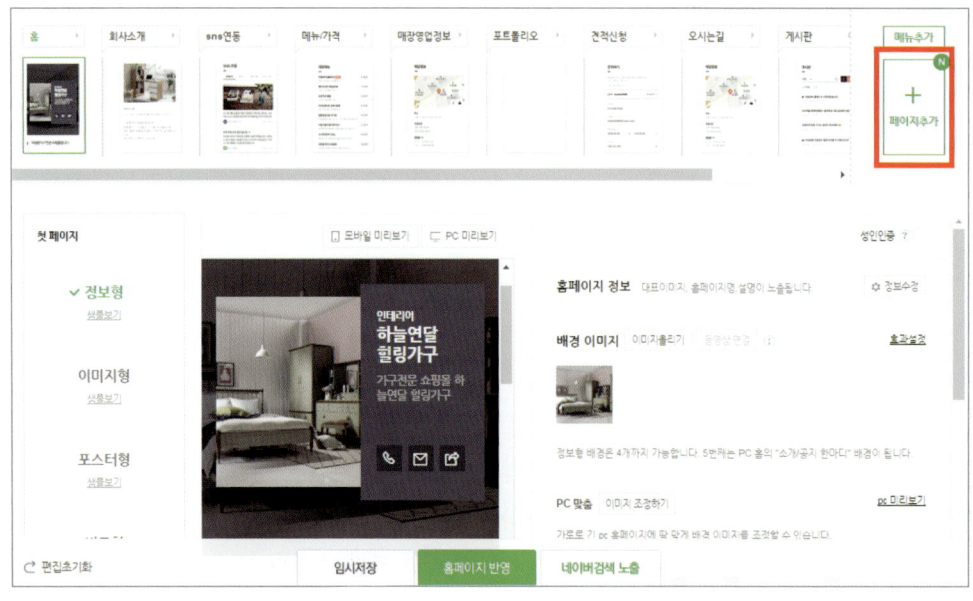

페이지 추가를 클릭한다.

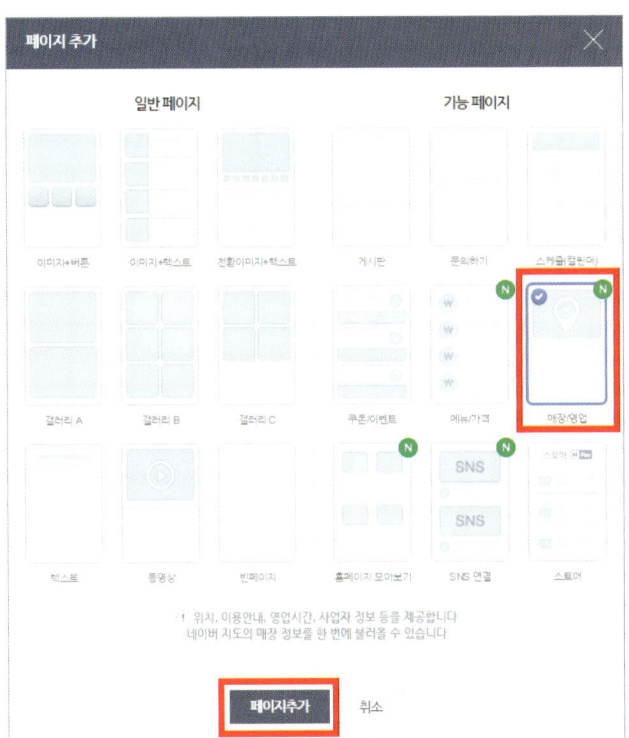

매장/영업을 클릭하고 페이지 추가를 클릭한다.

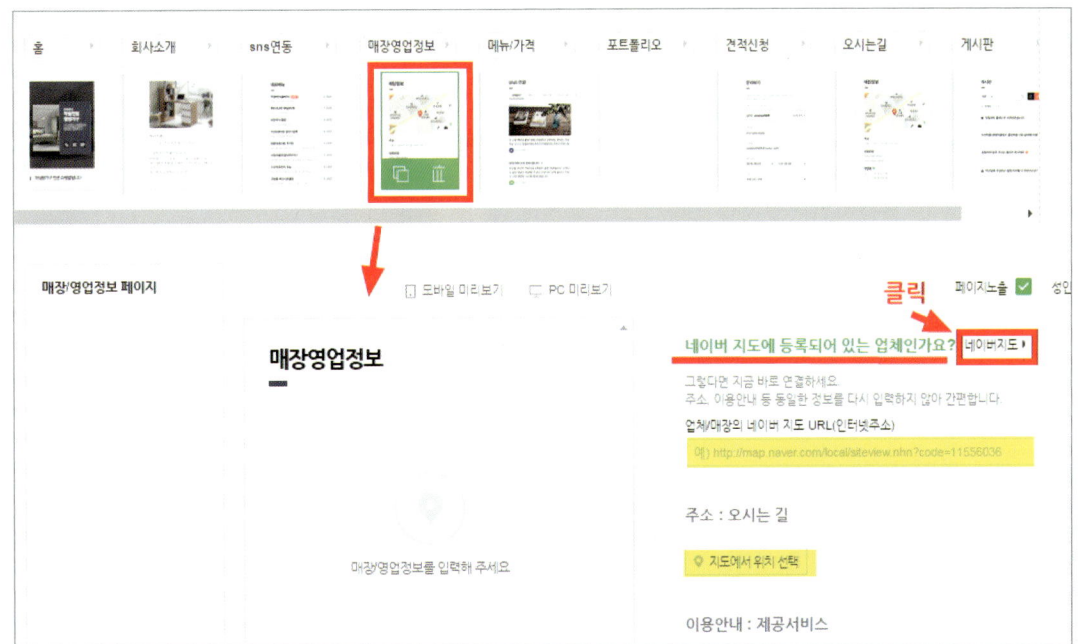

홈페이지 순서에 맞게끔 이동한 다음 상단부분 매장/영업을 클릭하고 편집한다. 네이버 지도에 업체가 등록된 경우는 우측 네이버 지도를 클릭한다. 네이버 지도 등록이 안된 경우는 아래 지도에서 위치 선택을 클릭해서 진행한다. (이전 장 오시는 길 만들기를 참조한다.)

네이버 메인 창에서 지도를 클릭한다.

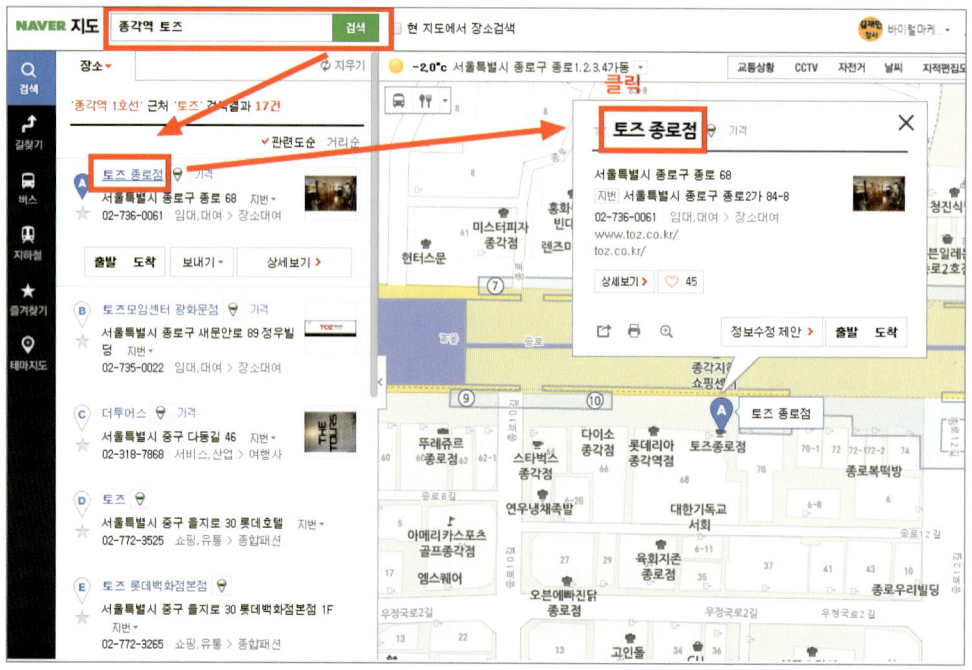

상호를 입력하고 검색한다. 상호를 클릭한다. 우측에 팝업 창이 나타난다. 상호를 클릭한다.

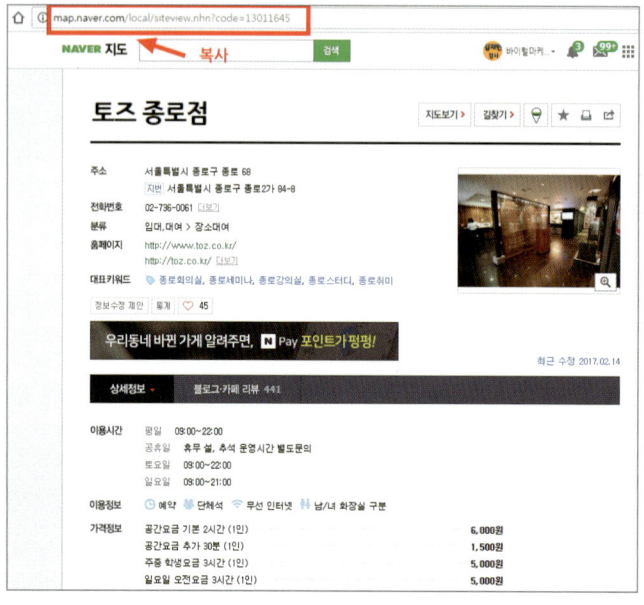

내 매장 지도 미니 페이지가 나타난다. 상단 부분 주소를 복사한다.

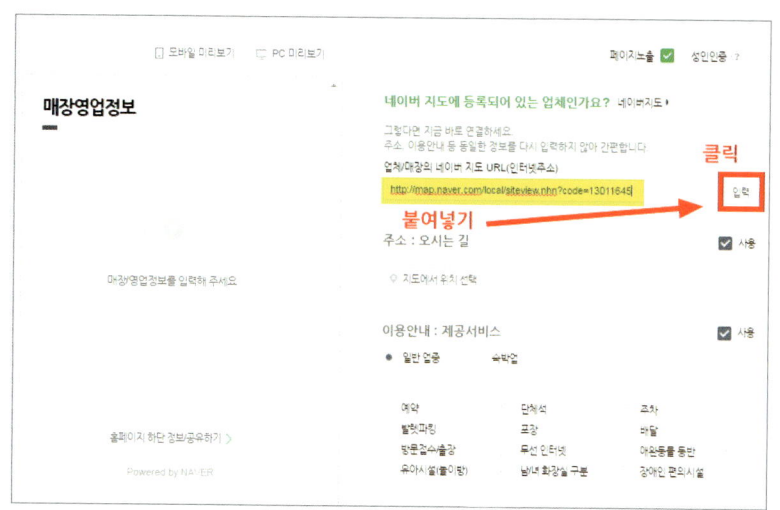

업체/매장 네이버지도 URL 아래 공간에 붙여 넣기를 하고 입력을 클릭한다.

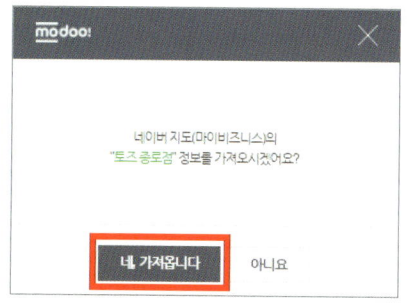

업체/매장 네이버지도 URL 아래 공간에 붙여 넣기를 하고 입력을 클릭한다.

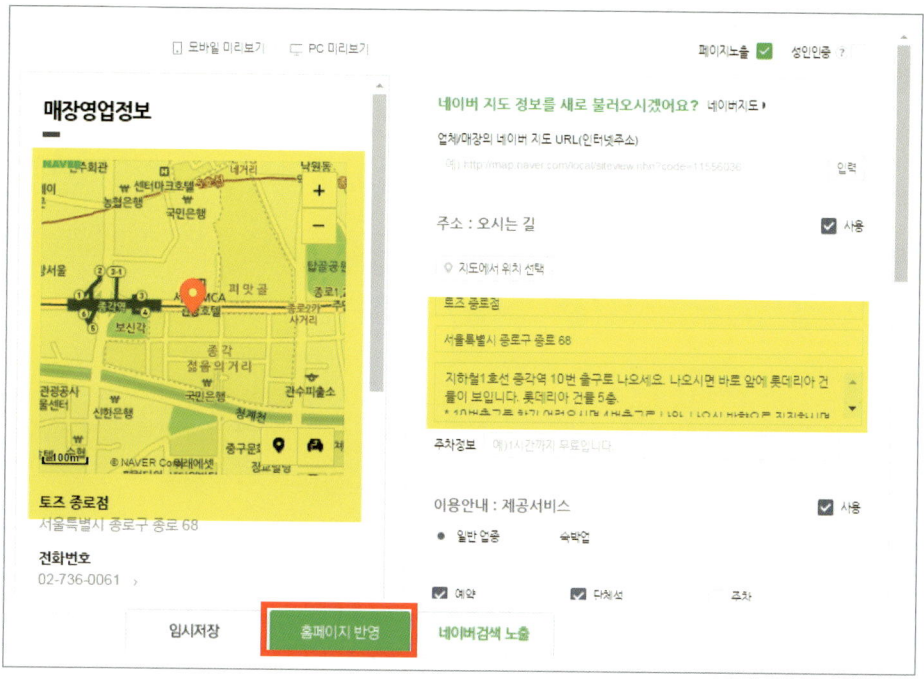

자동으로 네이버 지도에 있는 매장 내용들이 자동으로 저장이 된 것을 확인할 수 있다. 홈페이지 반영을 클릭하면 아주 손쉽게 매장 영업 정보가 만들어진다. 네이버 지도 등록이 안된 경우는 이전 장 오시는 길 만들기를 참조해서 만들면 된다. 홈페이지 반영을 클릭한다

Chapter 03 _ PC에서 홈페이지 만들기 :: **133**

15 SNS 연결 만들기

블로그나 페이스북 인스타그램을 사용하고 있다면 손쉽게 모두 홈페이지와 연동이 가능하다

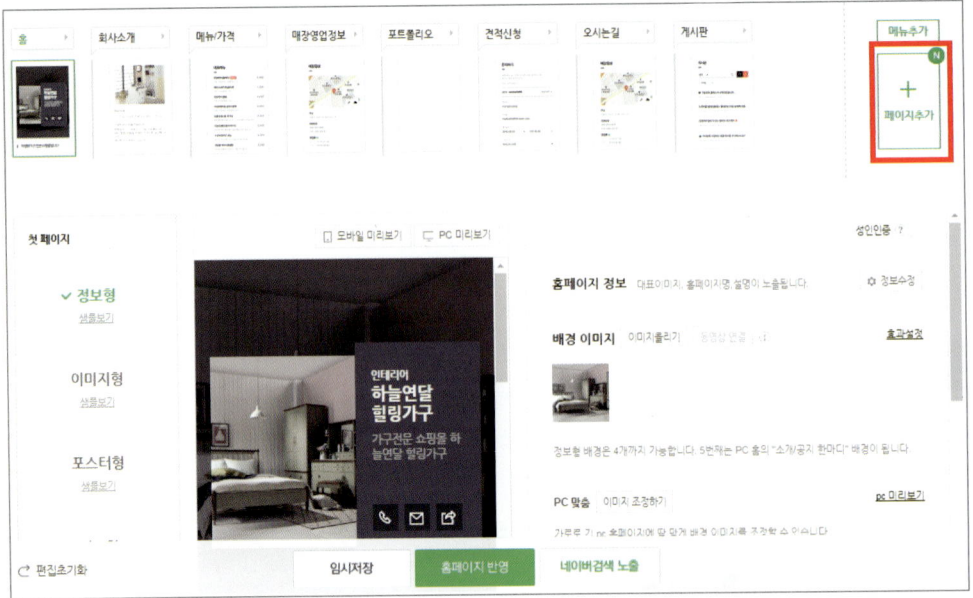

페이지 추가를 클릭한다.

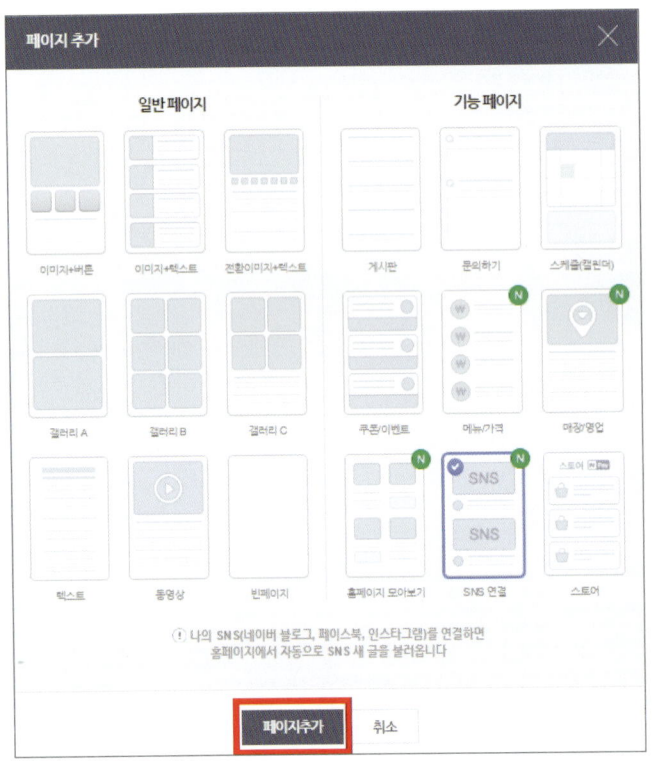

SNS연결을 클릭한다.

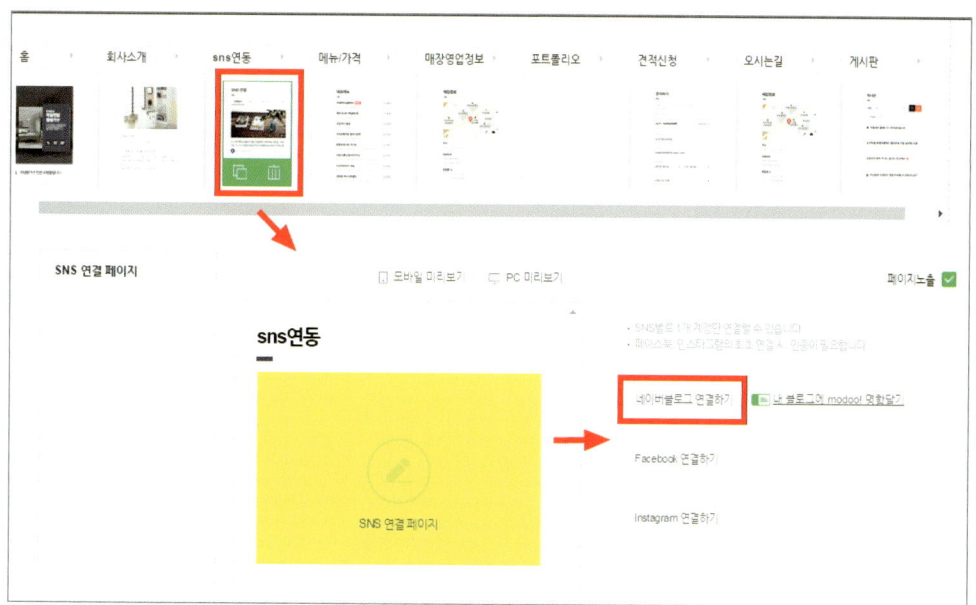

네이버 블로그 연결하기를 클릭한다. 네이버 로그인만 하면 바로 연결이 된다.

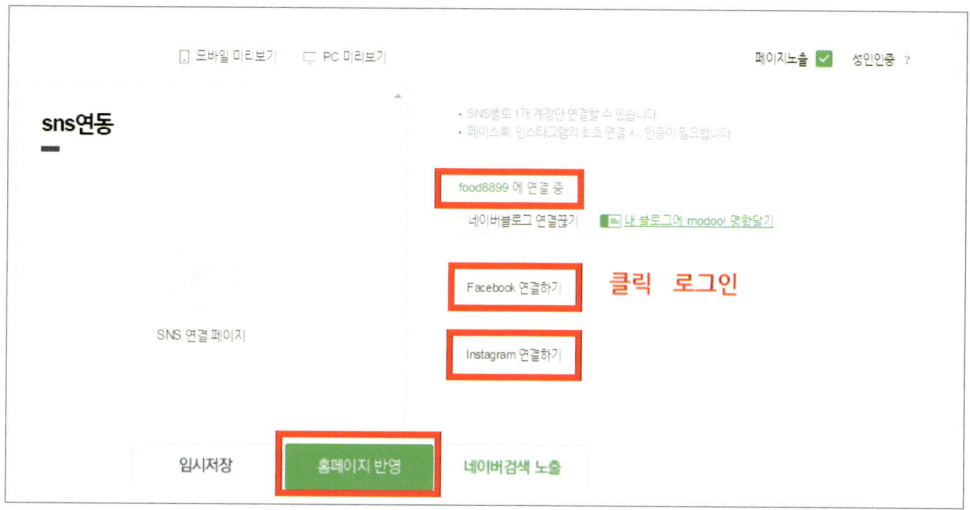

페이스북, 인스타그램 연결하고 홈페이지 반영을 클릭한다.

16 홈페이지 모아보기

새롭게 만든 페이지다. 내 홈페이지 만 아니라 타인이 만든 다른 모두홈페이지도 불러오는 기능이 있다. 전국 프렌차이즈나 협동조합 같은 곳이 활용하기가 좋다.

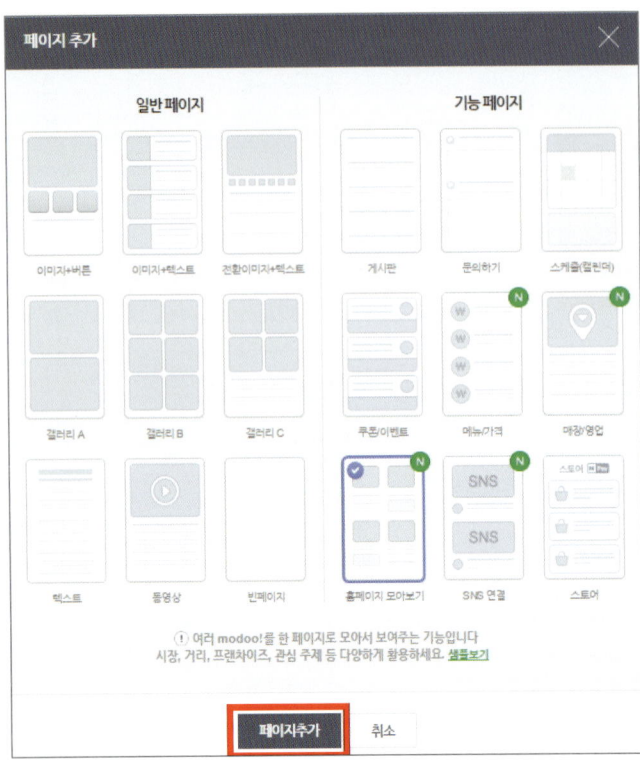

홈페이지 모아보기 페이지를 추가한다.

메뉴를 추가한다.

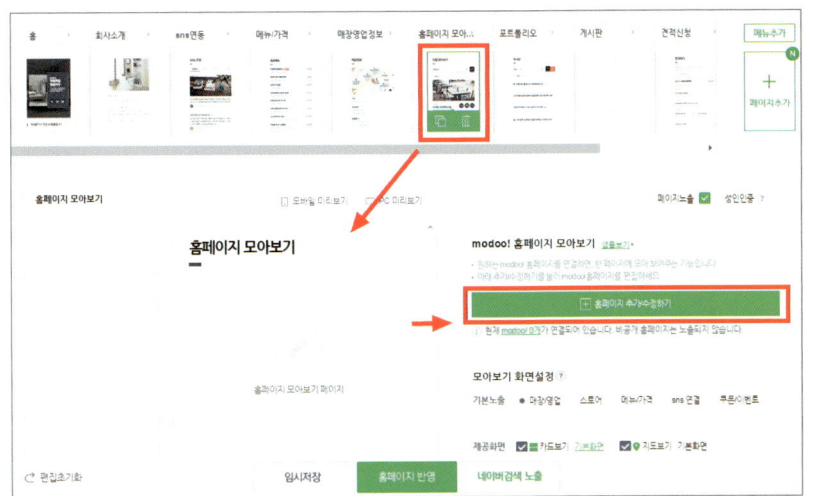

홈페이지 추가/수정하기를 클릭한다.

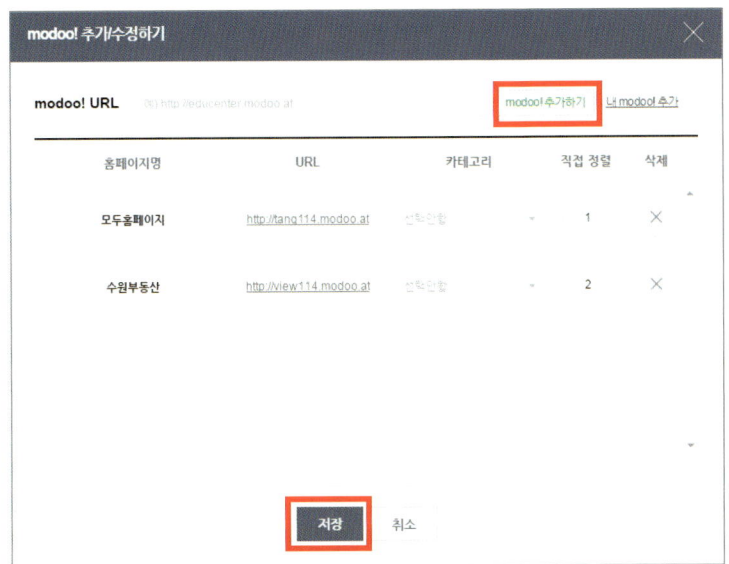

모두홈페이지 주소로 modoo 추가도 있고 내 modoo 추가도 있다. 선택하고 저장을 클릭한다.

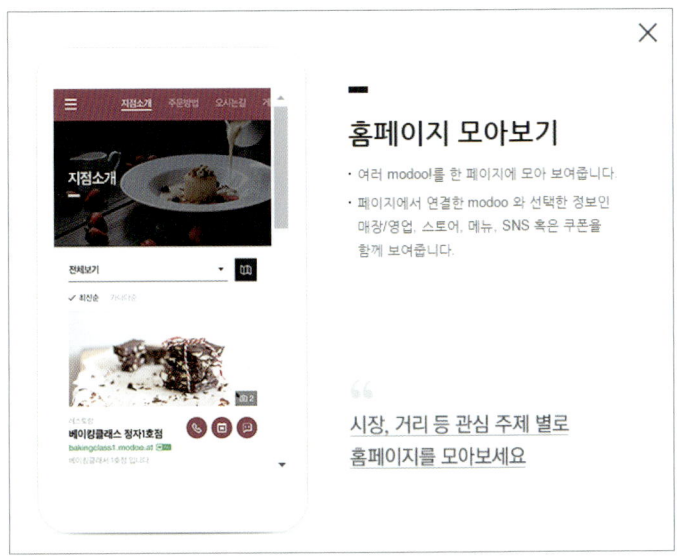

홈페이지 모아보기 샘플이다.

모아보기 화면 설정 샘플

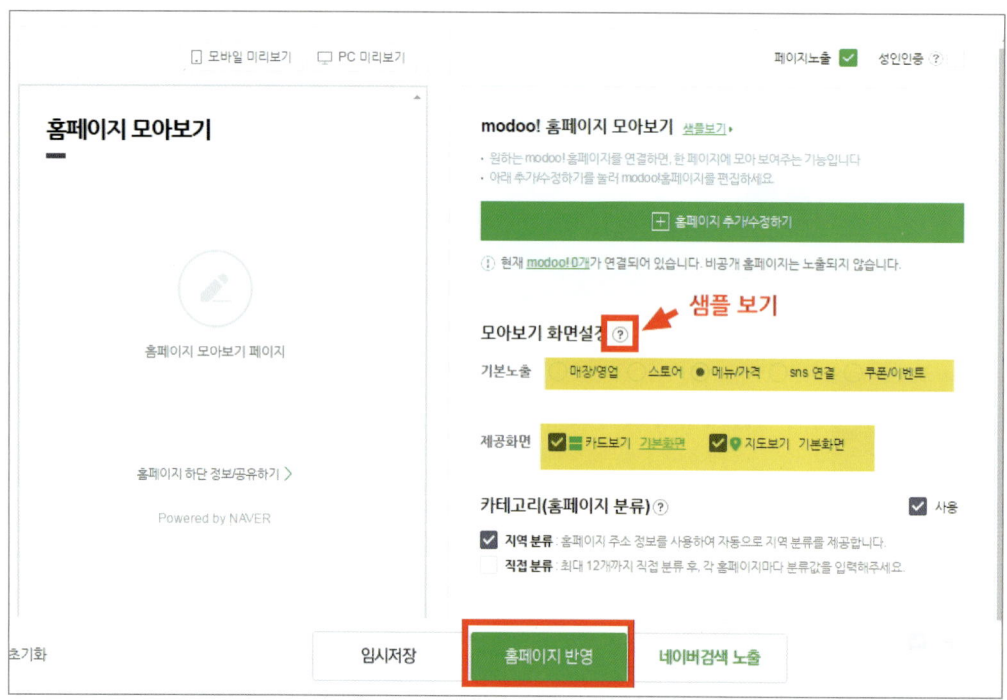

홈페이지 반영을 클릭한다. 홈페이지 만들 때 가장 기본적인 것은 사용자 즉 방문고객의 편의성이다. 방문자가 사용하기 편리함까지 생각해서 모두홈페이지를 만들어보자.

Chapter 04 스마트폰에서 모바일 홈페이지 만들기

실제 PC가 없거나 바쁜 분 들을 위한 스마트폰에서 간단하게 네이버 모두홈페이지 만드는 방법을 자세하게 설명한다. 막상 하려면 어렵게 느껴지지만 시작이 반이라고 그리 어렵지 않으니 사진만 미리 준비 한다면 1~2시간 이내에서 네이버 모두홈페이지 제작이 가능하다.

01 모바일에서 홈페이지 만들기

이번 시간에 공부할 내용은 스마트폰에서 간단하게 만드는 방법이다. 누구나 스마트폰을 사용 해서 간단하게 자신의 홈페이지를 만들고 회사소개도 만들고 제품도 올리고 오시는 길도 만드는 과정을 공부해보겠다. 스마트폰에서 조금만 심혈을 기울여서 만든다면 멋진 네이버 모두홈페이지가 된다.

※ 출처: http://m.naver.com

스마트폰에서 네이버 앱에서 네이버모두라고 검색을 한다. 그리고 네이버 modoo! 를 클릭한다.

◉ 출처: http://m.naver.com

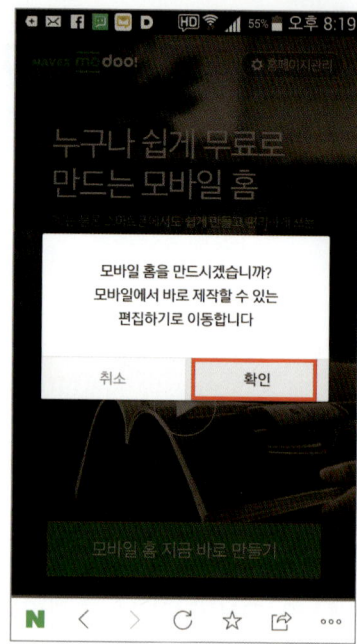

누구나 쉽게 무료로 만드는 모바일 홈 화면이 나온다. 모바일 홈 지금 바로 만들기를 클릭한다.

확인 버튼을 클릭한다.

◉ 출처: http://www.modoo.at

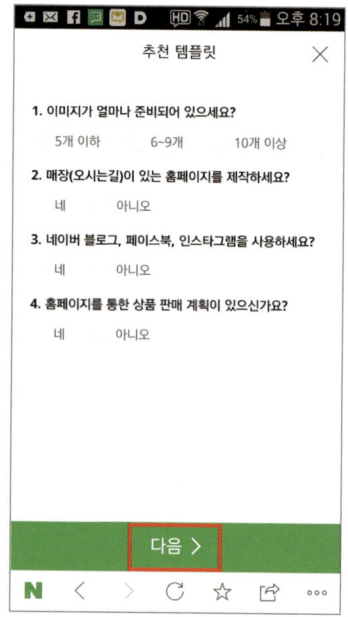

홈페이지 편집창이다. 아래 좌측 템플릿은 업종 홈페이지 샘플이 있는 곳이고 컬러는 홈페이지 전체 색상을 선택하는 곳이고 페이지추가는 새로운 페이지를 만드는 곳이다. 관리는 홈페이지 관리페이지이다. 4개의 사각형 박스 템플릿을 클릭한다. 다양한 형태의 추천 템플릿이 업종에 맞게끔 보여진다. 여기에서 자신의 업종에 맞는 업종 선택하면 선택 템플릿으로 쉽게 누구나 네이버 모두홈페이지를 만들 수 있다

다음을 클릭한다.

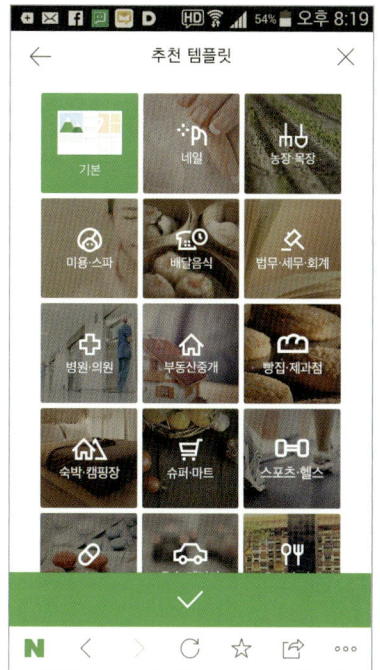 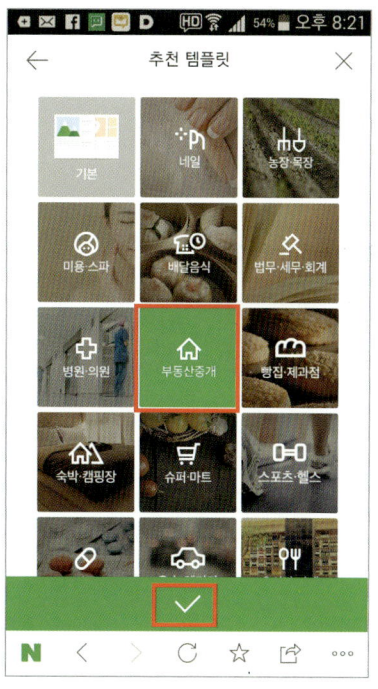

추천 템플릿이다. 업종이 비슷하면 선택해서 사용한다.

부동산중개를 선택하고 V를 클릭한다.

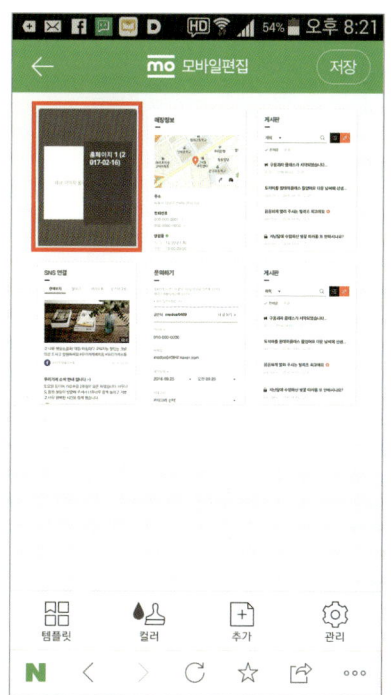

부동산중개 업종에 맞는 홈페이지 구성이 6page로 만들어졌다. 먼저 부동산 홈페이지의 메인 페이지를 만들어 보도록 한다. 좌측 상단에 제일 처음 보이는 것이 내 홈페이지를 처음 방문했을 때 나타나는 메인 페이지이다. 홈페이지 제작에서 50% 정도를 차지하는 아주 중요한 페이지기 때문에, 여기를 잘 꾸밈으로써 고객들이 좀 더 편리하게 홈페이지를 이용할 수 있고 매출을 더 올릴 수 있다.

모바일 홈페이지 메인 화면 만들기

홈페이지 제작에서 메인 화면은 집의 대문과 같은 곳으로, 잘 만들어진 메인 화면은 마케팅에서도 아주 중요하고 고객에게 내 상점이나 업체를 알리기 아주 중요한 요소이다 정성을 다해서 만들어야 한다.

첫 페이지를 선택한 다음 붓 모양 아이콘을 클릭한다.

메인 화면 유형을 선택할 수 있다 정보형, 이미지형, 포스터형, 버튼형, 자유형 등이 있다.

버튼형을 선택 하고 V를 클릭한다.

연필 모양을 클릭하면 메인 페이지 편집 창으로 이동한다.

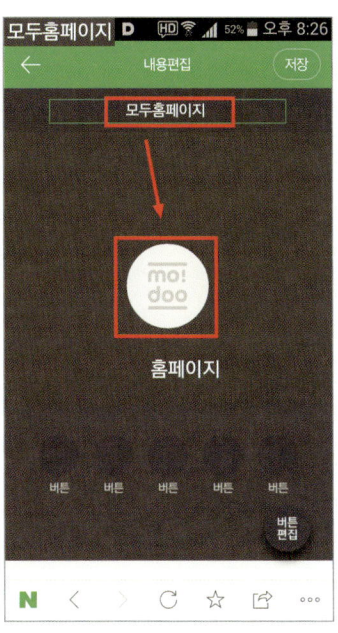

메인 페이지 제목을 수정한다. 모두 로고 부분을 클릭한다.

03 모바일 홈페이지 정보 입력하기

홈페이지 정보 관리자 창이다. 여기에서 홈페이지명과 홈페이지 설명을 만들 수 있다. (네이버 사이트 노출에 중요한 역할을 하니 신중하게 결정한다.) 가장 중요한 고유의 자신의 네이버 모두홈페이지 주소를 만들 수 있다. 로고도 만들어서 등록이 가능하다. (크기는 150~300픽셀이 적당하다) 홈페이지 노출을 해야지 다른 사람이 내 홈페이지를 볼 수 있다.

홈페이지를 노출하기 위해서는 홈페이지명과 홈페이지 설명 그리고 도메인 주소를 만들어만 홈페이지 노출이 가능하다. 그리고 홈페이지 분류에서 업체, 개인, 단체/문화를 선택하고 1차 분류와 2차 분류를 선택해야 한다.

상단 로고는 임시로 스마트폰에 있는 사진이나 간판 사진을 찍어서 저장 하면 된다. (가로, 세로 비율이 정사각형이다.) 필수 내용을 적고 홈페이지 분류를 선택한 다음 홈페이지 공개를 체크한다.

네이버 검색 노출은 홈페이지가 완성되었을 때 선택하는 것이 좋다. 네이버 검색 노출을 선택하면 1~2일 후에는 네이버 사이트에 반영되므로 신중하게 선택하여야 한다. 네이버 지도는 PC에서 만 가능하다. 새로운 기능으로는 여러 명이 홈페이지 공동편집 할 수 있다.

그리고 모두홈페이지를 만들어서 다른 사람에게 선물하는 기능도 있다. 공동 편집이 가능하고 그리고 이 홈페이지를 만들어서 선물 하는 기능도 있기 때문에 내가 못 하더라도 좀 잘하는 사람에게 부탁을 할 수 있어서 여러모로 편리하다.

V를 클릭한다.

적색부분 안 바닥을 누른다.

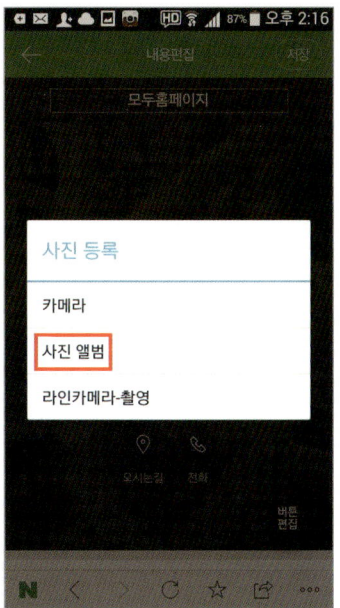

사진 앨범이나 카메라를 선택한다. (미리 사진을 준비하는 편이 여러모로 편리하다.)

스마트폰 사진 앨범 중에서 홈페이지 배경으로 쓸 사진을 선택하면 된다.

간단하게 네이버 모두홈페이지에 메인 화면에 배경사진이 설치되었다. (사진에 대한 수정은 PC에서 하는 것이 여러모로 유리하다) 버튼편집을 클릭한다.

전화를 클릭한다. (새로운 버튼 추가는 +를 클릭해서 하면 된다.)

전화번호를 입력하고 노출을 선택하고 V를 클릭한다.

아래로 내려와 소개와 내용을 입력한 다음 우측 상단 저장을 클릭한다.

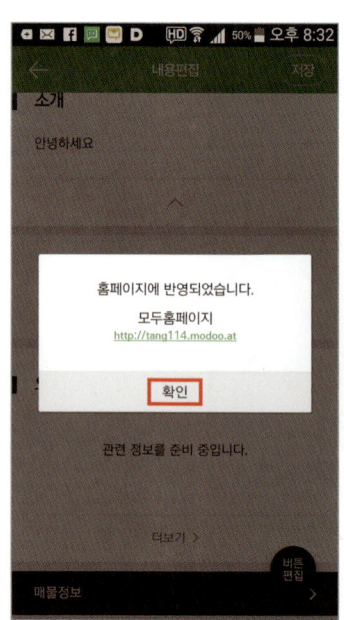

홈페이지에 반영이 되었다. 확인을 클릭한다.

좌측 상단 화살표를 클릭한다.

좌측 상단 화살표를 클릭한다.

홈페이지 목록 창이다. 1인이 3개의 모두홈페이지를 만들 수 있다. 통계를 통해 방문자 분석이 가능하다.

Chapter 04 _ 스마트폰에서 모바일 홈페이지 만들기 :: **147**

04 모바일 홈페이지에 오시는 길 만들기

방문이 필요한 음식점이나, 숙박업, 공연장 등은 지도 즉 오시는 길을 올리는 것이 아주 중요하다. 대중교통 이용과 주차장 이용은 고객들이 좀더 편리하게 방문하는 정보이므로 자세하게 적어야 한다. 프랜차이즈 본사 라면 여러 지점의 오시는 길을 페이지를 추가해서 만드는 것이 가능하다.

오시는길 페이지를 선택하고 연필모양을 클릭한다. 〈, 〉표기는 페이지를 좌, 우 이동을 할 수 있다

네이버 지도를 클릭한다.

주소를 입력하고 돋보기를 클릭한다.

맞는 주소를 선택한다.

업체의 위치가 나타나면 아래 내용을 입력하고 저장을 클릭한다. 스마트폰에서 간단하게 만들어본 오시는 길이다.

05 모바일 홈페이지에 추가 요소 만들기

만들어진 것 만 사용하는 것이 아니라 나에게 맞는 페이지를 만드는 방법을 알아본다. 새로운 페이지추가나 페이지 안에 새로운 내용을 추가하는 방법을 알아본다. 스마트폰이 익숙하지 않으면 PC에서 하는 것이 편리하다.

추가를 클릭한다.

페이지를 선택하고 V를 클릭한다.

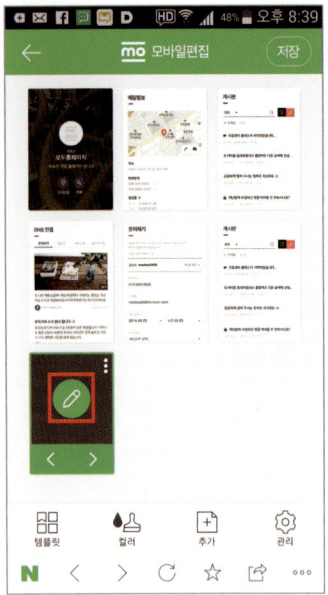
새롭게 만든 페이지를 선택하고 연필모양을 클릭한다.

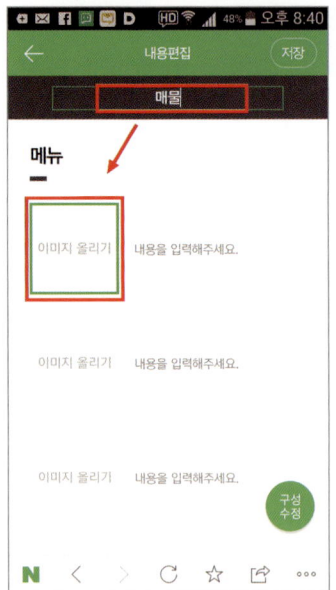
페이지 이름을 변경하고 이미지 올리기를 클릭 이미지를 올려준다.

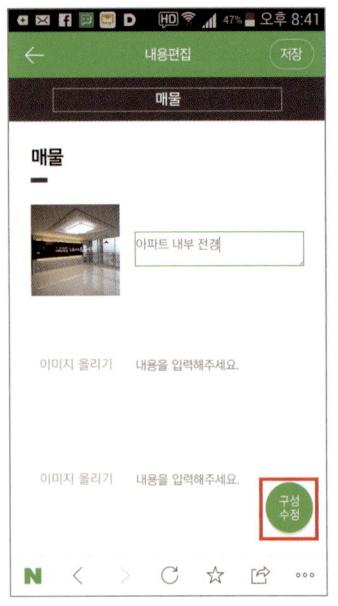
우측 하단 구성수정을 클릭한다.

새로운 기능을 만들기 위해서 추가 버튼을 클릭한다.

이미지, 글자, 동영상, 버튼, 공간 등을 추가 가능한 아이콘이다. 버튼을 클릭하고 V를 클릭한다.

V를 클릭한다.

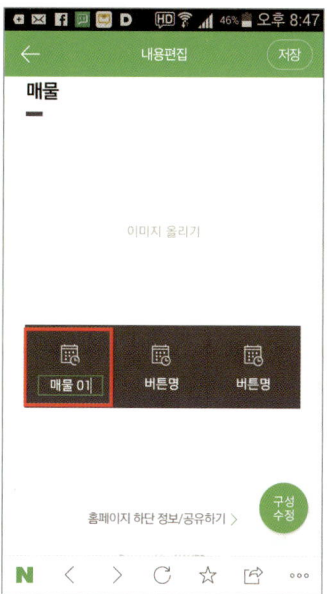 

버튼을 클릭한다.

아이콘 수정을 클릭한다.

원하는 아이콘을 선택하고 V를 클릭한다.

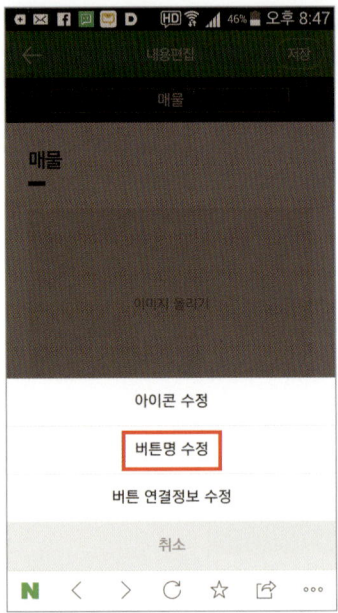
다시 버튼명을 선택하고 나서 버튼명 수정을 클릭한다.

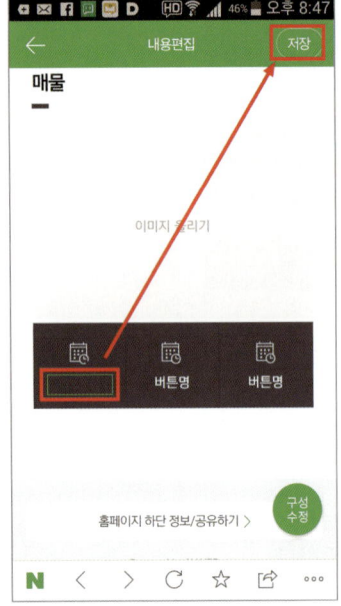
내용을 변경하고 저장 버튼을 클릭한다.

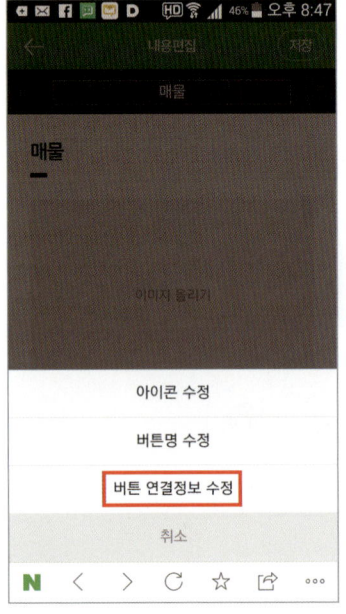
내용을 변경하고 저장 버튼을 클릭한다.

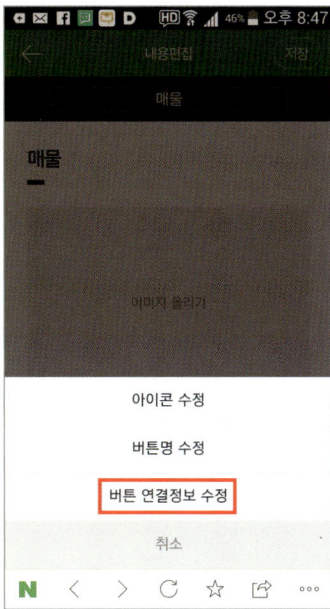

버튼 연결정보 수정을 선택한다.

네 홈페이지에서 페이지 이동, 전화, 이메일 외부링크, 맨위를 선택하면 된다. 페이지 이동을 선택하고 이동할 페이지를 선택한다. V를 클릭한다.

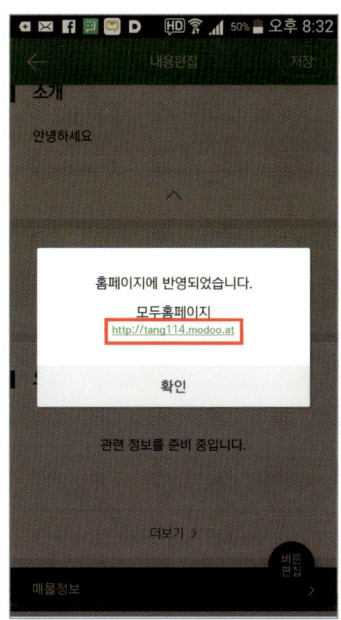

홈페이지가 반영이 되었다는 팝업 창이 나타난다. 녹색 홈페이지 주소를 클릭한다.

내 홈페이지 페이지가 나타난다. 완성된 홈페이지를 스마트폰에서 본 모두 모바일 홈페이지이다. 좌측 상단 버튼을 클릭한다.

Chapter 04 _ 스마트폰에서 모바일 홈페이지 만들기 :: 153

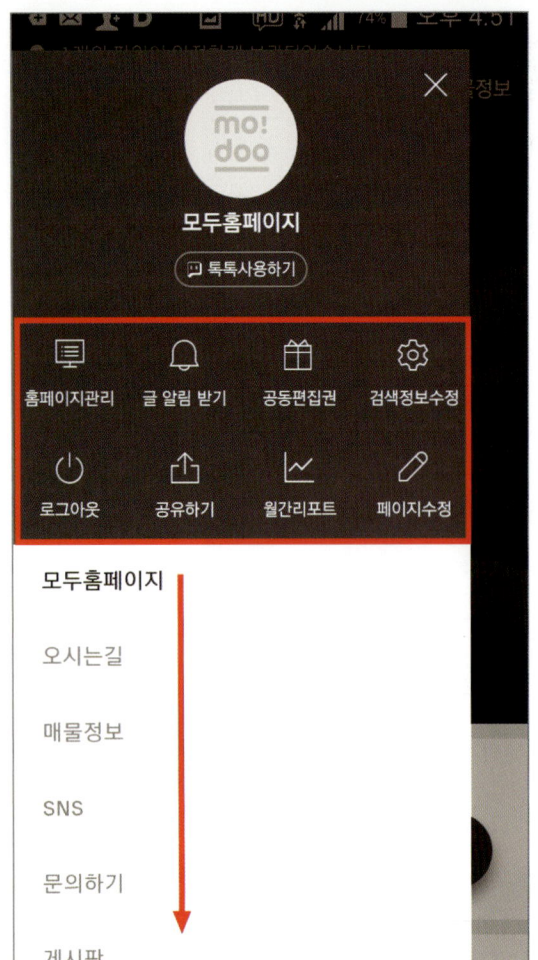

다양한 기능들이 있다. 편리하게 사용하면 된다. 쉽게 모바일에서 만들어본 모두홈페이지다. 좀 더 정성을 다하면 멋진 내 홈페이지를 만들 수 있다. 쉽지는 않지만 만드는 재미도 있으니 천천히 따라 해보면 어렵지는 않다.

모바일 홈페이지에 오시는 길 만들기

방문이 필요한 음식점이나, 숙박업, 공연장 등은 지도 즉 오시는 길을 올리는 것이 아주 중요하다. 대중교통 이용과 주차장 이용은 고객들이 좀 더 편리하게 방문하는 정보이므로 자세하게 적어야 한다. 프랜차이즈 본사라면 여러 지점의 오시는 길을 페이지를 추가해서 만드는 것이 가능하다. (이 경우는 PC에서 작업해야 한다.)

연필 모양 녹색 버튼을 클릭한다.

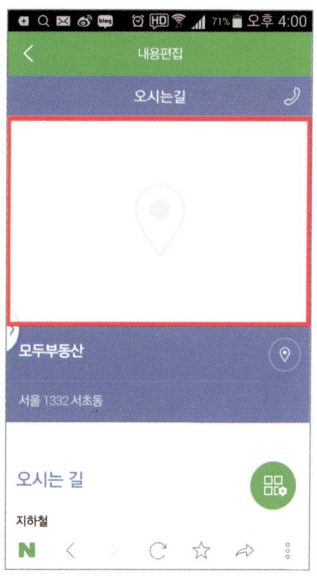

지도가 들어갈 부분을 클릭한다.

주소를 입력한 다음 돋보기를 클릭한다.

주소가 비슷한 여러 업체가 나타난다. 내 사업체가 없다고 중단하지 말고 주소가 맞으면 클릭한다.

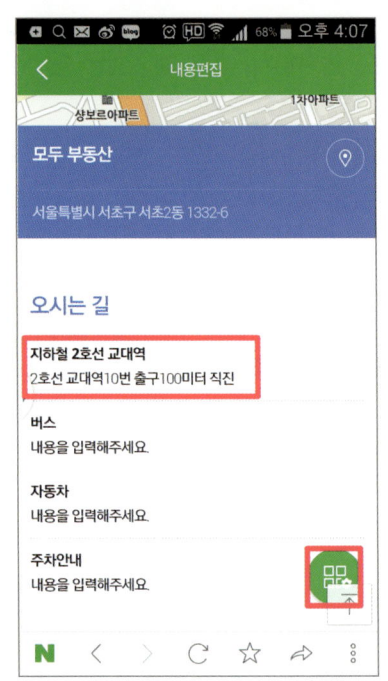

상단 메뉴를 원하는 메뉴로 수정하고 핀 위치 수정으로 원하는 위치에 설정하고 완료를 누른다.

대중교통이용 정보를 자세하게 입력한다.
추가 요소는 우측 하단 녹색 버튼을 클릭한다.

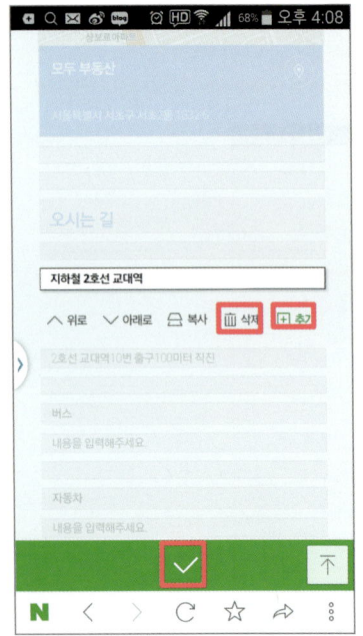

새로운 요소를 추가할 수 있고 하단 녹색 체크 박스를 클릭하면 저장이 된다.

07 모바일 홈페이지에 추가 요소 만들기

모바일 홈페이지를 만들면서 가장 많이 쓰는 기능이다.
사진과 동영상을 추가 하고 사이 간격을 벌리거나 글자를 넣기, 신 메뉴 버튼을 추가하는 것 등이 여기서 가능하다.

우측 하단 녹색버튼을 클릭한다.

추가 버튼을 클릭한다.

사진이 1장 들어가는 갤러리 버튼을 클릭한다.

사진이 들어가는 요소가 새로 생겼다. 녹색 체크 버튼을 클릭 저장한다.

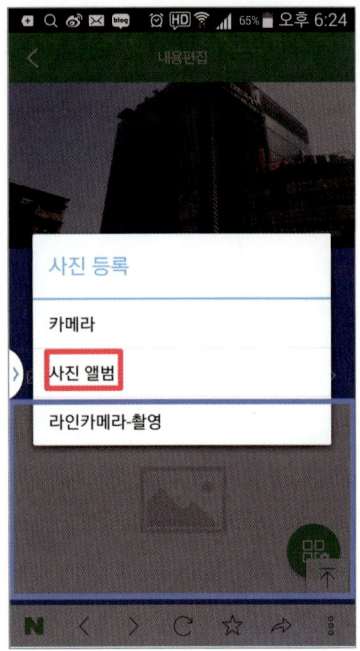

사진 앨범에서 새로운 사진을 추가한다.

버튼 밑에 새로운 요소를 추가한다.

새로운 일자 버튼을 추가한다.

버튼이 새로 생겼으면 녹색 체크박스를 클릭해서 저장한다.

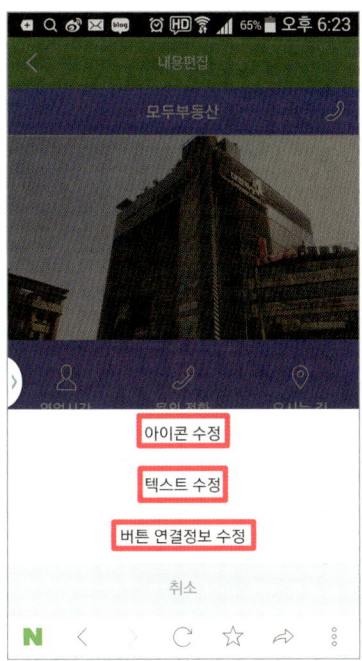

새로운 버튼이 만들어지면 클릭하면 선택메뉴가 나타난다. 아이콘 수정, 텍스트 수정, 버튼 연결 정보 수정을 해야 한다.

아이콘을 내용에 맞게끔 수정한다.

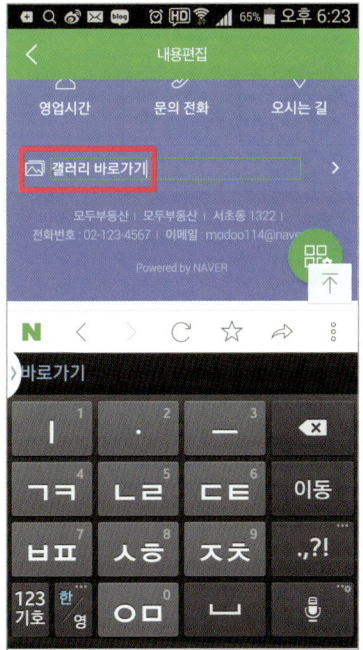
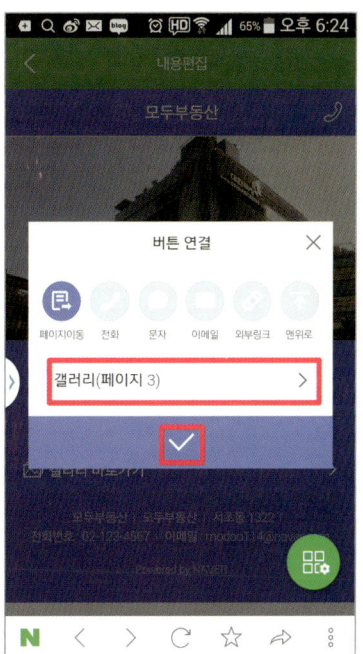

텍스트 수정을 해야 한다.

버튼 연결정보를 새로 만든 갤러리 페이지로 이동하도록 수정한 다음 청색 체크 박스를 클릭한다. 다시 페이지가 여러개 보이는 내용 편집으로 가서 저장하여야 한다.

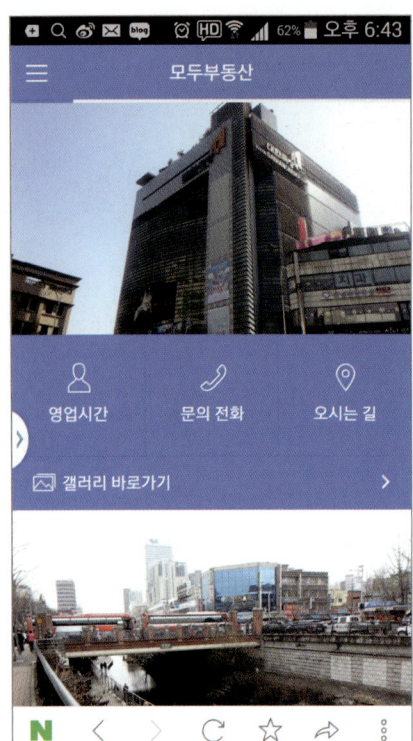

완성된 홈페이지를 스마트폰에서 본 네이버 모두 모바일 홈페이지이다. 새로 추가 요소를 만들려면 계속 같은 방법으로 진행하면 된다. 쉽지는 않지만 만드는 재미도 있으니 천천히 따라 해보면 어렵지는 않다.

05 홈페이지를 최적화 만들기

네이버 모두홈페이지가 쉬운 건 사실이지만 사실 그 안에는 워드프레스나, XE 등 다른 홈페이지와 똑같은 기능으로 움직이기 때문에 홈페이지를 잘 만들어야만 한다. 네이버 사이트상에서 잘 노출되고 네이버 웹문서에도 노출이 잘될 수 있기 때문에 홈페이지 최적화를 만들기는 생각보다 중요하다. 다음에도 검색이 될 수 있고 구글에서 검색이 될 수 있으므로 이미지보다는 텍스트 위주로 전체 메뉴를 만드는 것이 가장 중요하다. 따라서 홈페이지를 최적화 만들기는 그만큼 노력이 따른다.

01 메인 화면 사이트 맵 메뉴 만들기

네이버 모두홈페이지는 모바일 홈페이지는 스마트폰에서 사용을 할 때는 메뉴 이동이 불편하기 때문에 메인 화면에 전체 사이트 맵을 만들어서 메뉴 이동을 도와주는 것이 아주 중요하다.
전체 페이지를 만들기 전이므로 일단 타일형 메뉴나 리스트형 메뉴를 통해서 일단 만들고 나서 연결은 나중에 해도 된다.

※ 출처: 출처: http://www.modoo.at

타일형은 좀 큰 메뉴를 만들 때 만들면 된다. 회사소개, 오시는 길 그리고 바로 전화나 문자 보내기 등 이런 메뉴를 많이 사용한다. 타입을 선택하고 이름을 변경하고 아이콘 선택한다.

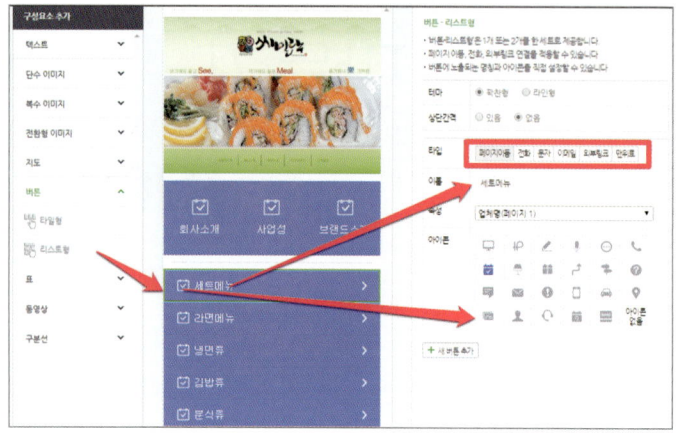

리스트형 메뉴는 아래로 내려가면서 만드는 메뉴로 상황에 따라서 타일 형이나 리스트 형 중 선택하면 된다. 일단 메뉴가 만들어지면 우측의 타입선택과 이름 변경이 가능하고 아이콘 변경도 가능하다.

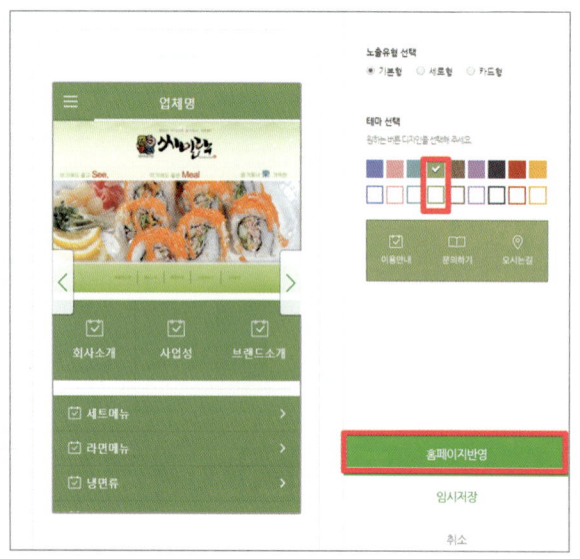

외부링크와 연결할 수도 있으므로 다른 블로그나 페이스북이나 인스타그램이나 네이버 카페가 있으면은 연결해도 된다. 위 예시는 씨밀락 부천점 페이스북과 연결한 방법이다.

미리보기 기능으로 스마트폰에서 보여주는 화면이다. 여기에서 테마 선택에서 색상을 선택하면은 바탕 화면과 메뉴 버튼 색상 변경이 된다. 그리고 홈페이지반영을 누르면 된다. 쉽게 메뉴 색상을 바꿀 수 있으므로 분위기에 따라서 전체 배경 색상과 메뉴의 색상을 바꾸는걸 선택하면 된다.
위 예시는 음식점이므로 녹색 계열 색상을 선택 한 상황이다.

메인 페이지 이미지 포토스케이프로 만들기

포토샵 보다 쉽고 무료로 누구나 사용이 가능한 포토스케이프는 홈페이지 제작에서 아주 유용한 디자인 프로그램이다. 블로그 운영에도 많이 쓰지만 홈페이지 제작에도 아주 필수 프로그램이다.

미리 설치한 포토스케이프를 실행한다. 사진편집 아이콘을 클릭한다.

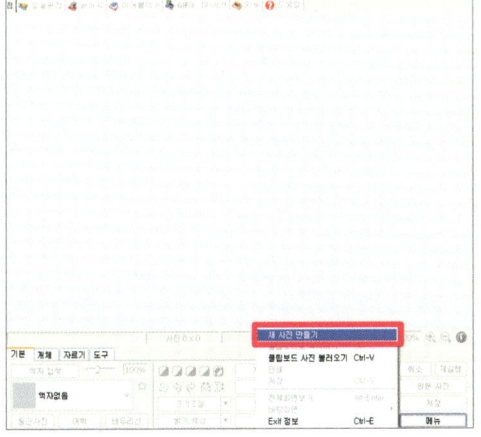

메뉴에서 새 사진 만들기를 클릭한다.

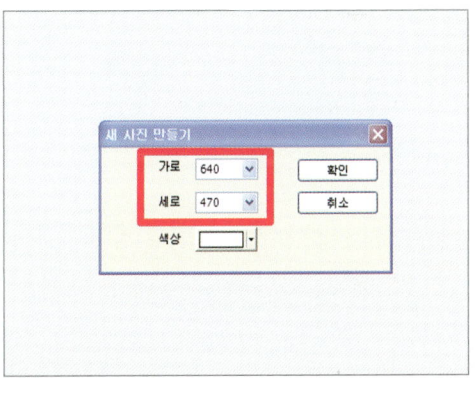

새 사진 만들기 크기는 640_470 픽셀 정도로 하는 것이 적당하다.

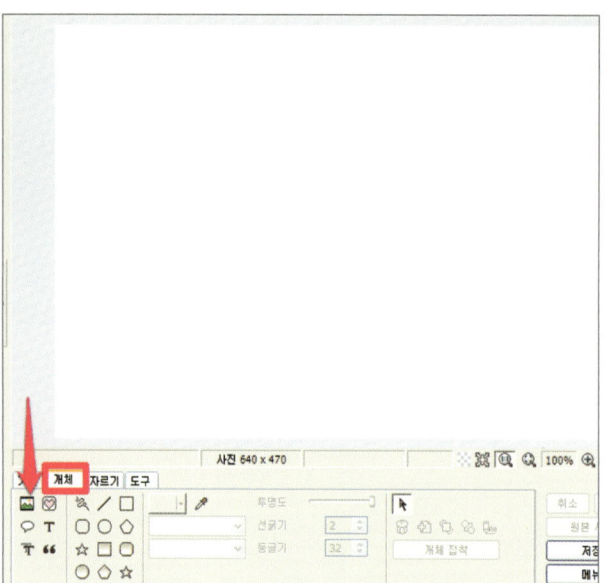

개체에서 이미지를 불러오는 아이콘을 클릭한다.

원하는 이미지를 불러온다.

네이버 모두홈페이지 메인화면에 여러 장의 사진이 필요하므로 차례대로 불러온다.

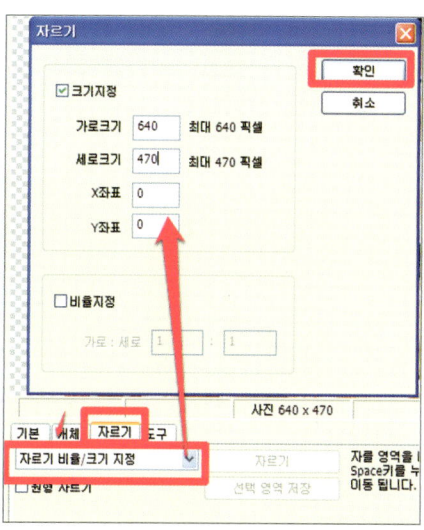

여러 사진의 사진을 잘 배열하고 나서 자르기 아이콘을 선택하고 자르기 비율/크기지정을 선택한다. 원하는 자르기 크기를 입력한다.

사진이 여러 장이라 잘 배열한 상태에서 자르기 비율/크기지정 상태에서 선택영역 저장을 한다.

자르기 한 사진을 확인해보면 잘 잘려진 것을 확인할 수 있다.

우측 하단에서 메뉴를 선택하고 새 사진 만들기를 선택한다.

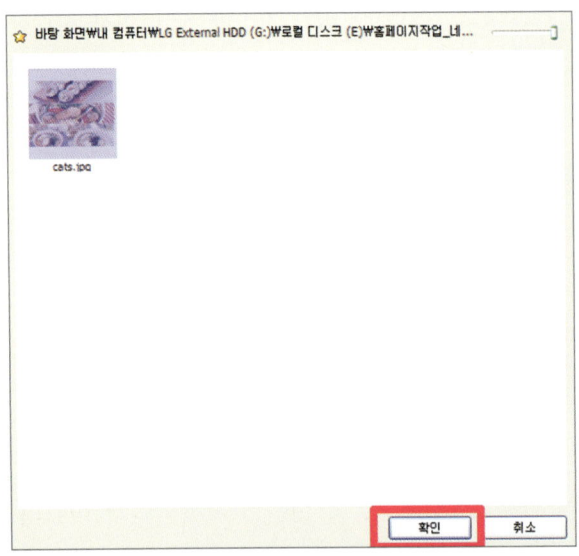

자르기 한 사진을 선택하고 사진 확인버튼을 클릭한다.

개체에서 T를 선택하면 글자 쓰는 팝업 창이 나타난다.

씨밀락 프렌차이즈라는 글을 쓰고 글자체는 나눔고딕을 선택하고 글자 색상은 검은 색상에 외곽선은 흰색으로 선택한다.(글자체는 저작권에 주의해야 한다.)

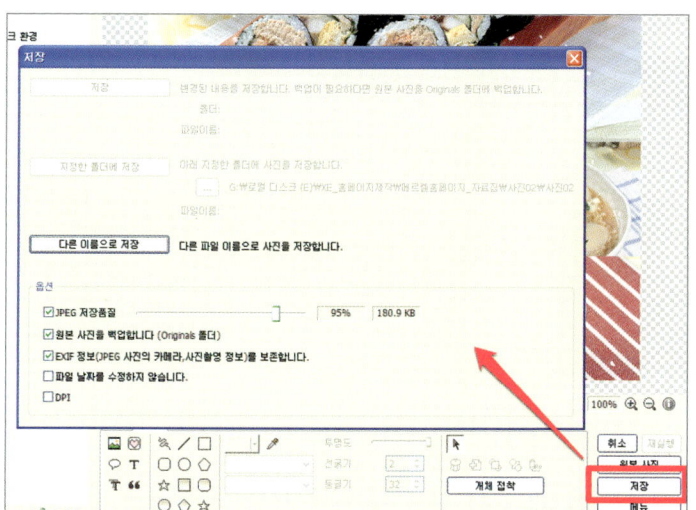

저장을 선택하고 다른 이름으로 저장을 눌러서 저장한다.

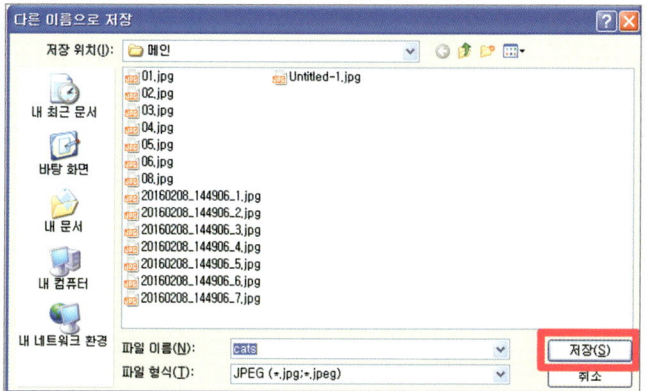

파일 이름을 만들어서 저장한다.

다시 네이버 모두홈페이지 메인 화면 제작으로 돌아와서 이미지 변경를 위해서 좌측 메인화면 바탕을 누르면 이미지 추가 창이 나타난다.

PC사진 추가를 눌러서 작업한 사진을 불러오면 된다. 하단의 이미지등록을 클릭한다.

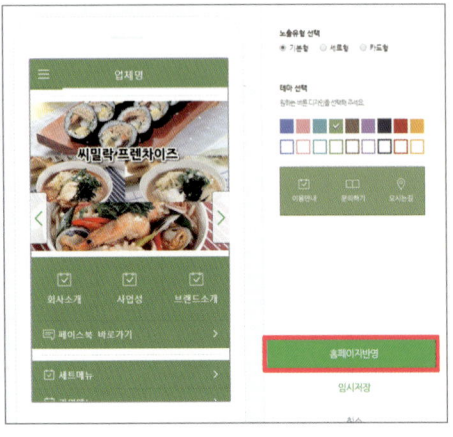

네이버 모두 홈페이지 우측 상단의 미리보기 버튼을 누르면 스마트폰에서 보여지는 화면을 확인하고 홈페이지 반영을 클릭한다. 처음 만든 것보다 훨씬 세련된 디자인으로 메인 화면이 바꾸어진 것을 확인할 수 있다.

03 로고 등록하기

네이버 모두홈페이지에서 로고가 중요한 이유는 스마트폰에서 내 홈페이지 바탕화면 바로가기로 등록을 하면 홈페이지 등록한 로고가 바로가기 아이콘이 되기 때문에 생각보다 로고 만들기가 아주 중요하다.

포토스케이프에서 사진편집을 선택한다.

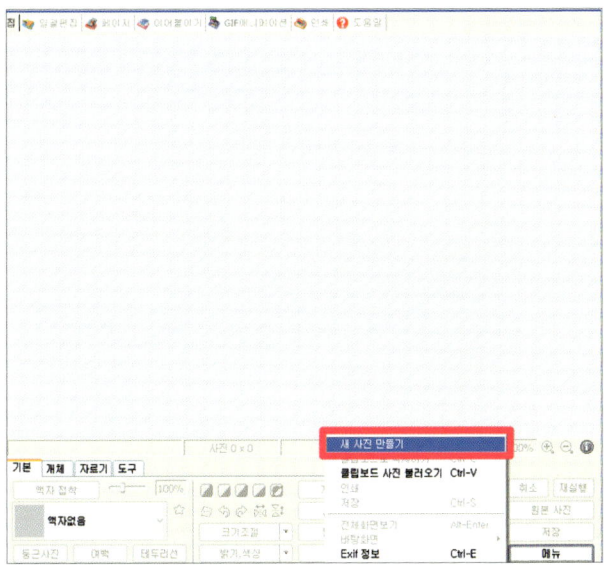

메뉴에서 새 사진 만들기를 선택한다.

작업 사이지는 300_300(450_450)픽셀로 선택한다.
배경 색상은 흰색(원하는 색상을 선택해도 된다.)으로 선택한다.

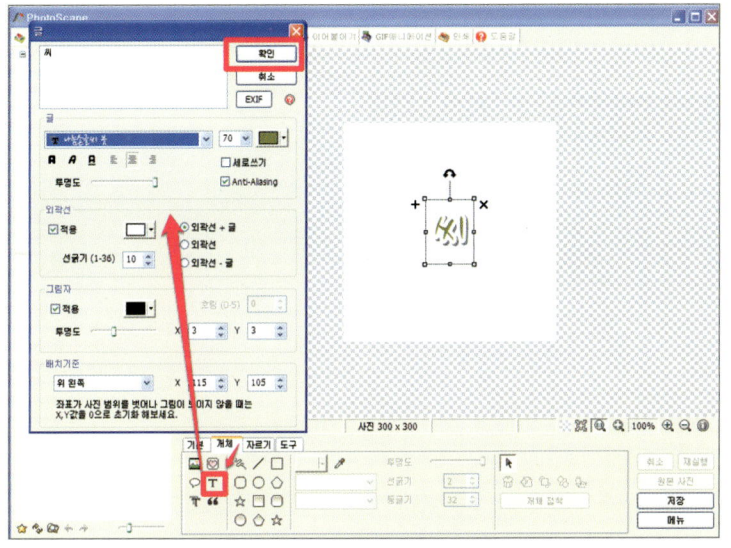

'씨' 자를 쓰고 글자체는 나눔고딕 손글씨체를 선택하고 글자 크기와 색상을 선택한다. 그리고 외곽선 크기와 색상도 선택한다.

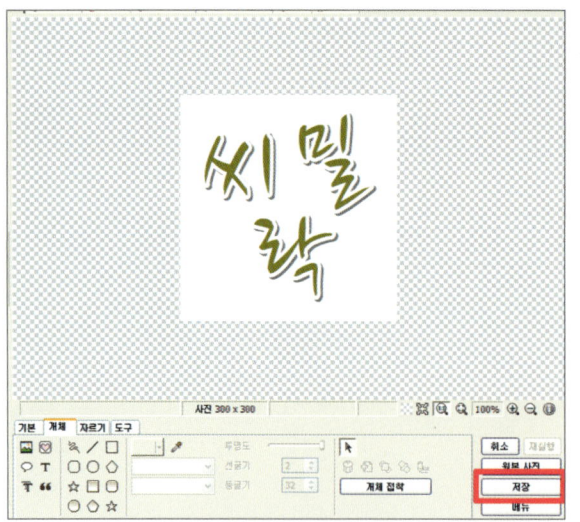

'밀', '락' 자도 같은 방법으로 작업을 하고 글자 위치와 크기는 마우스로 작업을 한다. 저장 버튼을 클릭한다.

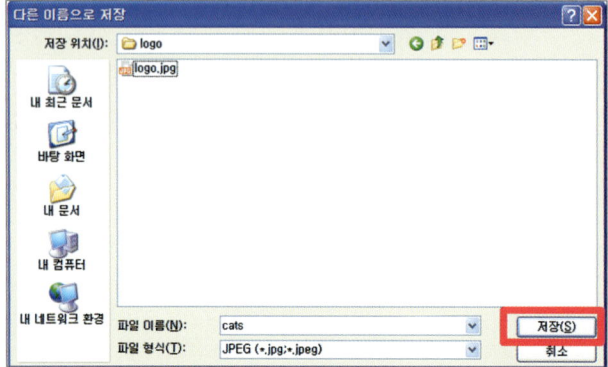

다른 이름으로 저장한다.

네이버 모두홈페이지 관리 화면에서 우측 상단 정보관리를 선택한다.

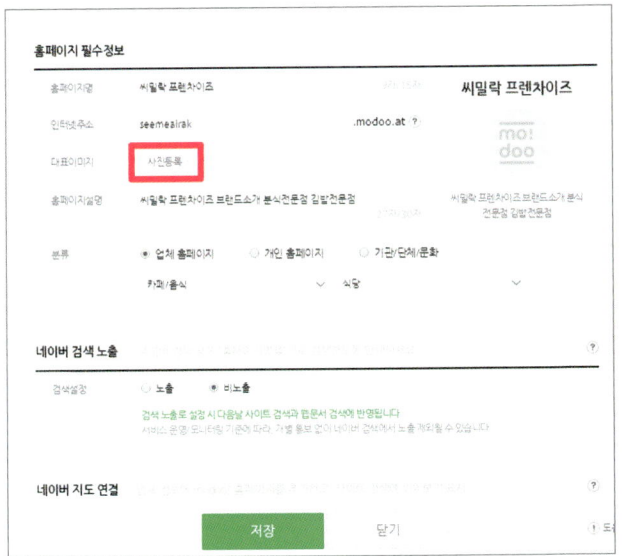

홈페이지 필수 정보 창이 나타난다. 여기에서 대표이미지 옆 사진등록을 클릭한다.

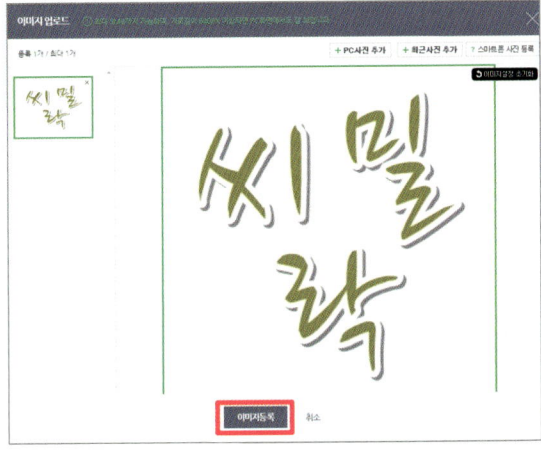

PC사진추가 버튼을 선택하고 로고 작업한 이미지를 불러온다.

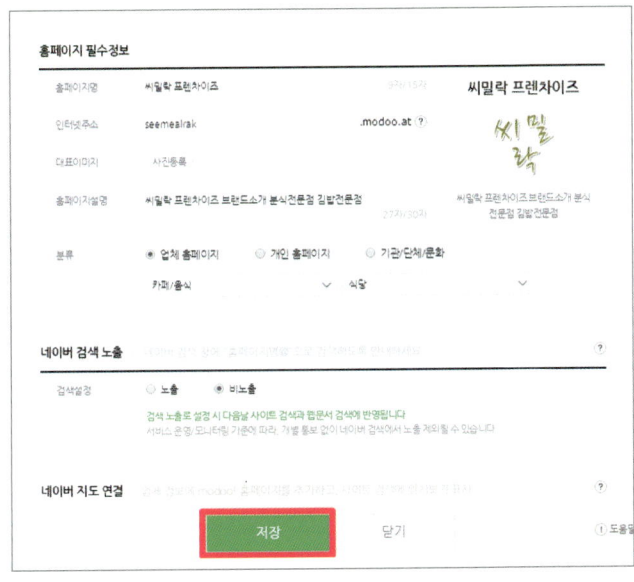

로고 이미지가 이상 없이 홈페이지 필수정보에 나타나면 저장버튼을 클릭해서 저장한다.

PC에서 본 네이버 모두홈페이지 씨밀락 메인화면 로고 사진이다.

로고 만드는 자세한 방법은 이 책 Part 3에서 다룬다.

04 스마트폰 바탕화면에 아이콘 등록하기

매번 방문 하는 홈페이지를 네이버 사이트 검색이나 도메인 주소를 입력할 필요 없이 누구나 스마트폰에서 바로가기 앱을 만들 수 있다. 아주 편리한 기능이다. 고객들도 스마트폰에서 바로가기를 설치하면 편리하게 내 홈페이지 방문이 가능하다.

지금까지 만든 메인페이지 화면이다. 바탕을 눌러서 위로 올려본다.

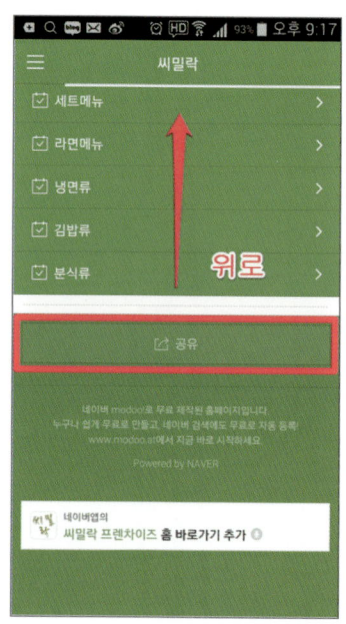

위로 올려서 공유 버튼을 찾아서 눌러준다.

공유하기 버튼을 누르면 블로그, 카페로 보낼 수 있고 페이스북, 카카오스토리로 보낼 수 있다. 적색 사각형을 누르면 홈페이지 주소가 복사된다. 이것을 문자나 카톡으로 보낼 수 있다.

네이버앱의 씨밀락 홈페이지 바로가기 추가 버튼을 눌러주면 바탕화면에 바로 가기 아이콘이 자동으로 생긴다.

스마트폰에서 본 씨밀락 바로가기 아이콘이다.
내 홈페이지 방문하기가 편리해진다.

04 동영상 만들기

일반적으로 동영상 촬영으로 해야 하지만 촬영이나 편집이나 쉽지 않으므로 사진으로 아주 쉽게 동영상 만드는 방법을 알아본다. 여러 가지 방법이 있지만 가장 쉽고 만들기 쉽고 만든 후 동영상을 수정하기 쉬운 네이버 포토동영상으로 만들어본다.

네이버 메인 화면에서 네이버 포토뷰어라고 검색을 한다.
소프트웨어 정보에서 다운로드 버튼을 클릭한다.

우측 상단에 있는 무료 다운로드 버튼을 눌러준다.

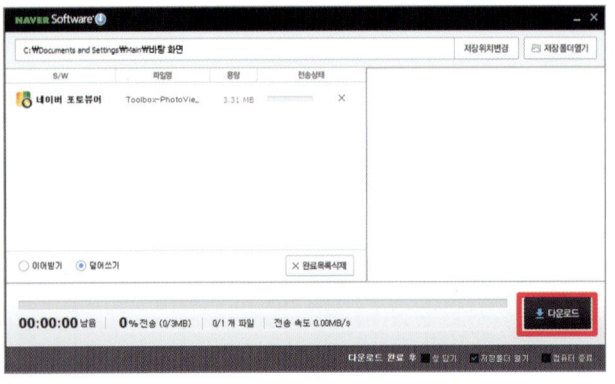

우측 하단 다운로드 버튼을 눌러준다.

실행하기 버튼을 눌러준다.

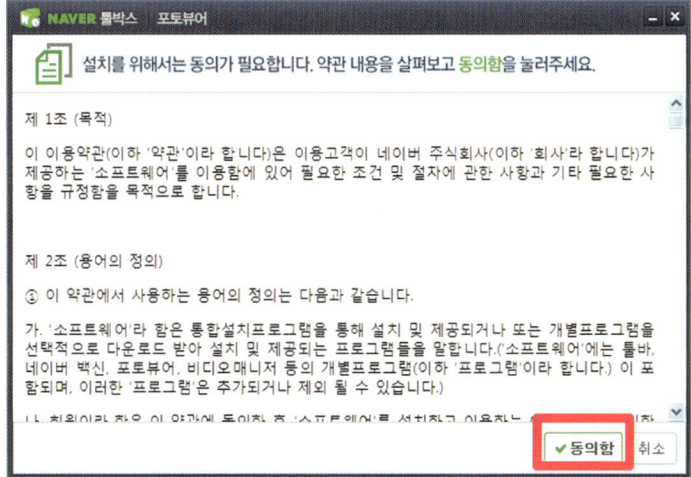

네이버 포토뷰어 설치 동의함을 눌러준다.

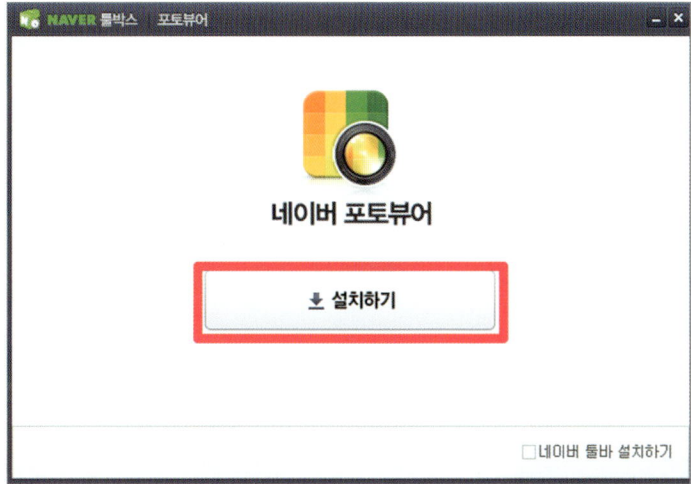

네이버 포토뷰어 설치하기 버튼을 눌러준다.

바탕화면에서 네이버 포토동영상을 클릭한다. (만약에 없으면 컴퓨터 화면 좌측 하단 녹색 시작버튼을 눌러서 모든 프로그램을 클릭하면 사진과 같은 이미지가 나오면 네이버 포토동영상을 클릭한다.)

ⓞ 출처: http://www.seemealrak.com

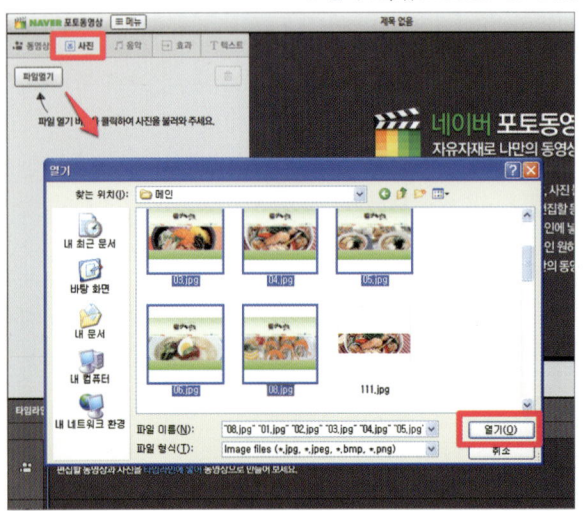

상단에서 사진을 선택하고 파일열기를 클릭
작업할 사진을 선택하고 열기를 클릭한다.

사진을 선택하고 적색 사각형 타임라인에 넣기를 클릭한다.

음악 버튼을 선택하면 4가지 무료 음악이 있다 우측에서 ▶를 눌러서 음악을 미리 들어본 다음 상황에 맞는 음악을 선택해서 타임라인 넣기를 클릭한다.

사진을 모두 선택한 다음 타임라인 넣기 바로 밑에 있는 재생 시간 설정 버튼을 눌러서 1개의 사진의 동영상 재생 시간을 선택하면 전체 동영상 시간을 조절할 수 있다.

청색 사각형을 조절해서 음악 재생 시간을 동영상 재생시간과 같게끔 시간 조절이 가능하다.

소리 크기 조절도 가능하다.

효과를 누르면 화면 전환 효과를 선택 가능하다. 전체 적용을 눌러서 통일되게 하여도 된다.
효과 타임라인에 넣기를 선택한다.

T 텍스트 버튼을 누르면 글자를 넣을 수 있다. 글자체를 선택이 가능하고 (저작권 조심)
크기선택도 가능하다. 위치를 선택하면 된다.
효과는 상황에 맞게끔 효과없음, 날아오기, 타자기를 선택하면 된다.
타임라인 사진 위에 텍스트 추가 버튼을 이용하는 것이 편리하다.

우측의 톱니바퀴 동영상 설정 부분을 클릭하면 동영상 형식과 비율을 선택할 수 있다.

동영상의 처음 시작 부분과 끝부분에 들어갈 화면을 만들기 위해서는 빈 화면 추가 버튼을 클릭한다.

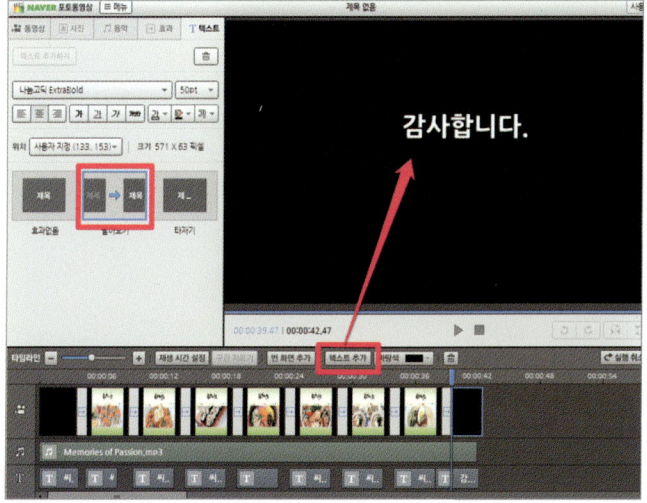

시작부분을 작업을 하고 끝 부분에 넣을 화면 효과를 선택하고 텍스트 추가 버튼을 눌러서 "감사합니다"를 기입한다.

작업저장을 눌러서 원본 파일을 저장한다.
그래야 나중에 다시 불러와서 동영상 수정작업이 가능하다.

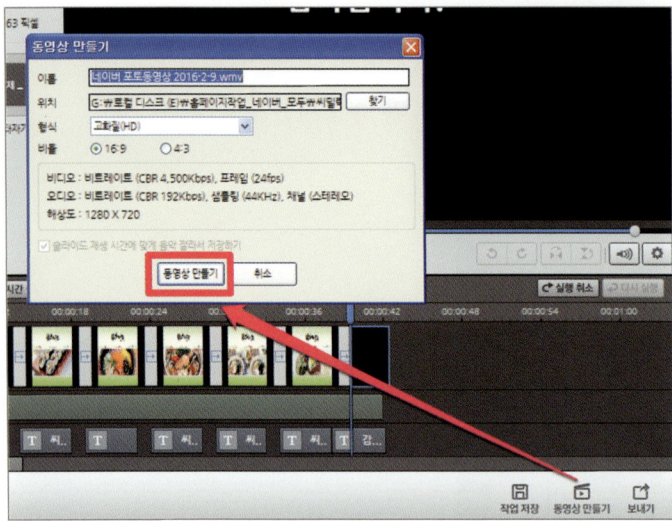

동영상 만들기 눌러서 저장한다.

동영상 저장 중이다. wmv 비디오 파일로 저장된다.

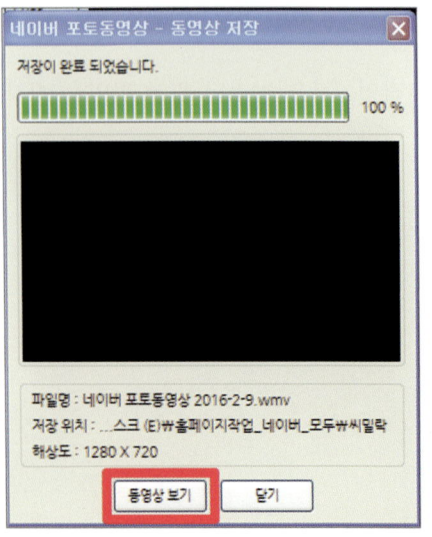

동영상이 저장이 완료되면 동영상 보기를 클릭한다.

작업한 동영상이 실제 보이는 장면이다.

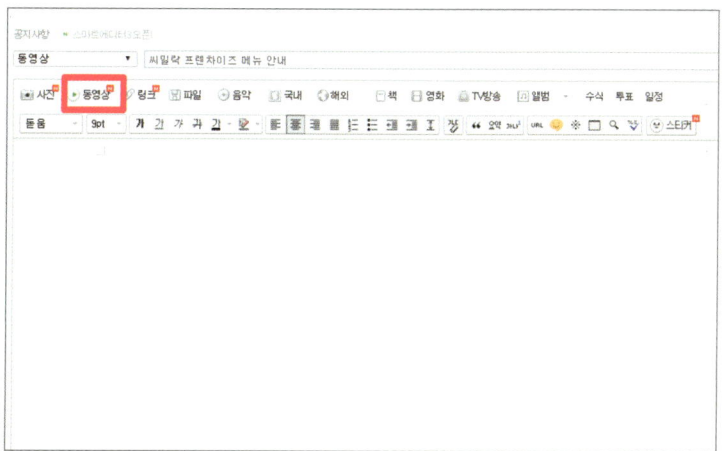

동영상 파일을 블로그에서 작업을 하기 위해서는 포스트 쓰기를 선택 상단의 동영상을 선택한다.

내 컴퓨터를 선택한다.

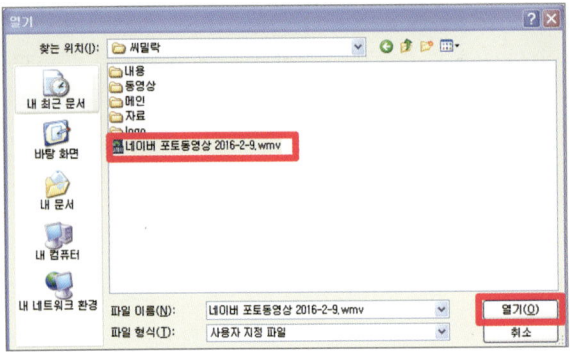

작업한 동영상 파일을 불러온다.

동영상이 저장이 완료되면 동영상의 첫 화면을 선택하고 완료 버튼을 클릭한다.

블로그에 동영상을 저장하고 포스트를 확인 버튼을 클릭하면 동영상이 저장한 게 보인다. 보내기 버튼을 클릭, 소스복사를 선택하고 URL을 선택하면 동영상 주소가 복사된다.

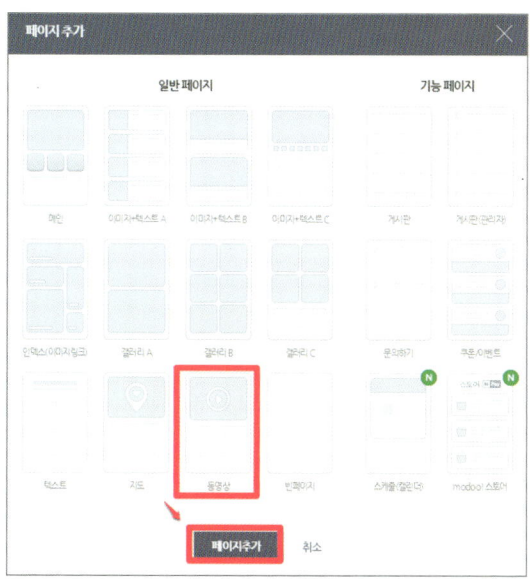

홈페이지에 동영상 페이지가 없기 때문에, 새 페이지를 선택하고 동영상을 선택 페이지추가 버튼을 클릭한다.

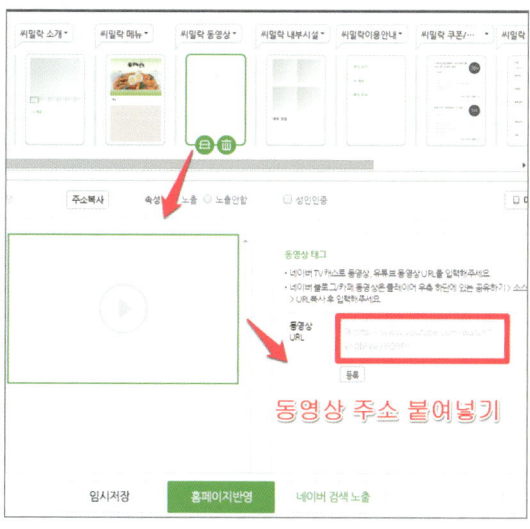

동영상 페이지를 선택 빈 공간을 클릭하면 동영상 태그 넣는 게 나타난다. 동영상 URL에 복사한 동영상 주소를 붙여넣기한다.

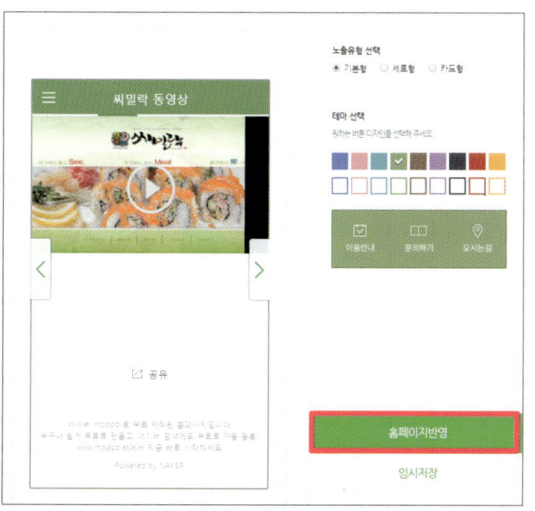

미리 보기를 선택하면 스마트폰에서 보이는 화면이 나타난다.
홈페이지반영을 클릭하고 저장한다.

06 홈페이지 검색 오픈하기

네이버 모두홈페이지에서 사이트 등록을 홈페이지 관리에서 하는 이유는, 전처럼 사이트를 직접 등록을 하면 참여도 많지 않고 어려워하기 때문이다. 이에 일반인들이 쉽게 할 수 있도록 네이버 모두 홈페이지 관리에서 사이트등록이 가능하게 만들었다.

출처: http://www.modoo.at

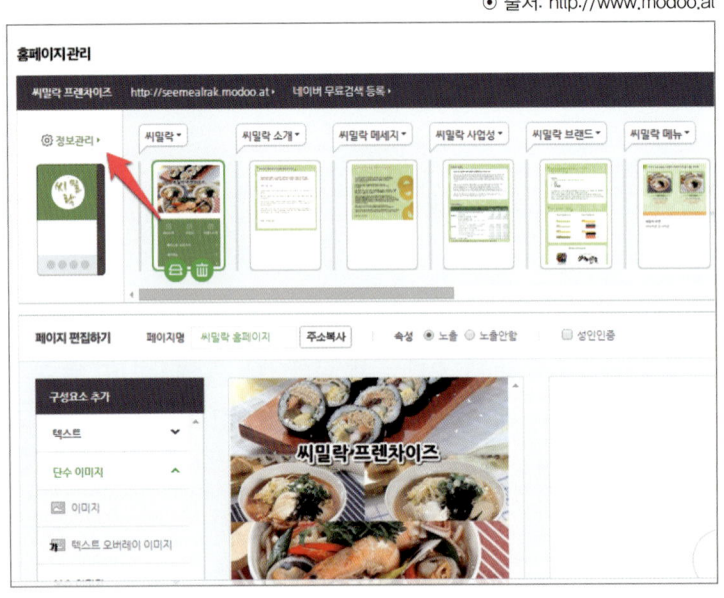

제작 중인 홈페이지관리 에서 좌측 상단 정보관리를 클릭한다..

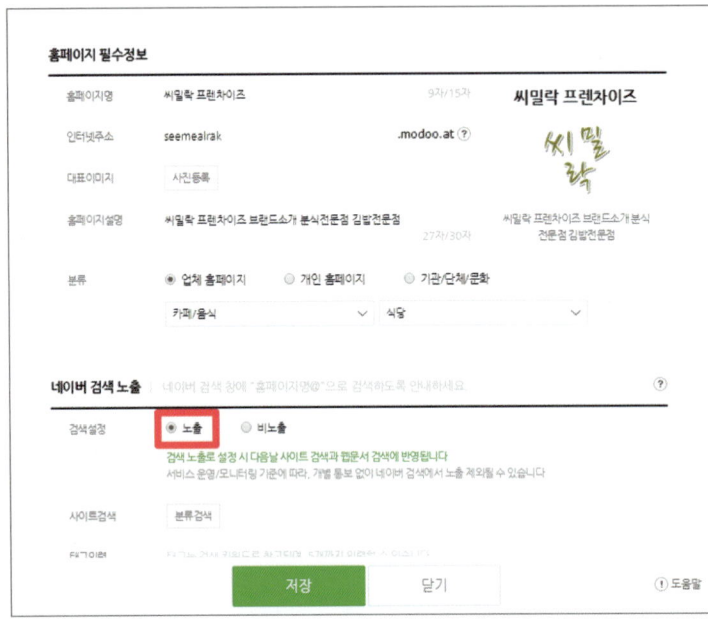

홈페이지 필수정보에서 네이버 검색 노출에서 검색 설정에서 노출을 선택한다. 자세한 내용은 다음 Chapter 네이버 사이트 등록에서 설명한다.

06 홈페이지 사이트 등록

01 네이버 사이트 등록

네이버 사이트 등록 방법은 간단하지만 홈페이지가 완성이 된 다음에 하는 것이 사이트 등록에 유리하다. 네이버 사이트 영역에서 상위로 노출되기 위해서는 홈페이지 메뉴나 페이지의 숫자 등도 중요하다. 따라서 홈페이지 내용을 이미지로만 채우지 말고 글자로 내용을 만들고 게시판도 활성화시키는 것이 좋다.

⊙ 출처: http://www.modoo.at

검색 설정에서 노출을 선택한 다음 사이트검색 분류 검색을 클릭한다.

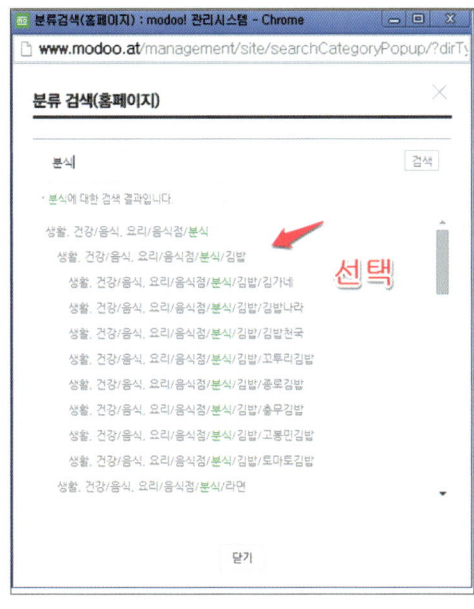

분류 검색에서 해당 업종을 적으면 된다.
정확하게 안 맞아도 비슷한 분류를 선택한다.

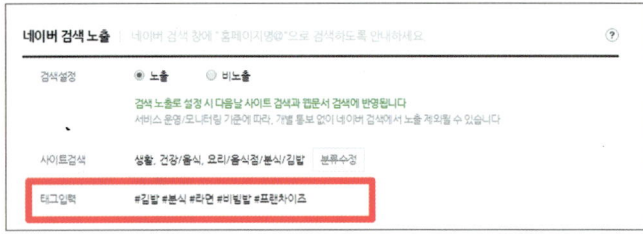

태그입력은 5개를 입력하면 되는데, 홈페이지명에 적은 키워드는 등록이 안 된다.

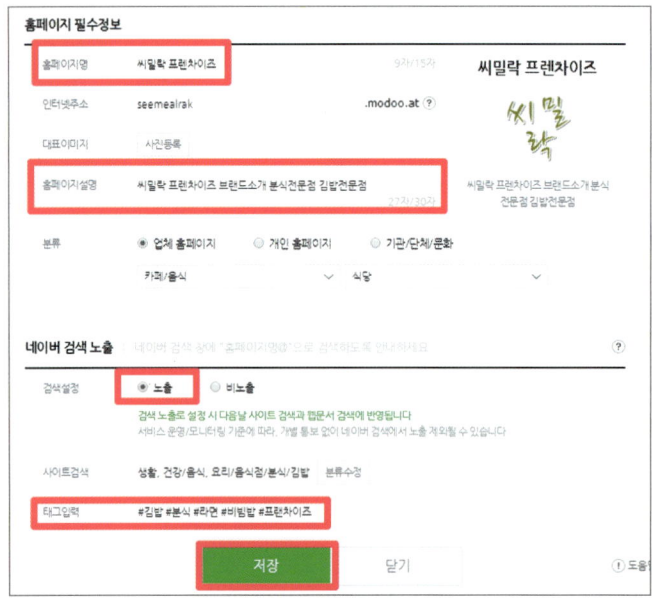

◎ 출처: http://www.seemealrak.com

제일 중요한 것은 홈페이지 명이다. 홈페이지 설명부분도 가능한 30자를 꽉 채우도록 적는다. 저장 버튼을 클릭하고 하루 정도 지나면 네이버 사이트등록이 자동으로 된다.

02 다음 사이트 등록

포털 다음에 홈페이지를 노출하기 위해서는 다음 사이트등록이 필요하다. 로그인이나 회원가입이 필요하지는 않다.

◎ 출처: http://www.daum.net

www.daum.net 다음에서 다음 사이트 등록을 검색한다.
Daum 검색등록을 클릭한다.

◉ 출처: http://www.daum.net

신규등록 하기를 클릭한다.

◉ 출처: http://www.daum.net

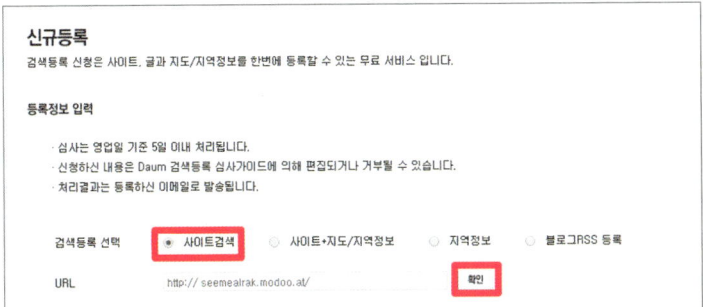

사이트검색을 선택하고 홈페이지 주소를 넣고 확인을 누른다.

◉ 출처: http://www.daum.net

사이트 신규등록 개인정보수집 동의를 선택하고 확인을 누른다.

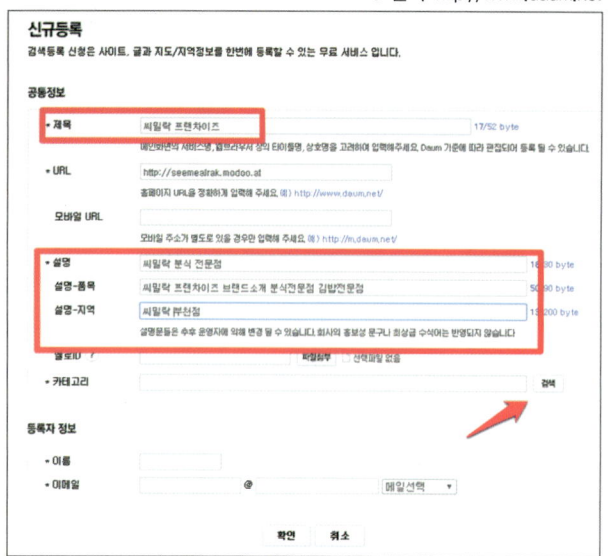

◉ 출처: http://www.daum.net

사이트 등록에 필요한 공통정보를 기입한다. 제목에는 다음 사이트 등록에 필요한 내용을 적으면 되는데 상호나 원하는 노출 키워드를 적어도 된다. (52자) 설명, 설명-품목, 설명-지역을 적으면 된다. 그리고 카테고리 검색을 선택하다.

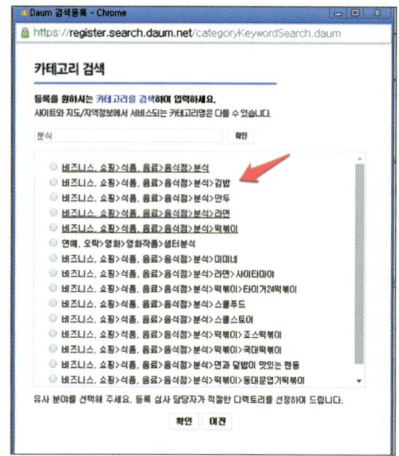

◉ 출처: http://www.daum.net

등록을 원하는 카테고리를 적고 적당한 것을 선택하면 된다.

◉ 출처: http://www.daum.net

등록자 이름과 이메일을 적으면 등록 상황을 메일로 알려준다. 확인 버튼을 클릭한다. 다음사이트 등록이 되면 메일로 알려준다.

03 구글 사이트 등록

구글에서 사이트 등록은 구글 웹마스터 등록을 해야 하지만 네이버 모두홈페이지는 홈페이지 안에 웹마스터 등록에 필요한 소스를 넣지 못하므로 간단하게 진행되어야 하는데 구글 사이트 등록을 보장하는 거는 아니다.

사용자의 URL 등록 안내 - 구글 https://www.google.co.kr/intl/ko/add_url.html
단축주소 https://goo.gl/6hdQtp

www.google.com 구글 사용자의 URL 등록 안내를 검색한다.

URL에 홈페이지 주소를 적어 넣는다. URL 설명에는 등록을 원하는 상호나 업종 키워드를 적어 넣는다. URL 등록 버튼을 클릭한다. 하지만 이것이 구글 사이트 등록을 보장하지는 않는다.

Chapter 07 지도 등록

지도 영역에서 노출되는 부분은 지역사회에서 사업을 하는 사람들에게는 아주 중요한 요소가 된다 그래서 지도 영역에서 노출 되기 위해서는 조그마한 노력이 필요하다

01 네이버 지도 등록

네이버에서 지도에서 노출되는 것은 한 페이지에 미니 홈페이지를 만든다고 생각하고 접근하는 것이 아주 적절하다. 이것을 이용해서 나의 고객들에게 최대한 많은 것을 보여주어야 한다.

네이버 지도에서 노출되기 위해서는 새로 생긴 네이버 마이비즈니스에서 해야 되지만 네이버 모두 홈페이지에서는 홈페이지 관리자 창에서 바로 신청할 수 있어서 편리하다. 그러나 지도에 들어갈 내용 부분은 새롭게 작성을 하여야 한다.

◉ 출처: 출처: http://www.modoo.at

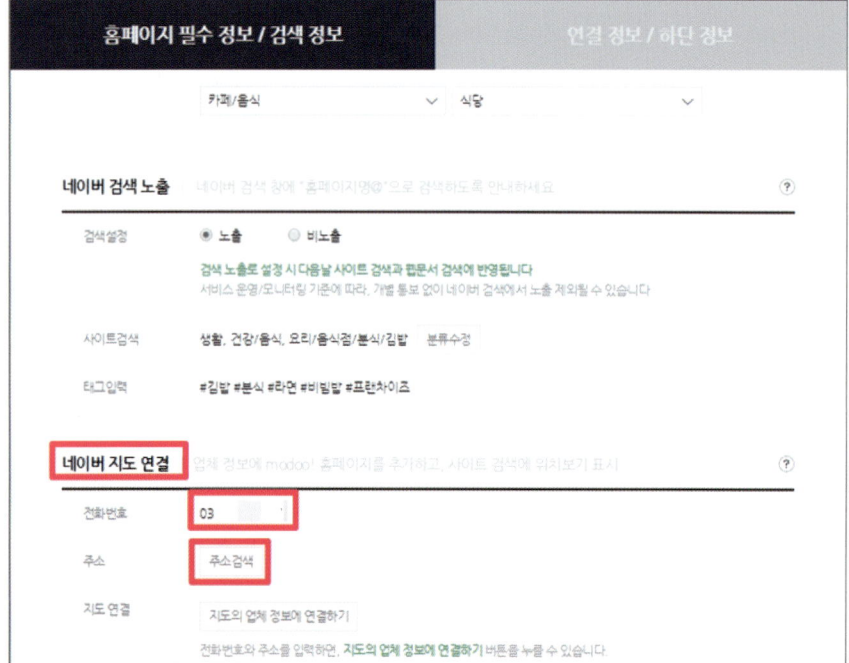

홈페이지 필수 정보에서 네이버 지도 연결을 선택하고 전화번호를 기재한 다음에 주소 검색을 클릭한다.

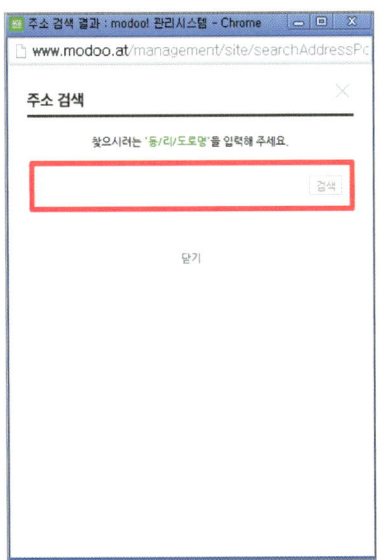 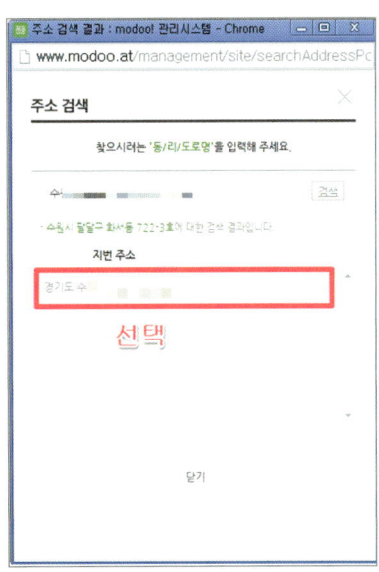

주소 검색에서 주소를 적고 검색을 클릭한다.   해당 주소를 적고 검색을 누르면 주소가 나온다
해당 주소를 클릭한다.

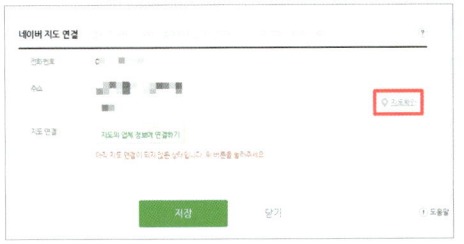

지도 확인을 눌러서 지도가 맞는지 확인한다.

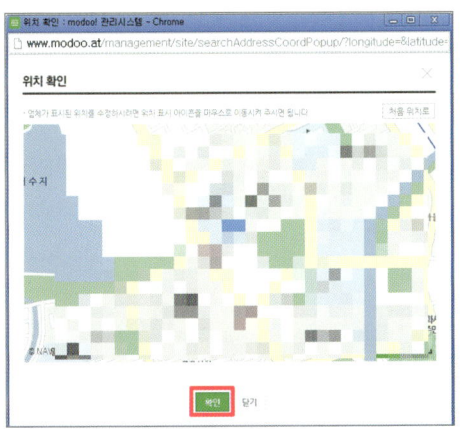

해당 지도가 맞으면 확인 버튼을 눌러 준다.

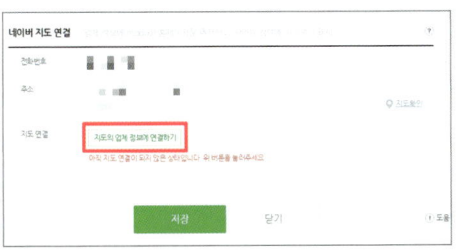

지도의 업체정보에 연결하기를 클릭한다.

Chapter 07 _ 지도 등록 :: **191**

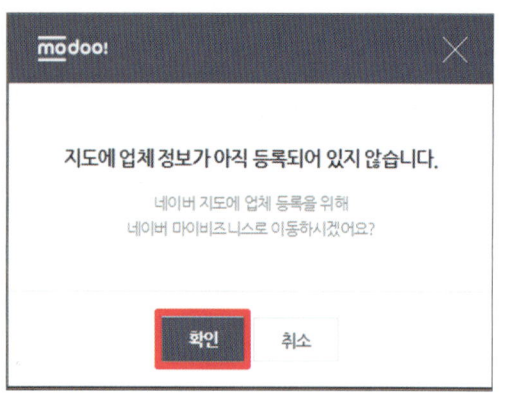

확인을 누른다.

◉ 출처: https://submit.naver.com

네이버가 새롭게 시작하는 마이 비즈니스에서는 지도 등록과 조회 관리 및 브랜드 관리를 할 수 있다. 일반적으로 네이버 지도 등록은 신규등록을 누르면 지도 등록이 가능하다.

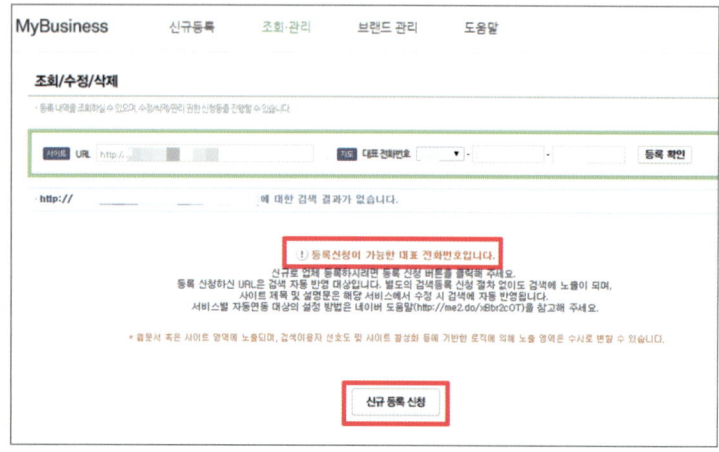

그러나 네이버 모두홈페이지에서는 조회/수정/삭제 창에서 바로 가능하다. 신규 등록 신청 버튼을 클릭한다.

'신규 등록에서 개인정보 수집 및 이용에 동의합니다'를 체크하고 확인 버튼을 클릭한다.

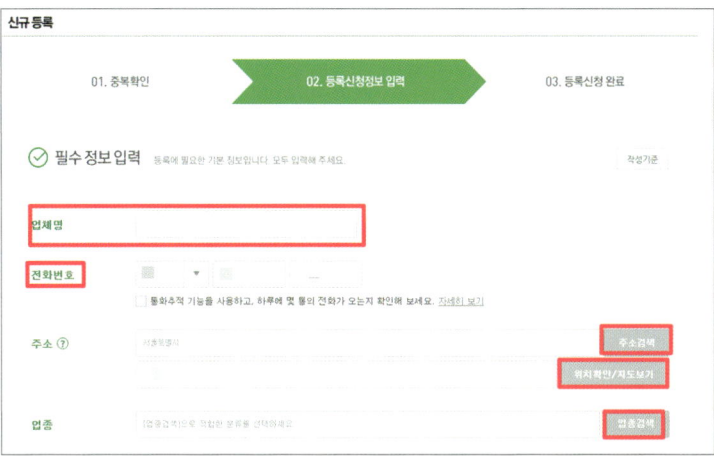

필수 정보 입력란에 업체명을 적는데 지도등록에서는 조금 조심을 해야 한다.
사이트 영역에서는 신청자 본인 스스로 원하는 걸 적으면 적용되지만 지도 업체명에서는 사업자등록증 위주로 업체명를 적어야 한다. (사업자등록증이 없으면 홈페이지 업체명 위주로 적으면 된다.)

이용시간에서는 이용시간 입력을 체크하면 이용시간을 표시할 수도 있고, 우측에 이용시간 추가를 눌러서 공휴일 토요일 이용 시간을 추가할 수 있다. 가격정보는 보통 식당 레스토랑 가격 정보가 중요한 업종에서 가격 정보를 등록할 수 있다. '가격정보가 없다면 가격 정보를 입력할 수 없습니다'를 체크한다.

Chapter 07 _ 지도 등록 :: **193**

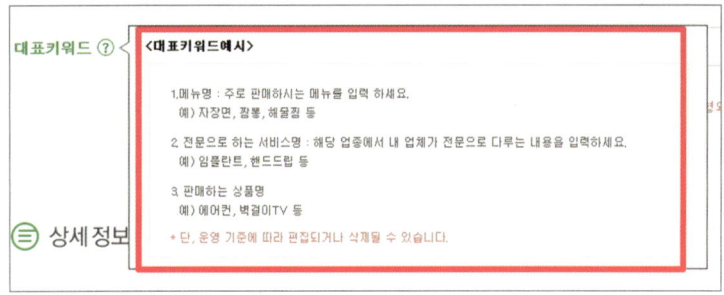

메뉴명이나 전문하는 서비스 판매하는 상품명을 적는다. 네이버 지역 지도 영역에서 상위노출을 원한다면 신중하게 작성해야 한다. 대표 키워드는 네이버 관리자 창에서 쓴 5가지 태그가 나오지만 지도 영역에서 원하는 키워드로 변경한다. 지역명 및 지역명이 포함된 위치 정보성 키워드는 대표키워드로 반영이 되지 않으므로 주의해야 한다.

미니 홈페이지를 만든다고 생각하고 자세하게 적어야 한다. 업체 사진은 필수로 꼭 외부전경, 내부 전경 사진을 등록을 하여야 한다. 상세설명과 찾아오는 길도 상세하게 작성한다.

리뷰/방문기는 자동으로 리뷰를 추출 경우도 있고 검색 키워드 설정에서 업체명 검색과 지역명+업체명을 검색을 선택할 수 있다. 키워드를 직접입력으로 블로그, 카페 리뷰/방문기를 추출하는 기능이 있다. (여기에서 블로그 카페를 이용한 체험단 운영과 방문 후기 이벤트가 아주 중요한 이유이다.)

직접 입력으로 블로그, 카페 리뷰/방문기를 추출하는 기능에서는 원하는 키워드를 적는다. 설정결과 미리보기를 클릭한다.

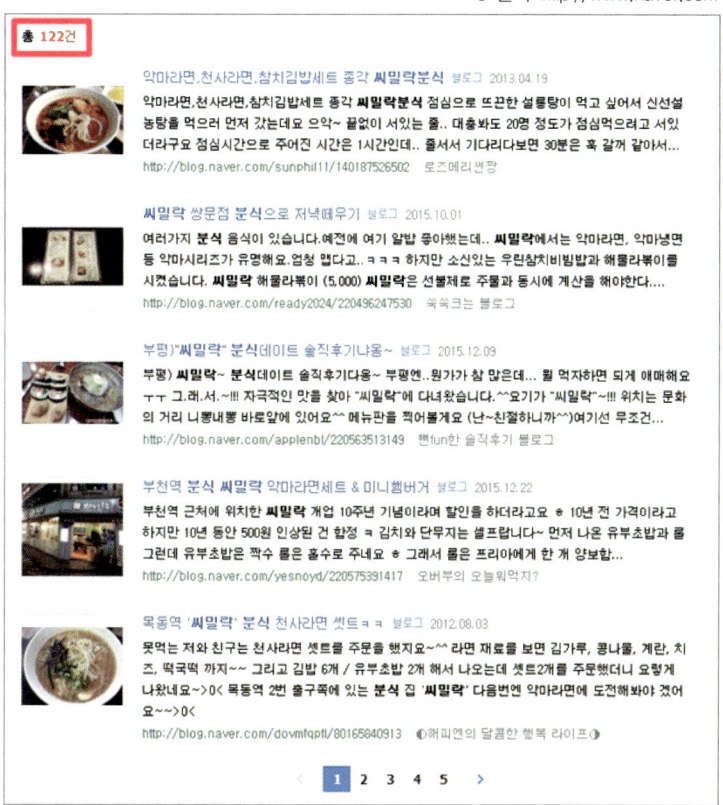

설정결과 미리보기이다. 122건이 나오지만 씨밀락으로 설정하면 10,000건 이상 더 많은 결과물이 나오므로 잘 선택하여야 한다.

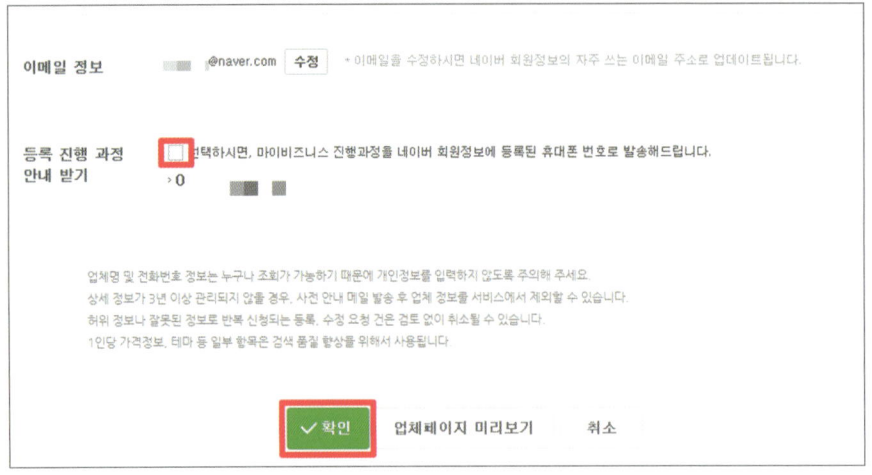

등록 과정 안내 받기를 체크하고 확인 버튼을 클릭한다. 결과는 문자로 알려준다.

02 다음 지도 등록

다음도 마찬가지로 지도에서 노출되는 업체를 클릭하면 한 페이지에 미니홈페이지 형식으로 등록이 된다. 여기에 다양한 정보를 올릴 수 있으므로 자세한 정보해야 한다. 다음에서 지도 등록을 하기 위해서는 따로 등록을 해야 한다.

◉ 출처: 출처: http://www.daum.net

다음에서 다음 사이트 등록을 검색을 하고 다음 검색 등록을 클릭한다.

⊙ 출처: http://www.daum.net

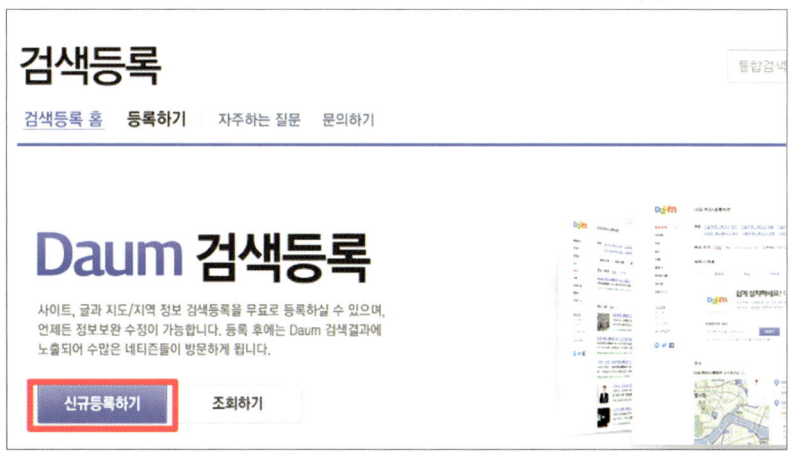

다음 검색 등록 창에서 신규등록하기 버튼을 클릭한다.

⊙ 출처: http://www.daum.net

신규 등록에서 검색 등록 선택에서 지역정보를 선택을 하고 대표 전화번호를 적고 확인 버튼을 클릭한다.

◉ 출처: http://www.daum.net

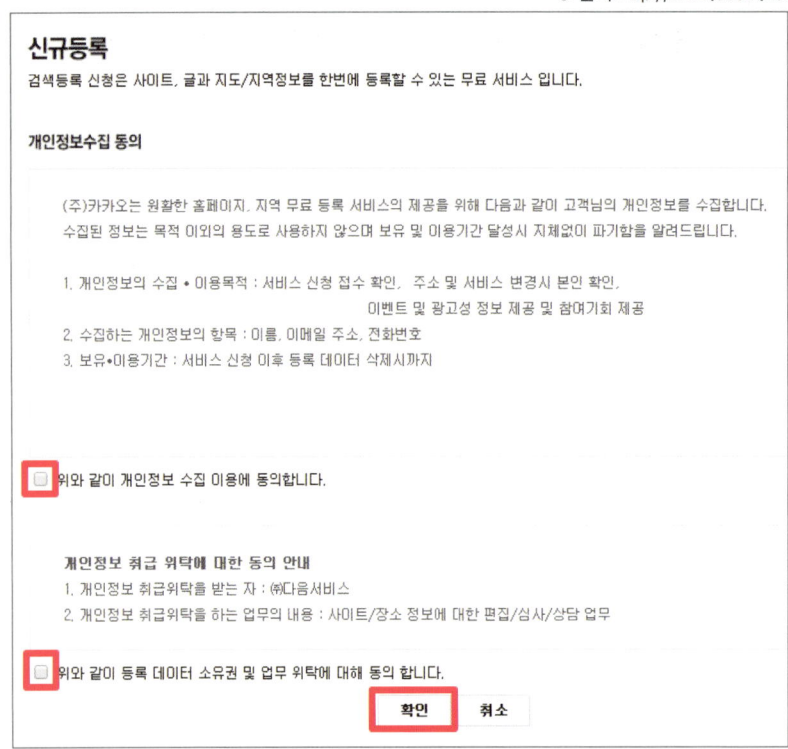

신규 등록에서 개인정보 수집 동의 박스를 체크를 하고 확인 버튼을 클릭한다.

◉ 출처: http://www.daum.net

다음은 네이버와 다르게 공통 정보 제목을 52자까지 적을 수 있기 때문에 최대한 많이 적는 것이 좋다. 주소는 우편번호 검색을 하고 선택을 하면 되고 카테고리는 검색을 눌러서 해당 카테고리를 선택하면 된다.

등록자 정보에서는 이름과 이메일 주소를 적어야 한다.
(가끔씩 틀리게 적는 분이 있는데 나중에 지도 수정을 하려고 하면 정확하게 입력하여야 한다.)

◉ 출처: http://www.daum.net

다음 지도에서는 지역 상세정보도 들어가기 때문에 다음에서도 대표 이미지를 등록을 한다. 업체 외부, 내부전경 사진을 찍어서 이미지 추가하기 버튼을 눌러서 이미지를 최대한 많이 등록한다. 찾아오는 길도 아주 자세하게 주차장 이용 등도 적는다. 부가정보 같은 경우는 다음에서 검색되는 지도 URL이나 내 홈페이지 오시는 길 주소를 여기서 등록 한다. 다음 지도가 등록이 되면 메일로 결과를 보내온다.

Chapter 08 모바일 홈페이지로만 사용하기

홈페이지가 활성화 된지 벌써 15년 정도가 된다. 그 전에 만든 홈페이지는 모바일 전용 홈페이지가 없고 플래시 기능으로 만들어진 메뉴들이 많기 때문에, 스마트폰에서 보면은 아무 것도 없는 것으로 보인다. 하지만 요즘은 검색도 스마트폰에서 더 많이 검색하기 때문에 모바일 홈페이지 중요성은 아무리 강조해도 지나치지 않다.

01 스마트폰에서만 네이버 모두홈페이지 보이게 하는 법

기존 홈페이지를 운영하고 있지만 모바일 홈페이지가 없으면 스마트폰에서는 홈페이지가 안 열릴 수 있다 (플래시로 제작된 부분은 스마트폰에서는 작동이 안 된다.) 그래서 네이버 광고(모바일 홈페이지가 없으면 모바일에서는 광고가 안 나간다.)를 할려든지 모바일에 최적화된 홈페이지를 원한다면 네이버 모두홈페이지로 간단하게 스마트폰에 적합한 모바일 홈페이지를 만들 수 있다.

홈페이지 제작업체에 맡기면 30~60만원 정도 비용이 발생하지만 네이버 모두홈페이지로 조금만 노력하면 누구나 무료로 만들 수 있다.

◉ 출처: http://www.kuneseung.co.kr

이 회사의 기존의 만들어진 홈페이지가 전체가 플래시로 제작되어 있기 때문에 스마트폰에서는 아무것도 노출이 안 된다. 그래서 네이버 모두홈페이지를 만들어서 스마트폰에서는 네이버 모두홈페이지가 뜨고 PC에서는 기존의 홈페이지를 나타나게 하는 것이 가능하다.

◉ 출처: http://www.kuneseung.co.kr

새로 만들어진 모바일 홈페이지인데 스마트폰에서 만 노출이 되고 기존 홈페이지는 PC에서 만 열린다.

◉ 출처: http://www.kuneseung.co.kr

깔끔하게 만들어진 모바일 홈페이지이다.

⊙ 출처: http://www.kuneseung.co.kr

PC에서 보이는 네이버 모바일 홈페이지이다.
그러나 네이버 모두 페이는 고유 주소가 있으므로 기존 도메인과 연결은 안된 상황이다.

기존 도메인과 연결된 홈페이지는 그 전 홈페이지가 작동된다.

02 FTP 사용하기

PC용 홈페이지와 모바일 홈페이지를 분리를 하기 위해서는 홈페이지 안에 스마트폰에서 홈페이지를 방문하면 새로 만든 모바일 홈페이지로 이동되는 소스를 넣어야 한다.
기존 PC용 홈페이지에 제작 프로그램에 따라서 다르다.
- 홈페이지 관리자 창에서 넣을 수 있다.(이 경우에는 홈페이지 관리자에게 수정된 소스를 입력해 달라고 부탁해도 된다.)
- FTP로 홈페이지 저장된 공간을 열어서 수정을 해주는 경우도 있다.

홈페이지가 저장된 공간을 열려면 FTP로 열어야 하는데 별도의 프로그램이 있어야 하고 FTP 아이디와 비밀번호를 알아야 한다.

네이버에서 알드라이브라고 검색을 한다. 소프트웨어 정보 상세보기를 클릭한다.

개발사 다운로드를 클릭한다.

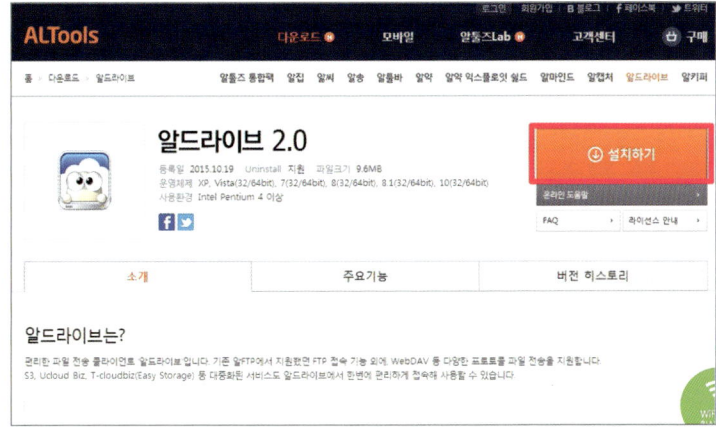

알드라이브를 선택을 하고 설치하기를 누른다.

바탕화면에 저장을 한다.

바탕화면에 저장된 아이콘을 더블 클릭하면 파일열기 창이 뜬다. 실행하기를 클릭한다.

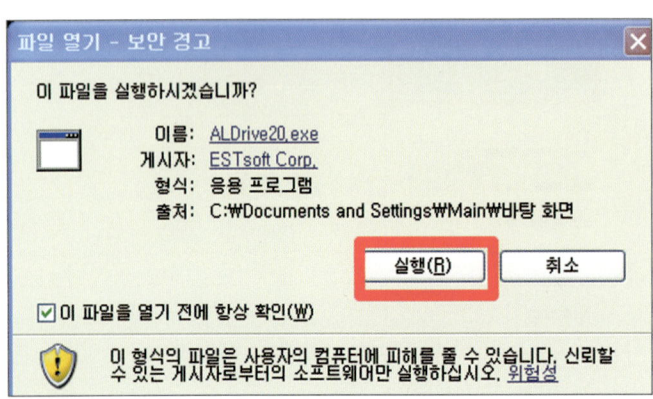

라이선스 계약 동의하기를 클릭한다.

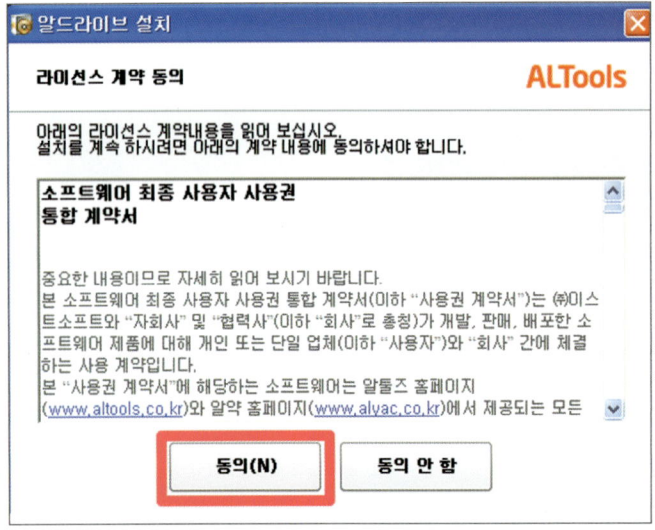

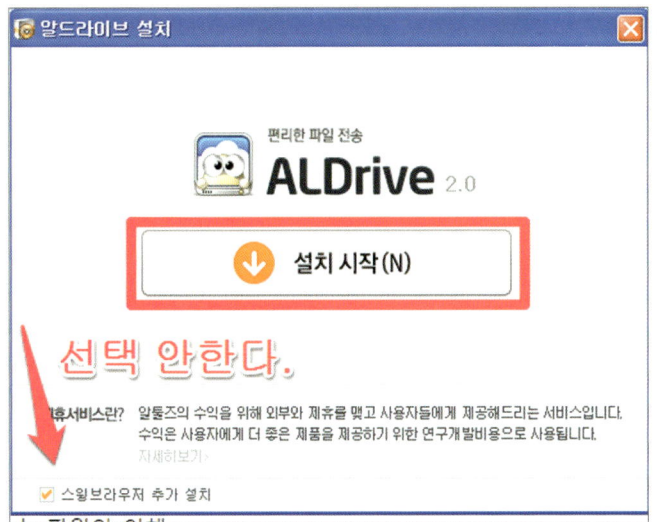

스윙브라우저 추가 설치는 체크를 안 해도 된다. 설치시작을 눌러준다.

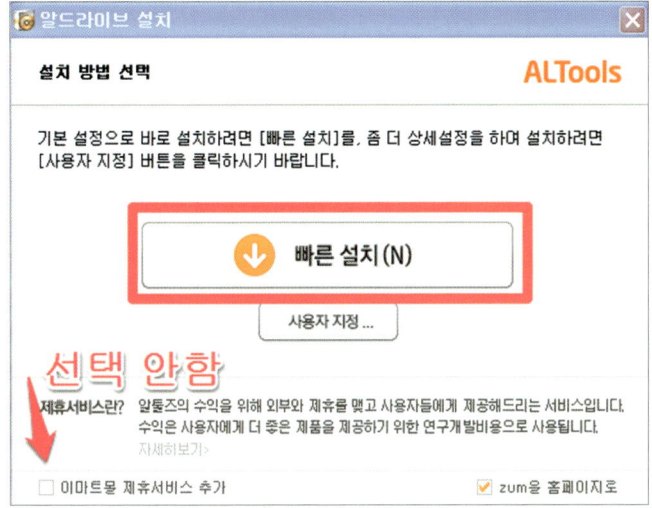

빠른 설치를 클릭한다.

알약 설치 체크는 안 한다. 확인을 클릭한다.

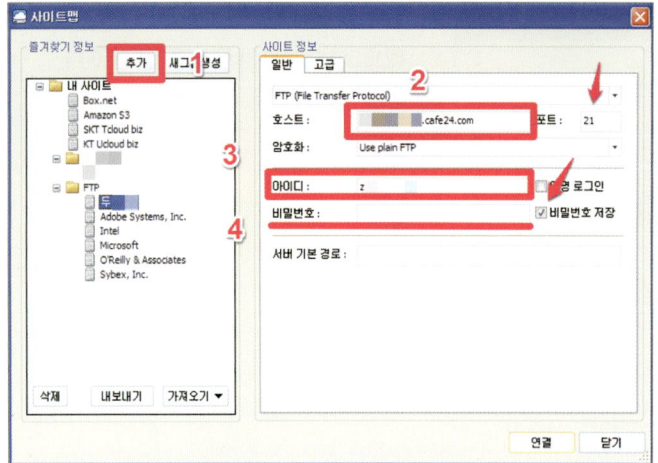

알드라이브를 실행하면 사이트 맵 창이 나타난다. 추가 버튼을 클릭하면 새 사이트 난이 생기고 바로 이름을 사이트 이름을 적고 우측에서 호스트 주소와 FTP 아이디와 비밀번호를 적는다. (홈페이지 관리자 아이디와 비밀번호와 FTP 아이디와 비밀번호 다르다.)

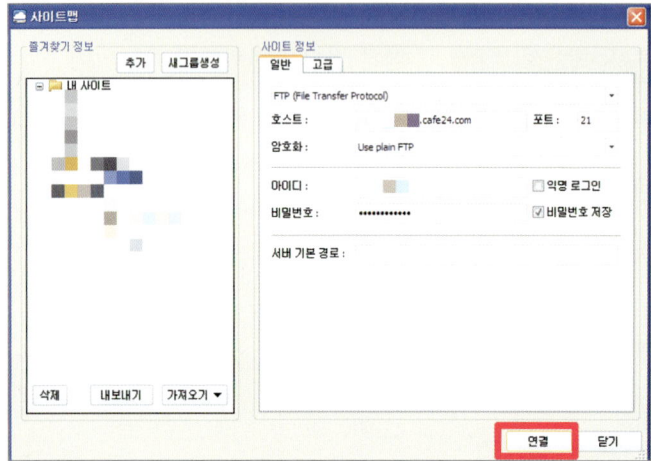

FTP 연결을 누른다.

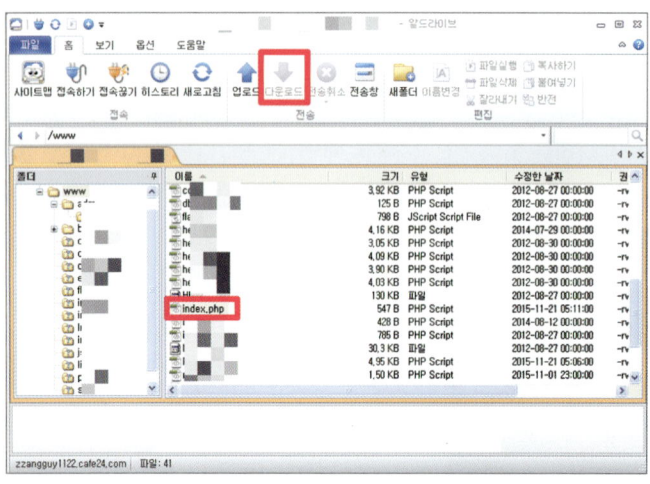

지금 보이는 것이 홈페이지가 저장된 공간이다. 여기에서 메인으로 만든 파일을 찾아야 하는데 홈페이지의 특성에 따라서 틀리기 때문에 홈페이지 제작 담당자에게 물어보는 것이 좋다. 보통은 index.html / main.html / index.php / main.php 로 제작된 경우가 많다. index.php을 선택하고 다운로드를 클릭한다.

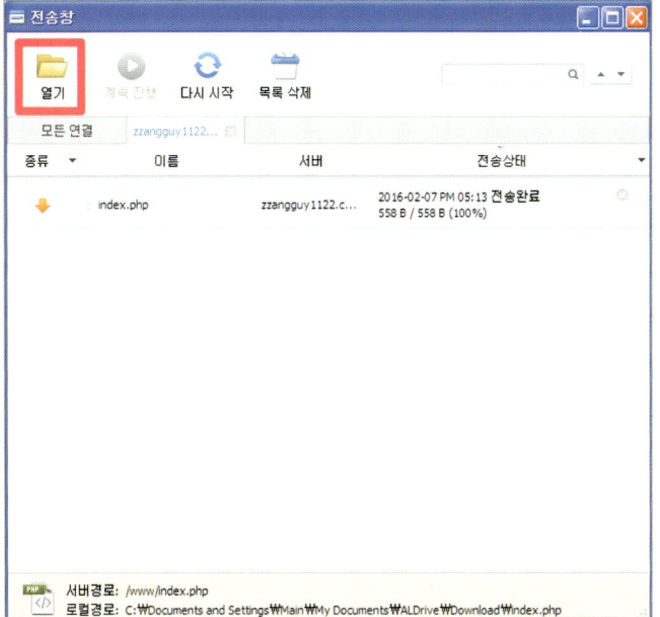

메인 실행 파일을 모르면 FTP에서 직접 파일을 내 컴퓨터에 저장을 하고 열어 보는 수 밖에는 없다. 열기를 클릭한다.

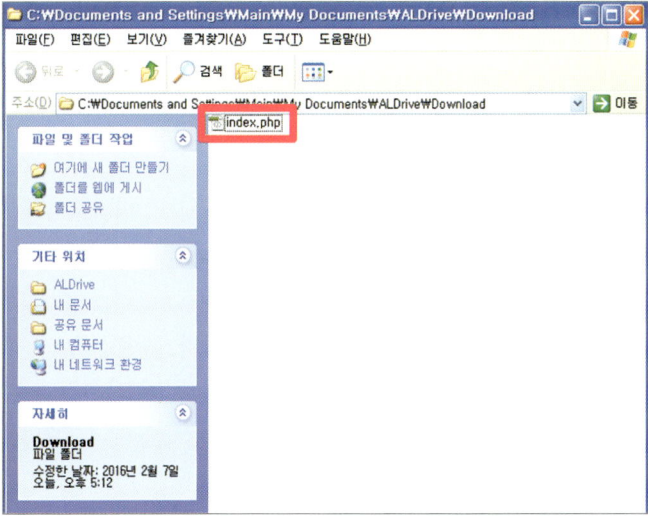

Documents에 파일이 저장된 것으로 나타난다.
이 파일을 메모장에서 열어도 되지만 그렇게 수정 저장하면 안 된다.
(특히 php파일은 메모장에서 저장하면 안 된다.)

03 에디터로 수정하기

에디터 프로그램은 많지만, notepad는 무료로 간단하게 사용 가능한 프로그램이므로 초보자도 쉽게 사용이 가능하다. 드림위버 체험판, 나모웹에디터, 에디트플러스 하여도 된다. 아주 가벼운 프로그램이고 무료이므로 편하게 사용하면 된다.

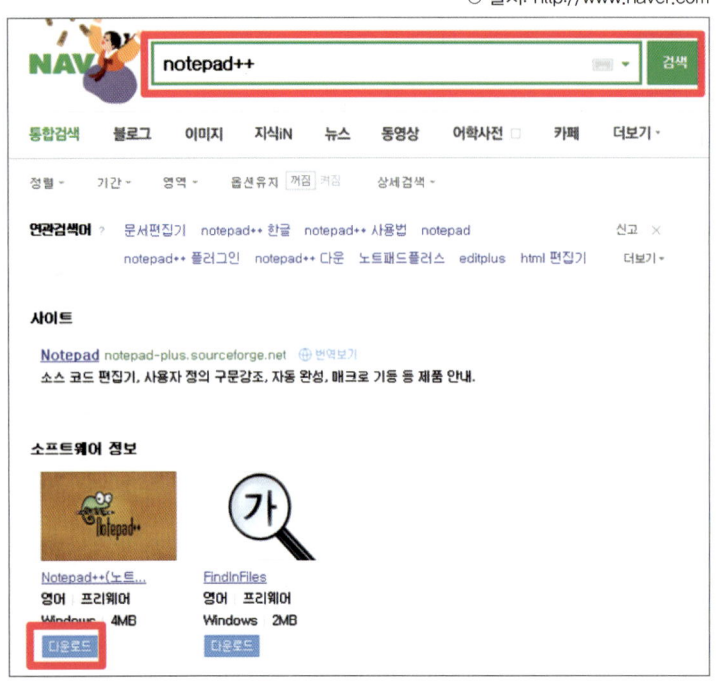

네이버에서 notepad++ 를 검색한다. 프리웨어 프로그램이다. 다운로드를 클릭한다.

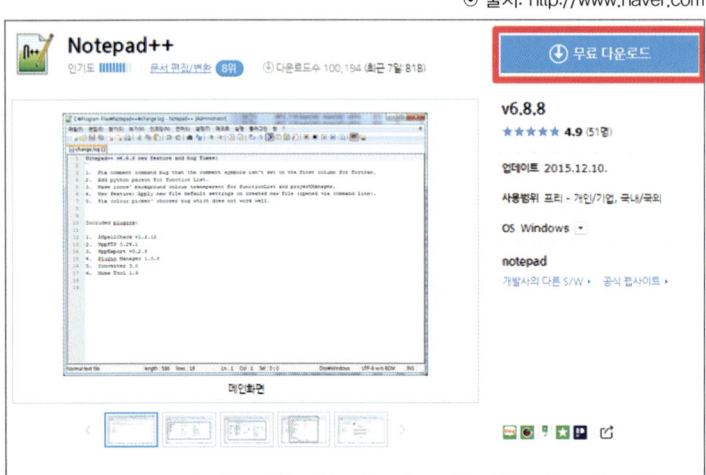

무료 다운로드를 클릭한다.

우측 하단 다운로드를 누른다.

100% 전송이라고 나타나면 실행하기를 클릭한다.

notepad++ 설치를 시작하는 다음을 클릭한다.

사용권 계약 동의함을 클릭한다.

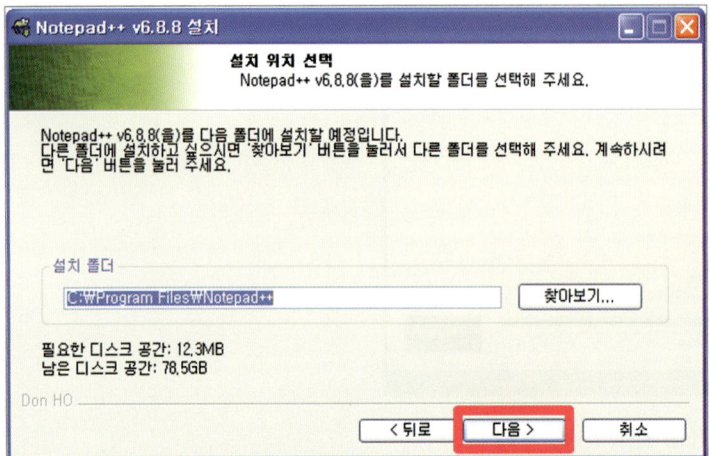

설치 위치 선택에서 다음을 클릭한다.

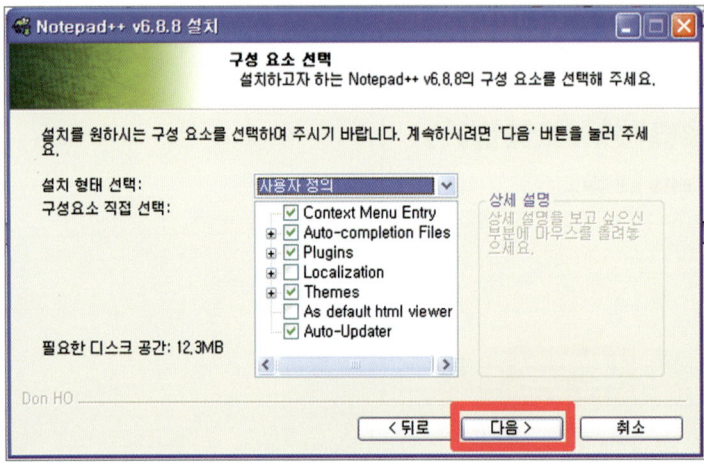

구성요소 선택에서 다음을 클릭한다.

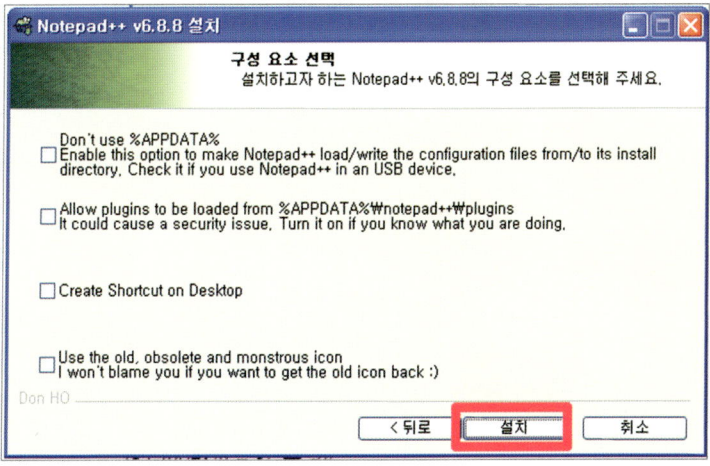

설치를 클릭한다.

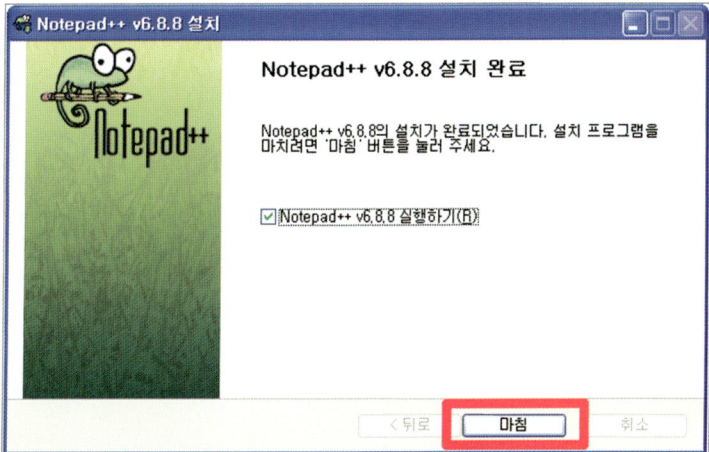

마침을 클릭한다.

◉ 출처: https://notepad-plus-plus.org

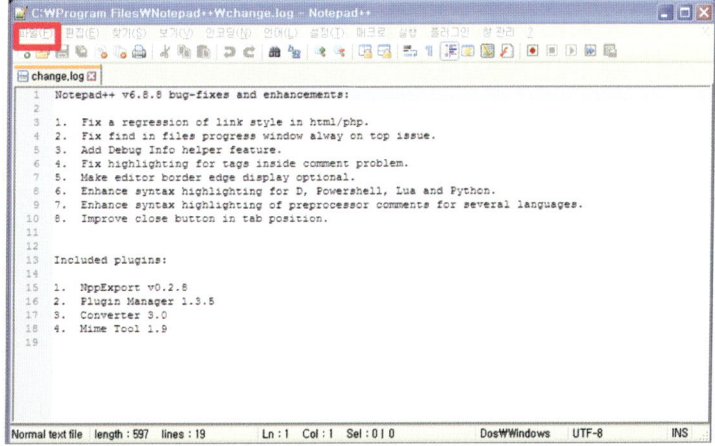

자동으로 notepad++가 실행되어 나타나다. 파일을 선택하고 열기에서 FTP에서 가져온 파일을 불러온다.

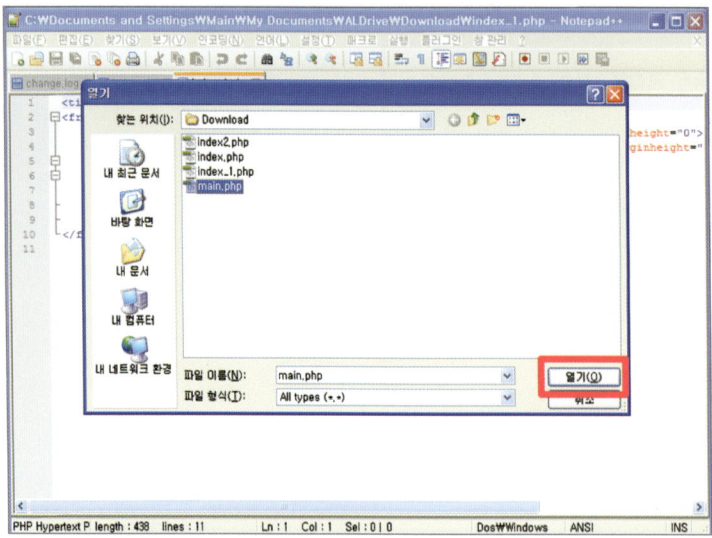

여기 홈페이지에서 가져온 파일 중에 메인작업 파일은 main.php이다.
이 파일을 선택하고 열기를 클릭한다.

⊙ 출처: https://notepad-plus-plus.org

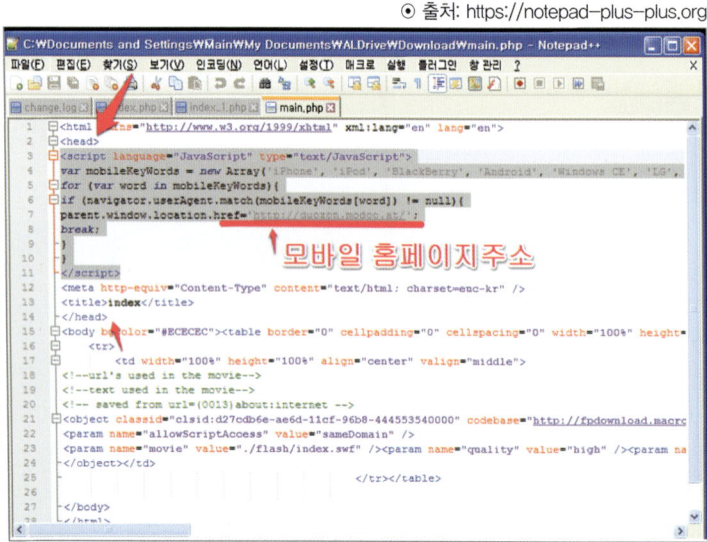

〈head〉와 〈/head〉사이에 소스를 직접 넣으면 된다.

```
<script language="JavaScript" type="text/JavaScript">
var mobileKeyWords = new Array('iPhone', 'iPod', 'BlackBerry', 'Android',
'Windows CE', 'LG', 'MOT', 'SAMSUNG', 'SonyEricsson');
for (var word in mobileKeyWords){
if (navigator.userAgent.match(mobileKeyWords[word]) != null){
parent.window.location.href='http://duozon.modoo.at/';
break;
}
}
</script>
```

해당 소스는 네이버 카페에 저장되어 있다.

href='http://duozon.mood.at/'; 에서 나머지 부분은 만지지 말고 http://duozon.mood.at 부분을 내 홈페이지 주소로 바꾸어 주면 된다. 네이버 카페 파일 저장소 http://cafe.naver.com/denpapan/864

네이버 카페에서 회원가입 후 저장된 소스를 다운로드 하면 된다.

내 홈페이지 파일을 연 상태에서 〈head〉 와 〈/head〉사이에 소스를 직접 복사해서 붙여 넣기하면 된다.

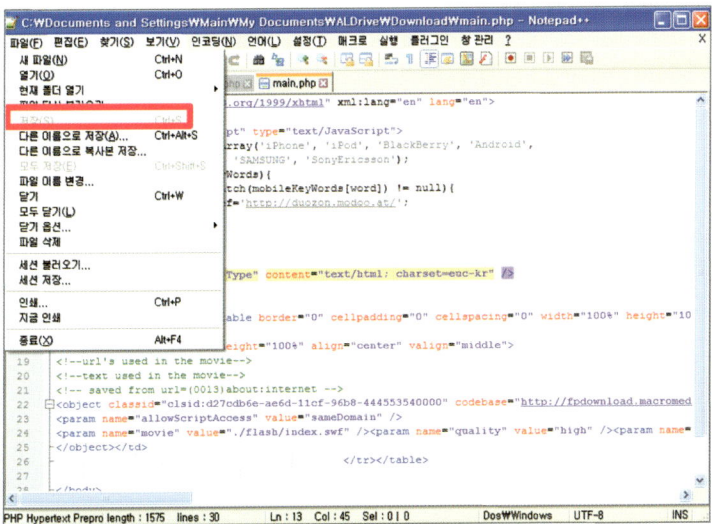

수정 작업을 한 후 저장하면 된다.

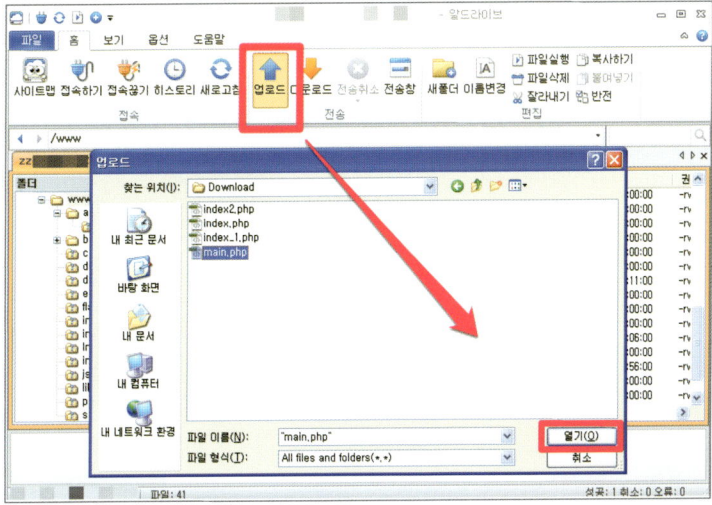

알드라이브 열고 업로드 버튼을 클릭하고 내문서- ALDrive- Download에서 선택 파일을 선택 열기를 누르면 된다.

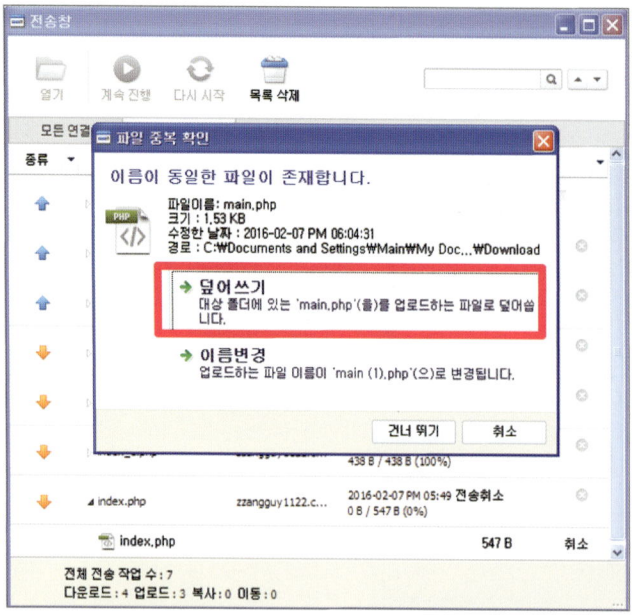

기존 파일이 FTP안에 있으므로 꼭 덮어쓰기 해야 한다. 덮어쓰기를 클릭한다.

스마트폰에서 본 모바일 홈페이지이다.

모바일에서 안 보이는 홈페이지가 새로 만든 네이버 모두홈페이지로 보이고 PC에서는 기존 홈페이지가 보인다. 조금만 노력하면 무료로 간단하게 모바일 홈페이지를 만들 수 있다. 네이버 키워드 광고도 모바일에서 할 수 있다.

PART 02 네이버 모두 홈페이지 마케팅

Chapter 01 | 네이버 키워드 광고로 매출 올리기
Chapter 02 | O2O마케팅 (오프라인과 홈페이지연동)
Chapter 03 | 모두홈페이지에 쇼핑몰 만들어보자
Chapter 04 | 네이버 예약 활용하기
Chapter 05 | 네이버 톡톡 만들기
Chapter 06 | 쿠폰 만들기
Chapter 07 | 네이버 오피스 활용하기
Chapter 08 | SNS에 홈페이지 연동하기

Chapter 01 네이버 키워드 광고로 매출 올리기

몇 년 전에 비하면 다양한 매체들이 나와서 조금은 신경을 덜 쓰는 키워드 광고지만 PC에서 만큼은 가장 효과가 있는 것은 틀림이 없다. 다만 경매 방식이라 투자 금액에 비해서 전보다 효과가 떨어지는 것은 사실이다. 그래서 네이버 파워링크, 다음 프리미엄링크를 적절하게 이용해야만 한다.

01 네이버 키워드 광고란 무엇인가요?

키워드 광고 역사는 오버추어부터 시작이 되었다. 야후가 오버추어를 인수한 다음 국내에서는 오버추어코리아가 나와서 저자도 라이센스를 획득해서 필드를 다니면서 영업을 했다.
키워드가 처음 나왔을 때는 모든 사업자들이 반신반의했지만 컴퓨터의 활용도가 높아지면서 가장 효과적인 광고 매체로 등급했다. 그러면서 2011년도 초부터 네이버가 자체적으로 키워드 광고를 운영하면서 오늘 날까지 운영되고 있다.

02 네이버 신규 광고주로 등록하기

네이버에 회원가입을 했다고 해서 바로 사용할 수 있는 것이 아니라 새로 네이버 광고주 등록을 해야 한다. 개인사업자나 개인도 모두 사용할 수 있다.

네이버 메인 화면에서 화면 제일 밑으로 오면은, 회사소개 옆에 광고라는 문구를 클릭하면 간단하게 광고서비스 페이지가 뜬다.

좌측 검색 광고를 클릭한다.

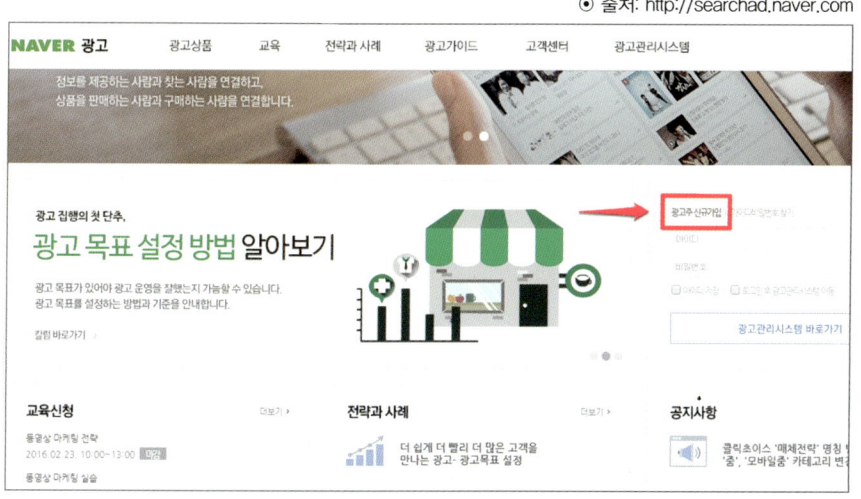

여기에서 광고주 신규가입 버튼을 클릭해서 새로 가입을 해야 한다 아이디는 네이버 아이디와 같이 해도 되지만 비밀번호 설정은 다르게 하는 것이 좋다.

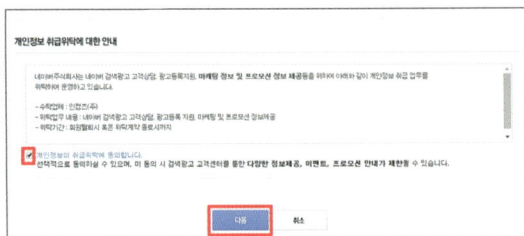

검색광고 서비스이용약관 과 개인정보 수집 및 이용에 동의한다.

광고주 유형 중 사업주 광고주와 개인광고 중 맞는 것을 선택해야 한다 자동등록방지 확인번호를 입력하고 다음을 클릭한다.

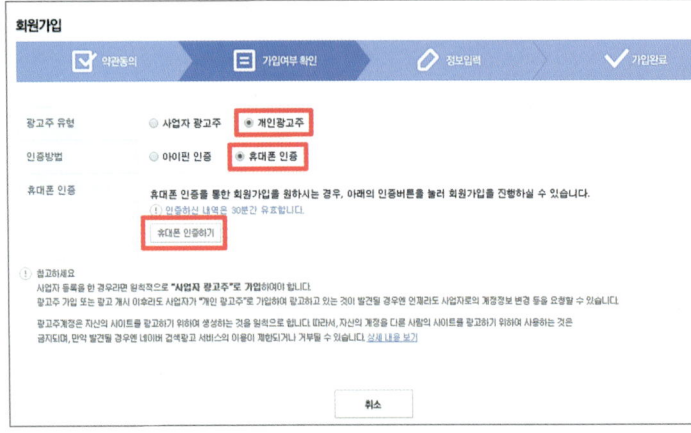

개인광고주인 경우 아이핀 인증이나 휴대폰 인증을 하여야 한다.

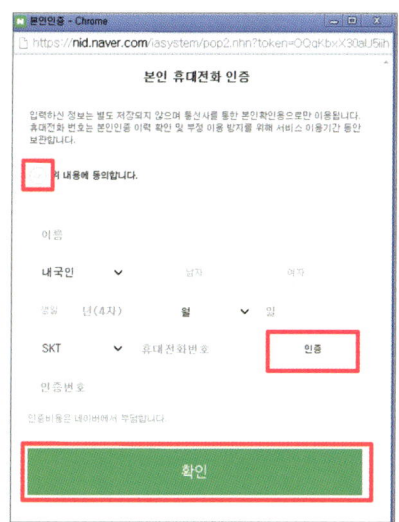

본인 휴대전화 인증 내용에 동의를 하고 이름과 생년월일 그리고 사용하고 있는 통신사 선택과 휴대전화번호를 입력한 다음 인증 버튼을 눌러서 아래에 인증번호를 입력하고 확인 버튼을 누른다.

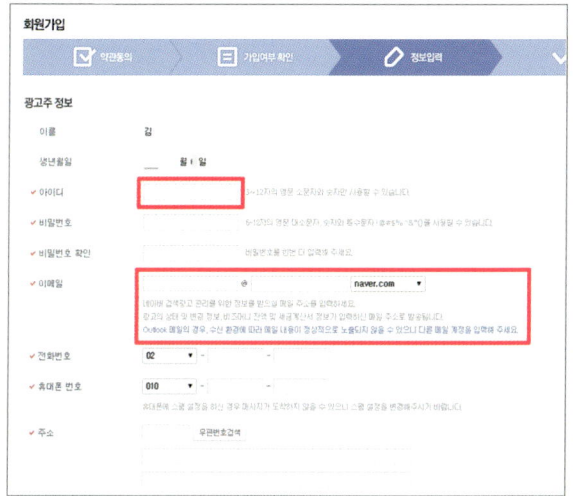

광고주 정보 창이다. 아이디는 영어와 숫자를 섞어서 사용할 수 있다.

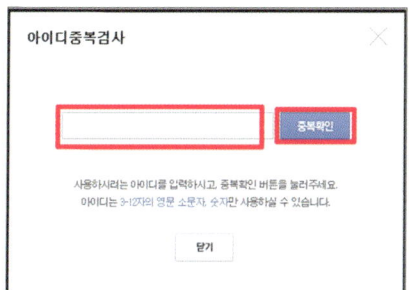

아이디 중복 검사를 해야 한다.

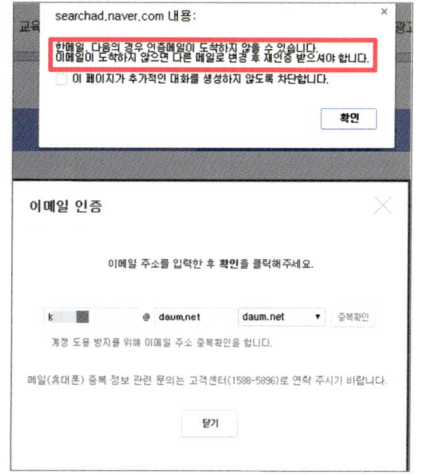

되도록이면 다음(daum) 한메일을 쓰지 않는 것이 좋다.

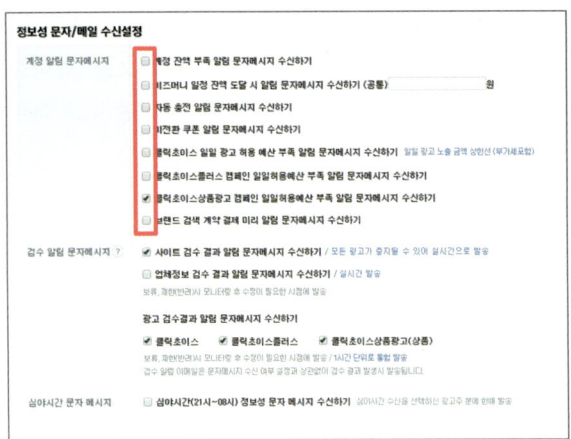

정보성 문자 및 메일 수신 설정 원하는 것을 선택한다.

수신 설정을 해지할 때에는 SNS 수신 해지하기 확인 버튼을 눌러 줘야 한다.

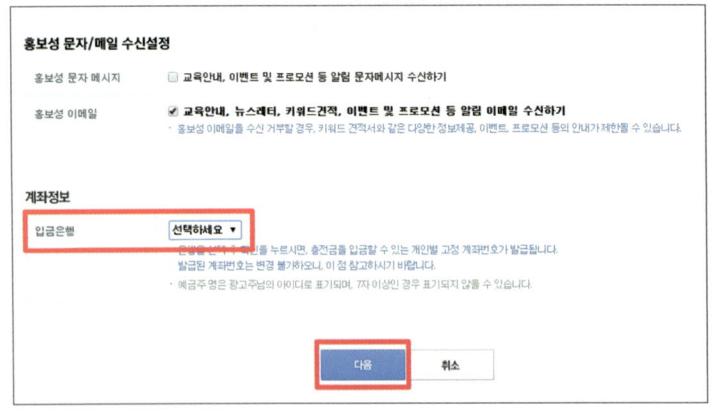

전용 가상계좌를 만들어야 한다. 거래 은행을 선택하고 만들어진 가상계좌로 입금하면 된다.
일단 만원이라도 입금을 해야지만 정상적인 광고주 계정이 작동을 한다.

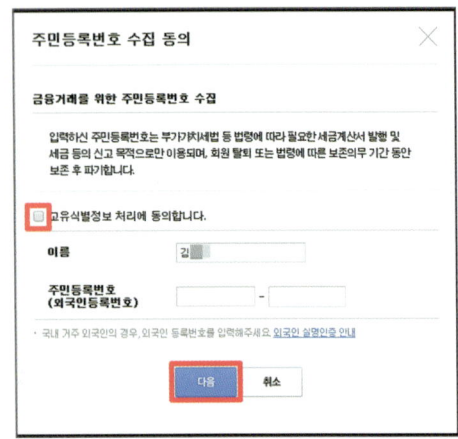

광고주 가상계좌를 만들기 위해서는 금융 거래를 위한 주민등록번호 수집 동의를 하고 이름과 주민등록번호를 입력을 해야 한다.

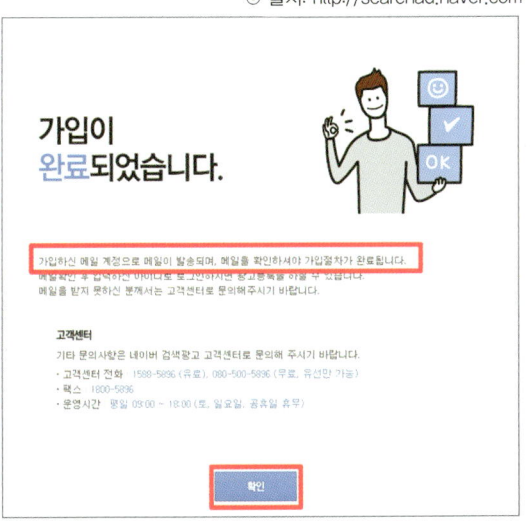

정상적으로 진행하면 가입이 완료되었다는 창이 뜬다. 가입한 메일 계정으로 네이버에서 온 메일을 열어서 인증 버튼을 눌러줘야 한다.

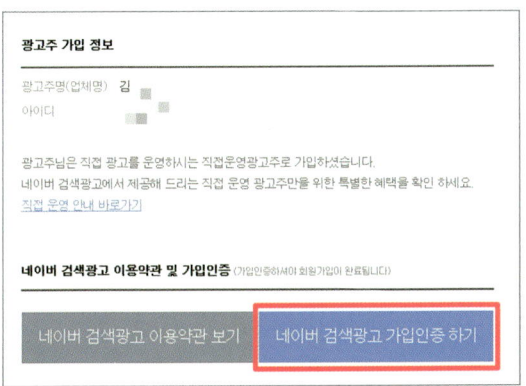

광고주 가입한 메일 열어 보면은 메일에 네이버 검색광고 가입인증 하기라는 버튼을 눌러줘야 한다. 이것을 하지 않으면은 네이버 광고주 가입을 하고 나서 정상적인 활동을 할 수 없으므로 꼭 이 버튼을 눌러 줘야 한다.

네이버 검색 광고로 와서 로그인한다.

광고관리시스템 바로 가기 버튼을 클릭한다.

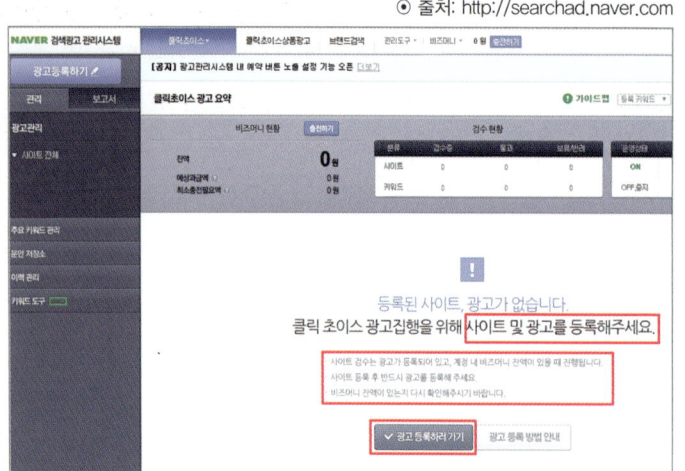

처음에 들어오면은 이와 같은 창이 뜬다. 등록된 사이트, 광고가 없다고 나오기 때문에 먼저 사이트부터 해야 한다. 여기에서 광고 등록하러 가기 버튼을 눌러진다.

사이트 추가 버튼을 클릭한다.

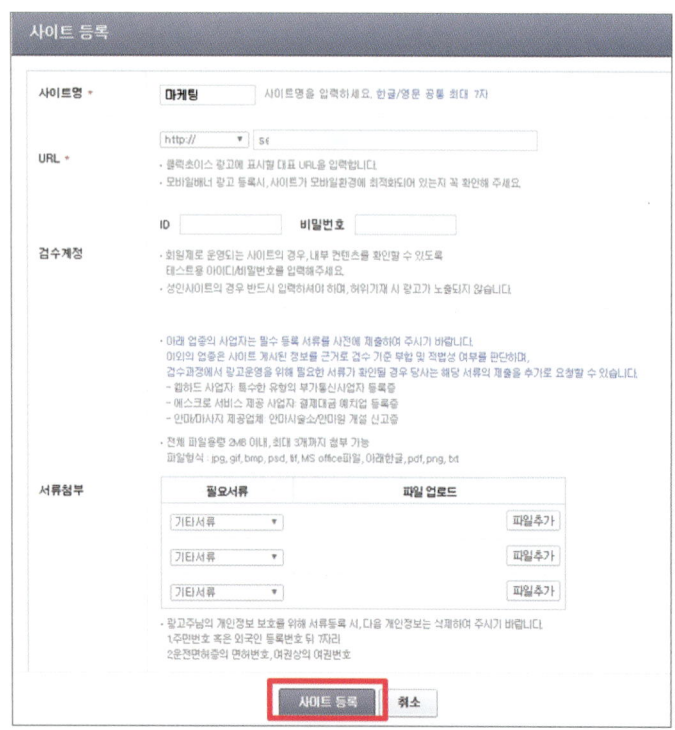

사이트명은 내가 알아볼 수 있는 이름으로 적으면 된다. URL에서는 네이버 모두 홈페이지 주소를 복사해서 갖다 붙여 놓고 하단에 사이트 등록 버튼을 클릭한다 (의원, 대부업, 학원 등 특수 업종들은 서류가 첨부해야 한다.)

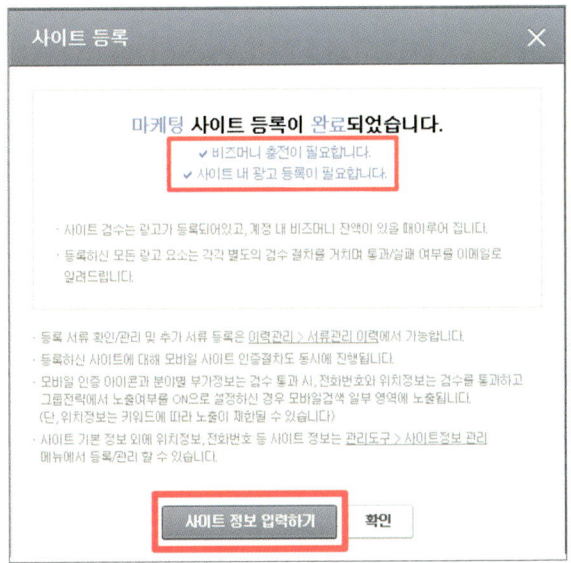

여기에서 사이트 등록이 완료되었다는 창이 뜬다.(비즈머니 충전을 꼭해야만 한다.)
사이트 정보 입력하기를 클릭한다.

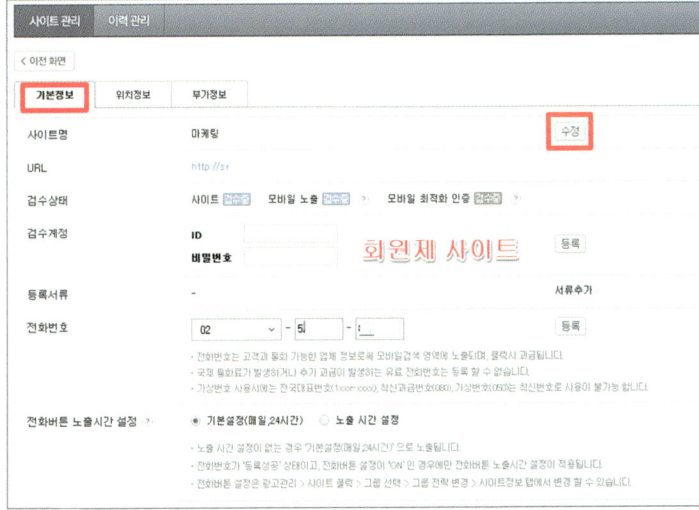

사이트 정보 입력하기에서 전화번호를 정확하게 적어져서 등록을 해야한다. 모바일 광고에서 노출되어서 바로 전화를 받을 수 있기 때문에 정확하게 등록을 하여야 한다.

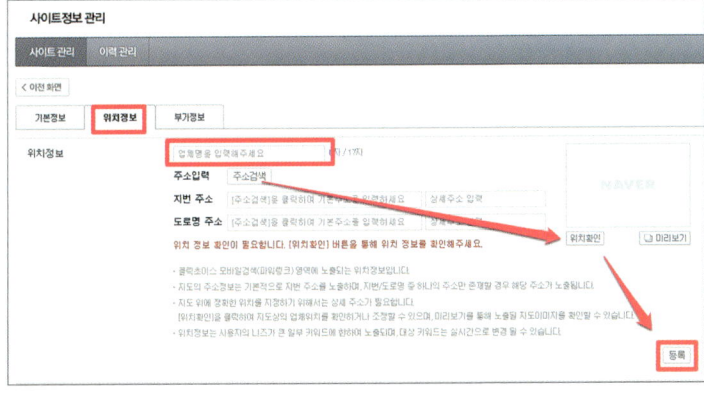

위치가 중요한 업종인 것 같은 경우에는 위치 정보를 정확하게 입력해야 한다. 업체명을 적어지고 주소검색 버튼을 눌러서 정확하게 주소를 선택하고 나서 위치확인을 꼭 해주어야 한다. 등록 버튼을 클릭한다.

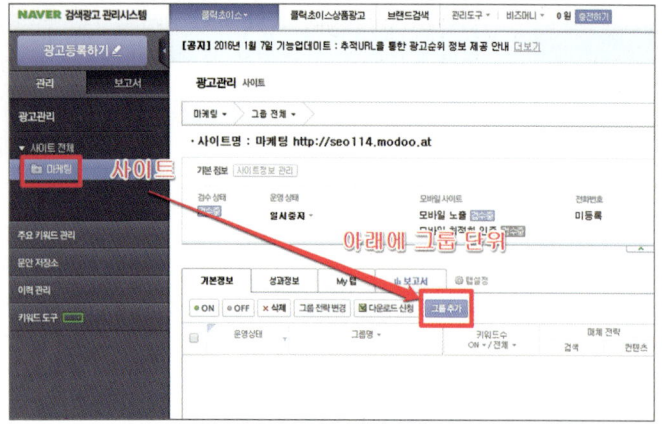

광고의 구성은
1.사이트, 2.그룹, 3.키워드
로 구성된다 사이트가 만들고 나서 그룹추가 버튼을 눌러서 각각의 그룹을 만들어야 한다.

그룹명은 임의대로 만들면 되고 예산설정을 선택하고 하루에 쓰는 예산설정을 꼭 해주어야 한다. 컨텐츠 광고를 한다면 컨텐츠에 대한 예산설정도 해주어야 한다.

대체 선택에서는 검색 네트워크 서비스가 있고 컨텐츠 네트워크 서비스가 있는데, 처음 하시는 분들은 컨텐츠 네트워크는 할 필요가 없다.

224 :: PART 02 _ 네이버 모두 홈페이지 마케팅

스케줄에서는 휴일 및 시간 설정을 해 주는 것이 좋다.

◉ 출처: http://searchad.naver.com

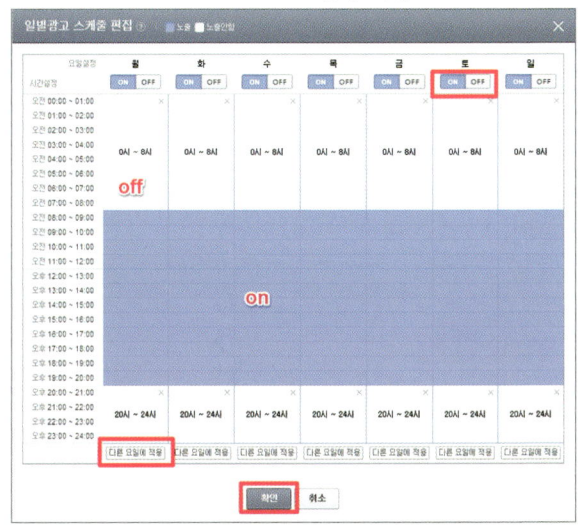

사람들이 많이 보지 않고 바로 상담을 해 줄 수 없는 시간 때에는 광고를 중단 하는것이 비용을 줄이는 방법이다. 토요일 일요일도 광고를 중단할 수 있다.

지역 설정에서는 전국 주요도시, 도를 선택할 수 있다.

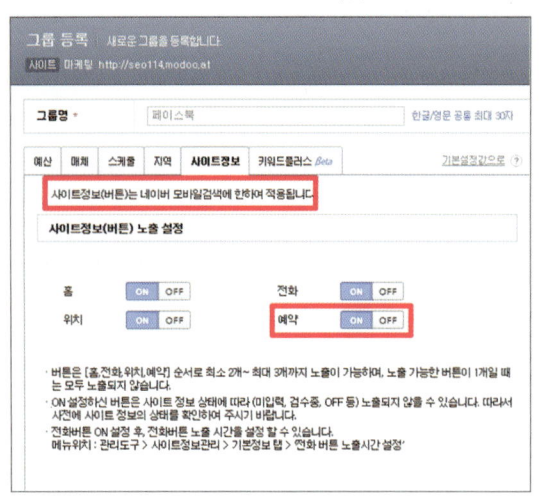

사이트 정보는 네이버 모바일 검색에 한하여 제공되는 서비스다.
예약은 Part 2 Chapter 03 네이버 예약활용하기에서 설명한다.

그룹이 만들어지면 우측에 키워드추가 버튼을 클릭한다.

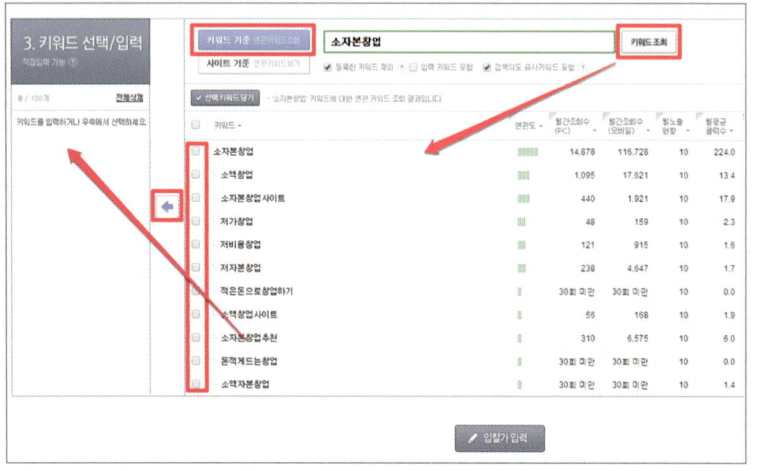

키워드 기준을 선택하고 원하는 단어를 입력하고 키워드 조회 버튼을 클릭하면 관련된 키워드를 보여준다.

◉ 출처 : http://searchad.naver.com

원하는 키워드를 선택해서 좌측으로 향한 화살표를 클릭하면 키워드가 좌측에 입력된다. 하단의 입찰가 입력을 클릭한다.

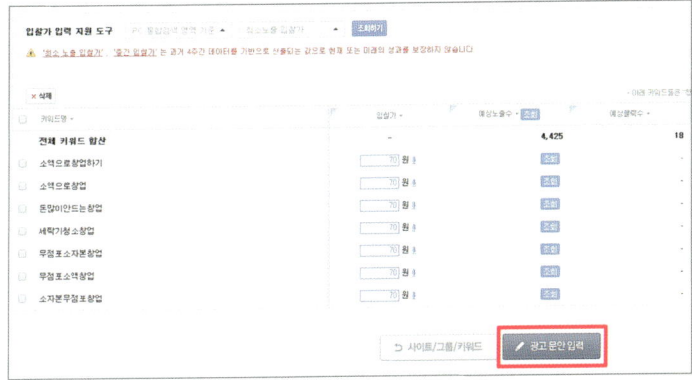

입찰가 수정은 나중에 하는 것이 편리함으로 광고문안 입력을 클릭한다.

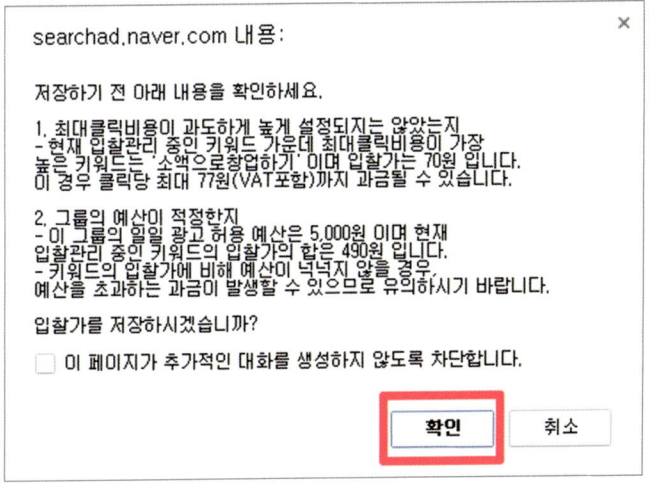

확인 버튼을 클릭한다.

Chapter 01 _ 네이버 키워드 광고로 매출 올리기 :: **227**

선택한 키워드 창이 뜨면 노란색 삼각형이 보일 것이다. 제목이나 설명 부분을 입력하지 않았기 때문에 생기는 것이므로 무시하고 키워드 제목과 설명 부분을 입력을 한다.

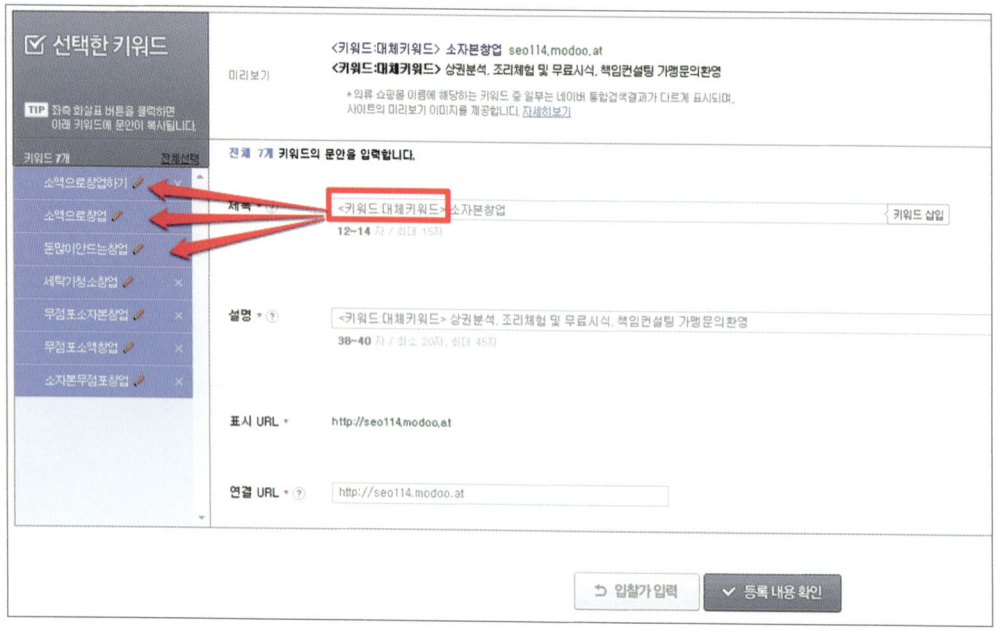

여기에서 키워드 삽입 버튼을 클릭하면 〈키보드 대체 키워드〉라는 게 생긴다. 이것은 좌측에 있는 키워드로 검색을 했을 때 수시로 키워드를 바꾸면서 보여주는 것이다. "무점포 소자본 창업"을 검색할 때는 이걸 보여주고 "소자본으로 창업"으로 검색할 때는 이 키워드를 변환해서 보여주는 기능이다. 아주 유용한 기능이므로 적절하게 사용을 한다.

제목이나 설명부분을 작성한 다음 우측 상단에 있는 저장하기 버튼을 눌러서 문안을 꼭 저장해야 한다. 다음에는 간단하게 문안 저장소에서 불러오면된다.

제목이나 설명 부분이 너무 길 때는 노란색 삼각형이 있을 생기므로 글자 수를 줄여 주어야 한다.

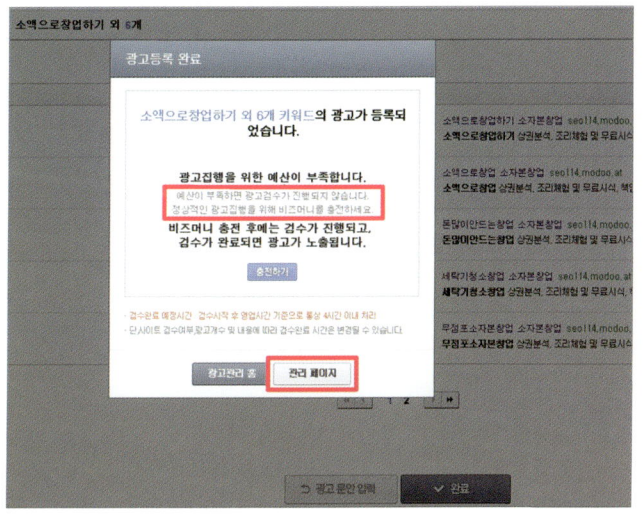

키워드 등록이 완료가 되면은 광고 등록 완료라는 창이 뜬다. 관리 페이지로 가기를 눌러준다.

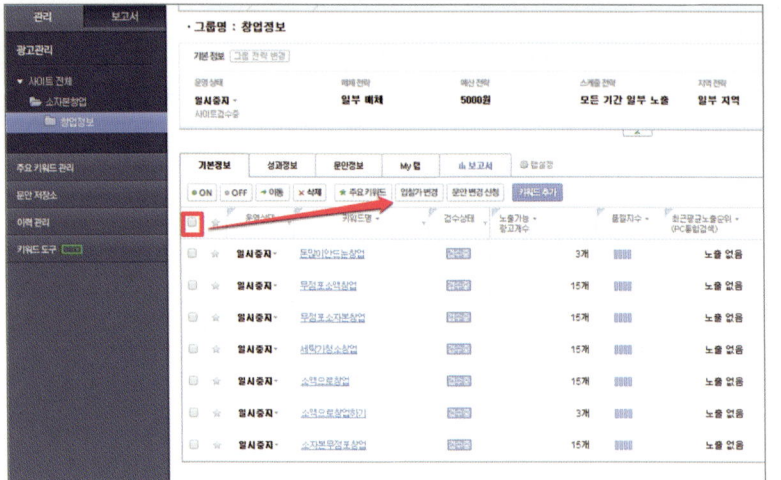

적색 사각형을 선택한 다음 전체 키워드가 선택 되면 입찰가 변경 버튼을 클릭한다.

전체 키워드가 선택된 상태이다.

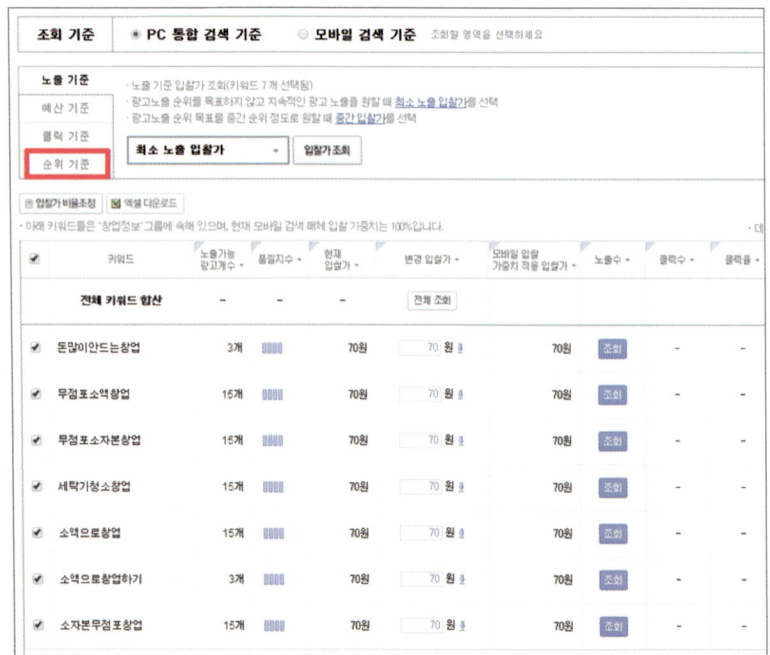

순위 기준 버튼을 클릭한다.

여기에서 PC 통합검색에서 PC 파워링크 1위~6위 등 원하는 것을 선택하고 입찰가 조회를 클릭한다.

◉ 출처: http://searchad.naver.com

여기서 중요한 거는 순위 조절이다. 적절하게 가격대비 노출 순위를 조절해야 되는데 여기에서 초보자 분들이 많이 어려워한다. 보기 버튼을 클릭하면 현재 상황에서 노출되는 경쟁자의 광고를 볼 수 있다.

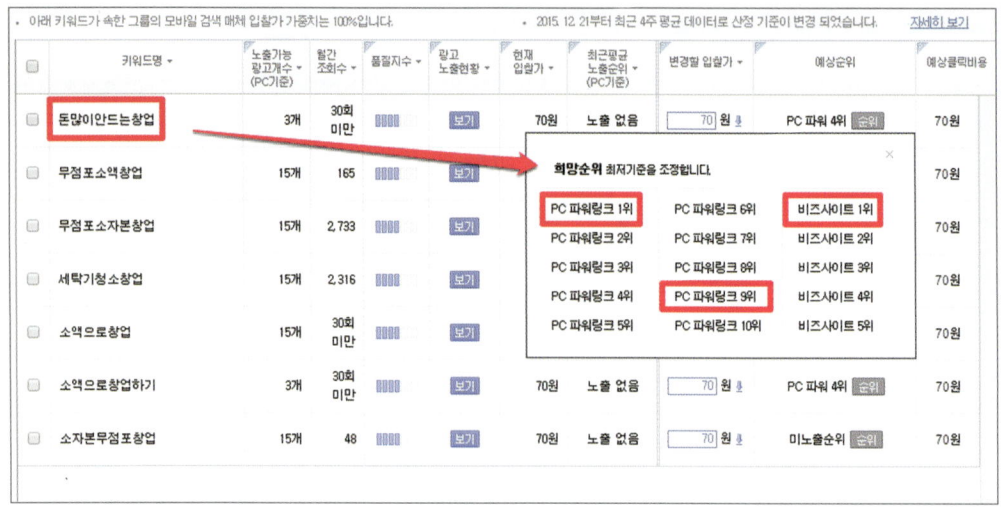

중요한 것은 예산에 맞추어서 적절하게 입찰가를 조절해 한다. 내가 중점적으로 하고 있는 사업에서는 상위노출이 아주 중요하다.

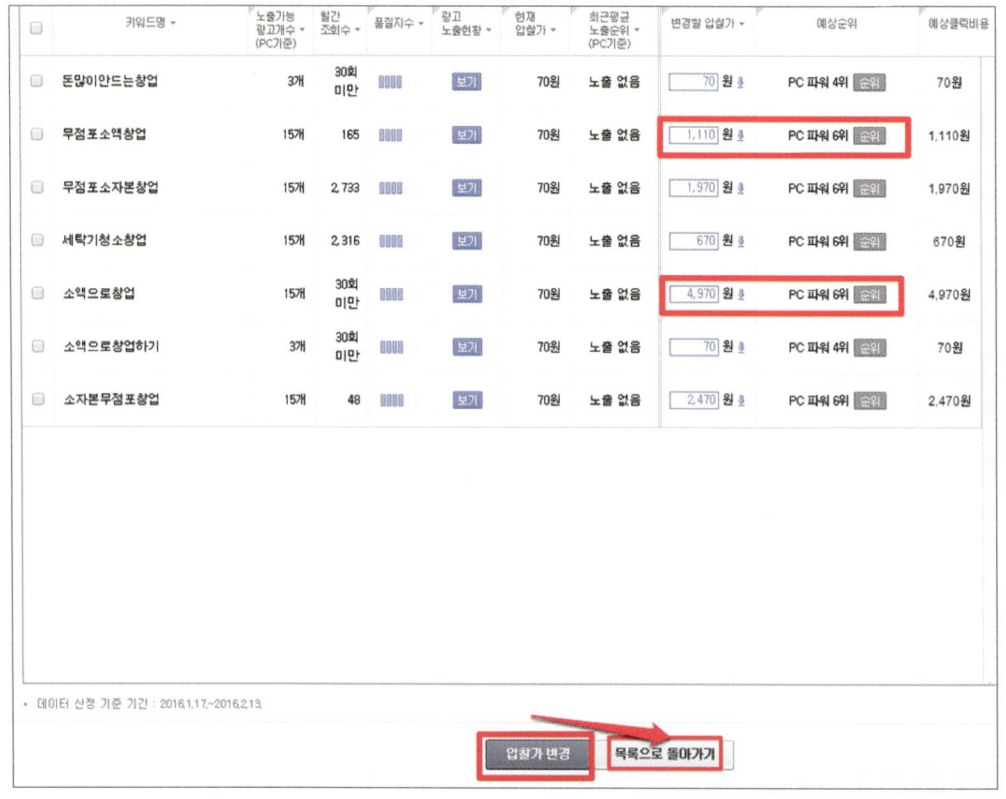

키워드 광고의 가장 기본적인 것은 입찰이다. 그래서 적절하게 입찰을 잘 하는 것이 광고를 잘 하는 것이다. 한 달 정도 운영을 경험을 통해서 노하우를 터득해야 한다.

⊙ 출처: http://searchad.naver.com

비즈머니 없으면 다시 충전을 해야 한다. 충전하기 버튼을 눌러서 신용카드나 가상계좌를 통해서 충전을 한다.

광고 중단은 사이트에서 원하는 사이트를 선택 OFF버튼을 클릭하면 광고는 중단된다.

특정한 그룹 광고를 중단할 때는 특정한 그룹을 선택해서 OFF 버튼을 선택하면 된다.

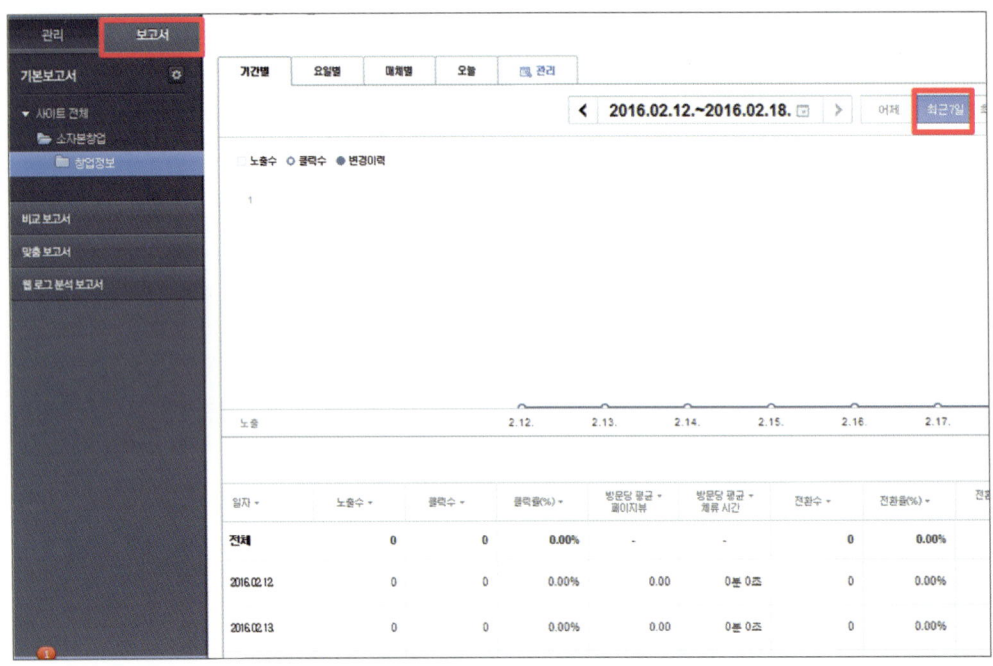

사이트나 특정한 그룹을 선택해서 보고서를 선택하면 어제, 지난 7일, 지난 30일 광고 효과를 측정할 수 있다. 사람들이 어떤 키워드를 많이 클릭을 했는지를 볼 수 있기 때문에 일주일에 한 번 정도는 꼭 확인을 해야 한다.

Chapter 02 O2O 마케팅
(오프라인과 홈페이지 연동)

01 O2O 마케팅이란?

O2O 마케팅(online to offline)이란 오프라인과 온라인을 연결하는 마케팅을 의미한다. 네이버 모두홈페이지를 만들었지만 매장에 방문하는 사람들은 모르므로, 문자나 카카오톡 QR코드를 통해서 홈페이지 방문자를 늘리는 것이 아주 중요하다.
인쇄물의 홈페이지 주소나 QR코드를 통해서 모두홈페이지를 방문을 유도해서 홈페이지의 트래픽을 높이는 것이 온라인 마케팅에서는 아주 중요하다.

02 오프라인에서 QR코드 활용

QR코드는 명함이나 홍보물에 인쇄된 것을 특정한 앱을 이용해서 스마트폰에서 홈페이지나 유도하는 역할을 한다. QR코드의 단점은 전용 앱 모바일 네이버 메인화면에서 찾아서 해야 하기 때문에 40대 이후는 사실은 참여도가 그렇게 높지는 않다.

◉ 출처: 출처: http://www.naver.com

네이버 메인화면에서 네이버 QR코드를 검색한다.

⊙ 출처: 출처: http://www.naver.com

나만의 QR 코드 만들기를 클릭한다.

⊙ 출처: 출처: http://www.naver.com

네이버 로그인을 클릭한다.

기본형을 선택한다.

다음 단계를 클릭한다

QR 코드 만들기에서 링크 바로가기를 선택한다. 웹주소 직접 입력에서는 모두 홈페이지 주소를 복사해서 붙여넣기 하면 된다. 작성 완료를 클릭한다.

코드 저장을 클릭한다.

코드저장에서 JPG로 저장한다. 인쇄용은 EPS로 선택을 하고 저장을 클릭한다.

만들어진 QR코드이다. 이 파일을 명함이나 인쇄물의 첨부할 수도 있고 배너 등 다양하게 사용해서 홈페이지로 방문을 유도하는 아주 유용한 도구로 사용할 수 있다.

03 홍보물 인쇄하기

홍보물 인쇄는 네이버 모두홈페이지 관리에서 아주 쉽게 프린터를 이용해서 만들 수 있다.

모두홈페이지 메인화면에서 홍보물 인쇄를 클릭한다

⊙ 출처: 출처: http://www.modoo.at

먼저 라벨 스티커를 준비한다. 미니 간판을 선택하면 A4 용지 라벨스티커 인쇄가 가능하다. 업체의 입구에 홍보용으로 사용할 수 있기 때문에 프린터로 출력을 하면 된다.
유리창에 나 벽면에 붙혀서 업체를 홍보할 수 있다.

먼저 A4 2×7(14칸) 라벨스티커를 준비한다.
인쇄하기를 클릭한다.

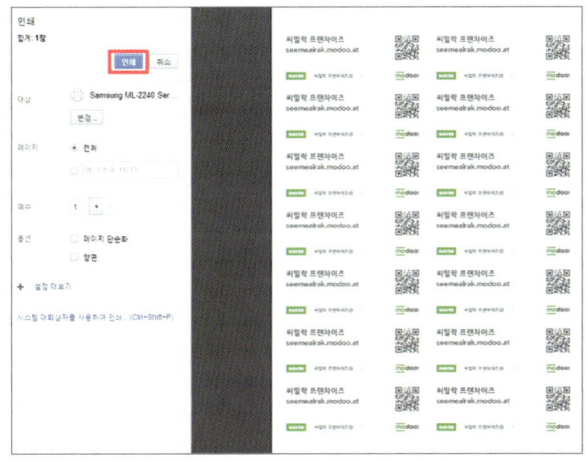

인쇄 미리보기 화면이다. 책자나 홍보물에 붙여서 사용이 가능하다. 대량 인쇄물의 필요하면 전문 인쇄 업체에 맡기면 된다. 1,000매 기준으로 가격이 책정이 된다.

04 카카오 옐로아이디 만들고 이용하기

네이버 모두홈페이지에서 카카오톡 옐로아이디를 만드는 이유는 현장에서 매장을 방문하는 사람들을 모두홈페이지로 유도하는 방법이 QR코드만으로는 가능하지 않기 때문이다. 워낙 보편적으로 카카오톡을 많이 하므로 카카오톡으로 채팅을 통해서 홈페이지로 유도하는 방법이 가장 비용이 적게 들고 호응도가 높기 때문이다.

카카오톡과 달리 카카오톡 옐로아이디는 기업 계정이고 한글이 사용이 가능하다.

⊙ 출처: http://www.naver.com

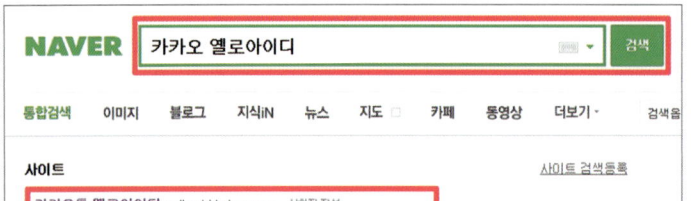

네이버 메인화면에서 카카오 옐로아이디를 검색한다. 카카오톡 옐로아이디라고 해도된다.

⊙ 출처: https://yellowid.kakao.com

정식 명칭은 카카오톡 옐로아이디이다. 메인화면에서 상단의 옐로아이디 만들기를 클릭한다.

⊙ 출처: https://yellowid.kakao.com

가입안내 화면이다.

카카오 계정 로그인을 선택한다. 회원가입을 안 했으면 카카오 회원가입을 해야만 한다.

ⓘ 출처: https://yellowid.kakao.com

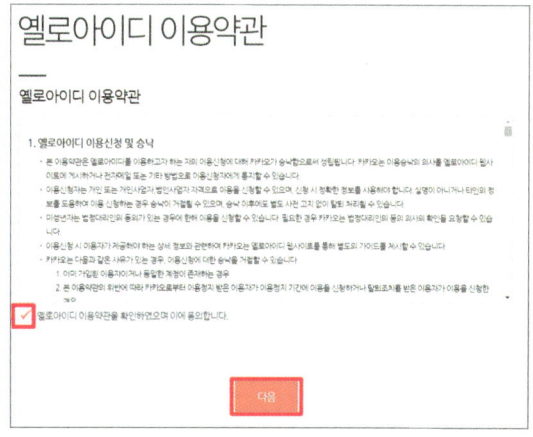

카카오톡에 가입할 때 적은 이메일과 비밀번호를 입력하고 로그인을 클릭한다.

옐로아이디 이용약관을 체크하고 다음을 클릭한다.

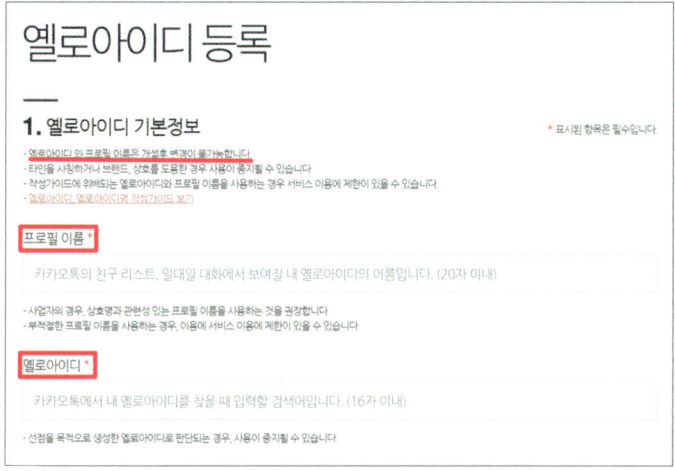

옐로아이디는 프로필 이름은 개설 후 변경이 불가능하므로 신중하게 해야 한다. 브랜드명이나 상호 도용에 각별히 주위를 하여야 한다. 프로필 이름과 옐로아이디는 달라도 된다. 연관성에 있는 단어로 만들면 더욱 효과적이다. 사업자의 경우, 상호명과 관련성 있는 프로필 이름을 사용하는 것을 권장한다.

프로필 사진은 꼭 등록을 해야지만 승인이 된다. 사진 크기는 640×640 픽셀로 jpg로 만들어서 올려야 한다. 배경 사진은 722×940 픽셀 jpg로 만들어서 파일을 등록한다. 옐로아이디에 대한 간단한 소개인 상태 메세지도 꼭 적어야 한다

친구추가 감사 메세지도 꼭 적어야 한다. 홈페이지 주소와 전화번호가 있으면 입력한다.

옐로아이디 알림 설정에서 내가 사용하고 있는 카카오톡 전화번호를 입력하고 카카오톡 인증을 클릭한다. 심사요청을 클릭한다. 옐로아이디 심사는 4~5일 정도 소요된다.

매장 방문한 고객정보 수집하기 (도도 포인트 이용)

현장에서 업체의 컨설팅을 하면서 가장 안 되는 부분이 매장을 방문한 사람들을 어떻게 하면 홈페이지나 카페로 방문을 유도하고 업체 방문 고객의 데이터 베이스를 축척하는 점이었다. 카카오톡은 초등학생부터 노인에 이르기까지 누구나 사용하는 매체이다. 그래서 카카오톡을 통해서 고객의 데이터베이스를 찾는 방법이 가장 유리할 거란 생각을 하고 고민을 했다. 저자가 특정한 서비스를 이용하고 난 다음에 카카오톡 메세지가 온 것을 보고 고민과 조언을 구하고 연구했다. 그래서 가장 쉽게 매장을 방문 하는 사람들을 카카오톡으로 연계해서 데이터베이스를 만들 수 있는 도도포인트를 소개한다.

◉ 출처: http://www.dodopoint.com/

한 곳에서 오래 사업을 한 사람들도 자기들의 고객에 대한 데이터베이스를 가지고 있는 사람은 드물다. 한 군데서 5년 이상 사업을 하고 옆 동네로 이사를 간다면 단골 고객 대부분을 잃을 수 있다. 만약에 고객의 데이터베이스를 가지고 있다면 문자나 카카오톡을 통해서 초대를 하면 된다.

고객의 데이터베이스를 축척하는 것이 엄청나게 중요한 이유이다. 하루에 열 명이 온다면 한 달이면 300명의 고객의 데이터베이스가 축적이 된다.

◉ 출처: http://www.dodopoint.com/

도도 포인트는 카드나 NFC를 이용해서 하는 방법이 아닌 전화번호 입력 만으로 회원가입이나 포인트 적립이 되는 장점이 있다. 다양한 업종에서 사용하기 때문에 가장 쉬운 방법이 사람들의 호응을 얻는다.

◉ 출처: http://www.dodopoint.com/

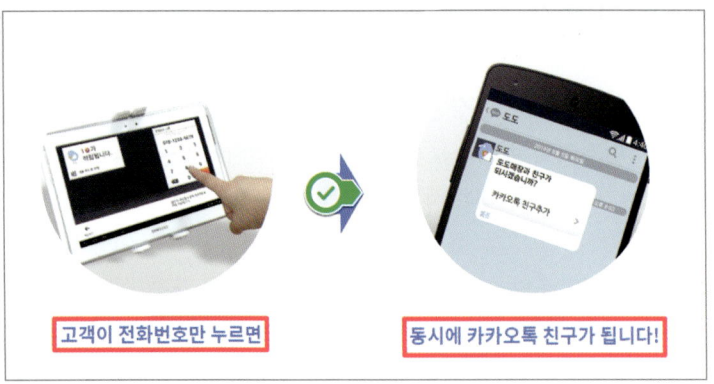

매장에 설치된 템플릿에 고객의 전화번호를 입력하면 회원가입이 바로 된다. 동시에 고객에게 카카오톡 친구 추가 메세지가 보내진다. 메시지를 받은 고객이 친구추가를 하면, 카카오톡 옐로아이디를 통해서 대량 카카오톡 메시지를 보낼 수 있다. 메시지에는 홈페이지주소나 카페주소, 쿠폰 등을 함께 보낼 수 있다.

◉ 출처: http://www.dodopoint.com/

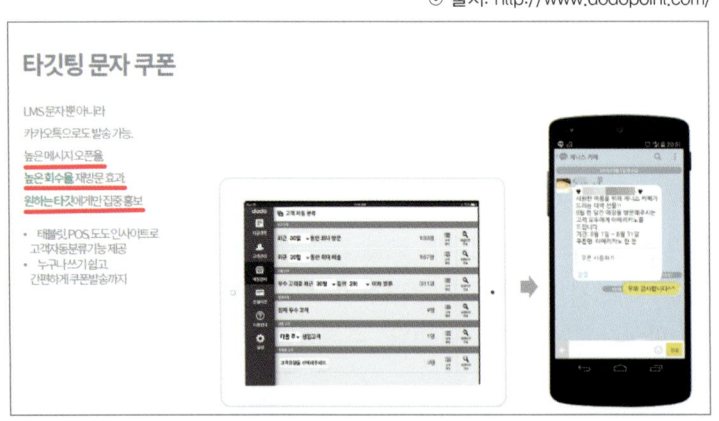

카카오톡과 다르게 카카오톡 옐로아이디는 1건당 14 원에 대량 메시지를 보낼 수 있다. 고객 데이타베이스의 축적은 이벤트를 하든가 행사를 할 때 참여도를 높일 수 있기 때문에 아주 중요하다. 이메일 마케팅에서 보다 문자나 카카오톡 메세지 클릭률이나 참여율이 훨씬 더 높다.

⊙ 출처: http://www.dodopoint.com/

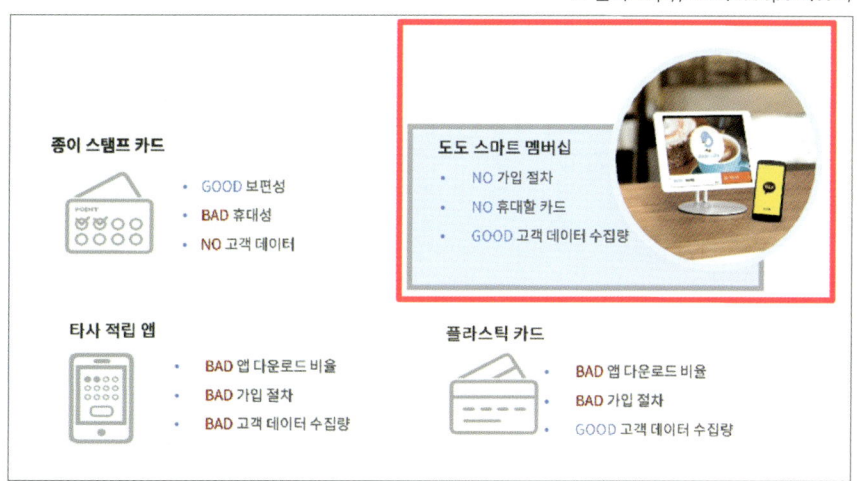

저자도 업체 방문해서 서비스를 이용할 때 도도포인트를 많이 사용하고 있다. 의외로 고전적인 전화번호 입력이 사람들에게 거부 반응은 일으키지 않는다.

업체 컨설팅 중에 가장 놓치기 쉬운 것이 방문자 데이터베이스를 축적하는 것이다. 아무리 강조해도 지나치지 않을 만큼 중요한 마케팅 수단이다. 사람들은 온라인 마케팅이나 블로그 마케팅만 하면 된다고 생각하지만, 업체를 방문한 기존 고객의 리타겟 마케팅이 더 중요하고 효과도 좋다는 것을 이번 기회에는 꼭 생각하기 바란다. 그리고 꼭 한번 실행해 보기 바란다. 자료 제공 도도 포인트(http://www.dodopoint.com)

Chapter 03 모두 홈페이지에 쇼핑몰 만들어보자

네이버 모두홈페이지에서 네이버 스토어팜이 연동되므로 네이버 스토어팜 쇼핑몰이 있어야지만, 네이버 모두홈페이지에서도 제품을 팔 수가 있다. 그래서 상품의 개수가 적으면 카페24, 고도몰, 메이크샵에서 만드는 것 보다 운영하기가 훨씬 쉽다.

01 스토어팜이란?

스토어팜은 네이버가 만든 쇼핑몰이다 사업자나 개인도 간단하게 쇼핑몰을 만들어서 물건을 팔 수 있다. 제공되는 서비스는 모두 무료로 제공 한다. 단, 제품이 팔렸을 때 수수료로 2% 정도 공제한다.

◉ 출처: http://sell.storefarm.naver.com

통신판매등록증이 없거나 제품 판매 개수가 다섯 개에서 열대 정도 된다면 스토어팜을 만드는 것을 적극 추천한다.

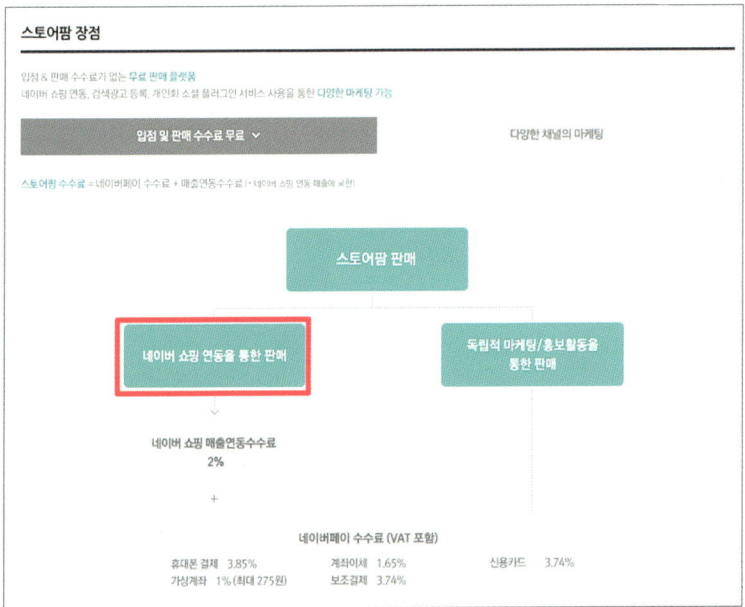

스토어팜의 가장 유리한 점은 네이버 쇼핑과 연동을 통한 판매가 아주 잘 돼 있다는 것이다.

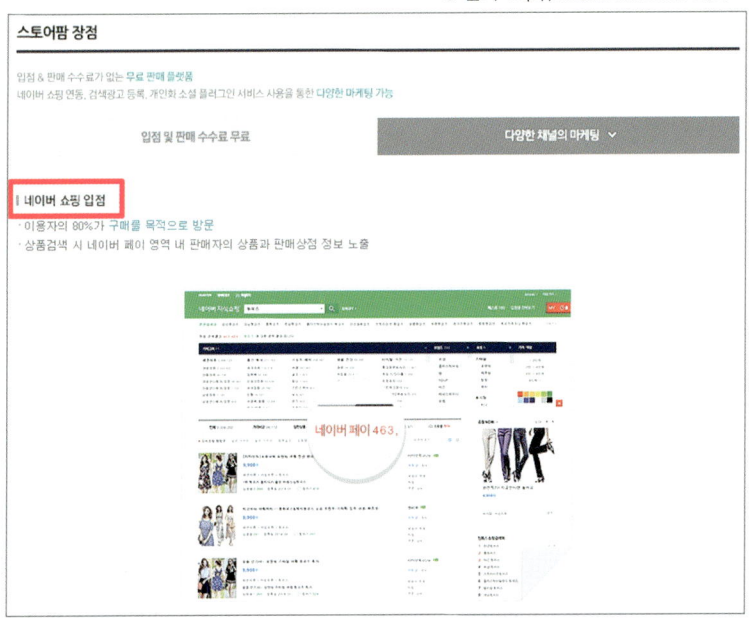

물건이 팔렸을 때 네이버 쇼핑 매출 연동 수수료 2%만 내면 되기 때문에 아주 부담 없이 운영할 수 있다. (네이버 페이 수수료 별도)

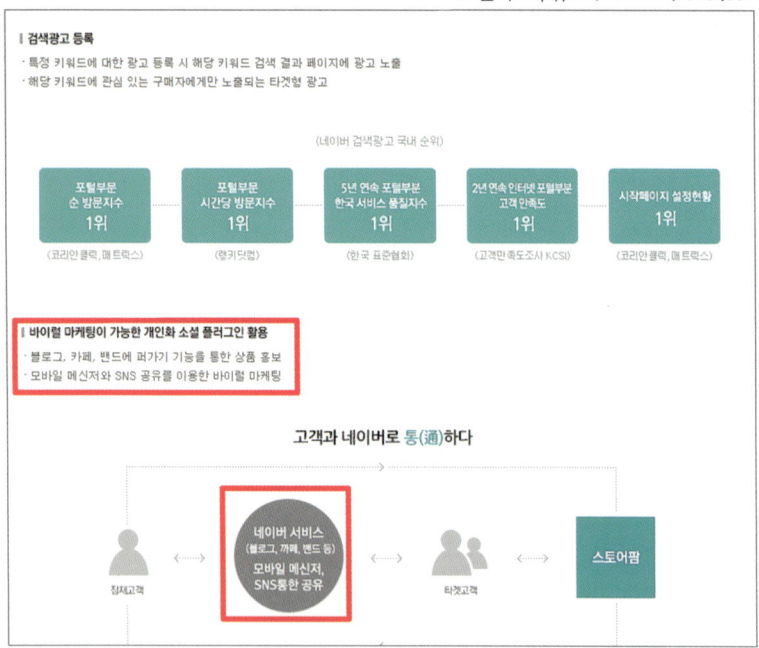

블로그, 카페, 밴드에 퍼가기 기능을 동안 상품홍보가 가능하다. 그리고 새롭게 만든 네이버 톡톡을 사용할 수 있기 때문에 운영하고 싶다.

02 스토어팜 회원가입

스토어팜 운영하기 위해서는 새로 판매자 가입을 해야 한다. 개인도 판매가 가능하지만 네이버 파워링크 하기 위해서는 꼭 사업자로 등록을 하고 통신판매등록증을 만들어야만 한다.

네이버 메인 화면에서 네이버 스토어팜을 입력하고 검색을 누른다.
스토어팜 판매자센터 클릭한다.

◉ 출처: http://sell.storefarm.naver.com

스토어팜 홈 화면이다.

◉ 출처: http://sell.storefarm.naver.com

스토어팜 판매용 가입 버튼을 클릭한다.

국내 개인이나 국내 사업자를 선택하고 다음을 클릭한다.

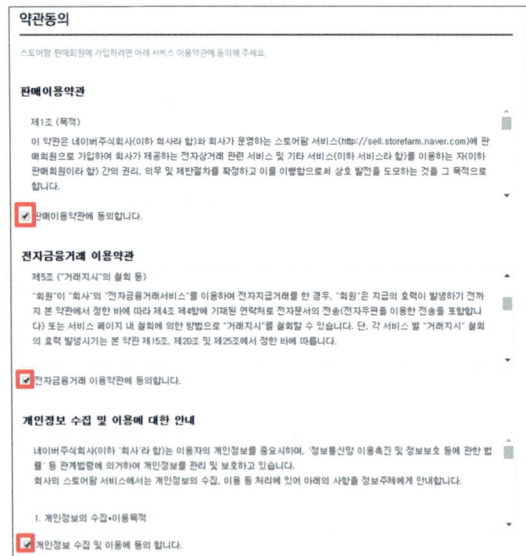

약관의 동의를 체크한다.

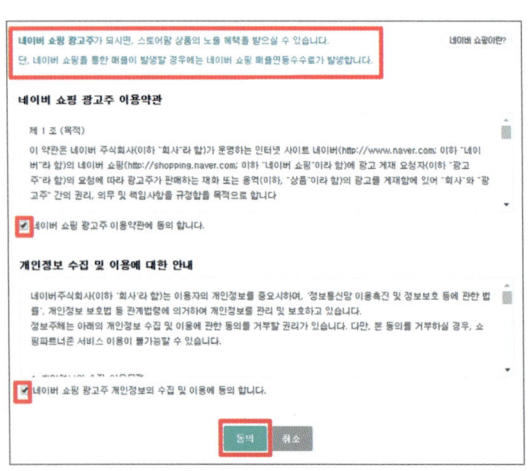

네이버 쇼핑 광고주 이용약관을 체크하고 동의한다.

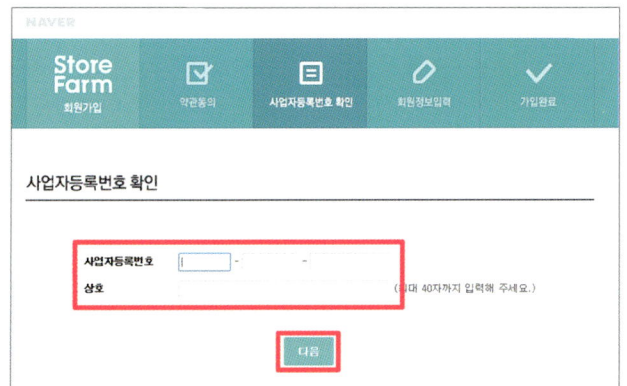

사업자등록번호와 상호를 입력하고 다음을 클릭한다.

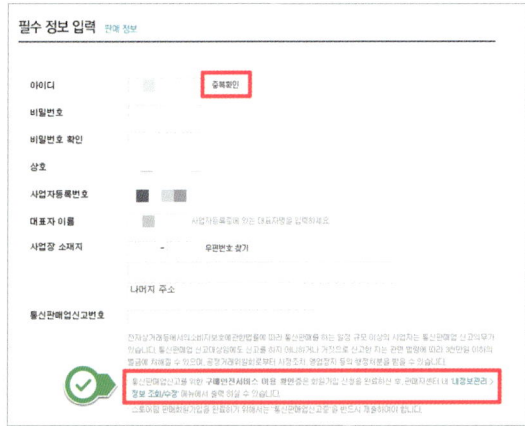

아이디 중복확인을 하고 나머지 부분을 적어야 한다.

통신판매신고번호가 없으면은 회원 가입 신청을 완료한 후에 판매자 센터에서 우측 상단 **내정보관리>정보 조회/수정** 메뉴에서 구매안전서비스 이용 확인증을 프린터로 출력한다. 그 후 해당 시,구,군 지역경제과에 가서 통신판매업신고를 해야 한다. 비용은 약 3~4만원이 든다. 통신판매신고증 발급 기간은 2~3일이 걸린다.

스토어팜 이름은 수정이 안되므로 신중하게 선택을 해야 하고 스토어팜 주소는 영어와 숫자를 적절히 섞어서 아이디를 기억하기 쉬운 거것을 선택해야 한다. 이 부분은 수정이 안 된다.

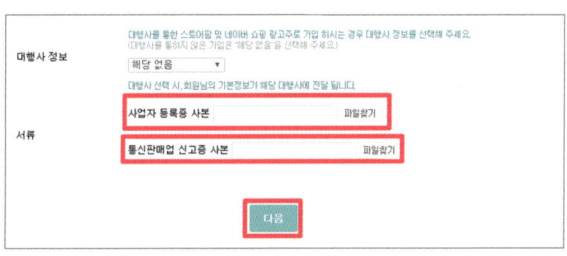

사업자등록증 사본 파일을 저장 하고 통신판매업신고증 사본도 저장한다.

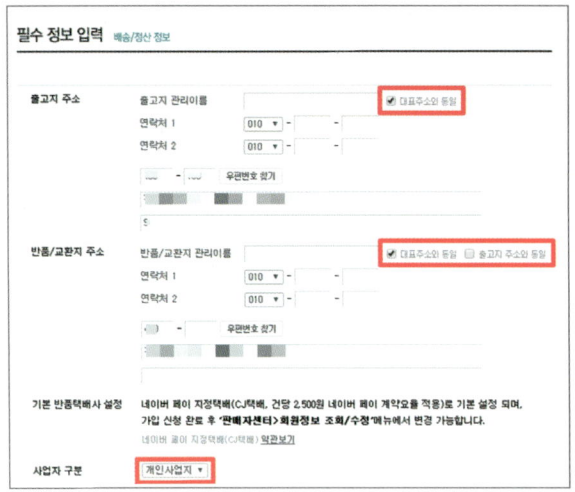

필수 정보 입력 사항으로 출고지 주소와 반품/교환지 주소를 선택을 하고 사업자구분을 선택한다.

정산대금을 수령은 입금계좌가 있어야 되므로 거래은행을 선택하고 예금주명과 계좌번호를 입력한 다음 계좌번호 인증한다. 필요한 서류를 사업자 통장 명의 사본과 대표자 인감증명서 사본 저장한다.

부가정보 입력 사항으로 해외 상품 판매에 대한 동의와 상품배송 유형과 수입 형태를 선택한다.

스토어팜 판매 회원가입이 신청이 되었다. 서류가 아직 접수가 안 됐다면 "제출 필요 서류 확인 및 제출하러 가기"에서 서류를 제출 하면 된다.

03 스토어팜에 물건 등록하기

교육하다 보면은 저희 상품은 쇼핑몰 상품이 아니라고 말하는 분들도 간혹 있는데, 팔 수 없는 상품은 없다. 파워링크는 비용을 주고 광고를 하는 거지만 네이버에서 지식쇼핑으로 노출되는 부분은 돈을 내고 광고하는 것이 아니기 때문에 처음 사업을 시작하는 사람들이 꼭 해야만 하는 가장 중요한 온라인광고 수단인 것은 확실하다.

상품을 구성 또한 중요하다. 고객들이 상품을 선택하고 구매를 하는 것을 굉장히 편하게 만들어 주어야 한다. 1개의 상품을 통해서 구매하는 것도 있지만 묶음 상품으로 할인을 하는 것도 하나의 판매 전략이다.

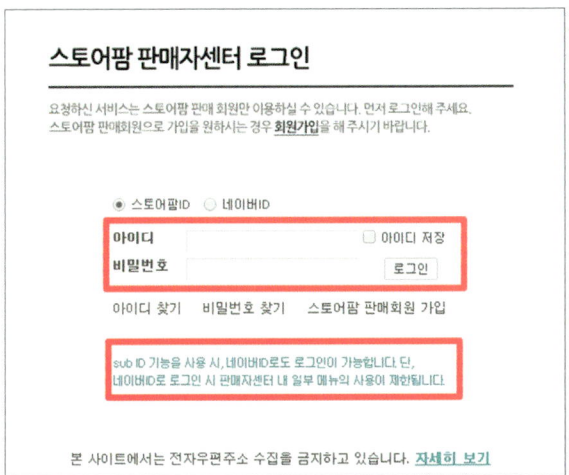

스토어팜 판매자센터 로그인을 한다.

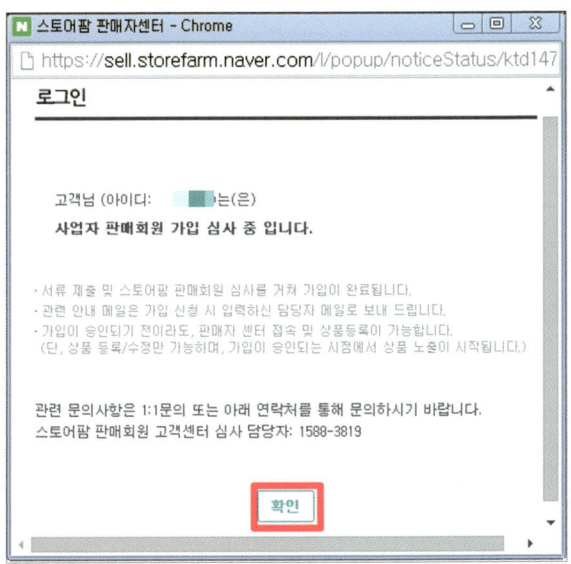

처음 가입을 하면 바로 물건을 팔 수 있는 것은 아니다. 심사 중 이라도 물건 등록을 해도 된다. 쇼핑몰을 그대로 놔두면 되는 것이 아니라 바로 물건을 올리고 상세페이지 제작을 해도 된다.

◎ 출처: http://sell.storefarm.naver.com

스토어팜 홈 화면이다. 전체적으로 판매등급이 나오고 그리고 패널티가 얼마인지도 나온다. 오늘 방문자 수가 표시되고 스토어팜 회원 수도 볼 수 있다.

◎ 출처: http://sell.storefarm.naver.com

판매된 상품이 있다면 판매에 대한 취소와 반품 요청과 입금과 발송 등이 표시가 된다. 쇼핑몰 운영에서 아주 중요한 관리자 화면이다.

상품관리를 누르면 상품정보 조회 및 수정이 나온다.
신규 상품을 등록 하기 위해서는 상품등록 버튼을 클릭한다.

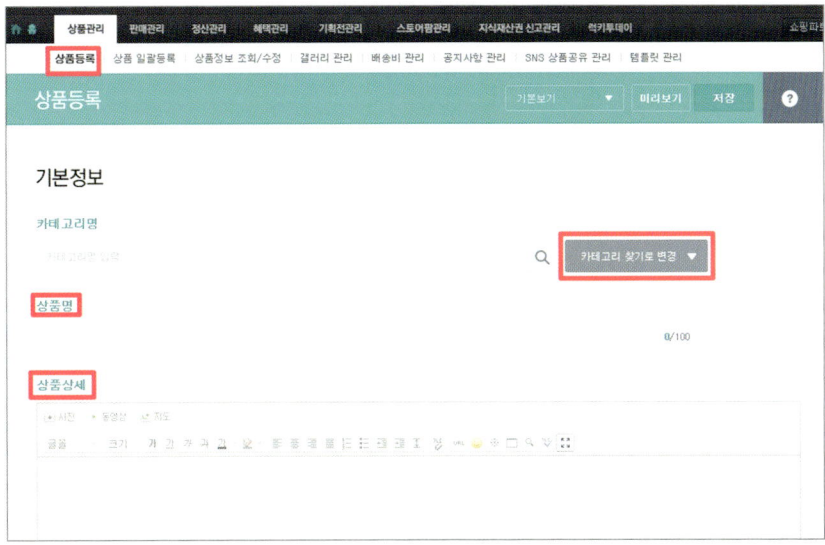

카테고리 명을 선택하고 상품명을 선택 해야 되는데 상품명은 상품이 노출되는데 중요하므로 경쟁업체가 어떻게 하고 있는지를 보고 따라 하는 것이 좋다.(상품명 100자)

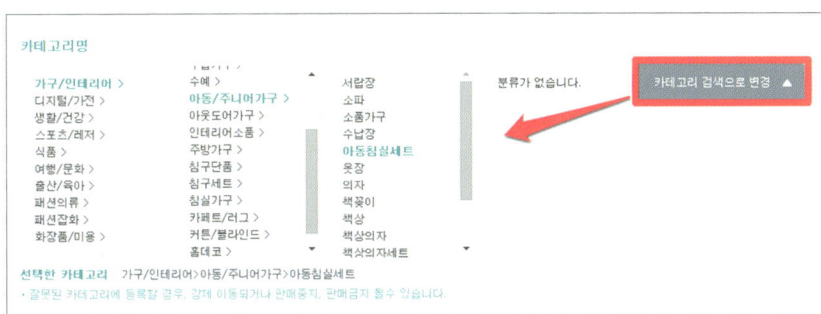

여기에서 카테고리명 선택을 해야 되는데 쉽게 얘기하면 이것은 판매하는 제품의 업종이라고 생각하면 되는데, 아주 정확하게 해주어야한다.

네이버 스토어팜이 다른 쇼핑몰 보다 쉬운 것은 블로그, 카페, 네이버 메일 등 글쓰는 스마트에디터가 동일하기 때문이다. 메일, 블로그, 카페에 글을 쓰는 것처럼 아주 편안한 마음으로 상세페이지를 만들면 되는데 미리 사진을 준비하는 것이 좋다.

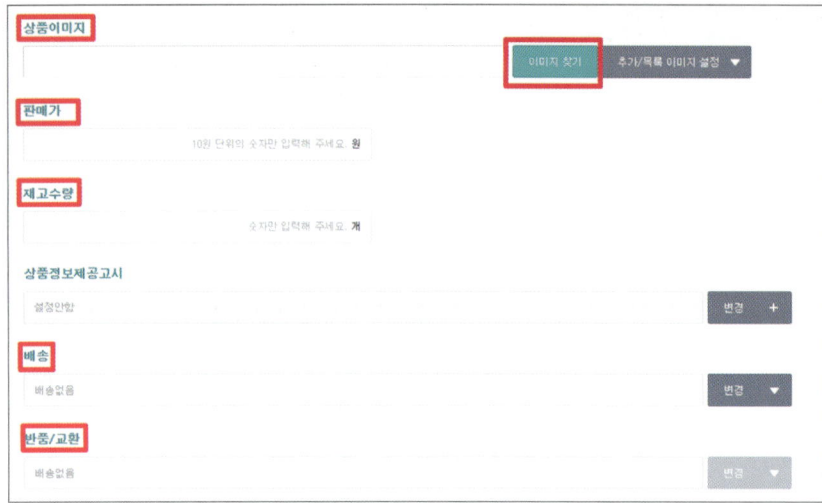

상품의 이미지는 여러 장 준비해서 올려주는 것이 중요하고, 판매하는 경쟁업체를 보고 판단하는 것이 좋다. 재고 수량은 정확하게 적는 것이 아니다. 일반적으로 지금 보유한 양보다 많이 적어 넣는 것이 좋다. 배송, 반품 교환에 대한 부분도 체크를 해 주어야 한다.

A/S에 대한 부분을 적는다. 옵션에 대한 부분은 색상, 사이즈에 대한 부분이다. 옵션 값을 선택해 주어야 한다.

세부 정보에서 상품속성에 대한 부분을 입력해야 한다.

원산지와 부가세에 대한 부분과 홍보문구를 적어 주어야 한다.
추가상품이 있다면 추가상품 설정을 클릭한다.

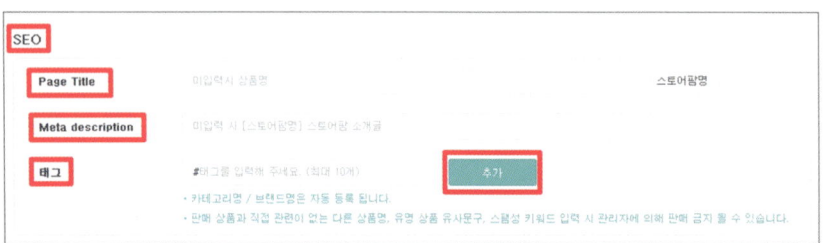

판매하는 추가 상품을 선택할 수 있게끔 옵션 값을 선택해 주어야 한다.

SEO(Search Engine Optimization) 검색엔진 최적화에 대한 부분인데 페이지 타이틀(Page Title)에는 노출을 원하는 키워드를 적으면 된다.

Meta description 대한 부분은 상품에 대한 설명이라고 생각하는 게 편리하다. "외출하기 좋은 아동복" "세탁이 쉬운 아동복" 상품에 대한 설명 부분을 적으면 된다. 태그 부분은 원하는 상품을 최대한 10개 정도 써주면 된다.

판매자 코드가 없으면 안 적어도 된다.

전시설정에서 상품상세 레이아웃은 베이직형, 이미지집중형이 있다. 그 중에 하나를 선택하면 된다. 가격 비교 사이트 등록은 네이버쇼핑을 체크해 주어야 한다. 가격 경쟁력이 있으면은 상위 노출될 가능성이 많다.

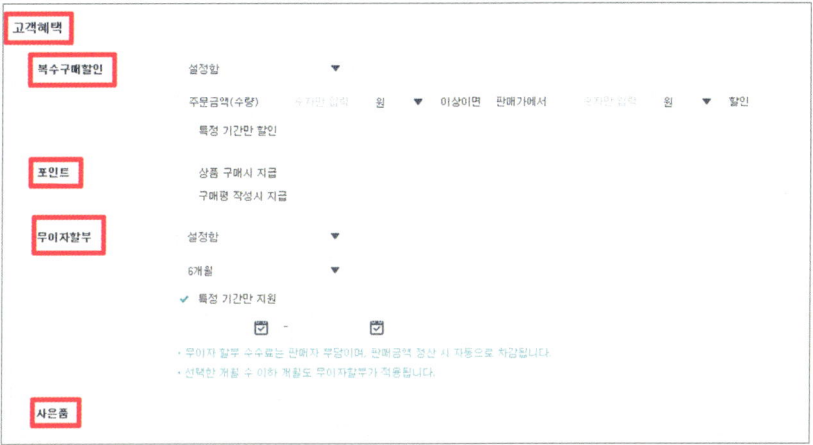

고객이 혜택을 미끼상품이라고 생각하면 된다. 복수구매에 대한 할인과 포인트는 기본적으로 설정한다. 무이자할부도 선택해서 적절히 이용하면 된다. 상품을 선택한다.

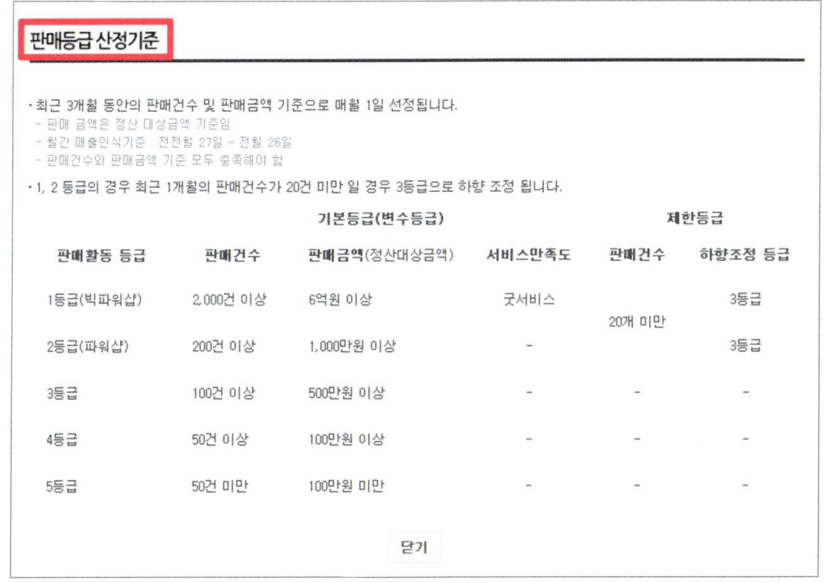

처음 가입하면 판매자 등급이 5등급이다. 그래서 4등급으로 올라가기 위해서는 최근 3개월 판매 건수가 50번 이상 되어야 하고 백만 원 이상 팔아야 된다. 그래서 상품 선택을 할 때 가격이 적절한 상품을 선택하는 것이 좋다.

스토어팜에서 쇼핑몰을 운영하는 데는 큰 어려움이 없다. 네이버 쇼핑에서 상위노출이 되면 방문자도 많아지고 팔리는 제품 더 많아진다. 네이버 키워드검색에서 네이버 쇼핑이 노출이 되고 내 쇼핑몰이 네이버 쇼핑에서 상위노출이 되도록 많은 노력해야 한다.

네이버 모두홈페이지와 스토어팜 연동하기

여기에서 제일 중요한 것은 내가 제공하는 상품이나 서비스를 쇼핑몰에 올리는 것이 중요하다. 사람들은 내 제품을 올릴 수 없다고 생각하지만 팔 수 없는 상품은 없다.

네이버 모두홈페이지 메인화면에서 스토어팜 사용하기를 설정 하면은 자동으로 만들어진다.

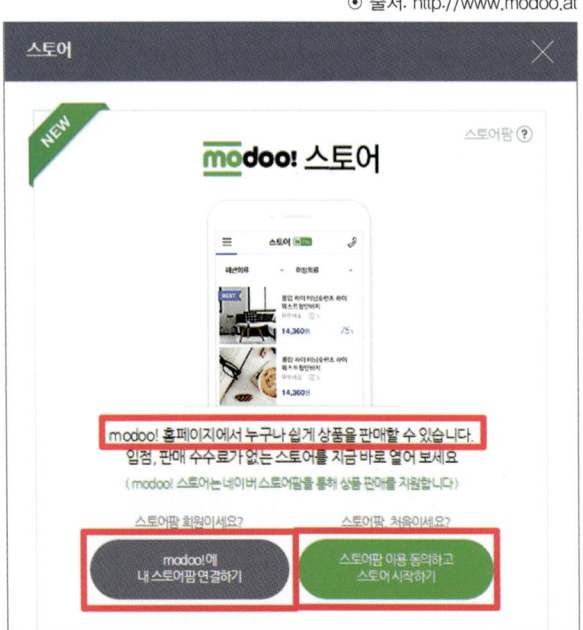

스토어팜 이용 동의하고 스토어 시작하기를 클릭한다.

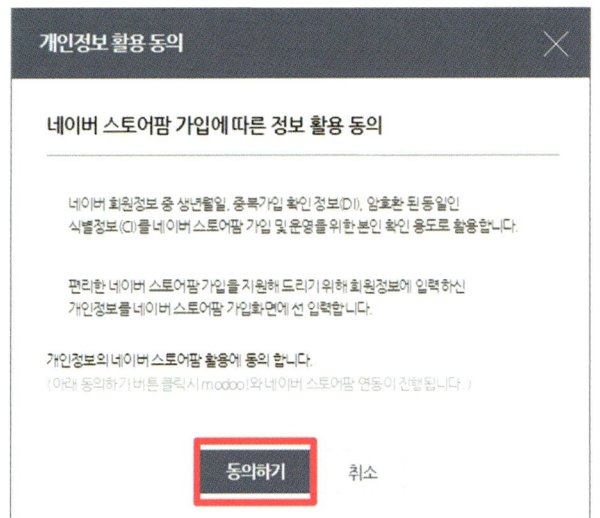

네이버 스토어팜 가입에 따른 정보 활용 동의를 클릭한다.

스토어팜 아이디와 비밀번호를 입력하고 연결하기를 클릭한다.

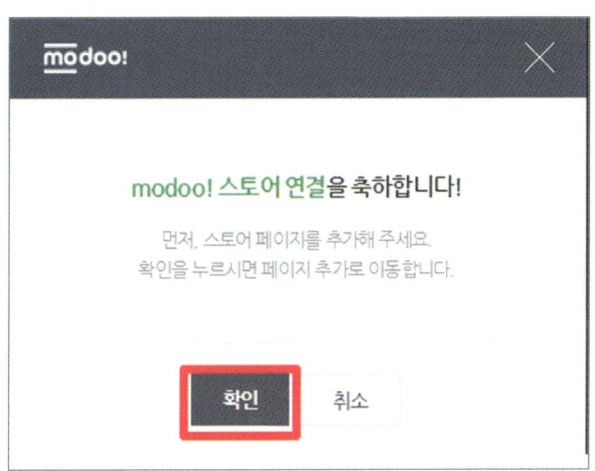

모두 스토어 연결을 축하합니다 라는 팝업 창이 뜬다. 스토어 페이지를 추가해 주세요 메시지가 있다. 확인 버튼을 클릭한다.

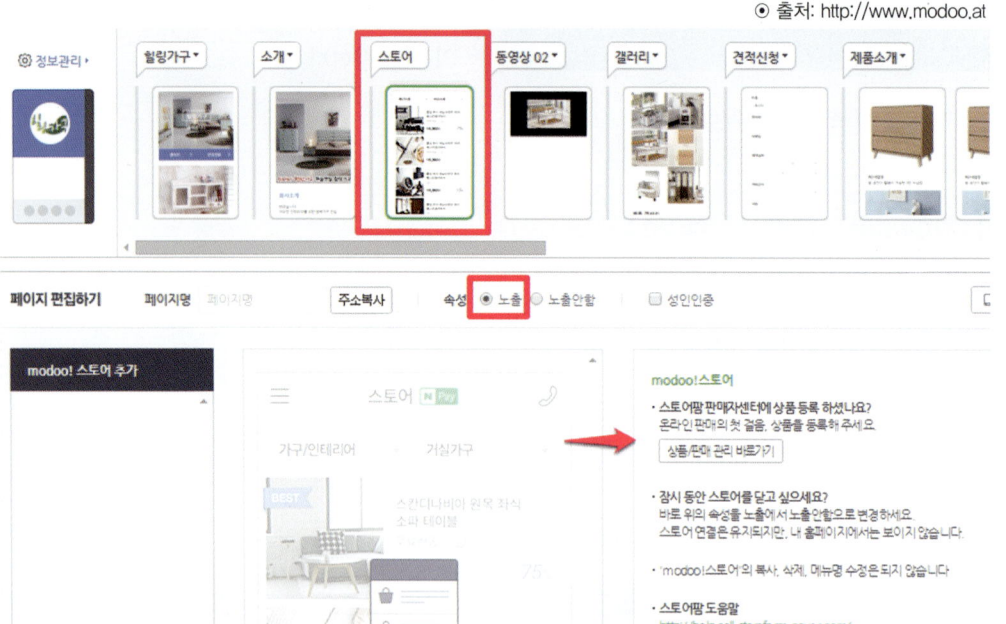

홈페이지 관리자 창에서 우측에서 새 페이지 추가 버튼을 스토어페이지를 추가한다.

그러면 자동으로 스토어팜 쇼핑몰에서 내 상품을 자동으로 불러온다.

◉ 출처: http://gagu115.modoo.at

pc에서 보이는 스토어 상품 화면이다.

◉ 출처: http://gagu115.modoo.at

홈페이지 관리자 미리보기 화면에서 본 네이버 스토어 화면이다.
홈페이지 반영을 클릭한다.

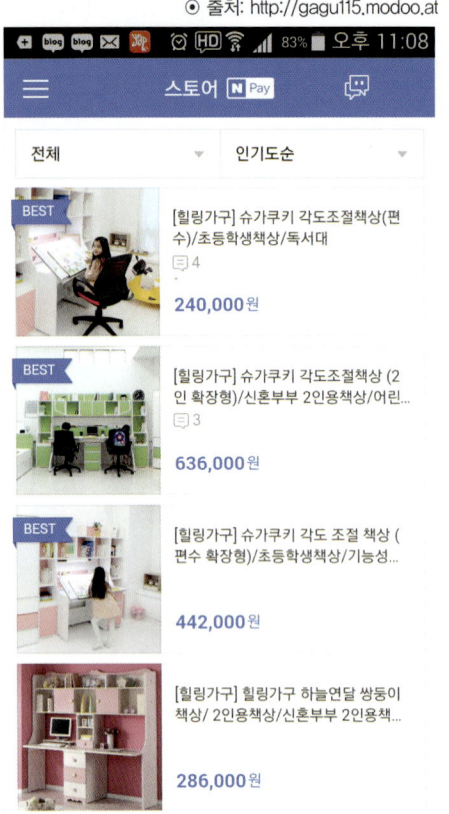

스마트폰에서 본 모두홈페이지 스토어이다. 여기 상품을 클릭하면 네이버 스토어팜 모바일 쇼핑몰로 이동을 해서 거기에서 상품구매가 이루어진다.

네이버 스토어팜 모바일 쇼핑몰 페이지이다. 여기에서 네이버 페이로 바로 구매를 하면 된다. 실질적으로 판매 상품을 보면 모바일에서 판매가 50% 이상의 이루어지고 앞으로도 그 비율이 높아지기 때문에 네이버 모두 홈페이지에서 앞으로의 판매가 기대가 된다.

온라인 마케팅에서 중요한 것은 목표를 가지고 도전하는 자세가 굉장히 중요하다. 그리고 끈기를 가지고 하는 것은 더 중요하다 누구나 도전해서 성공하기를 기대한다.

Chapter 04 네이버 예약 활용하기

01 네이버 예약이란?

네이버 예약이란 별도로 프로그램 된 것에 위해서 미리 짜놓은 선택 사항을 고객이 스스로 선택하면 바로 관리자에게 연락이 가는 시스템으로 만들어 놓은 것이다. 이 프로그램은 별도로 설치하기 위해서는 프로그램 값만 35만원 정도 들고 설치비용까지 합치면은 많은 비용이 예약시스템이다.
※ 네이버예약은 네이버 지도에 노출 할 수 있다.

02 네이버 예약 가입하기

네이버 예약을 검색한다. 네이버 예약 파트나센터를 클릭한다.

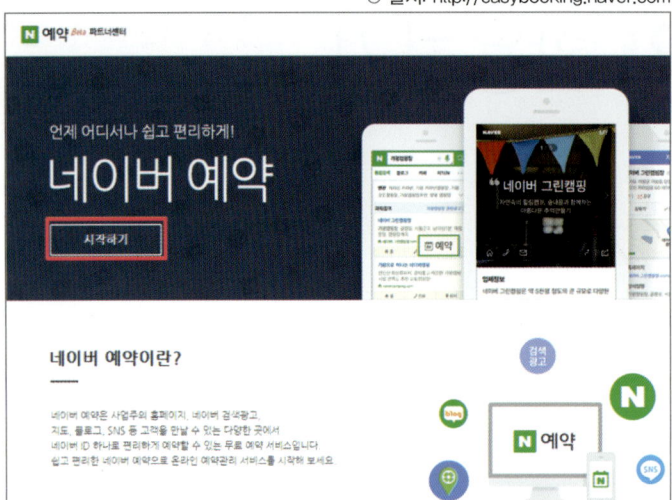

시작하기를 클릭한다.

약관에 동의하고 다음을 클릭한다.

시작하기를 클릭한다.

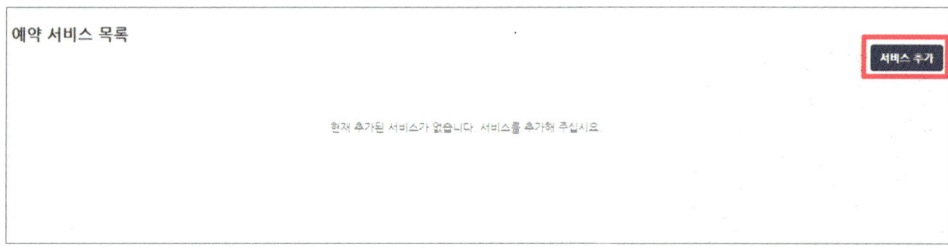

서비스 추가를 클릭한다.

03 네이버 예약 유형별 활용

네이버 예약에서 유형 선택이 있는데 전체적으로 고객들이 어떻게 이용하고 있는지를 알아야지만 되기 때문에 전체적으로 사용 패턴을 알아보기로 한다.

◉ 출처: http://easybooking.naver.com

네이버 예약의 종류는 운용하고자 하는 서비스의 따라서 4가지로 나눈다.
1.숙박형, 2.식당형, 3.공연/전시/행사형, 4.자유설정형으로 나눠진다.
자신의 업종에 맞는 서비스를 선택하면 된다.

⊙ 출처: http://easybooking.naver.com

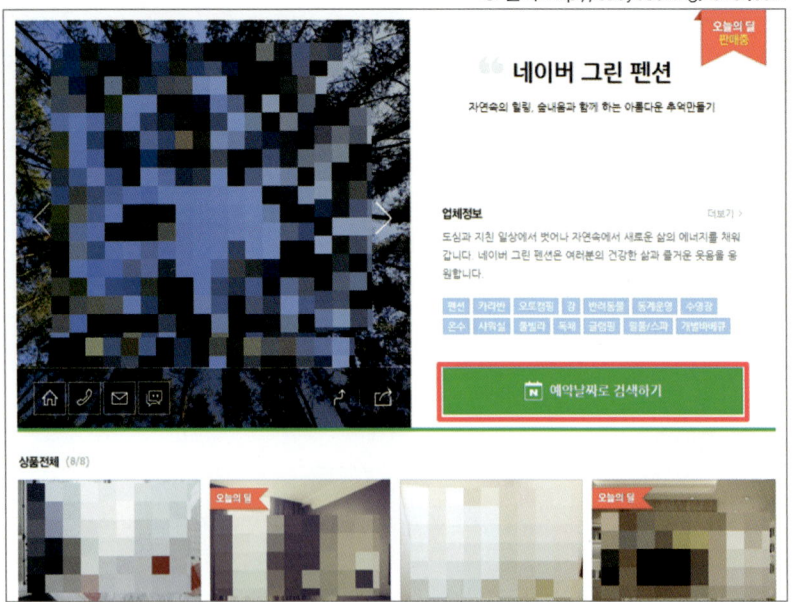

먼저 숙박형을 선택해서 본다 숙박형 같은 경우에는 펜션, 게스트하우스, 캠핑장 등 다양한 분야에서 사용이 가능한 아주 좋은 예약 시스템이다. 예약날짜로 검색하기를 클릭한다.

⊙ 출처: http://easybooking.naver.com

고객들이 스스로 선택이 가능한 캘린더가 나타나다. 고객이 스스로 입실 날짜와 퇴실 날짜와 선택하고 예약가능 상품검색을 클릭하면 바로 예약 가능한 방이나 서비스상품이 나온다.

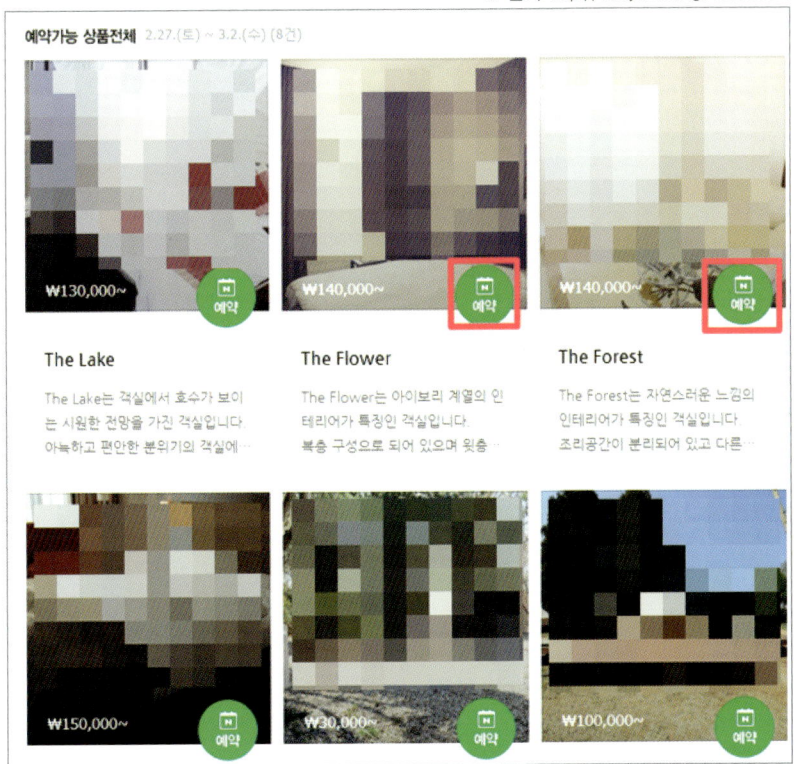

고객이 원하는 펜션의 방들을 선택할 수 있다. 여기에서 마음에 드는 방을 고객이 예약 버튼을 클릭한다.

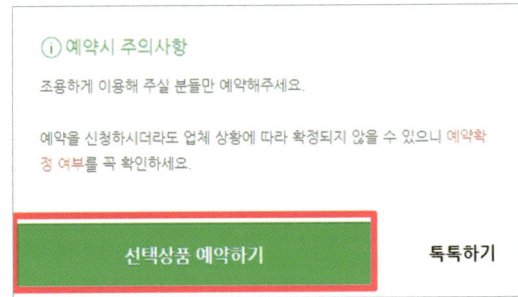

선택상품 예약하기를 클릭한다.

예약자와 신청자는 자동으로 입력이 된다.

추가 옵션 선택 금액은 자동으로 합산이 되고 무통장 입금정보가 나온다. 최종적으로 하단의 예약신청하기를 클릭하면 예약이 신청이 되고 펜션 관리자에게 예약신청자 접수로 문자가 발송된다. 펜션 관리자가 일정에 이상이 없고 입금이 확인되면 예약확인을 하면 고객에게 예약확인 문자가 발송이 된다. 별도의 전화 통화 없이 예약이 가능하니 정말 편리한 시스템이다.

이번에는 식당용 테이블 예약에 대해서 알아 보도록 하겠다. 일반적인 식당은 고객이 날짜를 선택하고 시간을 선택해서 미리 전화를 해서 예약이 이루어지는 경우가 많다. 문제는 예약의 취소다. 미리 장소와 음식 장만을 했는데 예약이 취소되는 경우는 참 난감할 수 밖에 없다.

미리 네이버 예약 통해서 미리 예약을 하고 예약금으로 일정 금액을 결제를 받는 것도 하나의 방법이기 때문에 현장에서 네이버 예약이 많이 활용이 되어야 한다.

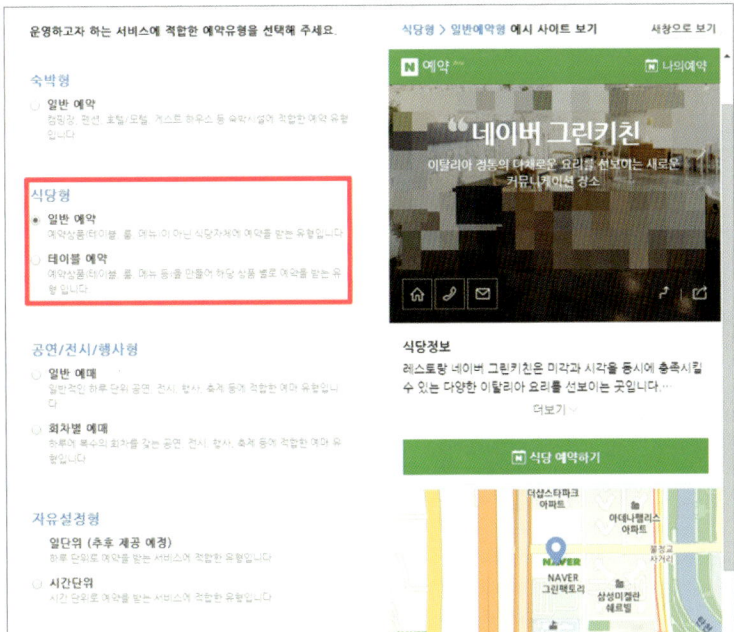

예약날짜로 검색하기를 클릭한다.

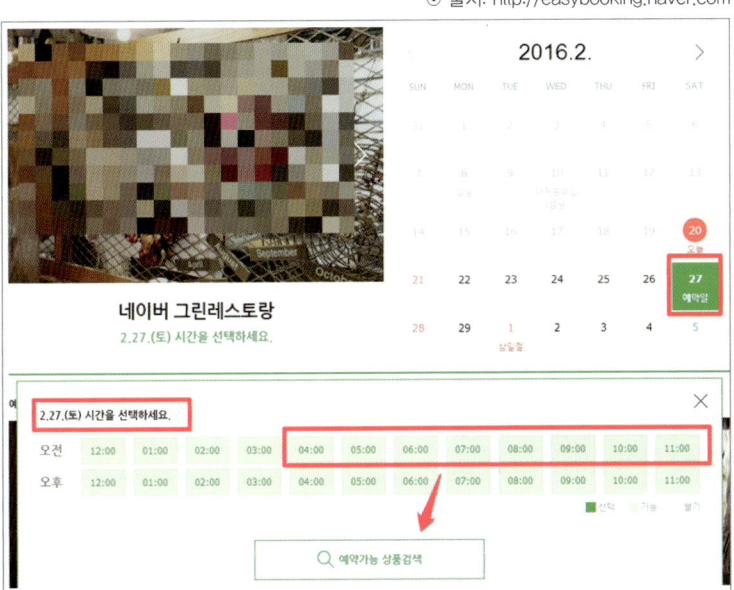

예약 날짜를 클릭하면 시간 대를 선택할 수 있다.

예약가능 상품검색을 클릭한다.

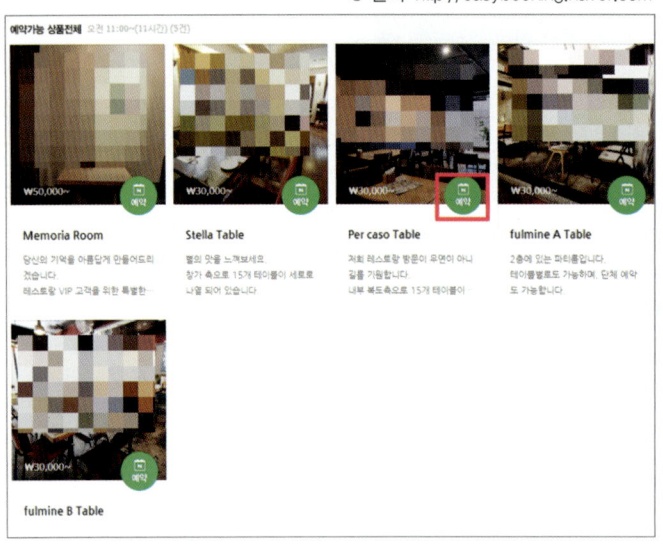

◉ 출처: http://easybooking.naver.com

예약 가능한 방이나 테이블을 선택할 수 있다. 마음에 드는 것을 선택하고 예약을 클릭한다. 나머지 부분은 앞부분의 펜션의 예약과 동일하다.

◉ 출처: http://easybooking.naver.com

소극장이나 특별한 행사장 그리고 여러 가지 활용이 가능한 공연 행사장 예매의 경우는 회차 별 예매에 대해서 알아보도록 한다. 예매하기를 클릭한다.

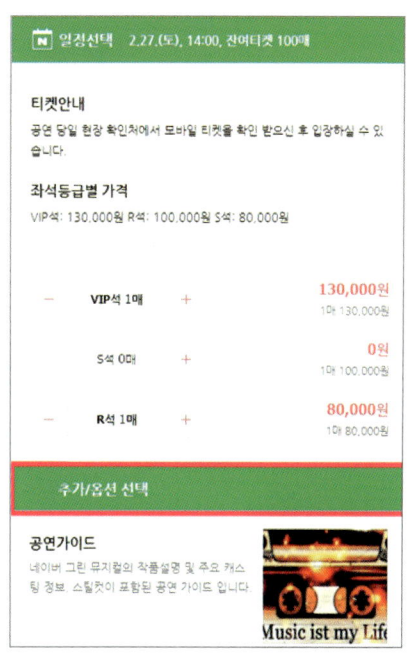

예매 일을 선택하면 회차 선택이 나온다 10시, 12시, 2시, 4시, 11시 중 하나를 선택이 가능하다. 회차 별 정보 제공도 가능하다.

좌석 등급별 설정이 가능하고 좌석이 추가 되면 자동으로 합산이 되는 아주 편리한 기능이다. 추가/옵션을 선택을 클릭한다.

추가 옵션은 공연 책자나 기념물 판매가 가능하고 개수를 선택하면 금액이 자동으로 추가 되기 때문에 아주 편리하게 이용이 가능하고 결제도 합산해서 결제가 된다. 마지막으로 예약신청 하기를 클릭하면 예약이 마무리가 된다. 카드결제에 대한 부분은 네이버 페이를 신청 하면은 되는데, 운영하는 쇼핑몰이나 홈페이지에 카드 결제 시스템이 되어 있어야지만 네이버 페이 신청이 가능하다.

◉ 출처: http://easybooking.naver.com

네이버 예약 중 간단예약형 같은 경우는 생활밀착형 서비스로 누수탐사 나 세탁기 청소 서비스 같은 다양한 분야에서 활용이 가능한 예약이다. 간단 예약하기를 클릭한다.

◉ 출처: http://easybooking.naver.com

간단 예약서비스를 같은 경우 서비스 신청에서 고객이 원하는 서비스를 선택할 수 있다. 세탁기 분해청소 나 방충망 설치 등 고객이 네이버 예약으로 선택 하면 바로 문자를 통해서 네이버 예약 서비스를 확인하면 된다.

04 네이버 예약 등록하기

고객이 네이버 예약을 통해서 예약을 하기 위해서는 예약을 설정하는 부분이 있어야 한다 그래서 설정에 대한 부분 같은 경우는 조금 복잡하게 때문에 시간을 내어서 공부하는 게 필요하다.

네이버 예약 관리자페이지에서 예약 설정하는 것은 조금 어렵기 때문에 네이버 예약 홈페이지 하단 부분에 메뉴얼 다운로드를 통해서 메뉴얼을 보면서 하는 것이 편리하다.

네이버 예약을 가지고 한번 만들어본다. 일반적으로 식당에서 쓸 수도 있겠지만 다른 용도로도 사용 가능하기 때문에 같이 따라 하면서 해 보면은 쉽게 사용 설정이 가능하다.

일반예약 체크하고 우측 하단의 다음을 클릭한다.

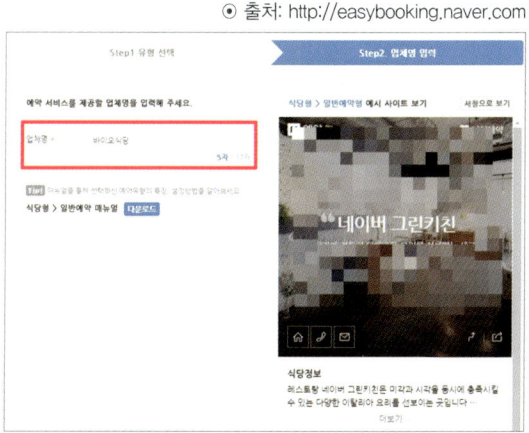

예약 서비스를 제공하고 업체 명을 입력한다.

우측 하단 완료 버튼을 클릭한다.

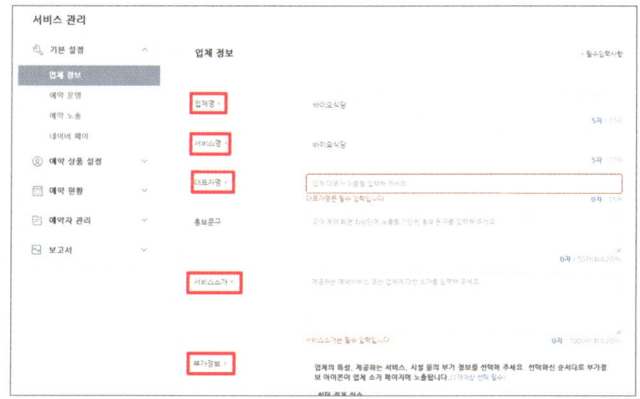

기본 설정 중 업체 정보과 서비스명 그리고 대표자명, 홍보 문구, 서비스 소개, 부가정보 서비스를 입력하면 된다.

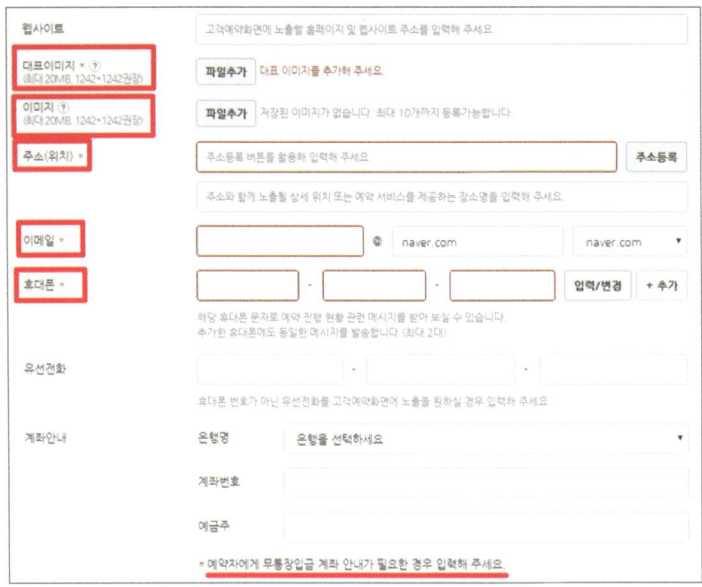

웹사이트에는 네이버 모두 홈페이지 주소를 넣고 대표 이미지를 추가하고 그리고 주소를 입력한다. 이메일과 휴대폰 번호를 입력하면 된다 계좌 안내는 예약지에게 무통장입금 계좌 안내가 필요한 경우 입력하면 된다.

사업자 등록증 첨부하고 통신판매 신고 번호 입력 통신판매업 신고증을 첨부하면 된다. 그리고 개인 정보에 대한 부분을 체크하고 적용을 클릭한다. 서비스관리의 예약노출에서 검수 신청을 해야지만 정상적인 예약 서비스 이용이 가능하다. 네이버 예약 서비스는 바로 사용이 가능한 것이 아니라 심사를 해서 진행이 되기 때문에 일정 기간 기다려야 사용이 가능하다. (통신판매등록증이 없어도 네이버 예약의 사용이 가능하고 문제가 있을 경우 네이버예약 측에서 요구를 한다고 한다.)

예약 운영에서 예약 확정 방법은 예약자 신청과 동시에 확정 혹은, 관리자 확인 후 예약 확정 부분을 선택한다. 당일 예약이 가능하면 허용을 ON 시키고 결제 안내에 대해서 안내 부분은 적고, 환불 기준에 대해서는 비노출은 OFF 허용을 ON 시키면 된다.

예약노출에서 검수 신청을 해야지만 정상적인 예약 서비스 이용이 가능하다. 검수 신청을 클릭한다. 네이버지도 노출을 원하면 설정을 하고 네이버 톡톡을 사용하고 있다면 연결하기를 클릭한다. 만약에 서비스 삭제를 원하면은 네이버 예약노출에서 서비스 삭제를 신청해야만 한다.

ⓒ 출처: http://easybooking.naver.com

네이버 페이를 사용하기 위해서는 가맹점 등록을 하여야 네이버 페이 사용이 가능하다. 네이버 페이는 실질적으로 인터넷 결제 서비스 신청을 사용하고 있어야만 사용이 가능하다.

전체 예약 현황에서 캘린더 형식으로 관리가 가능하다.

예약 신청자를 기간별로 검색이 가능하다.

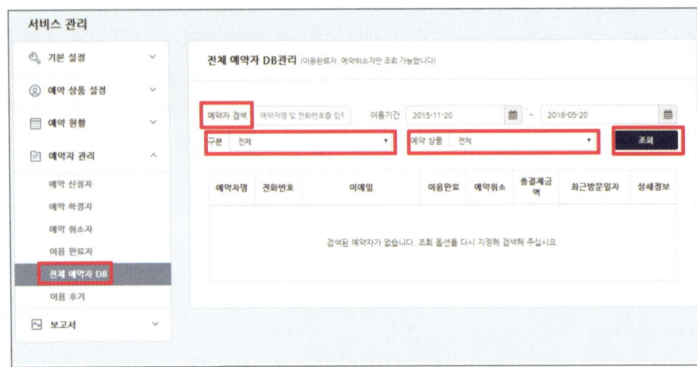

전체 예약자에 대한 데이터베이스 검색이 가능하다. 그래서 예약자에 대한 전체적인 결제 금액을 알 수 있다.

네이버 예약서비스는 하나만 하는 게 아니라 여러 개도 설정이 가능하다. "예약 화면 주소복사"클릭하면 주소가 복사되어서 블로그에 링크를 걸거니 블로그 위젯을 만들 수 있고 페이스북 카카오스토리에 이용이 가능하다. 새로운 네이버 예약 서비스 추가는 우측 상단 서비스 추가 버튼을 클릭하면 된다.

실제 네이버 예약서비스를 모두홈페이지 블로그나 페이스북에 연동해서 사용하면 좀 더 편리하게 제품이나 서비스를 고객들이 편리하게 이용이 가능하다. 적극적으로 활용을 하면 매출을 올리는데 많은 도움이 된다.

Chapter 05 네이버 톡톡 만들기

01 네이버 톡톡이란?

네이버 톡톡은 쇼핑몰이나 부동산 매물정보에서 실시간으로 고객과 상담할 수 있는 새로 나온 네이버에 서비스이다. 네이버 톡톡은 쌍방향 채팅 프로그램이라고 보면 된다. 카카오톡과 틀린 점은 친구추가 없이 채팅이 가능하다. 고객은 네이버 로그인만 되면은 실시간으로 상담할 수 있다.

02 네이버 톡톡 회원가입

⊙ 출처: http://www.naver.com

네이버 메인화면에서 네이버 톡톡을 검색을 하고 화살표가 가르치는 톡톡 파트너센터를 클릭한다.

⊙ 출처: https://talk.naver.com

시작하기를 클릭한다.

⊙ 출처: http://www.naver.com

네이버 로그인을 한다.

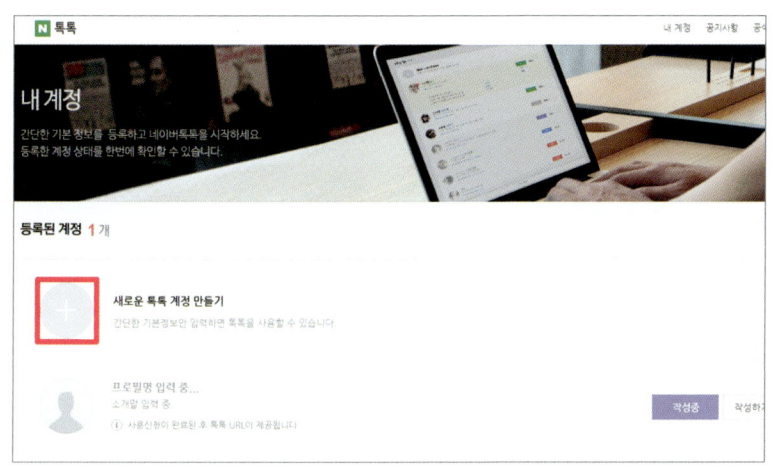

새로운 톡톡 계정 만들기를 클릭한다.

Chapter 05 _ 네이버 톡톡 만들기 :: **281**

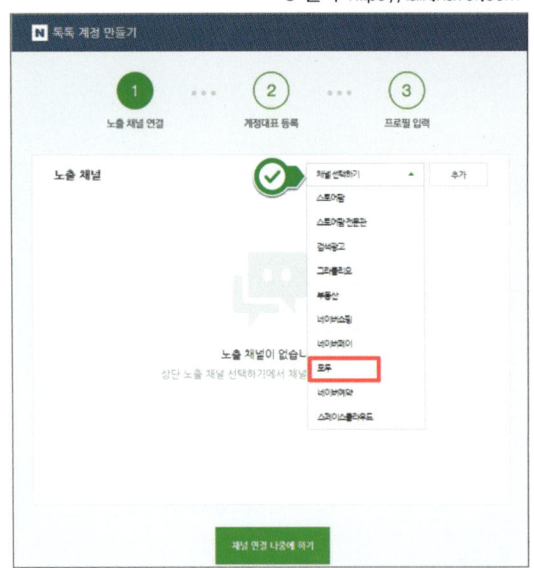

네이버 톡톡은 모두 홈페이지에서 연결하는 것 뿐만 아니라 스토어팜, 부동산, 네이버쇼핑, 네이버 예약 등에서 사용이 가능하다.

모두를 선택하면 만들어진 홈페이지가 나타난다. 그 중에 연결할 홈페이지를 선택을 한다. 그리고 저장하기를 클릭한다.

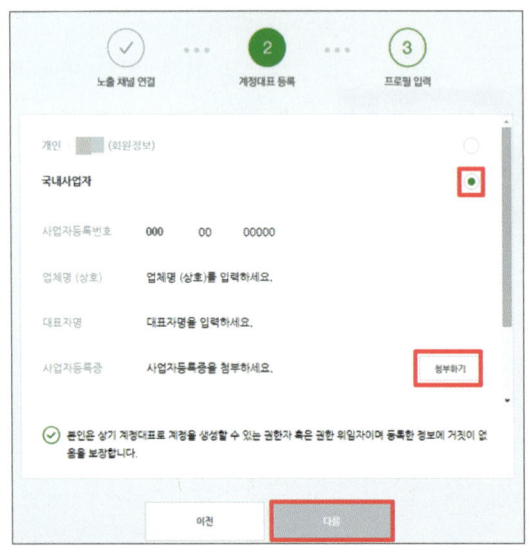

사업자는 사업자번호와 업체명(상호)을 입력하고 그리고 대표자명을 입력하고 사업자등록증을 첨부하여야 한다.

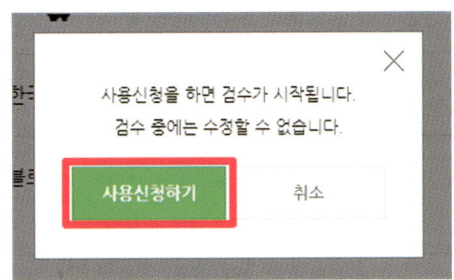

사용 신청하기를 클릭하면 검수과정이 진행되는데 2~3일 정도 시간이 걸린다.

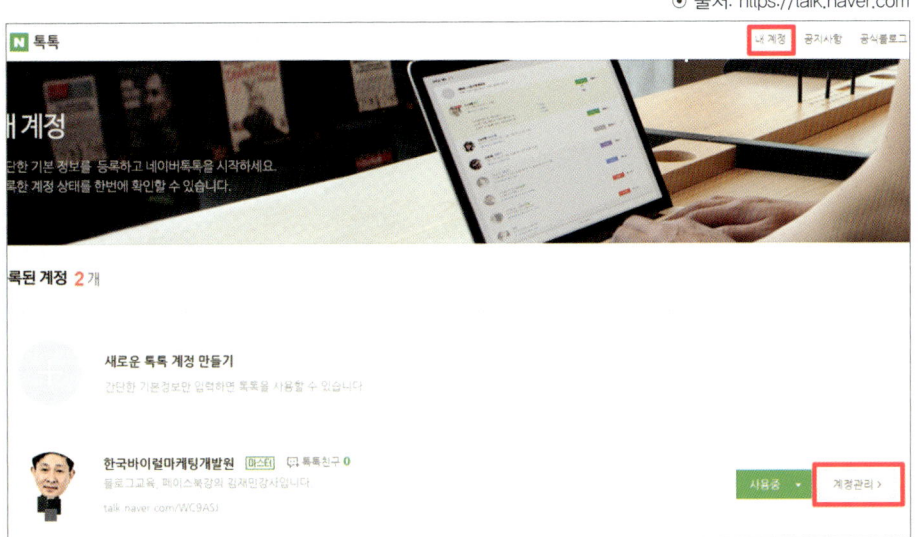

네이버 톡톡도 검수가 완료되면 계정관리를 통해서 톡톡 계정을 관리할 수 있다.

톡톡 계정은 일반적으로 쇼핑몰 관리자 페이지와 비슷하게 마케팅관리, 통계를 볼 수 있어서 아주 편리하다.

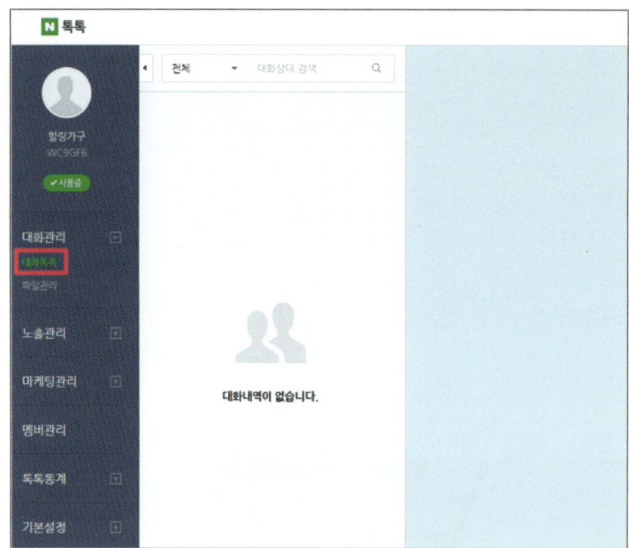

대화 목록에서 대화 내역을 검색이 가능하다.

채널연결은 채널이 된 상태를 보여 주는 창이다. 해당 채널에 대해서 ON, OFF할 수 있다.

배너 사용에서는 홈페이지나 쇼핑몰에 사용할 수 있게끔 해당 HTML소스를 제공하고 있다.

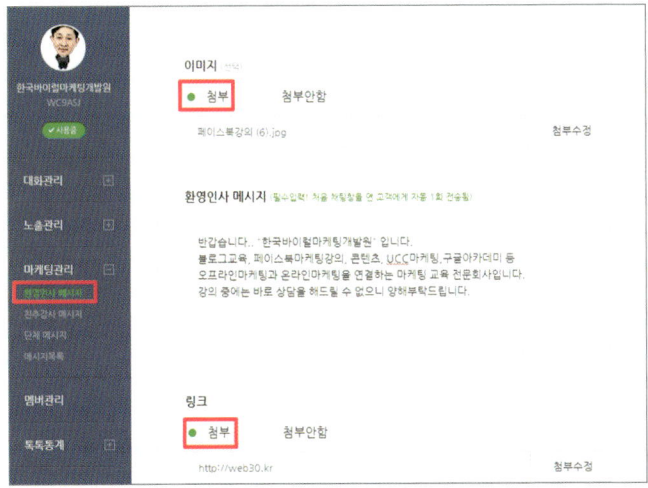

환영인사 메세지는 고객이 처음 글을 올렸을 때 자동으로 나가는 환영인사 메시지이다.

미리 바로 상담을 하지 못한다면 양해를 구하는 내용을 적는 것이 좋다. 하단에 다른 페이지로 이동을 할 수 있는 링크를 넣을 수 있다.

기본설정 프로필에서는 프로필 이미지와 프로필 명과 소개말을 넣을 수 있다.

톡톡 통계에서는 친구의 성별 즉, 남녀비율 알 수 있다.

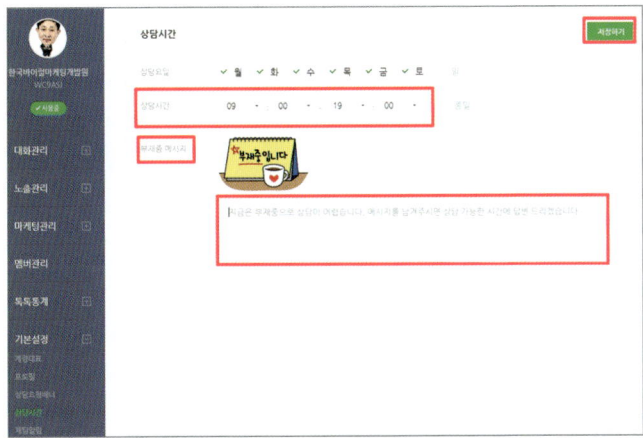

상담시간은 오전 00시부터 오후 00시까지 설정이 가능하다. 상담이 가능한 요일도 선택이 가능하다.

부재 중 메세지는 지금은 부재 중이라 바로 상담을 하지 못한다는 양해를 구하고 메시지를 남기면서 다음 날 답변이 가능하다고 설정하는 것이 좋다.

03 네이버 톡톡 활용하기

기존의 카톡이나 카카오옐로아이디를 사용하고 있다면 네이버 톡톡 사용에 대해서는 신중하게 생각하여야 한다. 매장이나 사업장이 바쁜 시간 때에는 네이버 톡톡 상담 시간을 빼야 한다. 네이버 톡톡 사용시 주의할 점은 제대로 이용하지 않을 거라면 시작하지 않는 것이 좋다.

◉ 출처: http://seo114.modoo.at

네이버 모두홈페이지에 톡톡을 연결하면 자동으로 PC 화면 홈페이지 로고 밑에 톡톡하기 버튼이 자동으로 생긴다. 고객은 여기를 클릭에서 사업자와 상담을 한다.

◉ 출처: https://talk.naver.com

pc에서 톡 톡 하기를 클릭하면은 톡톡 운영자의 프로필이 보인다.

먼저 보이는 것이 자동 메시지이다. 위에는 소비자에게 표현할 사진이 노출되고 하단 클립으로 보이는 것은 링크를 걸어 놓은 건데 여기를 클릭 하면은 쇼핑몰이나 다른 페이지로 연결을 유도할 수 있다. 하단 적색 박스에 메세지를 입력하면 바로 해당 사업자와 상담이 가능하다.

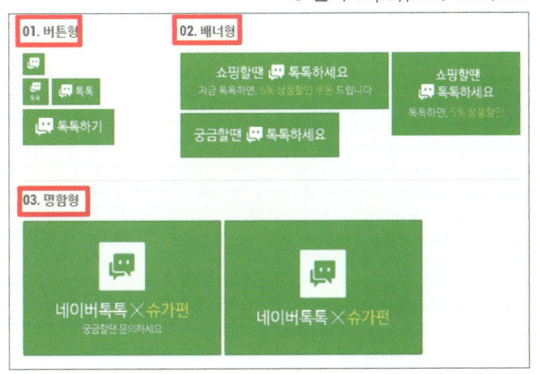

네이버 톡톡 외부페이지 배너 만들기 샘플이다. 홈페이지나 쇼핑몰등 사용이 가능하다. 사이즈는 변경이 가능한 html 소스를 제공하고 있다.

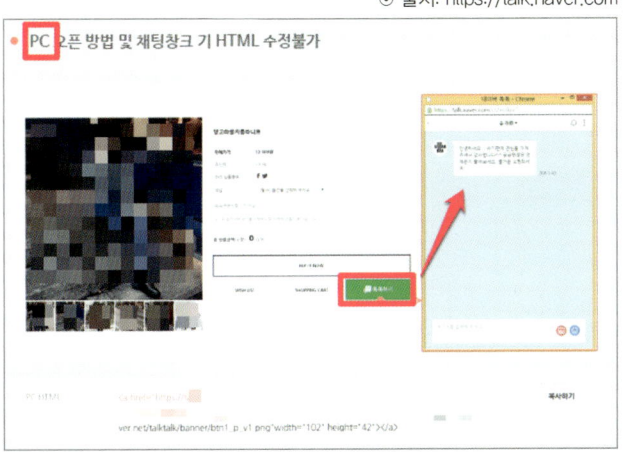

네이버 톡톡으로 쇼핑몰에 결제 창 밑에 만들어 놓은 샘플을 화면이다. 이렇게 네이버 톡톡을 통해서 실시간 상담을 하므로 해서 쇼핑몰 매출을 올리는 수단이 된다.

⦿ 출처: https://talk.naver.com

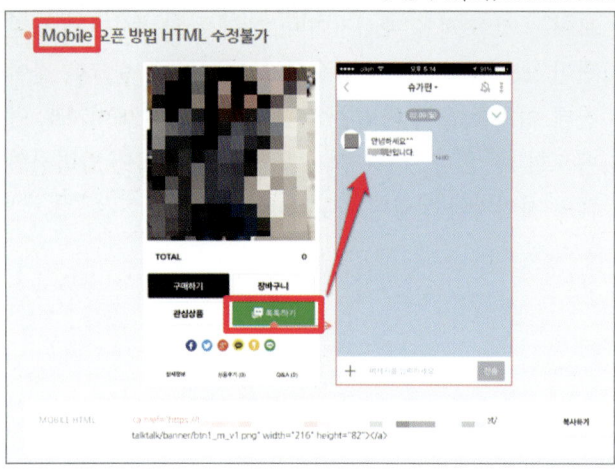

스마트폰에서 모바일 쇼핑몰에 네이버톡톡이 설치된 샘플 화면이다.

⦿ 출처: https://talk.naver.com

홈페이지 PC화면과 모바일 화면에 내용 네이버 톡톡이 설치된 화면이다.

실제 다른 유사 유료서비스를 해본 경험이 있어서 상담을 할 수만 있으면 업체의 방문이나 제품의 구매율을 높이는 것은 아주 쉽다. 그러나 제대로 상담을 할 수 없다면 역효과가 날 수 있기 때문에 스마트폰에서 네이버 톡톡 앱을 다운로드해서 고객의 메시지가 오면 스마트폰에서 바로 바로 상담을 해 주어야 한다.

> Chapter

06 쿠폰 만들기

01 네이버 모두홈페이지 쿠폰이란?

네이버 모두 홈페이지 쿠폰이란 홈페이지 안에서 할인권이나 쿠폰이 발행하는 기능을 말한다. 이것을 잘 활용하면은 이벤트 상품으로서 매출을 올리는데 아주 유용하게 쓸 수 있다.

02 네이버 모두홈페이지 쿠폰 활용하기

먼저 쿠폰을 만들기 전에 계획을 먼저 세워야 한다. 쿠폰 종류와 기간을 먼저 설정을 하여야 한다.

◉ 출처: http://www.modoo.at

모두홈페이지 메인 창에서 상호를 클릭한다.

◉ 출처: http://www.modoo.at

홈페이지 관리 창에서 우측 페이지 추가를 선택한다.

Chapter 06 _ 쿠폰 만들기 :: **289**

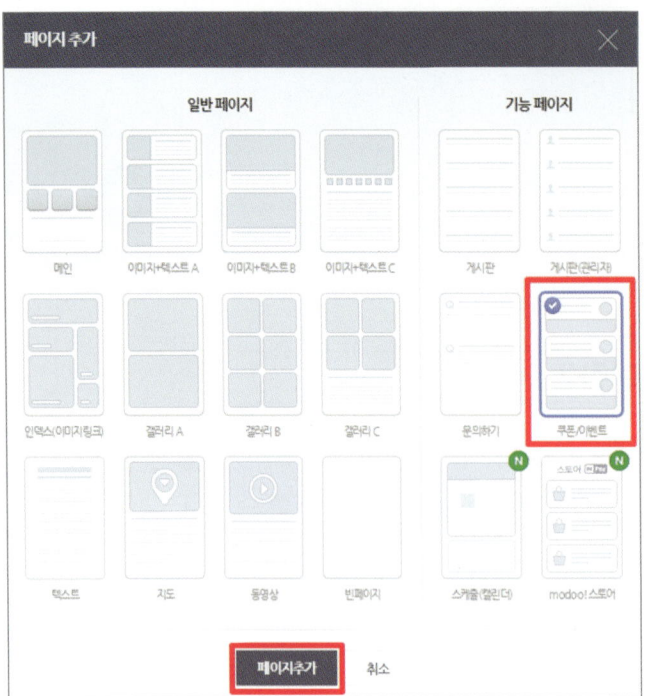

쿠폰/이벤트 페이지를 선택한다. 페이지추가를 클릭한다.

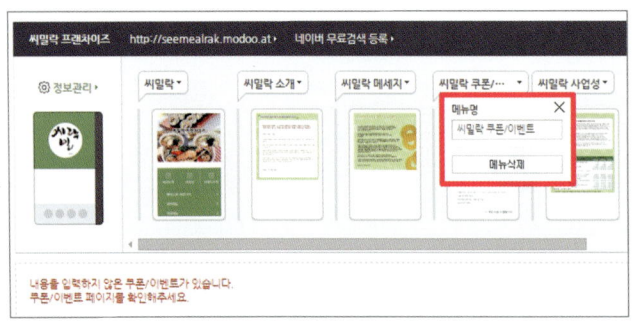

메뉴명을 입력한다.

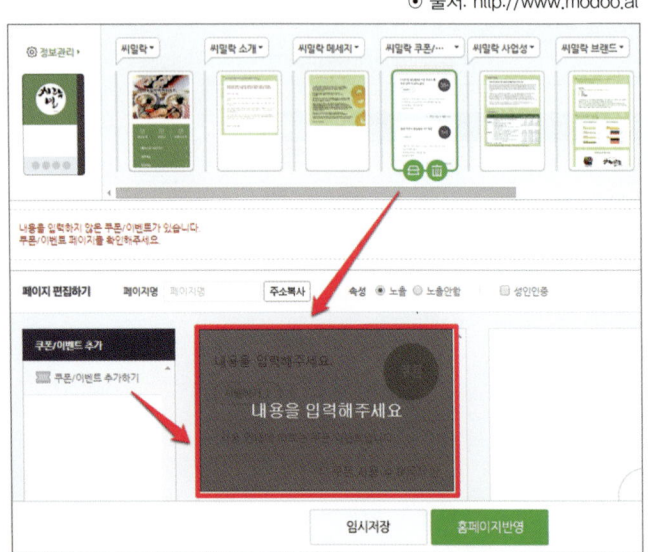

쿠폰/이벤트 페이지를 클릭하면 내용을 입력하는 창이 뜬다.

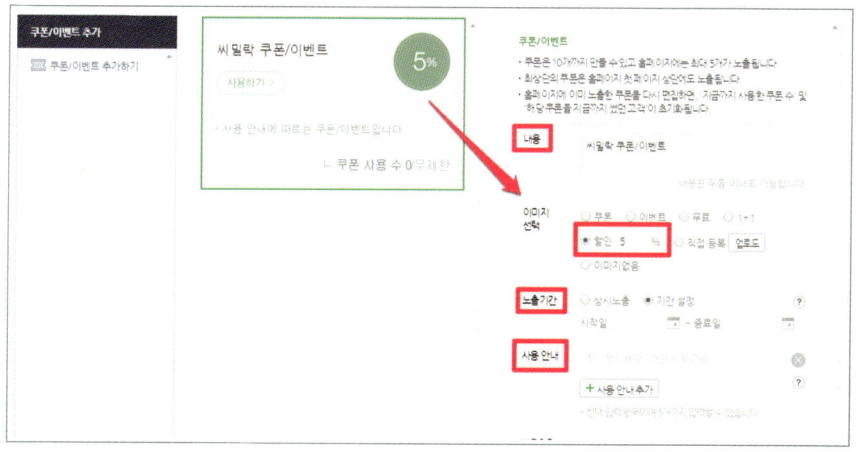

쿠폰 내용을 적을 수 있고 쿠폰이나 이벤트 할인율을 선택할 수 있다. 노출 기간도 선택할 수 있다.

쿠폰 수를 설정할 수 있고, 반복사용이 가능하면 반복 사용을 체크한다. 홈페이지에 노출을 원하면은 홈페이지 노출을 체크한다.

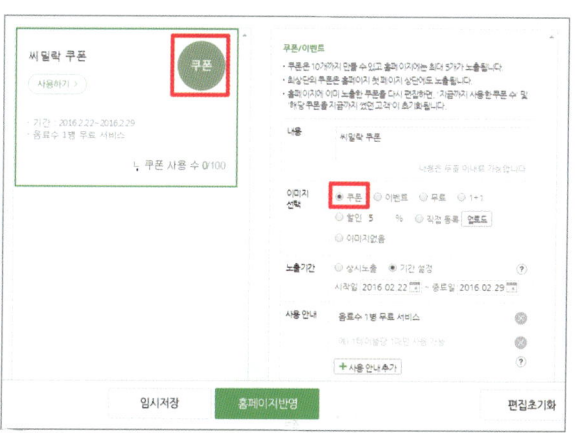

쿠폰을 선택하는 경우이다.

Chapter 06 _ 쿠폰 만들기 :: **291**

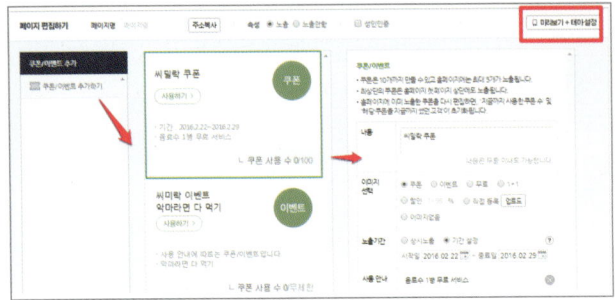

쿠폰/이벤트 추가는 우측에서 추가하면 자동으로 생긴다. 미리보기를 클릭한다.

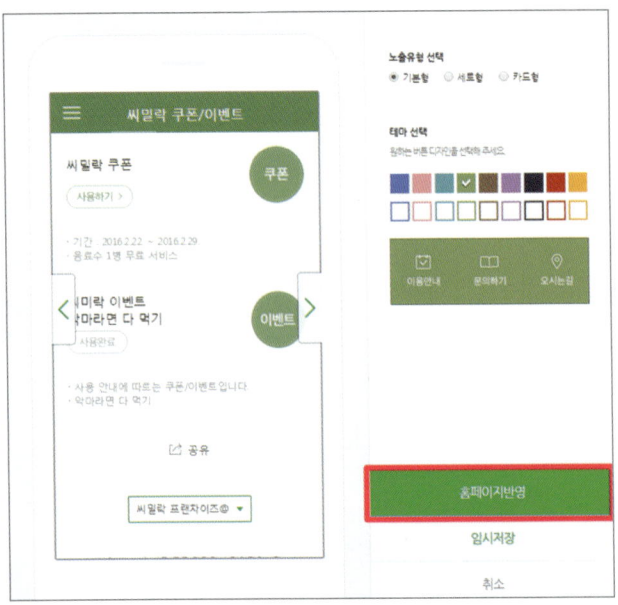

미리보기 화면이다. 홈페이지반영을 클릭한다.

모두홈페이지 쿠폰이나 이벤트는 고객이 업체를 방문하는 상태에서 매니저가 직원에게 보여 주어서 혜택을 받는 것이기 때문에, 아직은 사용에 제한을 받을 수 있다.

03 YAP쿠폰 가입하기

YAP쿠폰을 소개하는 이유는 모바일에서 쿠폰을 받을 수 있는 기능이 있다. 네이버 지도에서도 노출 이된다.
YAP 앱에서 업체 미니 홈피를 만들어서 홍보를 할 수 있는 기능이 있기 때문에 소개를 하지만 음식점, 카페, 서비스 업종이 주 사용처다. 간단하게 알아본다.

네이버 YAP 검색한다.

◉ 출처: https://yap.net

매장관리자 회원가입을 선택한다.

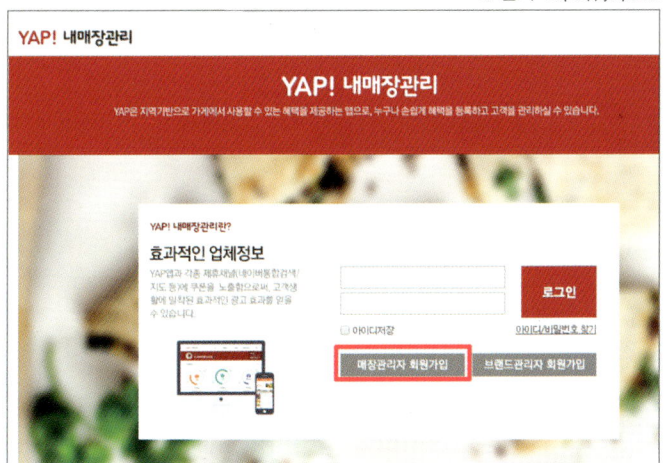

◉ 출처: https://yap.net

동의를 클릭한다.

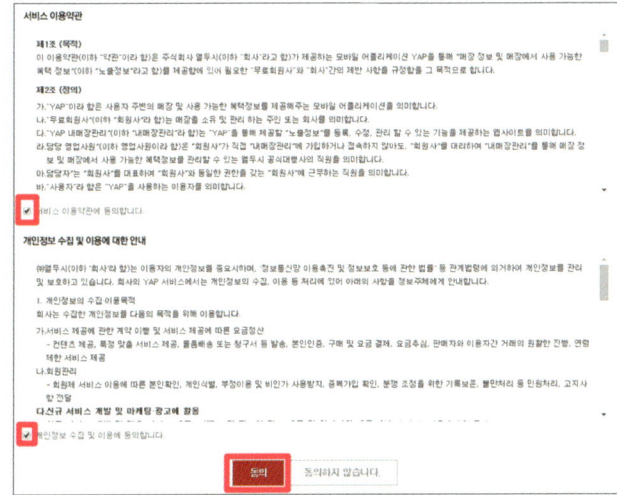

◉ 출처: https://yap.net

가입신청을 한다.

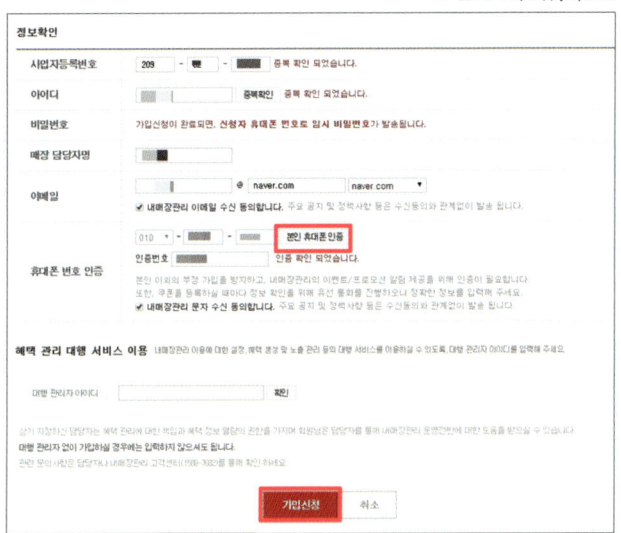

신청완료를 클릭한다.

업체 전화 번호를 조회한다.

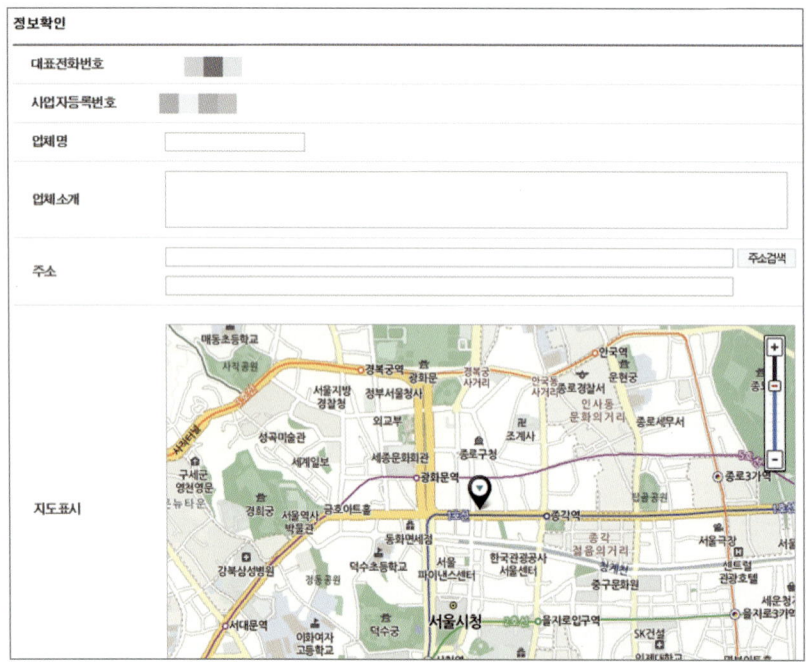

업체정보를 입력한다.

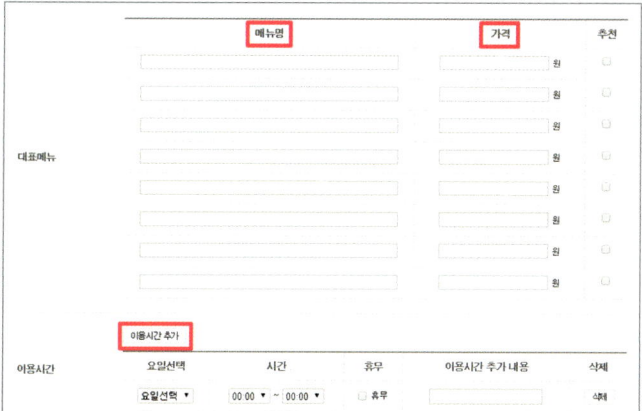

메뉴명과 가격, 이용시간을 입력한다.

필요한 서류를 첨부한다.

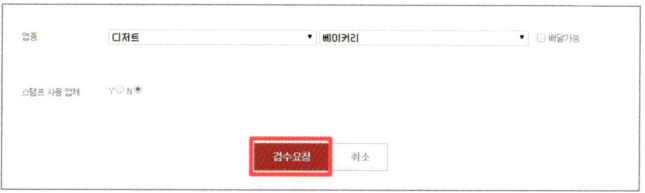

검수요청을 클릭한다.

◉ 출처: https://yap.net

승인 후 사용이 가능하다. 승인 후에는 내매장 현황을 알 수 있다.

04 yap 쿠폰 활용하기

YAP 쿠폰은 네이버지도 검색에 쿠폰이 검색이 된다. 모바일로 발행이 가능하기 때문에 잘 이용하면 아주 유용한 판촉 도구가 된다. 그리고 YAP앱 에서도 위치정보 서비스를 이용해서 노출되기 때문에 레스토랑, 음식점, 서비스업을 하는 사업자는 잘 활용을 해야 하는 것 중에 하나다.

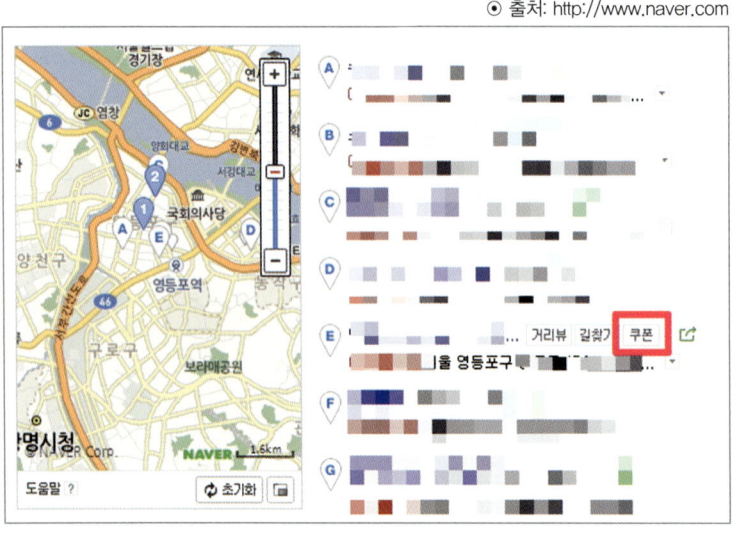

◉ 출처: http://www.naver.com

네이버 지도에서 쿠폰이 노출된다. 쿠폰을 클릭한다.

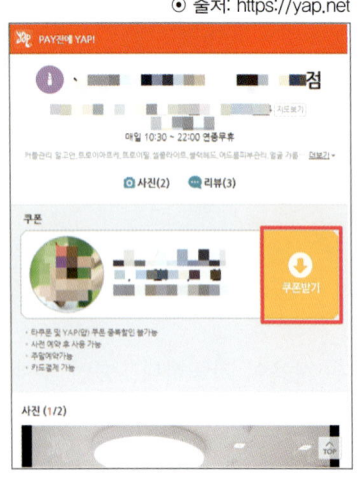

◉ 출처: https://yap.net

◉ 출처: https://yap.net

쿠폰을 받기 위해서는 휴대 번호를 입력하고 인증번호 받기를 클릭한 다음 인증번호를 입력해야 한다. 그리고 동의를 체크하고 SMS로 받기를 클릭한다.

상호와 그리고 쿠폰 내용이 표시가 되고 그 하단에 업체 사진이 들어간다. 쿠폰 받기를 클릭한다.

스마트폰 문자로 발급이 되므로 고객이 매장을 방문해서 보여주면 된다. 발급 내용이나 사용 내역은 YAP 쿠폰 관리자에서 볼 수 있다. 모두홈페이지에 쿠폰 주소를 링크를 걸면 아주 유용하게 쿠폰 발급이 가능하다.

◉ 출처: https://yap.net

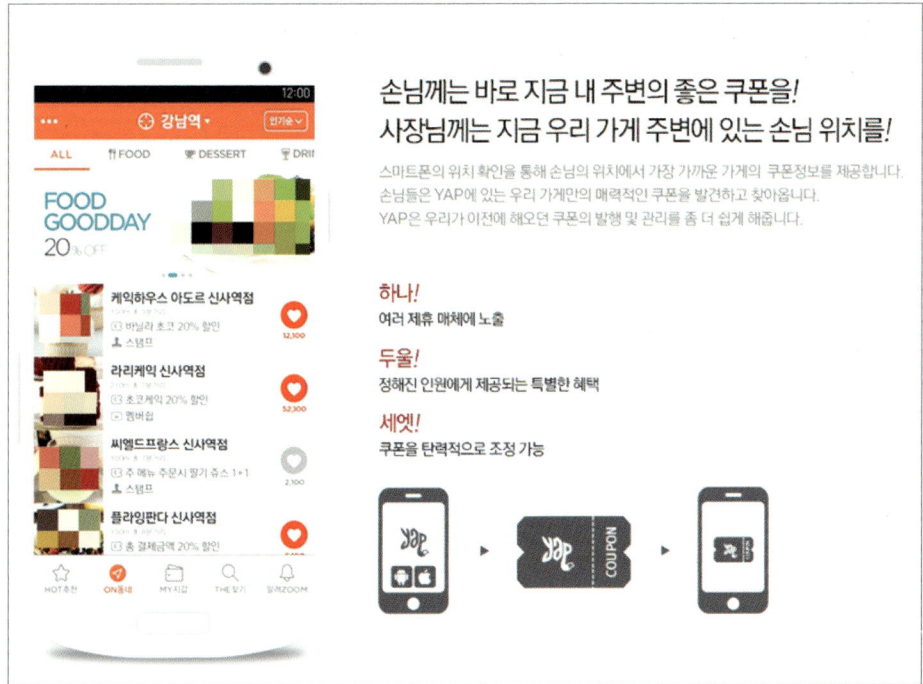

YAP 앱 사용화면이다.

◉ 출처: https://yap.net

YAP 앱을 이용해서 스탬프 사용이 가능하다.

지금은 주 소비자층이 앱을 이용해서 많이 업체를 방문하기 때문에 자세한 사항은 직접 사용해 보기 바란다.

Chapter 07 네이버 오피스 활용하기

01 네이버 오피스란?

네이버 오피스는 온라인상에서 문서를 보고 만들 수 있는 것을 말한다. 네이버 N드라이브에 문서 저장이 가능하고 문서의 공유가 쉽고 기본적인 다양한 템플릿 제공하고 있어서 초보자도 쉽게 만들 수 있는 것이 특징이다.
워드, 슬라이드, 셀, 폼을 인터넷에서 자유롭게 사용할 수 있다.

02 네이버 오피스 설문조사 만들기

사업체를 운영하다 보면은 내가 제공하는 상품과 서비스에 대한 고객의 반응을 안다는 것이 굉장히 중요하다. 그래서 체험단 운영이나 소비자의 반응을 보는 설문조사를 하는 경우가 많다. 네이버 오피스를 이용해서 설문조사를 만들어서 하는 것을 해 보도록 한다.

네이버 메인 창에서 로그인을 하고 메일을 클릭한다.

◉ 출처: http://www.naver.com

메일을 열면 상단에 여러 개 아이콘이 보이는데 오피스 아이콘을 클릭한다.

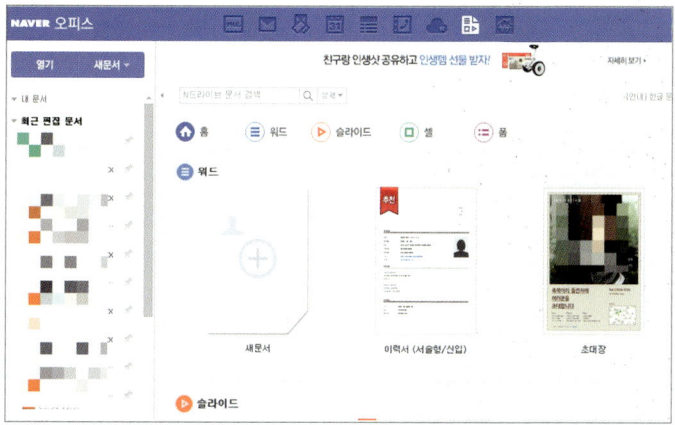

오피스 메인 창이다.

설문조사를 하기 위해서는 폼을 선택을 한다.

고객 만족도 설문조사는 만들어진 것이 있기 때문에 이것을 약간 변경해서 사용하면 된다.

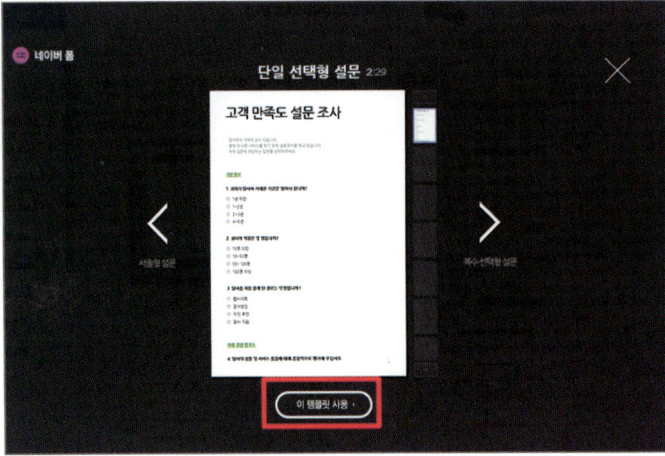

이 템플릿 사용을 클릭한다.

⦿ 출처: http://www.naver.com

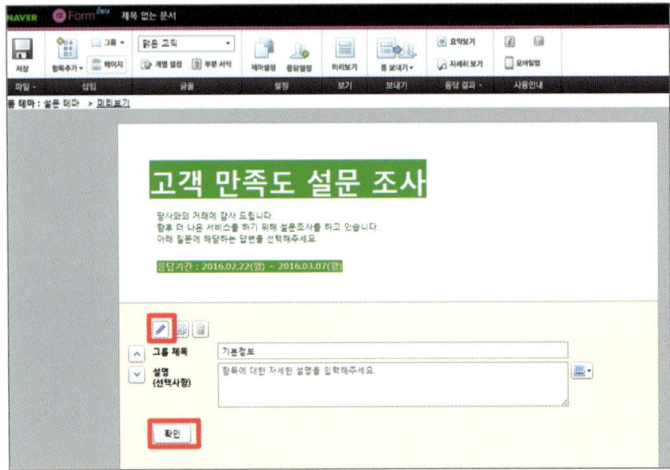

고객 만족도 설문조사라는 폼이 불러온 상태이다. 연필을 클릭하면은 수정을 할 수 있고 제목과 설명을 입력한다. 저장은 확인 버튼을 누르면 된다.

이미지를 불러올 때는 우측에 있는 아이콘을 클릭하고 PC에서 이미지를 불러올 수도 있고 네이버 클라우드 이미지 삽입 가능하며 캡쳐 이미지 삽입도 가능하다.

선택 사진을 추가한다.

제목과 설명 부분을 수정하고 이미지를 참가한 다음 확인 버튼을 클릭한다.

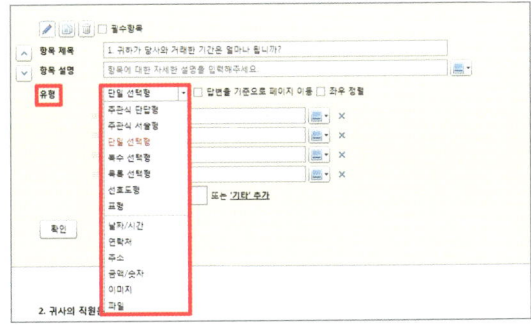
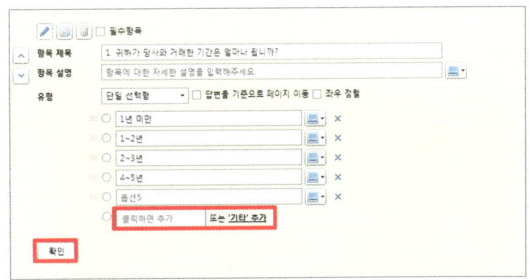

항목 제목과 항목 설명을 입력한 상태에서 유형을 선택할 수 있다. 주관식 단답형과 단일선택형 등을 제목에 맞게 끔 설정을 하면 된다. 날짜와 연락처 주소 등도 설정이 가능하다.

단일선택형을 선택했다면 선택사항을 만들 수 있고 또 추가할 수 있다. 저장은 확인 버튼을 누르면 된다.

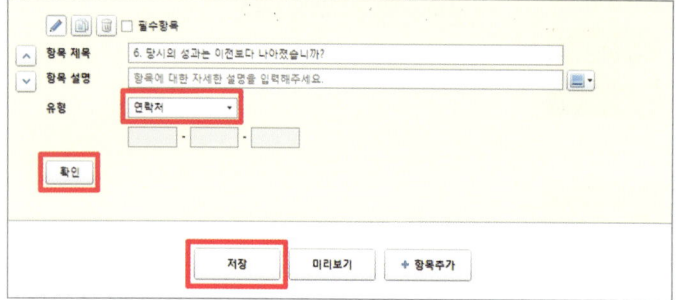

연락처를 선택하면 연락처를 기입 가능한 칸이 만들어진다. 저장 버튼을 클릭한다.

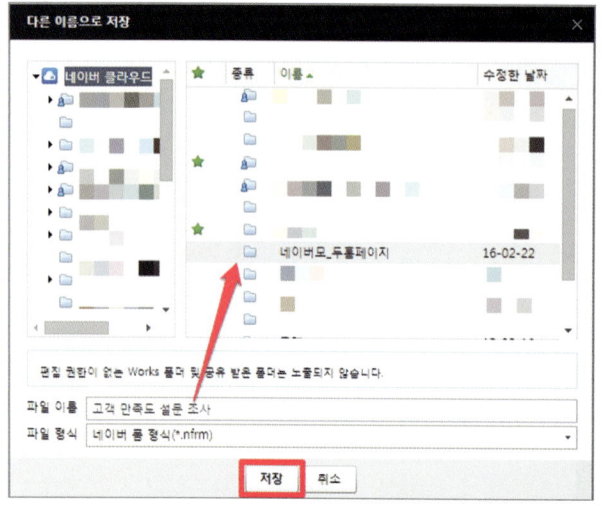

◉ 출처: http://www.naver.com

네이버 N드라이브에서 저장이 가능하다. 저장할 폴더를 선택하고 저장을 클릭한다. 저장파일은 네이버 폼 형식으로 저장된다.

◉ 출처: http://www.naver.com

미리 보는 고객 만족도 설문조사이다.

⊙ 출처: http://www.naver.com

이상이 없으면 제출하기를 클릭한다.

일반적으로 PC에서 사용하는 오피스 도구보다는 네이버 오피스는 사용이 편리하다. 네이버 N드라이브와 같이 연동하기 때문에 언제 어디서나 열어 볼 수 있다. 그리고 직원이나 친구들과 서로 공유를 할 수 있다. 바로 응답 결과를 확인할 수 있기 때문에 아주 편리한 온라인 오피스이다.

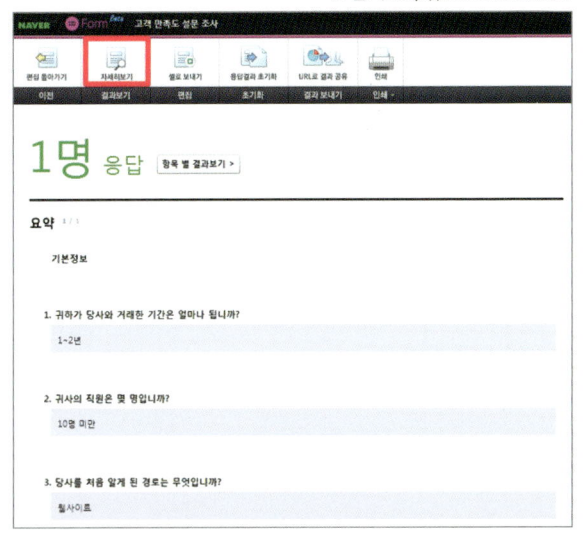

⊙ 출처: http://www.naver.com

자세히 보기를 클릭한다. 응답 별 결과 보기이다.

⊙ 출처: http://www.naver.com

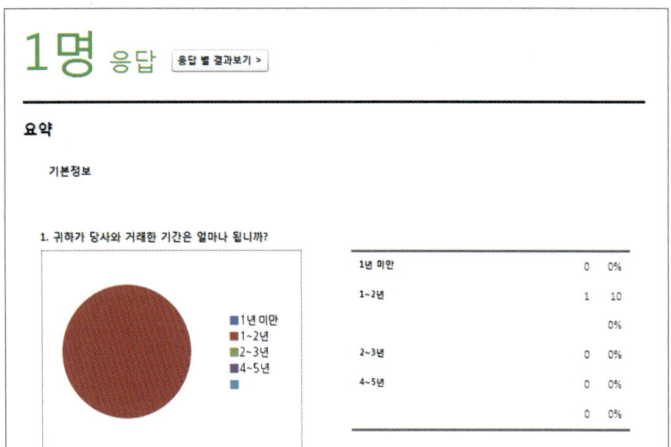

항목 별 결과 보기이다.

⊙ 출처: http://www.naver.com

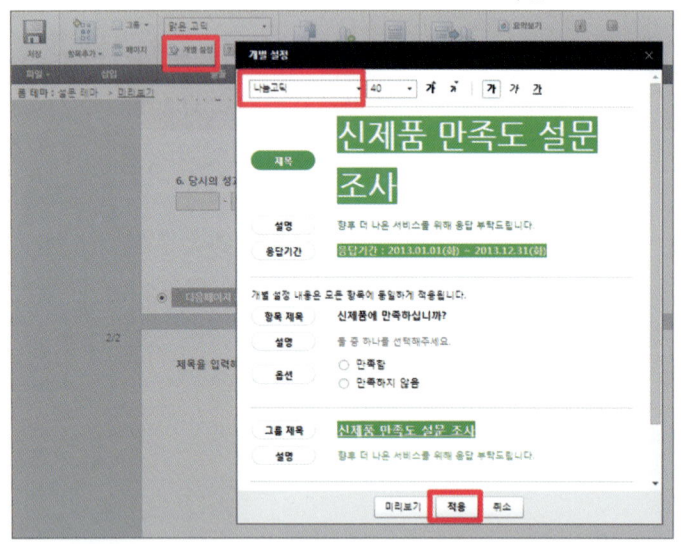

개별 설정에서 글자체를 바꿀 수 있고 글자 크기 조절도 가능하다. 적용을 클릭한다.

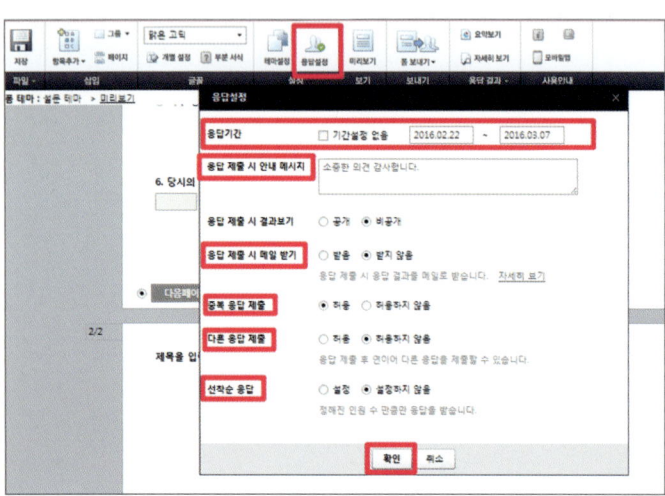

응답 설정에서는 응답 기간을 선택할 수 있다. 응답 제출 시 안내 메세지를 표시할 수 있다. 응답 제출 시 메일 받기를 선택할 수 있다. 중복응답에 대한 선택을 할 수 있다. 선착순 응답을 선택할 수 있다. 확인을 클릭한다.

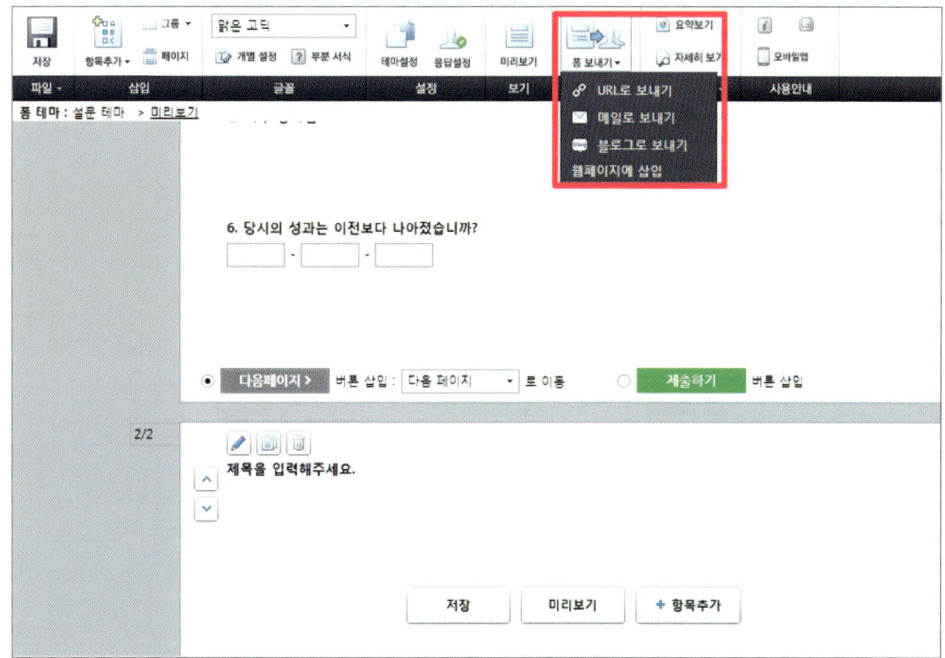

만들어진 폼을 외부로 보낼 수 있다 메일이나 블로그로 보내기가 가능하다. 그리고 고유 URL을 갖기 때문에 링크를 걸면 어디서나 사용이 가능하다.

⊙ 출처: http://www.naver.com

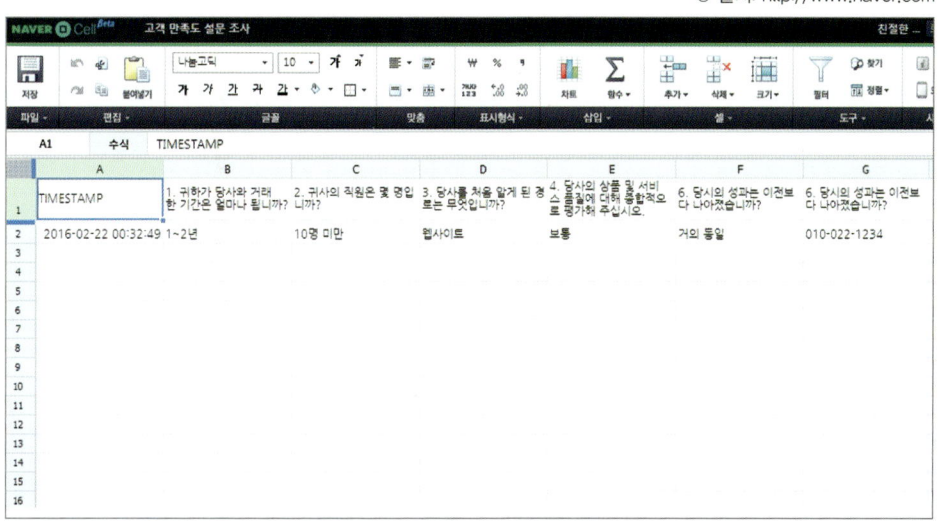

셀로 보내기를 선택하면 엑셀과 같이 항목 별로 정리가 가능하다. 이것을 저장하면 데이터베이스로 사용이 가능하다.

03 네이버 오피스 활용 하는 법

만들어진 고객 만족도 설문조사 한 페이지가 고유주소가 있어서 사용이 가능하지만 너무 길기 때문에 URL단축을 해야 한다. 네이버에서 URL 단축을 검색한다.

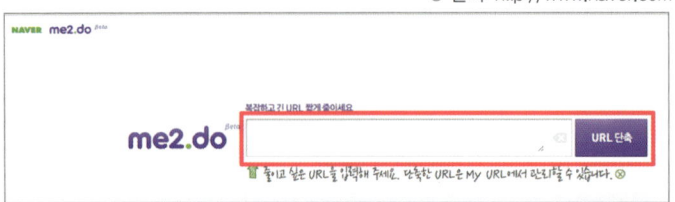

여기에서 고객 만족도 설문조사 페이지 주소를 붙여 넣기 한다.

상단에 보이는 주소를 복사해도 되고 폼 보내기에서 URL 보내기를 선택해도 된다.

URL단축 버튼을 클릭한다. 긴 URL 주소가 아주 짧게 만들어졌다. QR코드도 만들어졌다. URL 복사 버튼을 클릭하면 주소가 복사된다. 짧아진 URL 주소를 이용해서 홈페이지에서 설문조사를 바로 진행할 수 있고 블로그나 페이스북에 링크를 걸 수 있다.

실제 체험단이나 설문조사를 진행해 보면은 아주 편리하게 사용이 가능하므로 적극적으로 사용해보기를 바란다.

Chapter 08 SNS에 홈페이지 연동하기

01 페이스북에 등록과 광고하기

업종에 따라 다르겠지만 의외로 페이스북을 통해서 유입되는 인원이 생각보다 많기 때문에 페이스북 광고를 제대로 활용하면 홈페이지 방문자 수를 많이 늘릴 수 있다.

페이스북에서 광고를 하기 위해서는 페이지를 만들어야 한다 페이스북 개인 계정에서 페이지 만들기를 클릭한다.

페이지 만들기 화면이다.

회사 기관 연구소를 선택을 한다.

카테고리를 선택 회사명을 쓴 다음 시작하기를 클릭한다.

페이지 소개 부분도 나중에 입력하면 되므로 건너뛰기를 선택한다.

프로필 사진도 나중에 입력하면 때문에 건너뛰기를 선택한다.

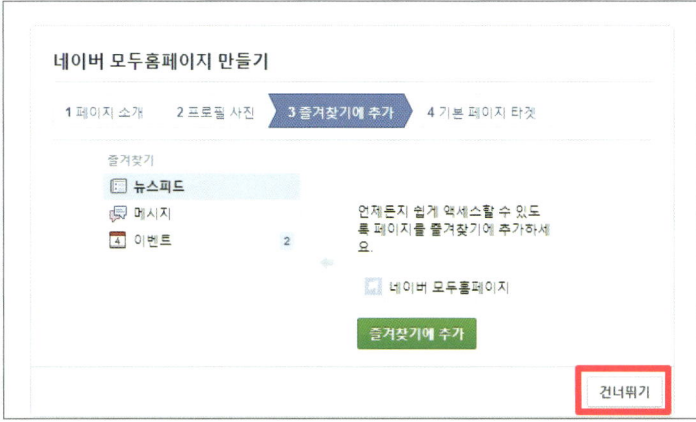

건너뛰기를 선택한다.

기본페이지 타겟도 나중에 입력하면 되므로 건너뛰기를 선택한다.

※ 출처: https://www.facebook.com/smo114

간단하게 페이지가 만들어졌다 우측에서 광고만들기를 클릭한다.

페이스북 광고에 대해서 간단히 말하자면 세가지 분류로 되어 있다. 제일 위에는 캠페인이 있다. 캠페인은 광고의 기초라고 생각을 하면 된다. 여기에 광고의 목표를 선택한다.

광고 세트는 광고에게 게재는 방식을 말한다. 광고 세트는 옵션을 선택하고 위치나 성별 연령을 선택하고 또 예산을 정하고 광고 노출 위치를 선택한다.

광고에서 페이스북 고객이 눈으로 보는 이미지, 동영상, 문구, 행동유도 버튼을 선택한다.

즉 다시 말하자면 페이스북 광고는

1. 캠페인
2. 광고세트
3. 광고구성이 된다.

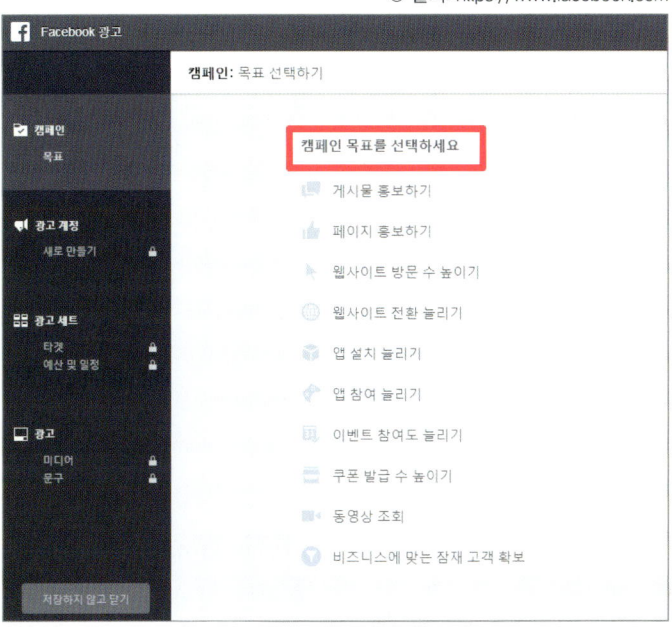

새롭게 바뀐 페이스북 광고 페이지이다.

웹사이트 방문수 높이기를 클릭한다.

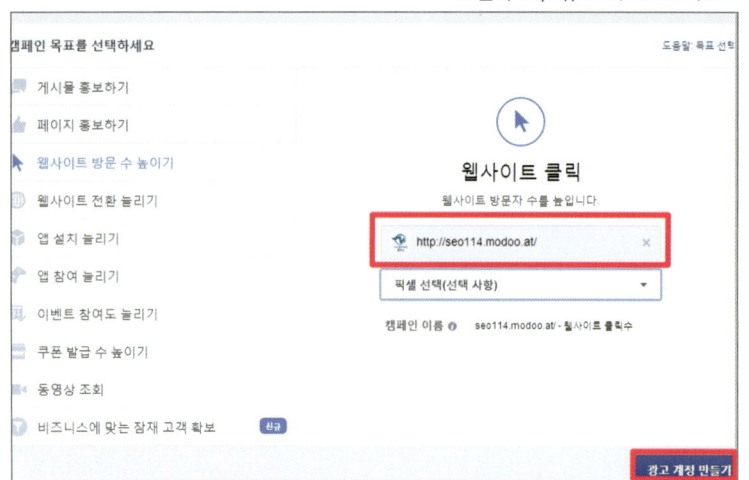

웹사이트 주소를 복사해서 붙여 넣기한다.

광고 계정에서 계정 정보를 입력해야 한다. 국가는 대한민국이다. 타겟 및 예산설정을 클릭한다.

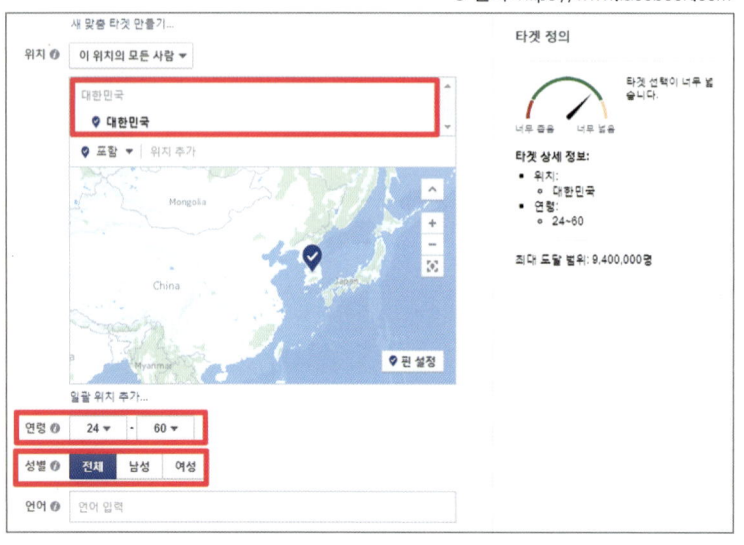

광고할 지역을 선택을 한다. 특별한 지역을 선택하면 광고비 절약 효과가 있다.
연령에서는 내가 타켓으로 한 연령을 선택하고 성별에서는 남자, 여자로 할 건지를 선택을 하면 된다.

◉ 출처: https://www.facebook.com

상세 타게팅은 인구 통계학적 특성 즉, 결혼을 한 사람을 상대로 할 건지를 선택하고 그리고 관심사, 행동이나 등을 선택해서 하면 된다.

◉ 출처: https://www.facebook.com

예산에 대해서는 일일 예산 설정보다 총예산을 설정하는 것이 편리하다. KRW는 원화다.

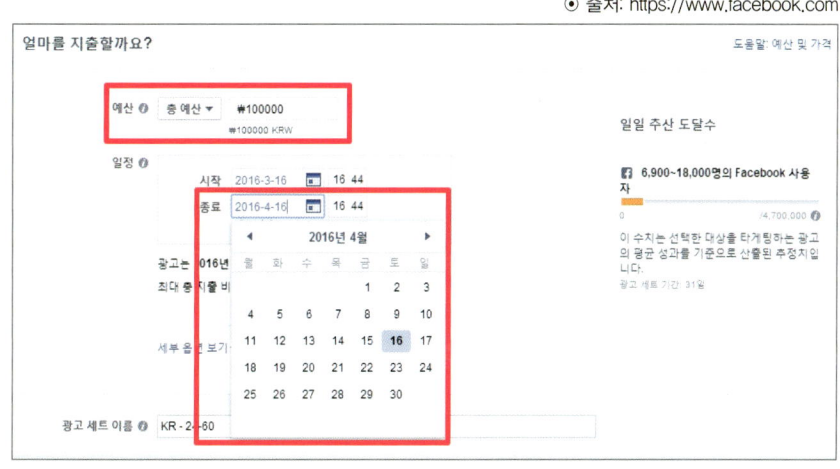

◉ 출처: https://www.facebook.com

시작일과 종료일를 선택하면 된다.

⊙ 출처: https://www.facebook.com

총 예산이 10만 원이다. 즉 최대 지출이 비용 10만원이다. 세부 옵션 보기를 클릭한다.

세부 옵션보기를 클릭하면 입찰 금액 설정이 나온다. 자동으로 하는 게 편리하다.
청구 기준으로는 링크 클릭(CPC)으로 선택이 되어 있다. 만약 노출 수(CPM)로 한다면 1,000건당 노출 수에 대한 비용이 계산이 된다.

웹사이트 링크 클릭과 노출 수 일일 고유 도달에 대한 설명 부분이다.

우측 하단 광고 크리에이티브 선택을 클릭한다.

광고를 구성하는 방법은 단일 이미지 또는 동영상 광고가 있고 단일 광고 내 여러 이미지를 선택하는 방법이 있다.

사용할 이미지 및 링크 선택에서는 네이버 모두 홈페이지를 선택을 하고 문구를 입력한다.

◉ 출처: https://www.facebook.com

이미지에서는 이미지를 600×600 픽셀로 이미지를 만들어서 등록을 하면 된다. 제목을 입력하고 설명 부분을 입력하면 된다. 만약에 내 홈페이지 내에서 랜딩페이지를 연결을 원하면 랜딩페이지를 입력을 하면 된다.

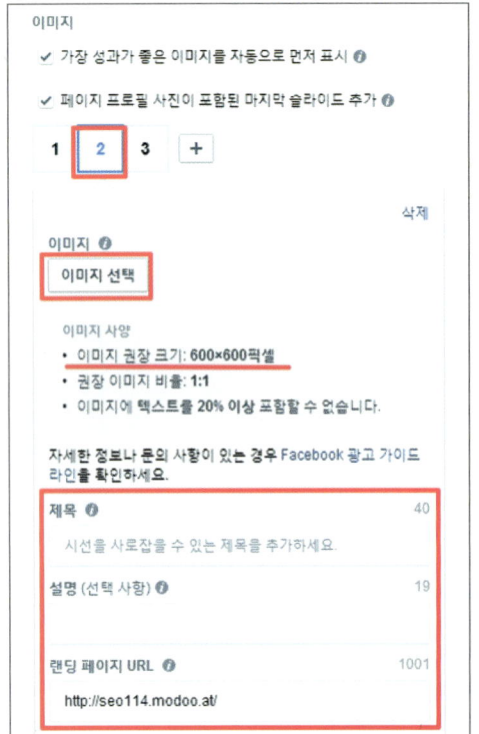
◉ 출처: https://www.facebook.com

두 번째에도 이미지 선택을 해서 600×600 픽셀로 입력을 하고 제목과 설명과 랜딩페이지를 입력하면 된다. 세 번째도 같은 방법으로 하면 된다.

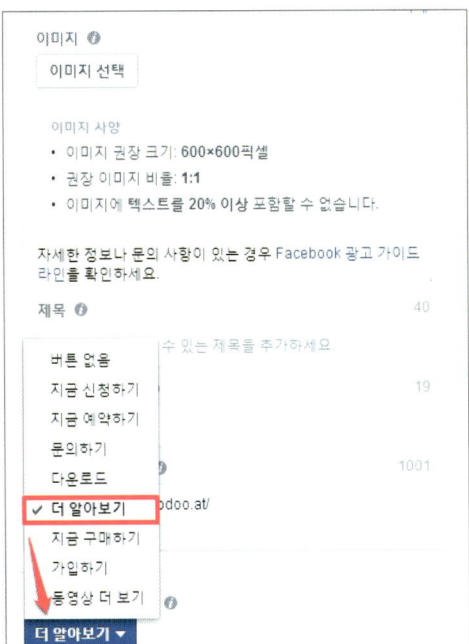

더 알아보기를 선택한다.

광고 미리보기 페이지가 나타난다. 데스크톱 뉴스피드, 모바일 뉴스피드, 타겟 네트워크, 데스크톱 오른쪽 칼럼에 노출이 된다.

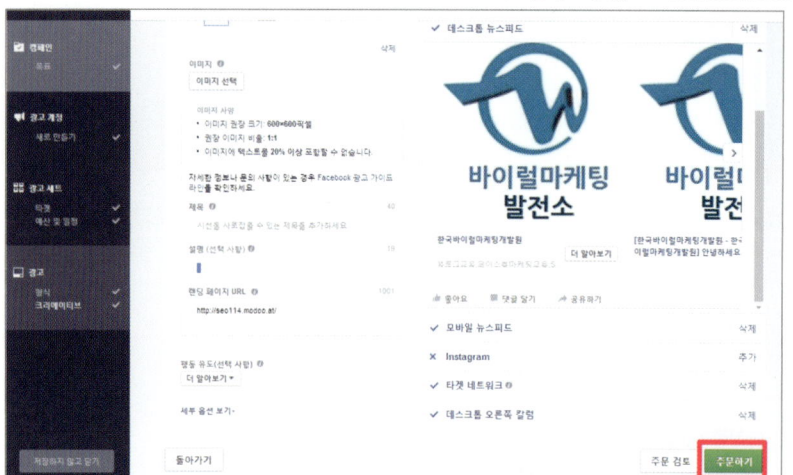

우측 하단 주문하기를 클릭한다.

카드결제 창이 뜬다.

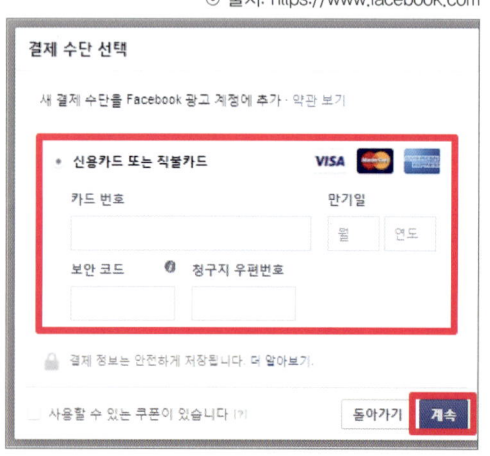

신용카드 체크카드 입력한다. 계속 하기를 클릭하면 카드가 사용이 가능한지 결제가 일어났다가 바로 취소가 이루어진다. 페이스북 광고는 승인 후 진행이 된다. 카드결제는 바로 일어나는 것이 아니라 광고 진행 후 15일 정도 지나서 광고가 진행되는 상황에 따라서 사용금액 따라서 대금이 카드로 결제가 된다. (아일랜드에서 해외결제 일어나므로 놀라지 않아야 한다.)

승인 후 활성화된 광고이다. 방문자 분석이 가능하다.

02 인스타그램에 내 홈페이지 광고하기

⊙ 출처: https://www.facebook.com

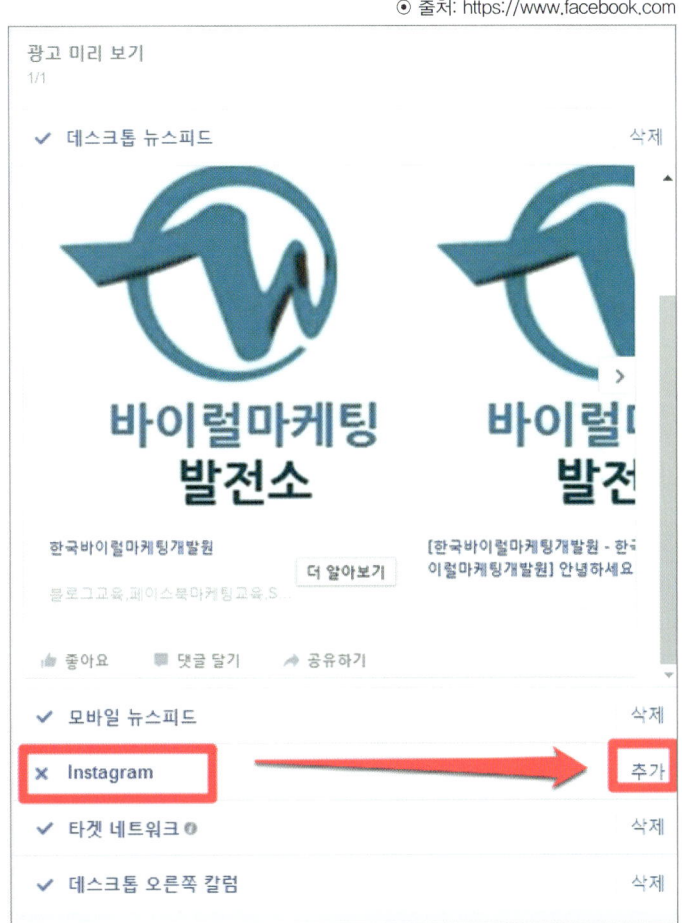

주문하기 전 인스타그램 광고추가 버튼을 클릭하면 인스타그램에 내 홈페이지가 광고가 된다. 되도록이면 인스타그램을 운영하는 것이 좋다. (인스타그램은 스마트폰에서만 운영이된다.)

03 카카오스토리에 내 홈페이지 광고하기

카카오스토리에 내 홈페이지를 광고 하는 것은 배너 형식이 아니라 게시글을 카카오스토리에 홍보를 한다. 고객 대상이 30, 40대에 자녀를 키우는 여성이라면 카카오스토리 광고를 추천할 만하다. 먼저 카카오스토리채널에 가입을 하고 홍보용 글을 써야만 한다.

다음에서 카카오스토리 채널을 검색한다. 카카오스토리 채널을 클릭한다.

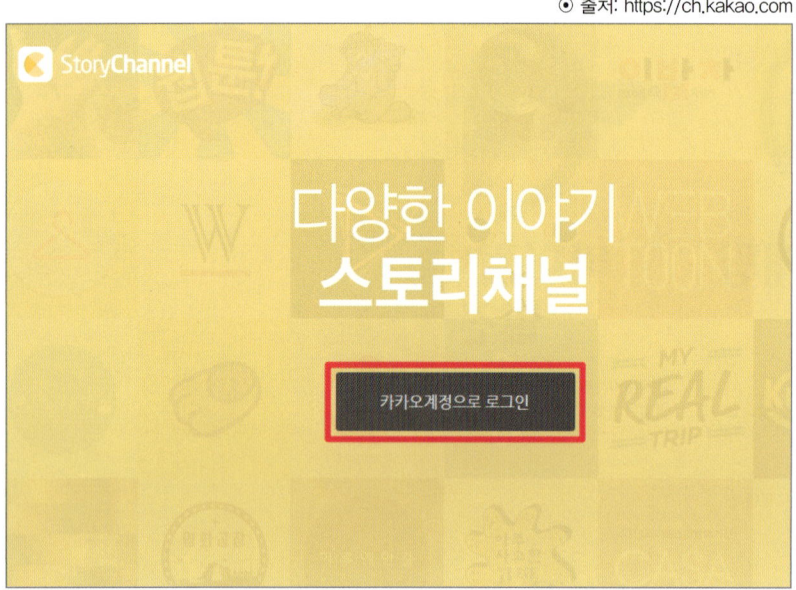

카카오스토리채널 메인 페이지이다.

◉ 출처: https://ch.kakao.com

카카오톡 아이디와 비번으로 로그인한다.

◉ 출처: https://ch.kakao.com

광고할 카카오스토리채널 페이지이다.

카카오스토리 채널에서 글을 클릭한다.

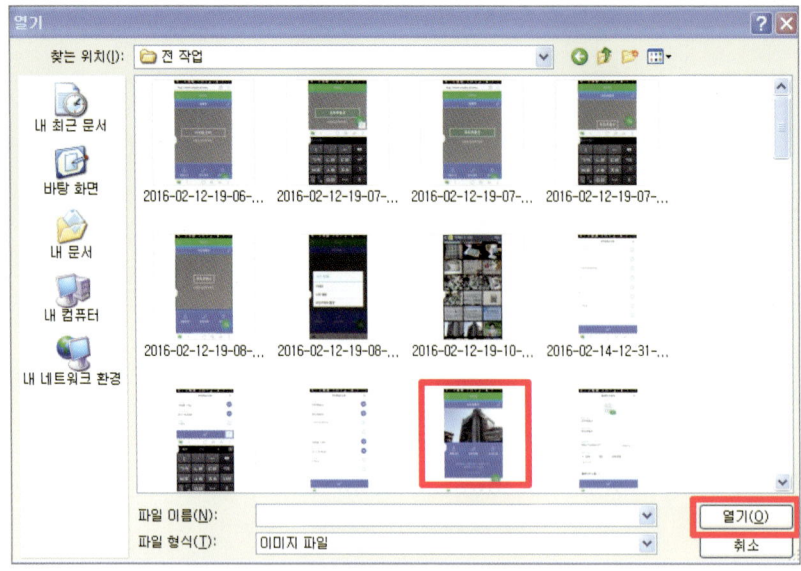

사진을 클릭에서 원하는 사진을 선택 하고 열기를 클릭한다.

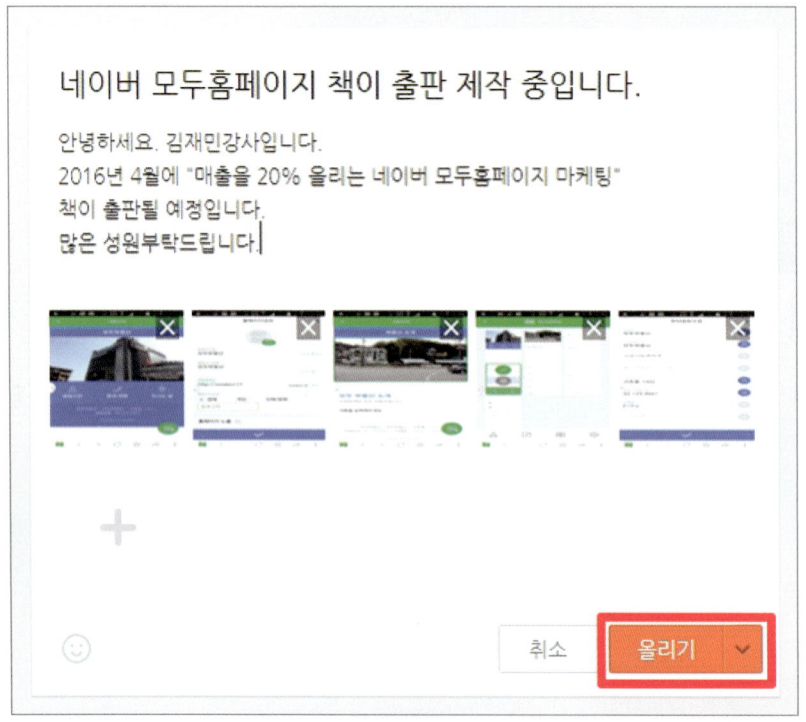

제목과 내용을 입력한다. 올리기를 클릭한다.

⊙ 출처: https://ch.kakao.com

게시글이 나타난다. 카카오스토리 채널 게시글이 있어야지만 광고가 가능하다. 보다 효과 있는 내용으로 만드는 것이 아주 중요하다.

⊙ 출처: http://www.daum.net

다음에서 다음 키워드 광고를 검색한다 카카오 광고를 클릭한다.

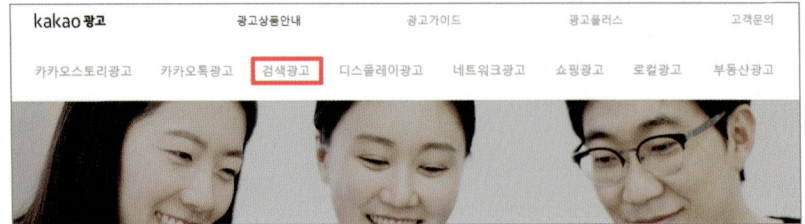

검색 광고를 클릭한다.

광고 관리 시스템을 클릭한다.

다음 키워드 광고 가입이 안 됐으면 광고주 신규가입을 해야 한다.
아이디와 비밀번호를 입력하고 로그인을 클릭한다.

상단에서 광고 관리를 클릭한다.

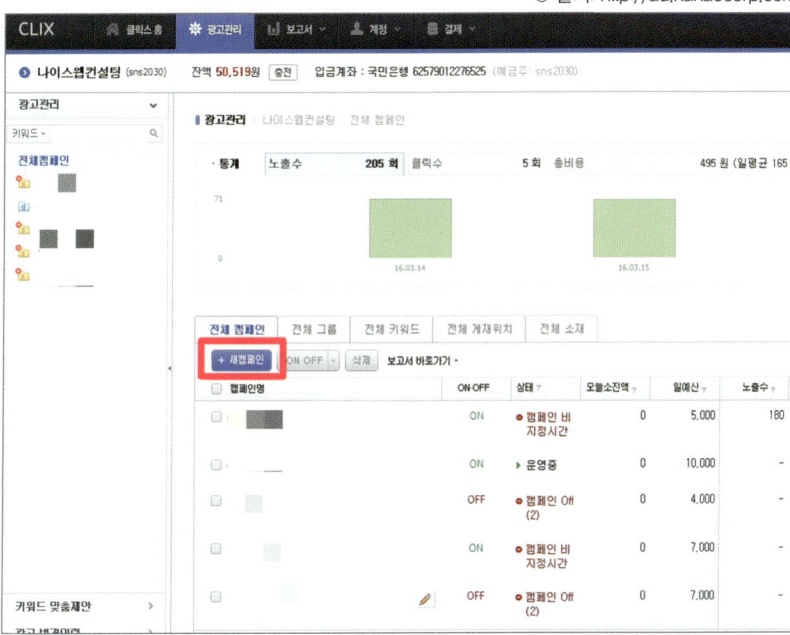

새 캠페인을 선택한다.

◉ 출처: http://ad.kakaocorp.com

디스플레이 네트워크를 선택하고 캠페인 명을 입력한다.
일 예산을 선택을 하고 노출 요일 및 시간을 선택한다.
저장 후 그룹 등록을 클릭한다.

◉ 출처: http://ad.kakaocorp.com

APP그룹을 선택하고 그룹명을 입력한다. 광고 대상에서 스토리채널을 선택하고 그룹 입찰가를 입력한다. 클릭당 입찰가를 입력하고 1000명당 노출당 입찰가를 선택한다. 일 예산을 입력한다. 저장 후 소재등록을 클릭한다.

ⓞ 출처: http://ad.kakaocorp.com

게시글 타입을 선택한다.

ⓞ 출처: http://ad.kakaocorp.com

소재 명을 입력하고 게시글을 선택한다.

⊙ 출처: http://ad.kakaocorp.com

소재 등록 완료를 클릭한다.

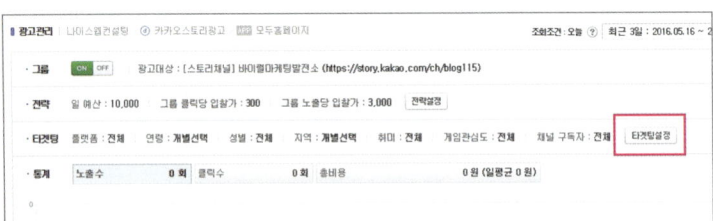

타겟팅 설정을 클릭한다.

⊙ 출처: http://ad.kakaocorp.com

광고 대상을 타겟팅할 수 있다.

연령과 성별을 선택한다.

원하는 지역을 선택할 수 있다. 타겟팅 등록완료를 클릭한다.

카카오스토리 광고가 등록이 완료가 되었다. 광고관리 가기를 클릭한다.

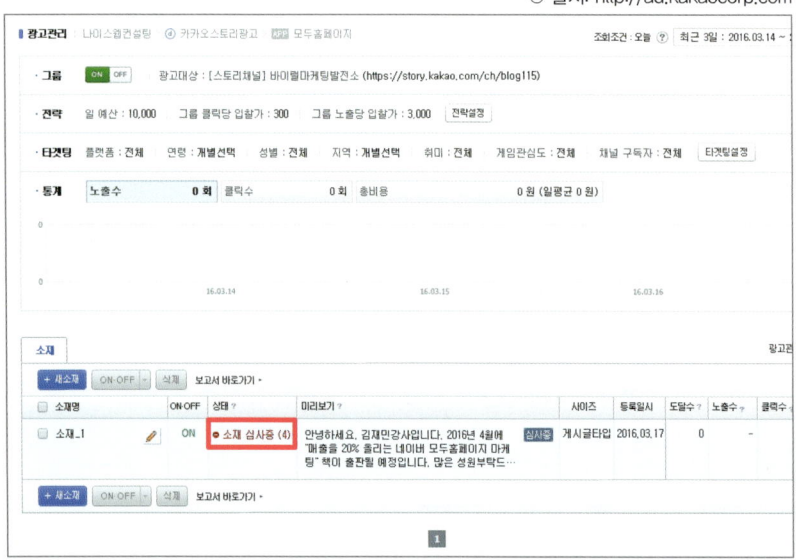

바로 광고가 집행이 되는 게 아니라 소재를 심사해서 심사가 완료가 되어야지만 광고가 진행이 된다.

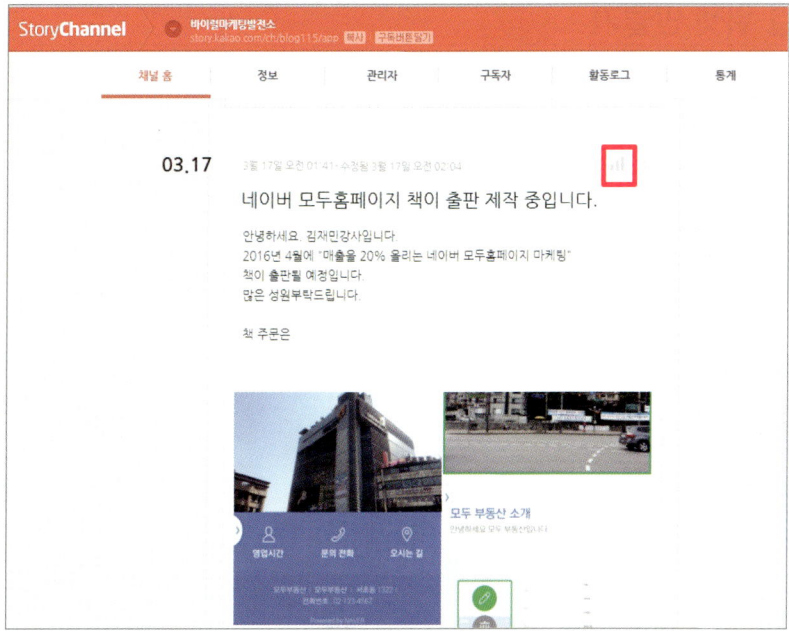

게시물에서 바로 방문자 통계를 볼 수 있다.

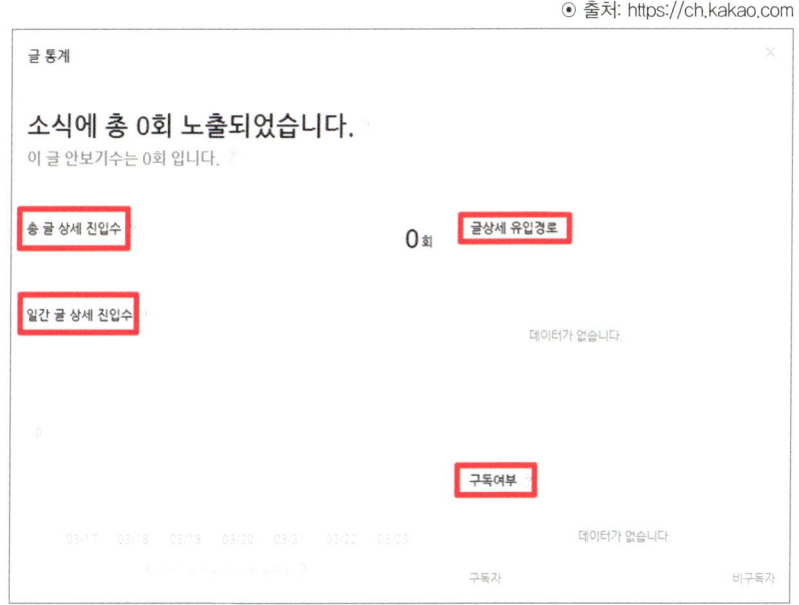

글 통계로 총 글 상세 진입 수와 일간 글 상세 진입 수, 글 상세 유입경로, 구독여부를 알 수 있다. 카카오스토리가 업종에 맞는지 안 맞는지는 테스트 통해서 해 봐야 된다. 일반적인 생활용품이나 생필품 일 경우에는 제품에 대한 구매률이 높을 수 있으므로 꼭 해보기를 권한다.

블로그에서 연결 위젯 만들기

운용하는 블로그가 있다면 블로그에서 배너 형식으로 모두홈페이지로 이동하게 할 수 있다. (PC에서 가능) 물론 모두 홈페이지에서 블로그로도 연결할 수 있다.

포토스케이프를 실행한다.

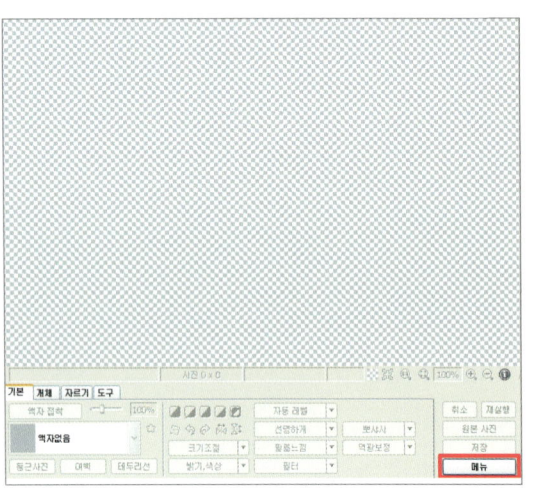

메뉴를 클릭한다.

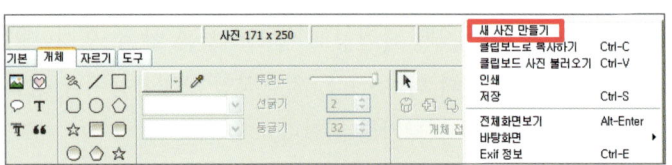

새 사진 만들기를 클릭한다.

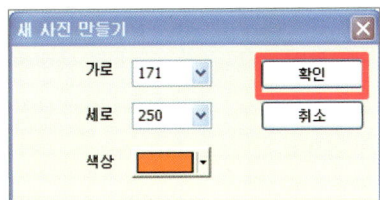

새 사진 만들기에서 가로 171 세로 250 색상을 선택한다. 새로는 임의대로 변경이 가능하다.

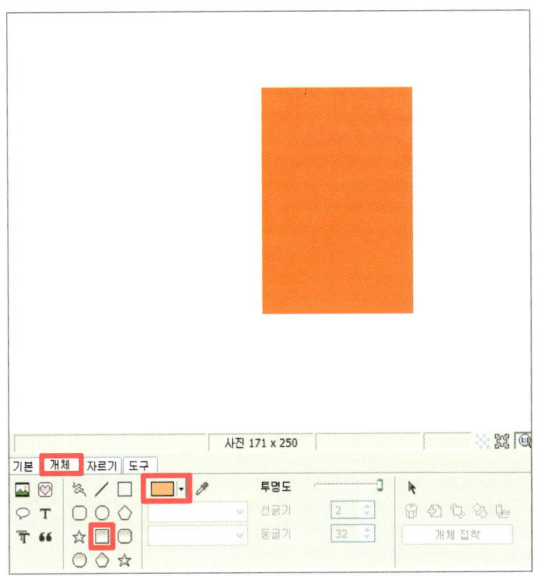

자동으로 만들어진 사각형이다.

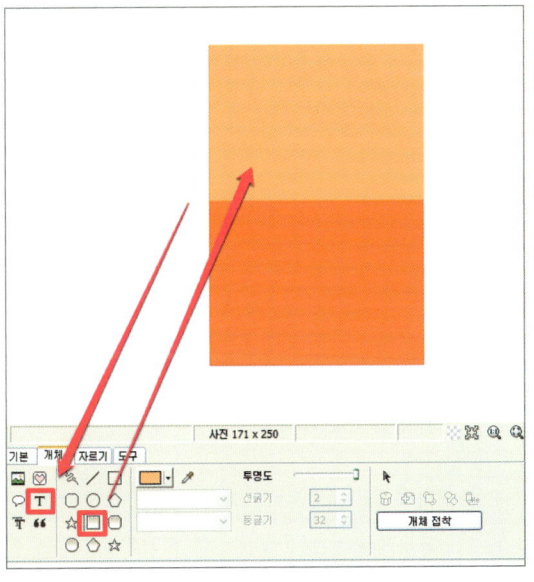

개체를 선택하고 사각형 면을 선택하고 색상을 선택한 다음 원하는 위치에 사각형을 만들어 준다.

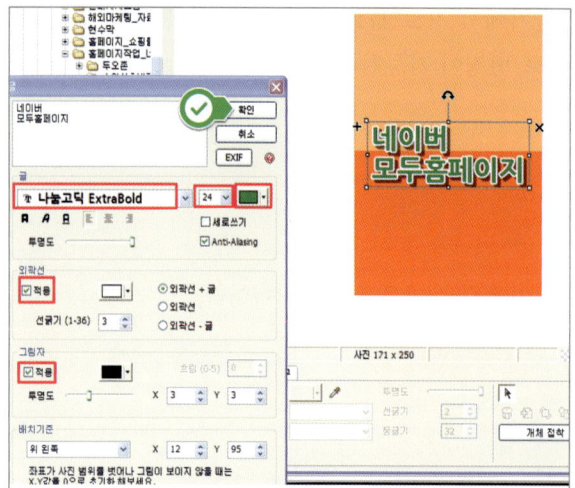

개체에서 T를 선택을 하고 원하는 글자를 쓴다. 글자체를 선택하고 글자 크기를 선택한 다음 색상을 선택한다. 외각선이나 그림자도 선택해서 임의대로 조작해 본다.

아이콘을 선택한다.

⊙ 출처: http://photoscape.com

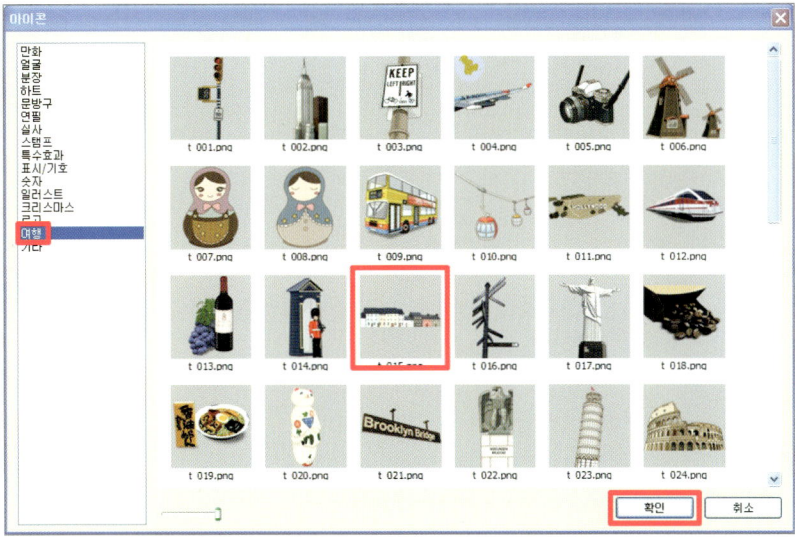

개체에서 하트 아이콘을 선택한 다음 여행에서 원하는 이미지를 선택하고 확인 버튼을 클릭한다.

다른 글자를 입력에서 원하는 위치에 놓는다. 다 만들었으면 저장을 클릭한다.

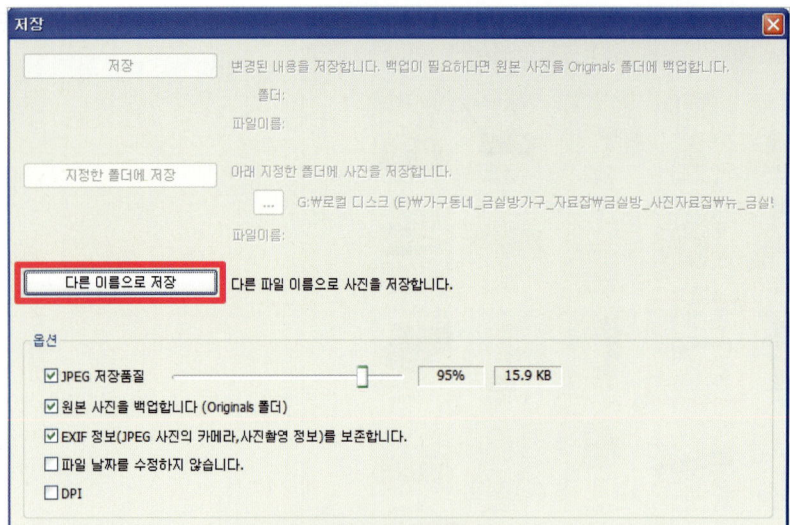

다른 이름으로 저장을 클릭한다.

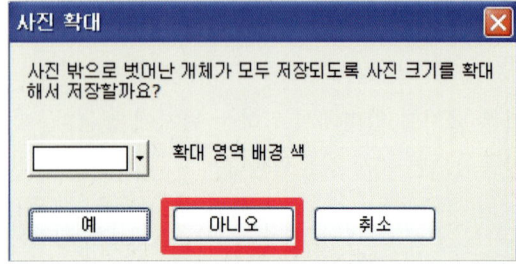

아니오를 클릭한다.

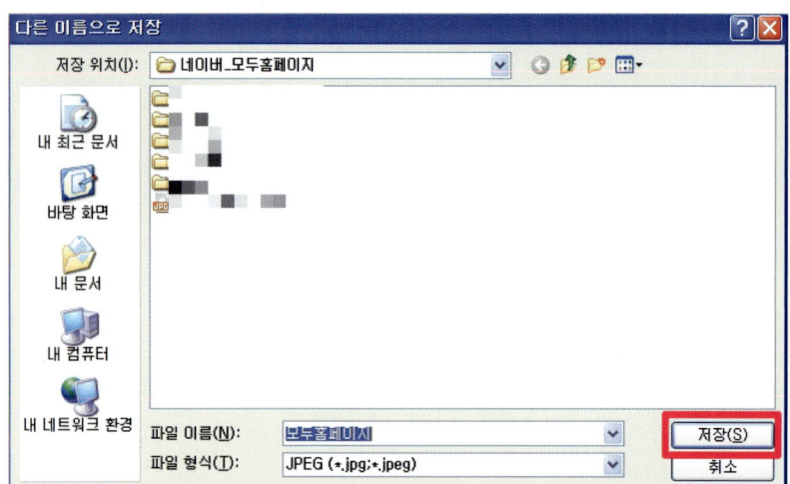

파일 이름을 입력하고 저장을 클릭한다.

네이버 로그인을 한 다음 내 블로그에서 프로필 아래 포스트쓰기를 클릭한다.

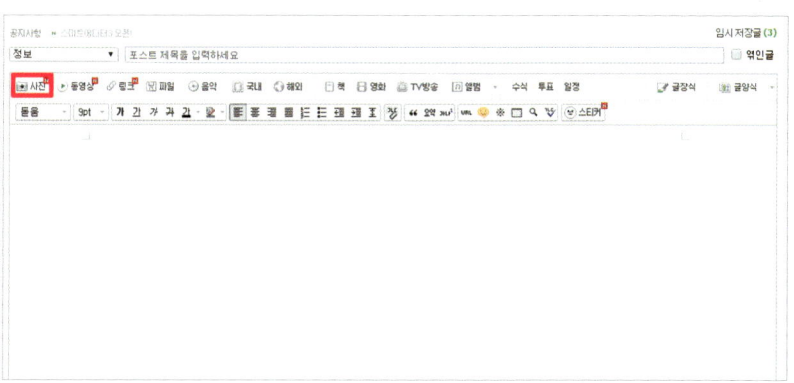

만든 이미지를 블로그에 위젯 형식으로 만들어야 한다. 포스트쓰기에서 좌측 상단 사진을 클릭한다.

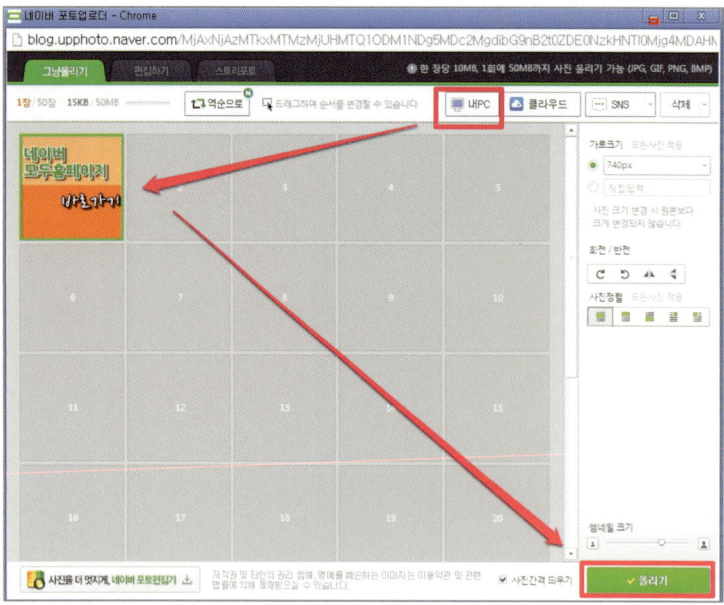

네이버포토 업로드가 나타난다. 내 PC를 클릭한다. 만들어진 이미지를 불러온다. 올리기를 클릭한다.

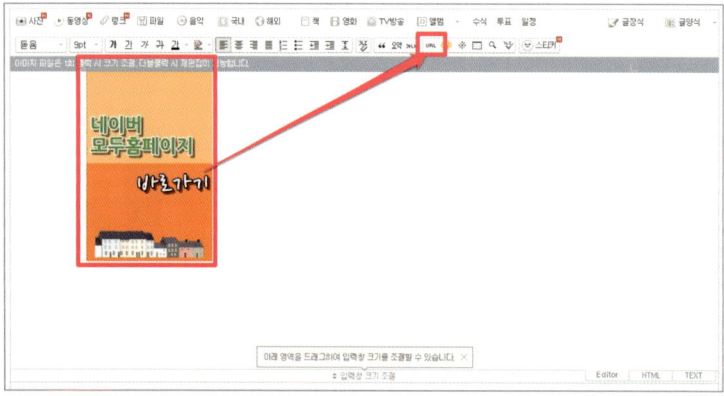

포스트쓰기에서 만들어진 이미지를 불러온 상태이다.

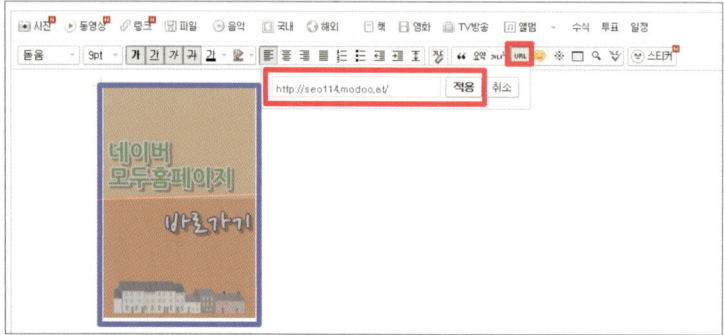

마우스로 이미지를 드래그(마우스로 옆에서 스치듯이 이미지를 접촉) 한 다음 이미지가 파랗게 된 상태에서 상단메뉴에서 URL을 선택한다. 이동할 네이버 모두홈페이지 주소를 입력하고 적용을 클릭한다.

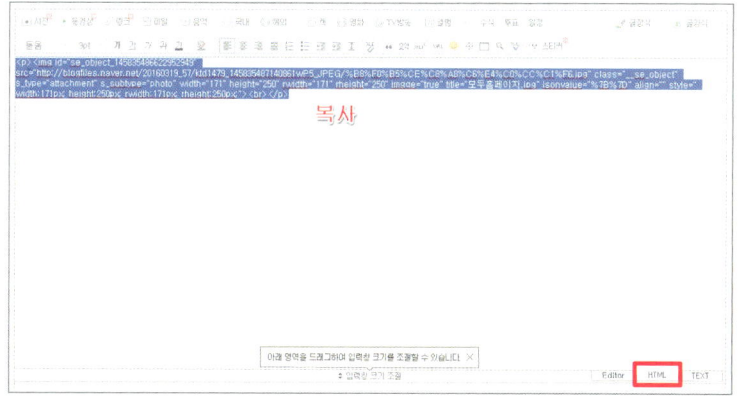

하단 메뉴에서 html을 선택한다.

비공개 저장을 한다.

관리를 클릭한다.

⊙ 출처: http://www.naver.com

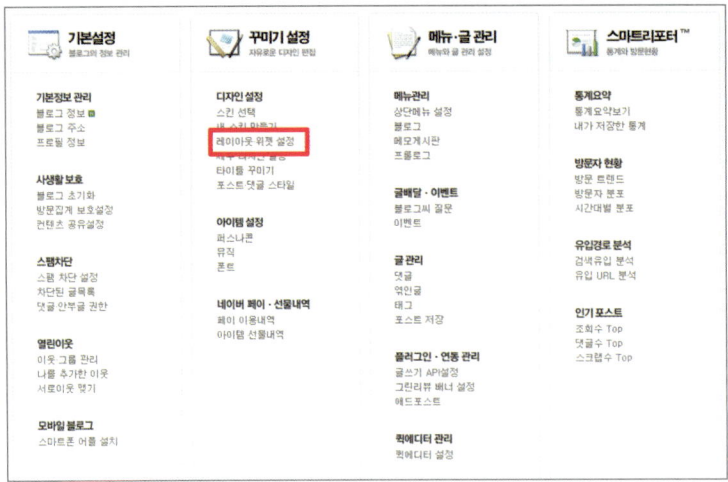

꾸미기 설정에서 레이아웃 위젯 설정을 클릭한다.

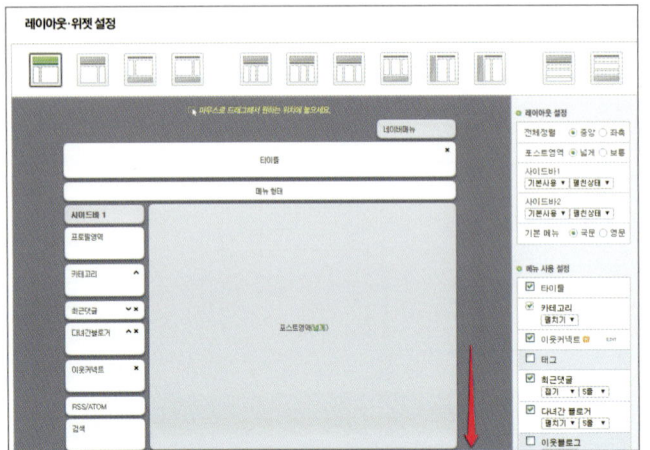

레이아웃 위젯 설정 페이지이다.

우측 하단 위젯 직접 등록을 선택을 하면 팝업창이 나타난다.

위젯 코드 입력란에 만들어진 html소스를 붙여 넣기 한다. 다음을 클릭한다.

이상이 없으면 등록을 클릭한다.

Chapter 08 _ SNS에 홈페이지 연동하기 :: 341

적용을 클릭한다.

잘 만들어진 네이버 모두홈페이지 바로 가기 위젯이다. 여기를 클릭하면 내 홈페이지로 바로 가게 된다. 조금은 어려울 수 있지만 꼭 필요한 기능이므로 천천히 따라 해 본다.

PART 03 네이버 모두 홈페이지 관리 마케팅

Chapter 01 | 중소기업과 소상공인을 위한 브랜드마케팅
Chapter 02 | 네이버 모두홈페이지 로고 만들기
Chapter 03 | 네이버 모두홈페이지 이미지 마케팅
Chapter 04 | 네이버 모두홈페이지 방문자통계

Chapter 01 중소기업과 소상공인을 위한 브랜드마케팅

01 브랜드마케팅이 필요한 이유

기업이나 개인을 표현 할 수 있는 것이 있다면 얼굴과 성격이다. 즉 전문적인 표현으로 CI(Corporate Identity), BI(Brand Identity)이다. 기업이나 개인의 무형의 자산이라고 볼 수 있다.

CI(Corporate Identity)
CI는 흔히들 알고 있는 기업이나 개인 로고나 심볼(symbol)이다. 시각적 표현이지만 타 기업과 차별화된 이념과 목표를 보여주는 이미지이다.

BI(Brand Identity)
BI는 제품과 서비스 차별화를 위한 중요한 개념이다. 기업이 자신의 제품이나 서비스를 고객에게 인식시키고 차별화시키기 위해서다. 닭고기 하면 하림이 생각이 나듯이 기업을 대표한 시각적 개념이다. 중소기업과 소상공인들이 다들 하려고는 하지만 자금 문제와 인원 문제로 못하는 가장 큰 난제 중의 하나이다.

여기서는 광고 현장을 누비던 경험으로 좀 더 이해하기 쉽게 설명을 하고자 한다.

1. 기존에 있는 제품이나 서비스의 브랜드 전략
2. 새로운 제품이나 서비스의 브랜드 전략

모든 문제의 해결점은 스스로 다들 열쇠를 가지고 있다. 다만 인지를 못할 뿐이다. 스스로 연구하는 자세가 정말 중요하다. 일반적인 정보 전달보다 스스로 연구 하는 것이 특히 필요하다. 해답은 스스로 다들 가지고 있기 때문이다.

제품이나 서비스의 브랜드 전략

a. 두 가지 제품을 섞어서 새로운 브랜드를 만들어라
갈비탕은 기존에 음식 제품이다 이 제품과 차별화한다고 예를 든다면 낙지갈비탕 즉 갈낙탕이다.

짜장면은 흔히들 잘 알지만 대구의 삼결살짜장면 이라면 고객은 궁금해서 가서 먹고 싶어진다. 어렵게 생각하지 말고 두 가지 상품이나 서비스를 융합하라.

빈 공간에 새로운 아이디어를 적는다.

b. 한 가지 제품에 새로운 기능을 추가해서 새로운 브랜드를 만들어라

요즘 G 마켓에서 많이 팔리는 하나나비 바베큐 꼬치그릴이다.
기존 제품은 가스렌지 위에 사용하는 그릴이지만 이 제품은 발상을 전환해서 일자형 바비큐 막대기를 곱게끔 만들어서 새로운 상품 브랜드로 성공한 케이스이다.

빈 공간에 새로운 아이디어를 적는다.

c. 두 가지 서비스를 섞어서 새로운 브랜드를 만들어라

빈 공간에 새로운 아이디어를 적는다.

d. 한 가지 서비스에 새로운 기능을 추가해서 새로운 브랜드를 만들어라

빈 공간에 새로운 아이디어를 적는다.

c. 제품에 새로운 서비스를 추가 새로운 브랜드를 만들어라

빈 공간에 새로운 아이디어를 적는다.

d. 서비스에 새로운 제품을 추가 새로운 브랜드를 만들어라

빈 공간에 새로운 아이디어를 적는다.

중고기업이나 소상공인들은 위한 브랜드마케팅은 이론적인 것보다 경험이 많은 자기 자신 스스로 찾는 것이 좋다. 멀리 있는 것이 아니라 가까이 있는 것부터 생각하면 의외로 새로운 제품이나 서비스의 브랜드가 탄생한다.

회사명(이름)도 튀어야 산다

중고기업이나 소상공인들은 위한 브랜드마케팅 중 브랜드 네이밍 즉 회사명 상호를 짓는 것이 아주 중요하다. 고객의 뇌에 상호를 인식을 시키는 작업이 필요한데 인간의 뇌는 자극을 주어야 기억이 오래가기 때문이다.

예를 든다면

"누렁이도 찰스로" 애견용품점
"그 레벨에 잠이 오니" PC방
"이노무스키" 스키용품점
"마님을 보쌈해" 보쌈 집
"수제비에 빠진 낚지" 칼국수 집
"돼지가 땡기는 날" 고기 집
"중국집이 와이카노" 중국집
"까글래 뽀끌래" 미용실

등 재미있고 기억하기 쉬운 상호가 있다.

자신이 제공하는 제품이나 상호를 짓을 때부터 마케팅이 시작된다.상호명을 이벤트를 통해서 공모하거나, 온라인 키워드 광고를 해서도 상호 공모전을 방법도 있다. 마지막으로 지역사회에서는 전단지나 현수막을 통해서 지역주민과 상호 공모전 이벤트를 하는 것도 좋은 아이디어이다.

03 브랜드 페르소나(persona) 설정하는 법

새로 사업을 시작하려는 사업가들에게 회사 이름이나 상호만큼 중요한 것도 없다. 기존의 사업자라면 새로운 제품의 이름 또한 중요하다. 그러므로 이름을 정하기 전에 먼저 적절한 브랜드 페르소나 마케팅 계획을 세워야 한다. 브랜드 페르소나는 브랜드 스토리를 만드는 방법 중 하나다. 브랜드에 사람인 것처럼 의인화 하는 것 인데 사람과 같은 이미지는 고객이 브랜드를 선택할 때 좀더 친숙하고 부드러운 이미지로 기업을 표현하기 위함이다.

예로 한국민속촌 '속촌아씨' 이다. 카카오스토리를 운영 중이다.

출처: https://story.kakao.com/ch/koreanfolk

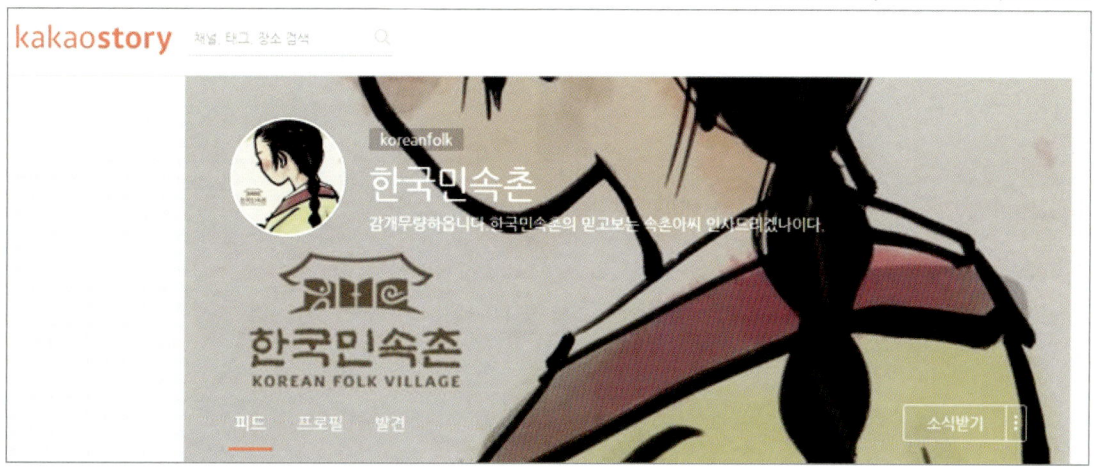

브랜드 페르소나는 정해진 한 사람의 가상 인물을 만들어서 브랜드에 대한 모든 활동을 그 사람의 생각과 모습으로 행하도록 하는데 초점을 둔다.

브랜드에 페르소나를 적용하면 각자의 브랜드가 가지고 있는 컨셉이나 개념을 추상적인 개념이 아닌 구체적인 인간의 관점으로 그려지기 때문이다.

브랜드 페르소나는 사실 중요하지 않는 이야기처럼 들릴지 모르지만 가상의 공간에서 마케팅을 진행하면서 아무리 강조해도 지나치지 않은 중요한 포인트이다.

쉽게 말하면 개인과 법인의 차이라고 보는 것이 쉬울 것이다. 주식회사는 가공의 서류상 존재하는 회사이다. 그러나 모든 법률적인 부분은 사람과 똑같이 이루어지는 것을 생각하면 쉽게 이해가 될 것이다. 이것을 기본으로 마케팅을 하면 일률적인 진행이 가능하고 고객도 회사나 제품을 이해하기 쉬울 것이다.

첫번째로 브랜딩, 제품 및 서비스 기획에 대한 의사결정을 보다 쉽게 할 수 있다.

두번째는 브랜드를 만들어가는 사람과 회사내부의 직원들의 의견과 아이디어들이 실제생활의 이야기로 이루어지기 때문에 쉬운 이해와 의사소통이 가능하다.

브랜드 페르소나에 이런 점들은 컨셉에 대한 표현을 보다 구체적이고 일관성 있는 이미지와 분위기로 만들어 갈 수 있다는 점이 가장 큰 장점이라 할 수 있다.

가. 디지털 페르소나와 4가지 주요 트렌드

내 고객은 누구이며 가장 구매를 많이 하는 고객은 누구인가. 방문고객인가 디지털로 구매하는 고객인가 스스로 의문을 가지고 생각해봐야 한다.

여기에서는 온라인 상의 고객만 알아본다.

디지털행동은 크게 네 가지 페르소나로 구분된다. 디지털 페르소나는 디지털 공간상에서 만들어지는 정체성을 의미하는데, 이 디지털 페르소나를 이해하는 것이 디지털 소비자에 대한 이해를 높이는 첫 걸음이 된다.

a. 로라(Laura): 16-24세
소셜미디어를 이용하는 16-24세에 대한 제품이나 서비스의 브랜드 전략

b. 루크(Luke):28세, 기혼
스마트폰 90% 이상 사용하고 잡지나 신문은 잘 보지 않는다.

c. 루시(Lucy):44세, 기혼, 자녀1~2명
가족과 TV를 보며 아이들과 시간을 보내는 것을 좋아한다.

d. 리암(Liam): 55세 이상, 은퇴
스마트폰은 잘 사용하지 못한다. 가끔 디지털미디어를 활용하고 있다.

나. 주요 페르소나 유형 5가지

주요 페르소나의 유형 5가지 -

a. 황제
b. 영웅
c. 전문가
d. 친구
e. 카멜레온

여기에서 친구 같은 브랜드 페르소나가 가장 많이 애용된다.

다. 페르소나를 구성하는 8가지 요소

a. 이미지
고객의 상상력으로 이해하기 쉬운 이미지

b. 맞춤성

고객들의 취향, 경쟁사들이 추구하는 페르소나, 자신에게 주어진 다채로운 기회 등을 살펴보아야 한다.

c. 신뢰

고객들이 신뢰할 수 있는 정보를 전달해야 한다.

d. 원칙 준수

이미지 전략이 수립되었으면, 연속적이고 일관되게 지켜져야 한다.

e. 성장

브랜드 페르소나 역시 천천히 성장해야 한다. 성장하는 사람처럼 기업과 개인의 페르소나 역시 변화와 시행착오를 거쳐 발전하는 것이다.

f. 조사

자신의 페르소나를 파악하기 위해서는 여러 분야의 조사가 필요하다. 회사의 동료, 파트너, 직원, 도서관, 등에서 좋은 정보를 얻을 수 있다.

g. 독자성

이미지에 독자성을 부여하는 것은 페르소나 마케팅 계획의 마지막 단계이면서 아주 중요하다.

라. 페르소나 만들기

페르소나 마케팅 계획 세우기는 페르소나 장단점을 파악해서 좀 더 구체적인 인간적인 브랜드 페르소나를 만드는 것이 중요하다.

첫째 페르소나의 구성요소와 법칙들을 제대로 알아야 한다.
둘째 페르소나 장점과 단점에 대한 목록을 작성하는 것이다.
셋째 목표지향적인 계획을 만드는 것이다.

04 친근한 캐리커처 마케팅하기

캐릭터 마케팅이란 중소기업이나 소상공인도 쉽게 할 수 있는 마케팅 방법이다. 비용도 저렴하면서 친근하게 고객들한테 친근하게 다가갈 수 있는 방법이다. 자신의 얼굴을 캐릭터로 만들어서 활용을 해도 아주 좋은 효과를 가져올 수 있다.

대표적인 예

에쓰오일은 브랜드 캐릭터인 '구도일'
한국민속촌은 '속촌아씨'
고양시 '고양이',

옛날 선조들이 자신을 키울 때 오래 살라고 예명을 지어주는 경우가 있다. 그것을 생각하면 제품이나 서비스 회사나 개인 등 좀더 친근한 예명이나 이미지가 필요한 것이다. 이것이 친근한 캐리커처 마케팅이라고 한다.

◉ 출처: http://www.naver.com

네이버에서 캐리커처라고 검색하면 다양한 회사에서 캐리커처 서비스를 하고 있다. 보통 20,000원 ~ 40,000원 정도 한다.

만약 탈모방자 샴푸를 생산하는 업체라면 어떤 것이 필요할까?

◉ 태국 nudeJEH – Hair loss advertisement

예를 들어본다. 탈모가 되는 솔을 가지고 캐리커쳐를 만든다면 고객이 탈모샴푸라는 것을 쉽게 알고 제품에 대한 이해나 신뢰가 클 것이다. (솔에 눈과 코와 입이 있다고 상상해보라.)

중소기업이나 소상공인들은 대기업에 턱없이 부족한 재원이므로 독하게 그리고 독창적인 아이디어를 내지 않는다면 안 된다. 조그마한 손해를 감수하고 서라도 도전해보기 바란다.

05 브랜드 마케팅 성공전략

앞 부분 "제품이나 서비스의 브랜드 전략"과 비슷하지만 이론적인 것으로는 중소기업이 취할 수 있는 브랜드 전략의 형태를 분류한다면 '가치 제안'과 '신뢰 획득' 이란 부분이 있다.

가. 가치 제안이란
기존 제품에 없는 "기능적 또는 정서적 가치"를 제공함으로써 틈새시장(niche market)을 창출하고 틈새시장(niche market) 에서는 경쟁기업과 비교해서 강한 브랜드를 확보한다는 전략이다.

a. 기능적 가치란
제품이나 서비스를 정의하는 중요한 기능을 강화하거나 새로운 기능을 추가함으로써 소비자들이 새로운 제품이라고 인식하도록 하는 것이다.

b. 정서적 가치란
제품이나 서비스에 이전에 제공하지 못했던 심리적 혜택과 이익을 새롭게 추가함으로써 소비자들이 새로운 카테고리의 제품으로 인식하도록 하는 것이다.

나. 신뢰 획득이란
중소기업이나 소상공인들이 사용 가능한 마케팅 자원이 적다는 점을 생각해서 먼저 소비자에게 브랜드를 인지시키고 신뢰를 얻는 경로를 '先인지後신뢰' 혹은 '先신뢰後인지'로 사전에 구분함으로써 브랜드 투자의 선택과 집중을 하는 방법이다.

a. 先인지後신뢰 이란
대중적으로 시선이나 관심을 끌 수 있는 이슈를 제시하여 대중적 인지도를 높여서 사용하는 구매층을 넓히고 사용자들의 신뢰를 얻는 방법이다.

b. 先신뢰後인지 란
딜러, 오파상, 매니저 등과 같이 다수의 고객과 접촉하는 사업자(중개자, 대리점, 프랜차이즈 가맹점 등)으로부터 신뢰를 얻고 이들을 통해 대중의 인지도를 높이는 방법이다.

이론적으로 이야기 해서 좀 어려울 수 있지만 좀더 여유를 가지고 시간 투자를 해야만 한다. 저자가 현장 경험으로 이야기 한다면 예를 들어서 제품 개발은 1~3년 한다면 제품마케팅에 대한 시간 투자는 100시간도 안 한다면 그것은 참 불균형 한 것만 분명하기 때문이다.

참고서적

브랜드파워를 높이는 마케팅 수업 : 저: 오응서

브랜드 스토리 마케팅 브랜드가 말하게 하라 : (공)저: 김태욱, 노진화

페르소나 마케팅 : (데릭 리 암스트롱·캄 와이 유 지음/홍성태·한상린 옮김)

브랜드 약자(중소기업)의 사례를 통한 성공 브랜드 전략 : http://juotte.net/?p=5524

영국의마케팅 소프트웨어사 : CommsBox의 'Top5DigitalMarketingTrendsfor2015

Chapter 02 네이버 모두홈페이지 로고 만들기

01 해외에서 무료로고 구하는 법

◎ 출처: http://www.google.com

구글에서 "free logo site" 라고 검색해서 마음에 드는 사이트 에서 만들면 된다.
유료사이트들도 있으니 만들고 결제를 하면 된다.

◎ 출처: http://www.google.com

포토샵 파일 PSD파일은 "psd free logo site" 라고 검색하면 된다. 의외로 뛰어난 무료 psd가 많으니 찾아보기 바란다. (저작권 문제로 간단하게 설명한다.)

02 무료 로고 저작권 주의사항

무료 로고라도 개인적으로 쓰는 것은 상관이 없지만 상업적으로 활용해서는 안 된다.
각 사이트 별로 저작권 주의사항이 있다. 잘 보고 숙지하고 나서 사용해야 한다.

03 해외 무료 로고 제작 사이트

저작권 문제 때문에 한 무료 로고 사이트만 소개한다.
직접 로고를 포토샵으로 만들어보도록 하겠다.

◉ 출처: http://shaboopie.com

http://shaboopie.com
구글의 맨 위 주소 창에 주소를 입력한다.

◉ 출처: http://shaboopie.com

120개 정도의 무료를 제공하는 사이트이다. 절대 타인을 위해서 상업적으로 사용해서는 안 된다. 카테고리 별로도 검색이 가능하다. 일러스트 ai보다 포토샵용 psd 파일이 초보자들이 사용하기 편리하다.

04 포토샵에서 로고 수정하기

포토샵을 사용하가 위해서는 프로그램을 구입하든지 30일 교육용 포토샵을 사용해야 되지만 온라인 포토샵은 거의 포토샵과 같고 언제 어디서나 사용하기가 편리하다.

⊙ 출처: http://shaboopie.com

마음에 드는 로고를 클릭한다.

⊙ 출처: http://shaboopie.com

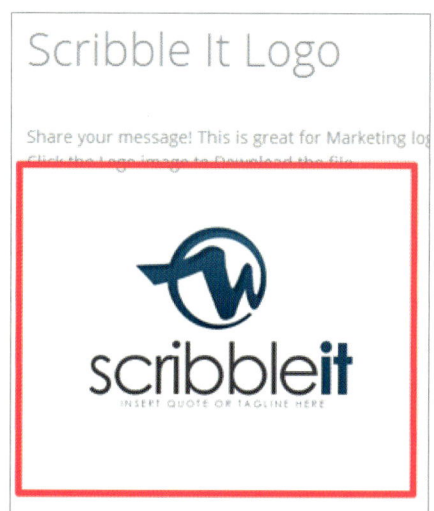

로고가 나타나면 클릭한다.

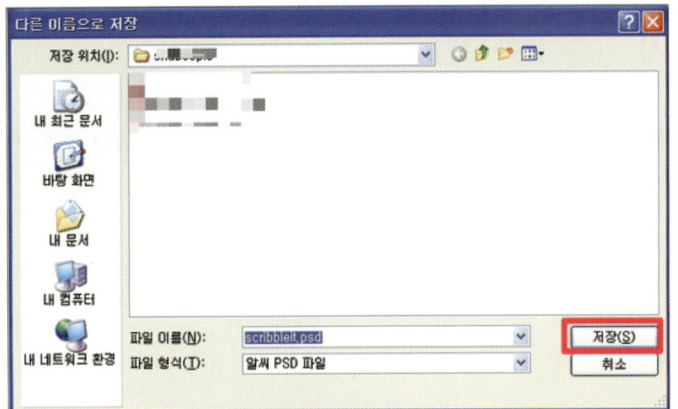

폴더를 만들어서 저장한다.
온라인 포토샵을 실행한다.

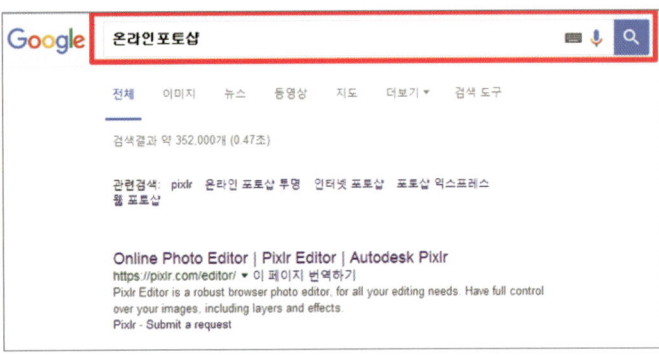

구글에서 온라인포토샵으로 검색한다. Online Photo Editor을 클릭한다.

◉ 출처: https://pixlr.com/editor

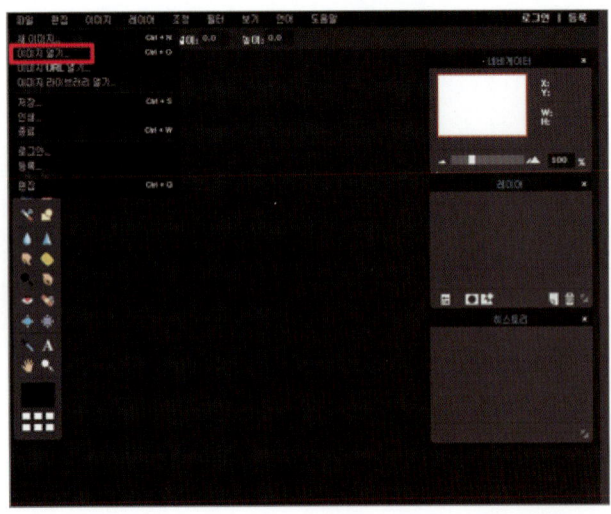

이미지 열기를 클릭한다.

저장한 PSD파일을 불러온다.

글자를 쓰기 위해서는 먼저 도구함에서 A를 클릭 하면 텍스트 쓰는 상자가 나타난다. 글자체를 선택하고 글자를 쓰면 바탕화면에 나타난다. 확인을 클릭한다.
(글자체는 상업적으로 사용 가능한 나눔체를 쓰는 것이 좋다)

글자를 쓰고 나면 우측에 새로운 레이어가 나타난다. 수정을 위해서는 그 레이어를 선택하고 우측 도구상자 A를 선택해서 수정하면 된다. 이동은 좌측 도구상자 상단 우측 버튼을 클릭하고 이동하면 된다. 다른 이동하는 법은 V를 누르고 마우스로 이동하면 된다. (주의할 점 해당 레이어를 선택해야 한다.)

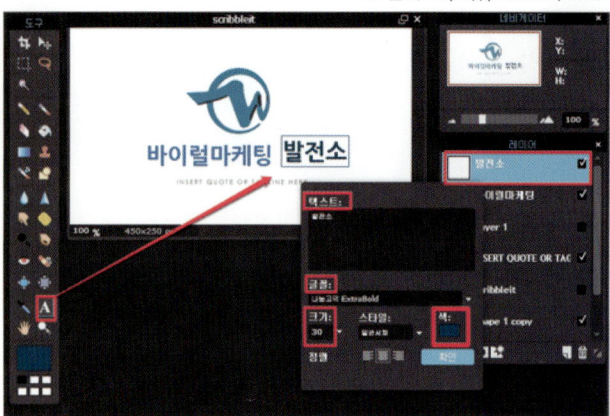

글자 색상변경은 색을 클릭한다. (해당 이미지를 화면에서 안보에게 하는 경우는 우측 해당 레이어의 체크를 클릭해서 풀어 주어야한다.)

원하는 색상을 클릭한다.

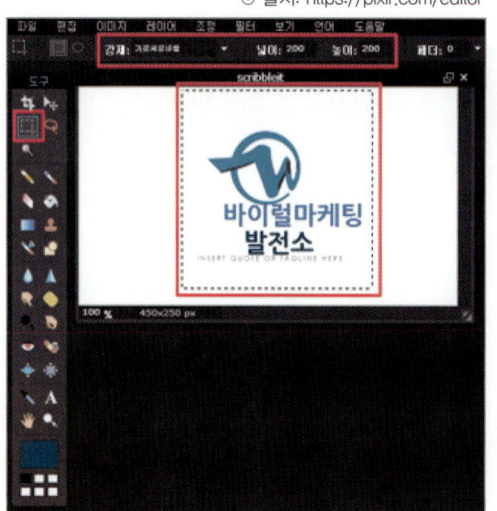

모두홈페이지에 로고를 저장하려면 가로, 세로 크기가 같아야 한다. 200~200 픽셀이 적당하다.

도구함 상단 좌측 사각형 표시는 잘라내기이다. 크기에 맞춘 다음 Enter 키를 클릭한다.

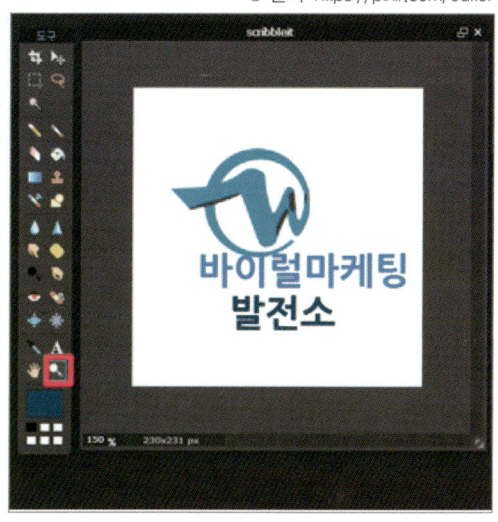

돋보기를 누르면 화면이 확대가 된다.
축소는 마우스 우측버튼 누르면 줌아웃이다.

M자 이미지는 우측에서 해당 레이어 선택하고 편집- 자유변형을 클릭 - 적당한 크기로 변형하고 적당한 위치에 이동하고 나서 Enter 키를 클릭한다.

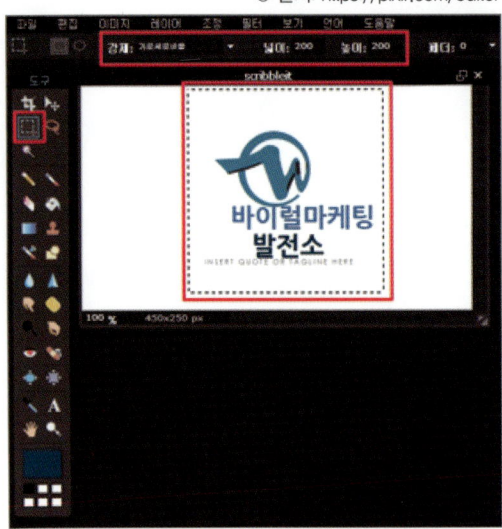

◉ 출처: https://pixlr.com/editor

다 만들었으면 파일- 저장을 클릭 작업한 것을 클릭한다. 간단하게 만들어진 PSD 로고를 온라인 포토샵으로 만들어 보았다. 조금 어려운 점도 있지만 차근차근 해보면 만드는 재미가 있다.

06 모두홈페이지에 로고 등록하기

만들은 로고를 네이버 모두홈페이지에 저장해본다. 모두홈페이지 관리 창으로 간다.

◉ 출처: http://www.modoo.at

로고 옆 톱니바퀴 모양의 아이콘을 클릭한다.

사진 등록 아이콘을 클릭한다.

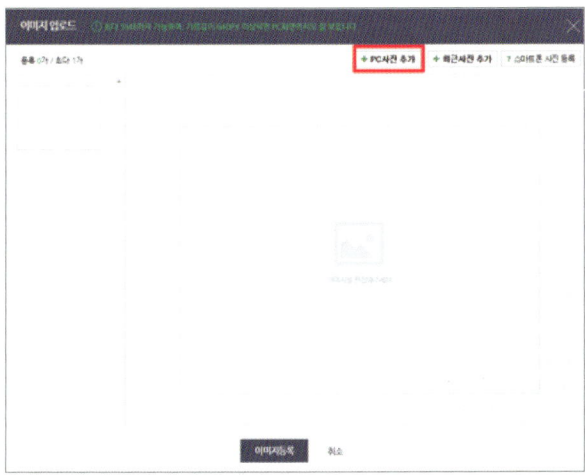

PC사진 추가를 클릭한다.

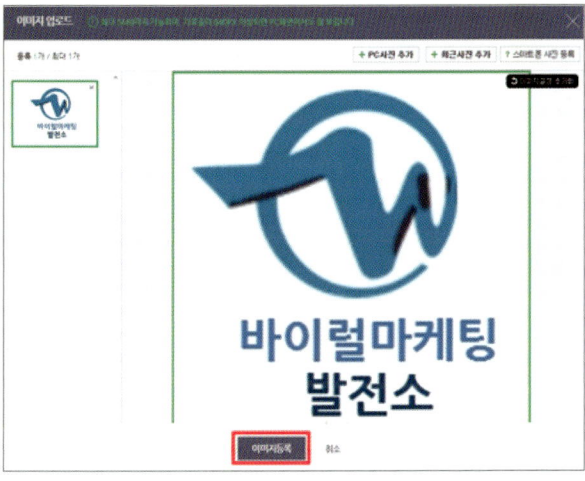

이미지 저장을 클릭한다.

이상이 없으면 저장을 클릭한다.

⊙ 출처: http://seo114.modoo.at

로고가 변경된 것을 알 수 있다. 로고 입력하는 것은 어렵지 않으니 실습을 해보도록 한다.

멋진 로고가 있어야지 홈페이지도 살고 회사도 신뢰감을 줄 수 있으므로 시간 내어서 로고를 만들어서 직접 올려보도록 한다.

> Chapter

03 네이버 모두홈페이지 이미지 마케팅

01 이미지 마케팅이란

미국의 유명한 언론인인 리프만(Lippmann)은 이미지를 '우리들 인간이 어떤 대상에 대해 갖는 머릿속의 상상의 그림'이라고 했다. 사물의 있는 그대로 마음 속에 그리는 것이 아니라 보는 인간 자신이 바라는 대로 그리는 것이기 때문에 제품이나 사물에 대한 반응을 결정하는 근원이 이미지라고 정의하였다. 이미지는 대상에 관한 더욱 개인적인 관념인 것이다. 따라서 소비자나 개인 간의 이미지는 매우 큰 차이가 있을 수 있다. 사전적 정의는 '시각, 청각, 미각, 후각, 및 촉각의 오감을 통해 경험한 어떤 대상에 대해 인간이 내재적으로 가지고 있는 인상의 종합'이다. 중소기업이나 소상공인들의 이미지를 통한 마케팅은 회사소개와 제품사진, 광고사진, 뉴메릭 마케팅을 소개한다.

02 회사 소개는 기업의 얼굴이다

회사소개에는 어떻게 만들어야 하는가.? 보통 약 200~500 단어로 회사 소개를 만드는 것이 보편적이다.

가. 회사의 배경 정보를 요약한다.
회사가 설립된 년도와 회사의 위치, 회사가 제공하는 서비스와 제품, 회사의 경영철학과
수상경력, 회사의 사업규모를 적는다.

나. 회사의 제품과 서비스에 대한 상세정보를 알린다.
회사가 제공하는 제품 또는 서비스를 적는다. 회사의 전문성과 노하우를 적는다.

다. 회사의 강점과 성공을 강조한다.
회사가 가지고 있는 타 경쟁 회사보다 우수한 장점을 적는다.
성공 요인도 적는다.

라. 회사 재질을 설명한다.
특허, 출판물, 기술 제휴사, 특별한 기계, 제품개발 기술력, 인허가 사항 등을 강조함으로 회사의 재질을 설명한다.

마. 회사의 전략을 설명한다.
회사소개를 보는 고객 회사가 나의 회사와 일을 해야 하는 이유를 설명한다. 어떤 점이 더 경제적으로 도움이 되는지를 적어야 한다.

바. 회사 연락처 정보를 적는다.
메일 주소, 전화번호, 이메일 주소, 웹사이트 주소 등의 회사의 연락처 정보를 적는다.

03 한 장의 이미지, 사진이 회사제품을 대표한다

중소기업이나 소상공인들의 문제는 내 제품, 서비스의 좋은 이미지를 얻는데 투자를 별로 안 한다는 것이다. 자금이 부족하다고 하지만 아이디만 있으면 사진 촬영비는 그리 부담이 가지 않는다. 얼마나 아이디어를 내느냐가 더 중요한 것이다. 그냥 제품 사진이 아니라 이야기가 있는 전달력 있는 사진을 만들어야 하는 것이다. 자본력이 부족하다면 스스로 독특한 아이디어를 만들어야 한다.

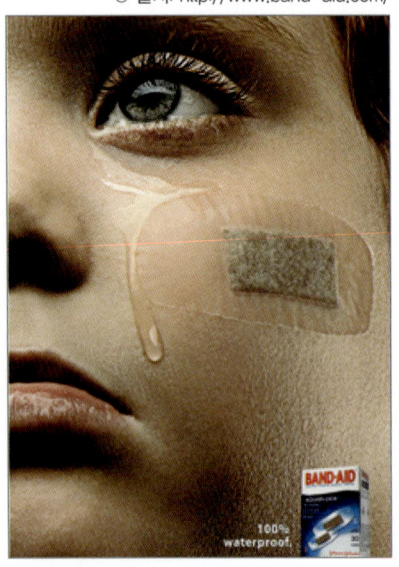

◉ 출처: http://www.band-aid.com/

물에 젖지 않는 밴드를 소개하는 이미지 사진이다.
눈물도 물이라 피해간다 라는 이미지를 전달해주고 있다.

⊙ 출처: http://global.bissell.com

BIssell 진공 스팀청소기 만드는 회사다. 털을 깨끗하게 한다는 걸 한 장의 이미지, 사진으로 표현한다.

⊙ 무좀약 출처: https://www.lamisilat.com/

국내에서도 선전하는 무좀약이다 이미지를 보면 발이 얼마나 청결한지를 느낄 수 있다.
백마디 말보다 한 장의 사진이 모든 것을 말해준다.

04 이미지 연상 효과를 부르는 뉴메릭 마케팅 비법

숫자를 활용해 제품이나 브랜드의 인지도를 높이고 소비를 유발하는 전략을 뉴메릭 마케팅(Numeric marketing)이라고 한다. 장기간 소비자들로부터 사랑을 받거나 최근에 신제품이 출시돼 큰 인기를 얻고 있는 뉴메릭 마케팅 사례를 알아 본다. 이미지를 연상키는 숫자 활용은 소비자의 뇌에 그만큼 빨리 제품이나 서비스의 강한 인상을 전달한다. 제품이나 서비스를 소비자가 좋아하는 숫자와 연결시키면 긍정적 이미지를 소비자에게 주게 된다.

숫자와 문자가 결합된 알파 뉴메릭(Alpha numeric)이 소비자에게 이미지 연상 효과가 크다. 뉴메릭 마케팅은 중소기업이나 소상공인들이 아주 쉽고 간편하게 따라 할 수 있는 쉬우면서 효과가 있는 이미지 연상 마케팅이다.

● 한국야쿠르트 세븐(7even)

⊙ 출처: http://www.yakult.co.kr/

한국야쿠르트 세븐(7even)은 2012년 출시 이후 1년 만에 매출 1000억원을 달성했다. 세븐에는 추출한 프로바이오틱스 7종이 함유돼있어서 7even이라고 이름 지었다.

● 비타500

⊙ 출처: http://www.ekdp.com

광동제약의 비타500은 비타민이 500ml가 들어있다고 이름 지어져서 엄척날 정도로 판매고를 올린 효자 상품 중 하나다.

● 숙취 해소용 천연차 여명808

⊙ 출처: http://glami.com/

숙취 해소 천연차로 실험을 상품 개발을 위한 제품 실험으로 808번째 개발했다고 여명808이라고 이름이 붙어졌다.

● 동원F&B는 파스타 소스 제품인 '파스타를 만들자' 4종

⊙ 출처: http://www.dongwonfnb.com/

동원F&B 제품으로 7가지 신선한 야채 등 다양한 재료가 들어간 것을 강조하는 제품이름으로 구성되어있다.

● 매일우유 저지방 우유 0%, 1%

⊙ 출처: http://www2.maeil.com

저지방 우유를 세분화하면서 지방 함량을 숫자로 표현해 저지방 우유에 대한 이해를 높이고 있다. 매일유업은 지방 함량을 중심으로 무지방(0%)부터 저지방(1%, 2%), 지방 함량을 숫자를 표기해 소비자들의 저지방 우유를 구매하도록 돕도록 뉴메릭 마케팅을 하고 있다. 뉴메릭 마케팅으로 보다 쉽게 제품이나 서비스를 소비자들이 알리는 시도가 절실하게 필요한 시기이다.

Chapter 04 네이버 모두홈페이지 방문자통계

홈페이지 운영에서 중요한 것은 광고도 있지만 방문한 고객에 대한 분석이 더 중요하다.
새로운 신규 고객을 만들기는 쉽지 않으므로 기존의 고객을 분석을 해서 홈페이지 운영에 참조를 하는 것이 아주 많은 도움이 된다.

01 방문자통계 네이버 애널리틱스(Analytics)

네이버 애널리틱스는 방문자통계를 알려주는 것인데 따로 방문 할 때는 새로운 로그인이 필요하지만 네이버 모두홈페이지에서는 홈페이지 관리에서 바로 방문자통계 클릭하면 네이버 애널리틱스 페이지로 넘어갈 수 있다.

ⓞ 출처: http://www.modoo.at

홈페이지 관리에서 해당 사이트 명 바로 아래에 방문자통계 아이콘을 클릭한다.

02 방문 분석- 방문 현황 페이지 분석 방문 지역 분석

ⓞ 출처: http://analytics.naver.com

네이버 애널리틱스로 들어오면은 사이트 현황이 나온다 7일 분석, 30일 분석을 클릭해 본다.

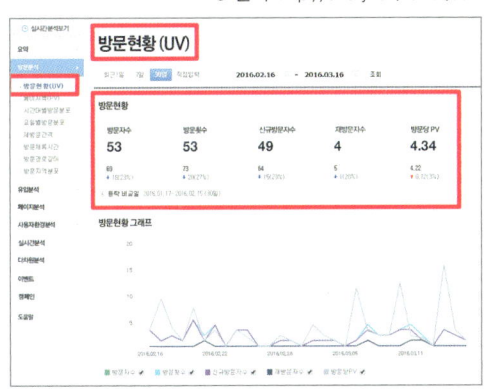

방문 현황(UV) 해서 방문자 수와 방문 횟수와 신규방문자수 재 방문자 수 등을 알 수가 있다.

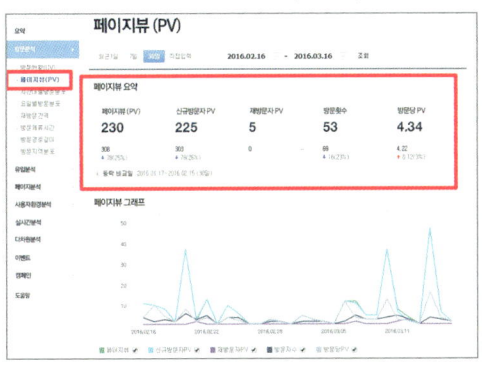

페이지뷰(PV)는 방문자가 내 홈페이지의 페이지를 얼마나 클릭을 했는지를 알려 주는 것이다.
방문자가 50명인데 페이지뷰가 239건 일어났다면 그만큼 방문자가 내 홈페이지 페이지를 많이 클릭했다는 것이다.

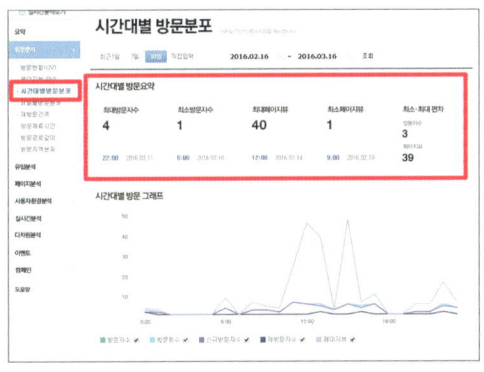

시간대별 방문 분포는 12시에서 4시 사이가 방문자 수가 제일 많다.

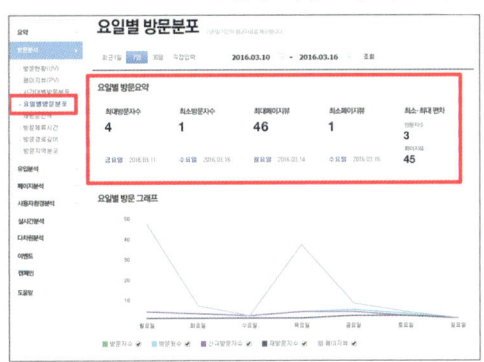

요일별 방문 수는 수요일과 금요일 사이에서 제일 많고 월요일도 꽤 많은 편이다.

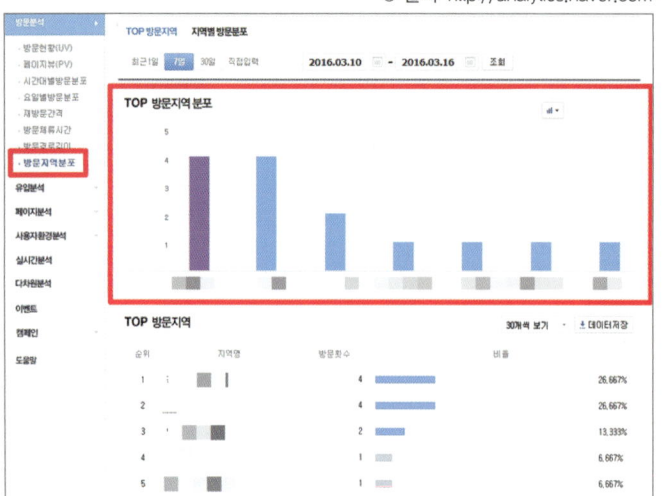

방문자 지역 분포를 알려준다.

03 유입 분석 – 유입검색어 유입상세 URL

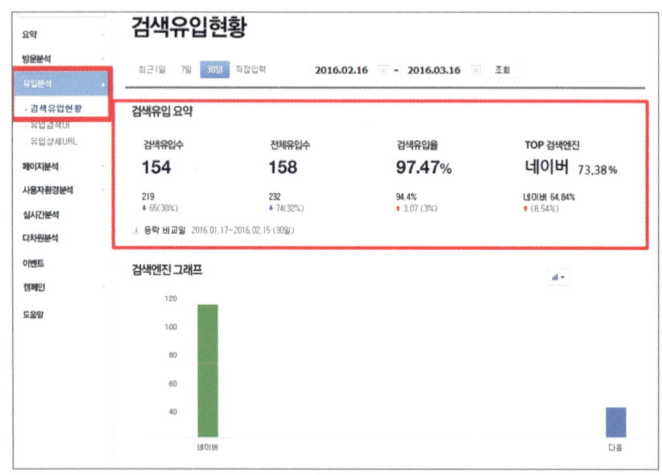

검색 유입 현황은 네이버로 방문한 것 인지 다음으로 방문한 것 인지 알려 주는 것이다.

유입 상세 URL은 모바일, PC, 네이버, 다음 에서 방문했는지 방문지 주소를 알려 주는 것이다.

04 페이지분석

내 홈페이지의 가장 인기가 많은 페이지를 알려주는 것이다.

05 사용자환경분석

사용자의 운영체제를 요약해서 알려준다.

06 실시간 분석

내 홈페이지 지금 현재 방문자 수를 알 수 있다.

홍보에 중요하지만 분석도 더 중요하므로 수시로 관리가 필요하다. 고객이 누구인지 안다는 것은 앞으로 어떻게 마케팅을 해야 하는지를 알 수 있기 때문이다.

┌─────────┐
│ 저자협의 │
│ 인지생략 │
└─────────┘

1판 1쇄 인쇄 2016년 6월 1일   1판 1쇄 발행 2016년 6월 10일
1판 3쇄 인쇄 2018년 8월 15일   1판 3쇄 발행 2018년 8월 20일
―
지 은 이 김재민
발 행 인 이미옥
발 행 처 디지털북스
정   가 23,000원
등 록 일 1999년 9월 3일
등록번호 220-90-18139
주   소 (03979) 서울 마포구 성미산로 23길 72 (연남동)
전화번호 (02)447-3157~8
팩스번호 (02)447-3159
―
ISBN 978-89-6088-183-9 (13000)
D-16-08
Copyright ⓒ 2018 Digital Books Publishing Co,. Ltd

D·J·I
BOOKS
DESIGN
STUDIO

- Book • Character • Goods • Advertisement
- Graphic • Marketing • Brand Consulting

f FACEBOOK.COM/DJIDESIGN

D·J·I BOOKS
DESIGN STUDIO

굿즈
캐릭터
광고
브랜딩
출판편집

D·J·I BOOKS
DESIGN STUDIO
2018

J&JJ BOOKS
2014

I THINK BOOKS
2003

DIGITAL BOOKS
1999

facebook.com/djidesign